应用型本科院校"十二五"规划教材/经济管理类

# Insurance

# 保 险 学

（第2版）

主　编　奚道同　李海波
副主编　董玉凤　黄　巍　戴　丽
参　编　赵　岩　闫静怡　孙海宁　李　刚

哈尔滨工业大学出版社
HARBIN INSTITUTE OF TECHNOLOGY PRESS

## 内容简介

本书全面、系统地阐述了风险、保险等基本理论和知识，注重对保险基本概念、基本分类、基本原则和基础知识的理解和把握，以及对保险理论和实践的最新发展情况的介绍和分析。全书共分为十五章，分别从风险、保险合同、保险原则、财产保险、人身保险、保险精算、保险经营管理等方面进行阐述，各章配有知识库、思考题和阅读资料等内容。本书通过案例和数据把保险学的基本理论和实践有机结合起来，有助于读者对保险方面基本理论的全面理解和深刻认识。针对保险实际发展的需要，本书加入了保险单证填制和保险职业两章，体现了本书应用性的特点。本书通过提高学生保险理论素养，为进一步学习其他专业课程打下坚实的基础。

本书适用于应用型本科院校金融学等经济管理类专业本科学生，也可作为在职培训的保险从业人员和广大保险爱好者阅读和学习。

#### 图书在版编目(CIP)数据

保险学/奚道同,李海波主编.—2 版.—哈尔滨:哈尔滨工业大学出版社,2012.8(2015.6 重印)
应用型本科院校"十二五"规划教材
ISBN 978-7-5603-3337-3

Ⅰ.①保… Ⅱ.①奚… ②李… Ⅲ.①保险学—高等学校—教材 Ⅳ.①F840

中国版本图书馆 CIP 数据核字(2012)第 107389 号

| | |
|---|---|
| 策划编辑 | 赵文斌 杜 燕 |
| 责任编辑 | 苗金英 |
| 出版发行 | 哈尔滨工业大学出版社 |
| 社　　址 | 哈尔滨市南岗区复华四道街 10 号 邮编 150006 |
| 传　　真 | 0451-86414749 |
| 网　　址 | http://hitpress.hit.edu.cn |
| 印　　刷 | 肇东粮食印刷厂 |
| 开　　本 | 787mm×1092mm 1/16 印张 20.5 字数 446 千字 |
| 版　　次 | 2011 年 8 月第 1 版 2012 年 8 月第 2 版 2015 年 6 月第 3 次印刷 |
| 书　　号 | ISBN 978-7-5603-3337-3 |
| 定　　价 | 35.80 元 |

(如因印装质量问题影响阅读,我社负责调换)

# 《应用型本科院校规划教材》编委会

**主　　任**　修朋月　竺培国

**副主任**　王玉文　吕其诚　线恒录　李敬来

**委　　员**　（按姓氏笔画排序）

　　　　　丁福庆　于长福　王凤岐　王庄严　刘士军

　　　　　刘宝华　朱建华　刘金祺　刘通学　刘福荣

　　　　　张大平　杨玉顺　吴知丰　李俊杰　李继凡

　　　　　林　艳　闻会新　高广军　柴玉华　韩毓洁

　　　　　藏玉英

# 序

哈尔滨工业大学出版社策划的"应用型本科院校规划教材"即将付梓,诚可贺也。

该系列教材卷帙浩繁,凡百余种,涉及众多学科门类,定位准确,内容新颖,体系完整,实用性强,突出实践能力培养。不仅便于教师教学和学生学习,而且满足就业市场对应用型人才的迫切需求。

应用型本科院校的人才培养目标是面对现代社会生产、建设、管理、服务等一线岗位,培养能直接从事实际工作、解决具体问题、维持工作有效运行的高等应用型人才。应用型本科与研究型本科和高职高专院校在人才培养上有着明显的区别,其培养的人才特征是:①就业导向与社会需求高度吻合;②扎实的理论基础和过硬的实践能力紧密结合;③具备良好的人文素质和科学技术素质;④富于面对职业应用的创新精神。因此,应用型本科院校只有着力培养"进入角色快、业务水平高、动手能力强、综合素质好"的人才,才能在激烈的就业市场竞争中站稳脚跟。

目前国内应用型本科院校所采用的教材往往只是对理论性较强的本科院校教材的简单删减,针对性、应用性不够突出,因材施教的目的难以达到。因此亟须既有一定的理论深度又注重实践能力培养的系列教材,以满足应用型本科院校教学目标、培养方向和办学特色的需要。

哈尔滨工业大学出版社出版的"应用型本科院校规划教材",在选题设计思路上认真贯彻教育部关于培养适应地方、区域经济和社会发展需要的"本科应用型高级专门人才"精神,根据黑龙江省委书记吉炳轩同志提出的关于加强应用型本科院校建设的意见,在应用型本科试点院校成功经验总结的基础上,特邀请黑龙江省9所知名的应用型本科院校的专家、学者联合编写。

本系列教材突出与办学定位、教学目标的一致性和适应性,既严格遵照学科体系的知识构成和教材编写的一般规律，又针对应用型本科人才培养目标及与之相适应的教学特点，精心设计写作体例，科学安排知识内容，围绕应用讲授理论，做到"基础知识够用、实践技能实用、专业理论管用"。同时注意适当融入新理论、新技术、新工艺、新成果，并且制作了与本书配套的PPT多媒体教学课件，形成立体化教材，供教师参考使用。

"应用型本科院校规划教材"的编辑出版，是适应"科教兴国"战略对复合型、应用型人才的需求，是推动相对滞后的应用型本科院校教材建设的一种有益尝试，在应用型创新人才培养方面是一件具有开创意义的工作，为应用型人才的培养提供了及时、可靠、坚实的保证。

希望本系列教材在使用过程中，通过编者、作者和读者的共同努力，厚积薄发、推陈出新、细上加细、精益求精，不断丰富、不断完善、不断创新，力争成为同类教材中的精品。

黑龙江省教育厅厅长

2010年元月于哈尔滨

# 第 2 版前言

随着社会的不断发展与进步，处于社会发展核心地位的经济、文化和环境等因素都在发生着深刻变化。这些变化给整个社会活动，乃至人们的生活带来了诸多且新的不确定性风险，包括人身安全、责任事故，以及合同违规风险等。这些风险如不加以控制与防范，一旦发生事故，就会给社会和人们的生活带来不可估量的损失。自古以来，人们在不断与风险进行着抗争，总结出来许多防范与控制风险的经验与方法，其中通过保险转移风险就是最有效的一种风险防控办法。

在中国古代人们的保险意识就已经形成，悠久的历史为我国保险业发展奠定了基础。但是，目前中国保险业发展规模与发达国家相比还有很大差距。据 2010 年相关资料分析，我国全年保费总额与总资产额综合排名仅列世界第七位。从保险密度和保险深度看，我国和世界平均水平相比较还相差甚远，要达到发达的保险市场水平还有相当一段路程要走。总体来看，中国保险业正处在一个快速发展时期，并且保险市场运行机制与各项法规建设也在不断完善。从现实看，人们对于保险市场相关知识的了解还比较缺乏，特别是对诸多保险产品和实际操作方法还认识不够，因此，对保险的价值作用还存有一定误解或偏见。由此可见，保险知识普及已势在必行。同时，随着保险业务规模的不断扩大，竞争主体的增加、保险监管的强化、保险公司经营管理水平的不断创新，社会为保险教育工作者提出了更高的要求。有鉴于此，为了适应保险业新形势发展需要，我们在借鉴前人研究成果基础上，结合我们的教学成果，组织多位教师经过反复研究和探索，编写了这本适用于应用型本科院校的《保险学》教材，期望能有所作为。

本书的特色是：结合当前保险市场发展来阐述和分析问题，避免了知识陈旧、指导意义不强的问题；教材加入了 2009 年新《保险法》的实施所带来的新内容，与时俱进；增加了"保险单证填制"和"保险职业"两章，使本书的实践指导作用得以充分体现。作为一本应用型本科院校规划教材，本书侧重理论与实践的结合。全书共分十五章，分别以准确的知识和通俗的语言阐述了保险的基础内容。各章节均加入了引导案例、知识库和阅读资料，使读者在每一次的学习中都能带着问题去阅读，在阅读中解决问题，加深理解。

本书由奚道同、李海波任主编，对本书进行了总纂和定稿；由董玉凤、黄巍、戴丽任副主编。本书由哈尔滨德强商务学院发起，组织了八一农垦大学、哈尔滨金融学院、黑龙江科技大学、黑龙江东方学院以及哈尔滨剑桥学院联合编写，各章节具体分工如下：奚道同（第一章、第二章）；李海波（第四章、第十二章、第十三章）；董玉凤（第三章、第十章）；赵岩（第五章）；孙海宁（第六章）；黄巍（第七章、第八章、第九章）；戴丽（第十一章、第十四章）；闫静怡（第十五章）；哈尔滨剑桥学院的李刚老师负责全书的资料、数据的搜集和整理工作。

本书在编写过程中，参考并引用了大量文献资料，在此向这些文献资料的作者深表谢意。还要特别感谢哈尔滨工业大学出版社的编辑及工作人员，在组织编写本教材工作中给予的大力支持和帮助。

由于本书在编写格式上进行了一定改革，时间仓促，难免存在不足之处，恳请专家、业内同行及读者对本书提出宝贵意见，以便使本教材日臻完善。最后，衷心希望本书的出版能为中国保险事业的发展尽一份力量，起到一定的借鉴和参考作用！

编者

2012 年 6 月

# 目 录

第一章　风险与风险管理 ········································································ 1
　第一节　风险 ···················································································· 1
　第二节　风险管理 ············································································· 7
　第三节　可保风险 ············································································· 11
　本章小结 ························································································· 13
　自测题 ···························································································· 13

第二章　保险的产生与发展 ···································································· 16
　第一节　世界近代保险的起源与发展 ················································· 16
　第二节　中国保险业的产生与发展 ···················································· 27
　本章小结 ························································································· 35
　自测题 ···························································································· 35

第三章　保险概述 ·················································································· 37
　第一节　保险的本质 ········································································· 37
　第二节　保险的分类 ········································································· 45
　本章小结 ························································································· 50
　自测题 ···························································································· 51

第四章　保险合同 ·················································································· 52
　第一节　保险合同的概念、特征和种类 ············································· 53
　第二节　保险合同的要素和形式 ························································ 57
　第三节　保险合同的订立、生效和履行 ············································· 62
　第四节　保险合同的变更、解除、中止与复效、终止 ························ 65
　第五节　保险合同的解释原则和争议处理 ········································· 70
　本章小结 ························································································· 72
　自测题 ···························································································· 72

## 第五章　保险的基本原则 ································ 74
　第一节　保险利益原则 ································ 74
　第二节　最大诚信原则 ································ 79
　第三节　近因原则 ···································· 83
　第四节　损失补偿原则 ································ 86
　本章小结 ············································ 91
　自测题 ·············································· 91

## 第六章　财产损失保险 ································ 93
　第一节　企业财产保险 ································ 93
　第二节　家庭财产保险 ································ 99
　第三节　运输工具保险 ······························· 103
　第四节　货物运输保险 ······························· 108
　第五节　工程保险 ··································· 111
　第六节　农业保险 ··································· 114
　本章小结 ··········································· 118
　自测题 ············································· 118

## 第七章　责任保险 ··································· 120
　第一节　责任保险概述 ······························· 120
　第二节　产品责任保险 ······························· 122
　第三节　雇主责任保险 ······························· 125
　第四节　职业责任保险 ······························· 128
　第五节　公众责任保险 ······························· 132
　本章小结 ··········································· 135
　自测题 ············································· 135

## 第八章　信用保证保险 ······························· 138
　第一节　信用保证保险概述 ··························· 139
　第二节　信用保险 ··································· 141
　第三节　保证保险 ··································· 145
　本章小结 ··········································· 149
　自测题 ············································· 150

## 第九章　人寿保险 ··································· 152
　第一节　人寿保险概述 ······························· 152

  第二节 人寿保险的类别 …………………………………… 156
  本章小结 …………………………………………………… 165
  自测题 ……………………………………………………… 165

## 第十章 意外伤害保险 …………………………………………… 168
  第一节 意外伤害保险概述 …………………………………… 169
  第二节 意外伤害保险的种类 ………………………………… 172
  第三节 意外伤害保险的主要内容 …………………………… 175
  第四节 我国主要的意外伤害保险产品介绍 ………………… 179
  本章小结 …………………………………………………… 185
  自测题 ……………………………………………………… 185

## 第十一章 健康保险 …………………………………………… 187
  第一节 健康保险概述 ………………………………………… 188
  第二节 医疗保险 ……………………………………………… 193
  第三节 疾病保险 ……………………………………………… 198
  第四节 丧失工作能力所得保险 ……………………………… 202
  本章小结 …………………………………………………… 207
  自测题 ……………………………………………………… 207

## 第十二章 保险精算 …………………………………………… 209
  第一节 精算理论概述 ………………………………………… 209
  第二节 寿险产品定价 ………………………………………… 214
  第三节 非寿险精算 …………………………………………… 224
  本章小结 …………………………………………………… 230
  自测题 ……………………………………………………… 231

## 第十三章 保险公司经营管理 ………………………………… 233
  第一节 保险营销 ……………………………………………… 234
  第二节 保险承保 ……………………………………………… 245
  第三节 保险理赔 ……………………………………………… 248
  第四节 再保险 ………………………………………………… 252
  第五节 保险资金的运用 ……………………………………… 256
  本章小结 …………………………………………………… 260
  自测题 ……………………………………………………… 260

## 第十四章　保险单证填制 ... 262
第一节　保险相关单证 ... 263
第二节　投保单证填制 ... 284
本章小结 ... 289
自测题 ... 289

## 第十五章　保险职业 ... 291
第一节　保险精算师 ... 291
第二节　保险代理人、保险公估人和保险经纪人 ... 294
第三节　寿险理财规划师 ... 301
第四节　员工福利规划师 ... 304
第五节　寿险管理师 ... 305
第六节　核保师与理赔师 ... 307
本章小结 ... 309
自测题 ... 309

## 参考文献 ... 311

# Chapter 1

# 风险与风险管理

**【学习要求及目标】**

通过对本章的学习,要求读者掌握风险的定义,深刻理解风险的内涵,了解风险的分类与特征、风险管理的概念,熟悉风险管理的程序,学会基本应用风险管理的方法;理解和掌握可保风险的条件。

**【引导案例】**

### 可怕的风险

2001年9月11日,美国发生恐怖主义袭击事件,死亡人数近3 000人,据亚太经合组织(APEC)经济委员会做出的报告显示,"9 11"事件给美国造成直接经济损失达450亿美元,宏观经济损失达1 750亿美元;2004年印度洋海啸造成282 061人死亡,直接经济损失达100亿欧元;2011年3月11日,日本东北部海域发生里氏9.0级地震并引发海啸,造成14 063人死亡、13 691人失踪,保守估计经济损失超过2 000亿美元,同时引发核污染、地壳变动。每天我们人类社会都会时刻面临各种风险,无时不在,无处不在,我们必须认真看待风险,并学会对其进行有效管理。

## 第一节 风险

### 一、风险的含义

何谓风险?不同的学者有不同的解释。有的认为风险是一种不确定性,包括不幸事件发生与否的不确定性,或损失发生的不确定性,或可测定的不确定性等。有的则认为风险是一种疑虑,包括对客观存在的遭受损害可能性的疑虑,或在一定情况下关于未来结果的疑虑等。这些解释虽然都有一定的道理,但是似乎都未能准确表达风险的真正含义。风险的真正含义是指引致损失的事件发生的一种可能性。风险的这种定义首先强调的是"损失的事件"的存在。

"损失的事件"与"可测定性"不同,可测定性的不确定性可以存在于各种场合。以投掷钱币为例,一次投掷出现的正反面是不确定的,但在无限次投掷的情况下,正反面出现的概率各为50%。然而,投掷钱币的行为本身并不存在损失的问题。

其次,定义中的"事件"并非特指"不幸事件"。因为风险不仅与损失相联系,而且与盈利相联系。比如股价下跌作为一个事件,空头可以从中获益,而多头则遭受损失。当然,保险中的事件则是指不幸事件。

再次,定义中的"可能性"与不确定性在含义上有一定的区别。可能性指客观的存在,在概率上既不可能等于0,也不可能等于1,因为概率为0的风险是不存在的,而概率为1的"风险"是一种必然性风险。若不确定性的概率既可为0,亦可为1,那么就失去了可能性的含义。此外,不确定性仅仅是风险的特征之一,并不包括风险的全部。比如投机风险一般为不可测定的不确定性,而纯粹风险则一般为可测定的不确定性。所以,不确定性作为风险的一个特征不能概括风险的全部内涵。

根据上述分析,可以认为风险是可以被感知和认识的客观存在,无论从微观角度,还是从宏观角度都可以对其进行判断和估计,从而对风险进行有效管理。

## 二、风险的特征

风险的特征,是风险的本质及其发生规律的表现。

### (一)客观性

风险的客观性,是指风险是一种客观存在,人们不能避开它,也无法否定它。自然灾害、意外事故等风险,都是不以人的意志为转移的。人们只能在一定的时间和空间内改变风险存在和发生的条件,降低风险发生的概率和损失程度,但却不能彻底消除风险。因为风险是由于不确定性因素的存在而使人们有遭受不幸或灾难的可能性。客观条件的变化而引起的不确定性是普遍存在的,因而风险也必然是客观存在的。

### (二)普遍性

风险的发生具有普遍性,风险无时不在、无处不在。可以说,人们生存和进行活动的整个社会环境,就是一个充满风险的世界,任何一个组织、单位、企业和家庭,都难免有遇到这样或那样风险的可能性。因而,人们必须采取客观的态度,承认风险和正视风险,要采取积极的态度去对待风险。

### (三)可变性

可变性也可称为发展性。世间万物都在运动变化之中,风险也不例外。风险的变化,有量的增减,也有质的变化,有旧风险的消失和新风险的产生。如随着科学技术水平的进步,人类面临的疾病和死亡的风险大大减少了,可另一方面,科技进步又产生了核风险、计算机病毒、车祸等新的风险。因此,可以说风险的种类和数量无时无刻不在变化中。

## （四）不确定性

风险的不确定性表现在三个方面：

**1. 空间上的不确定性**

以火灾为例，就总体来说所有的建筑物都面临火灾的风险，并且也必然有一些建筑物发生火灾，但是，具体到某一建筑物是否发生火灾，则是不确定的。

**2. 时间上的不确定性**

时间上的不确定性表现在，某一风险的发生时间不会确定。如果假设风险发生的时间确定，则体现不出风险的本质，人类也就不会对风险产生恐惧，也不称为"风险"了。比如，人总是要死亡的，但是何时死亡，在健康状况正常的情况下是不可预知的。

**3. 损失程度的不确定性**

比如台风区、洪涝区，人们往往知道每年或大或小要遭受台风或洪水的袭击，但是人们却无法预知未来年份发生的台风或洪水是否会造成财产损失或人身伤亡及其程度如何。

风险的偶然性形成了经济单位与个人对保险的需求，而风险的不确定性使之称为可保风险。

## （五）可测性

风险的本质是不确定性，但这种不确定性，不是指对客观事物变化情况全然无知的不确定性，而是指可以测量的不确定性。对风险的测量，就是人们可以根据以往发生的一系列类似事件的统计资料，对某种风险发生的频率及其风险造成的经济损失程度作出主观上的判断。对风险的测量过程，就是对风险分析的过程。了解风险的可测性特征，对于风险的控制和防范有着重要的意义。风险不仅是客观存在的，形成风险的不确定性因素也是可以测量的，因而风险是可以控制的。所以，风险客观存在的确定性和发生的不确定性，构成了保险的风险，二者缺一不可，而且可测定性奠定了保险费率厘定的基础。

## 三、风险的要素

风险不是单一的个体，它是由多种要素构成的，这些要素密切相关，共同决定了风险的存在、发展和变化。风险的要素包括风险因素、风险事故和损失。

### （一）风险因素

风险因素是指促使或引起风险事故发生或风险事故发生时致使损失增加、扩大的原因或条件。风险因素是风险事故发生的潜在原因，是造成损失的间接原因。例如，干燥的气候和风力，对火灾事故而言，是风险因素；人的健康状况、年龄等，对人的死亡伤残事故而言，是风险因素，等等。风险因素的存在，有可能增加风险事故发生的频率，增大风险损失的程度。

根据风险因素的性质，风险因素可分为物质风险因素、道德风险因素和心理风险因素。

**1. 物质风险因素**

物质风险因素也称实质风险因素，是指有形的、能直接影响事物物理功能的因素，即某一标的本身所具有的足以引起或增加风险发生的机会和损失幅度的客观原因。如地壳的异常变化、恶劣的气候、疾病传染等。物质因素不为人力所控制，是人力无法左右的因素。

**2. 道德风险因素**

道德风险因素是指与人的品德修养有关的无形的因素，即指由于个人不诚实、不正直或不轨企图，促使风险事故发生，以致引起社会财富损毁和人身伤亡的原因或条件。如纵火、欺诈、放毒、偷工减料等。这些不道德的行为必然促使风险发生的频率增加和损失幅度的扩大。

**3. 心理风险因素**

心理风险因素是指与人的心理状态有关的无形的因素，即指由于人的不注意、不关心、侥幸或存在依赖保险心理，以致增加风险事故发生的概率和损失幅度的因素。例如，企业或个人由于投保财产保险，就放松了对财物的保护；外出忘记锁门会增加盗窃事故发生的可能；电线陈旧不及时更换易导致火灾事故的发生，等等。

上述风险因素中，由于道德风险因素和心理风险因素都是无形的，都与个人自身行为方式相联系，前者强调故意或恶意，后者强调无意或疏忽，而在实践中又难以区分界定，所以通常将两者统称为人为因素，以便区分。

**（二）风险事故**

风险事故是指造成生命财产损害的偶发事件，是造成损害的直接原因，是损失的媒介。只有通过风险事故的发生，才能导致损失。例如，在汽车刹车失灵酿成车祸导致车毁人亡这一事件中，刹车失灵是风险因素，车祸是风险事故。如果仅有刹车失灵而无车祸，就不会造成车毁人亡的损失。风险事故意味着风险的可能性转化为现实性，即风险的发生。

**（三）损失**

就广义的损失而言，它是指某种事件的发生，给人们造成物质财富的减少或者是身体上的伤害或者是精神上的痛苦。从保险角度来看，损失是指非故意的、非预期的和非计划的经济价值的减少（狭义损失）。保险所指损失必须满足两个要素：一是非故意、非计划和非预期的；二是经济价值或经济收入的减少，二者缺一不可。例如"馈赠"和"折旧"，虽然都满足第二个要素，但不满足第一个要素，因此从保险的角度来看不属于损失。

损失，在保险中又可分为直接损失和间接损失。直接损失是指承保风险造成的财产本身的损失，而间接损失是指由于直接损失而引起的损失。例如，一家宾馆遭受火灾，烧毁了房屋，这是宾馆的直接损失；而因房屋被毁宾馆无法正常营业导致的经营收益损失，则是宾馆的间接损失。

**（四）风险因素、风险事故、损失三者之间的关系**

风险是由风险因素、风险事故和损失三者构成的统一体，它们之间存在着一种因果关系，简单表述为:风险因素引起风险事故,风险事故导致损失。值得注意的是,同一事件,在一定条件下是造成损失的直接原因,则它是风险事故;而在其他条件下,则可能是造成损失的间接原因,于是它成了风险因素。例如,下冰雹使得路面湿滑,导致车祸造成人员死亡,这时冰雹是风险因素,车祸是风险事故。但若是冰雹直接击伤行人,则冰雹便是风险事故了。

## 四、风险的分类

人类在日常的生产与生活中,面临着各种各样的风险。为了研究和管理风险,我们需要按照不同的标准对风险进行分类。

### (一)按风险的性质分类

按照性质不同,风险可以分为纯粹风险(pure risk)和投机风险(speculative risk)。

纯粹风险是指那些只有损失机会,而无获利可能的风险。这种风险可能造成的结果只有两个,即没有损失和造成损失。例如,自然灾害、意外事故、人的生老病死等。发生纯粹风险的结果是社会的净损失,就目前的科学技术水平而言,保险中承保的风险必须是纯粹风险,但纯粹风险不一定都能成为保险的可保风险。

投机风险是指那些既可能有损失也可能有获利机会的风险。投机风险所导致的结果有三种,即有损失、无损失和收益。例如,人们进行股票投资,就面临着投机风险。如果股票价格上涨,投资者就可以因此获利;如果股票价格下跌,投资者就要承担损失。投机风险就目前是不能作为保险人承保的风险。

### (二)按风险的标的分类

按照风险的标的不同,风险可以分为财产风险、人身风险、责任风险和信用风险。

**1. 财产风险**

财产风险是指导致财产损毁、灭失和贬值的风险。例如,建筑物遭受地震、火灾、洪水的风险,飞机坠毁的风险,汽车碰撞的风险,还包括财产价值由于经济因素而贬值的风险等。财产风险既包括直接损失风险,又包括间接损失风险。

**2. 人身风险**

人身风险是指导致人的死亡、残废、疾病、衰老及劳动能力丧失或降低等的风险。人生的过程离不开生、老、病、死,部分人还会遭遇残疾。这些风险一旦发生,可能给本人、家庭或其抚养者等造成难以预料的经济困难乃至精神痛苦等。人身风险又可以分为生命风险、意外伤害风险和健康风险三类。

**3. 责任风险**

责任风险是指由于个人或团体的疏忽或过失行为,造成他人的财产损失或人身伤亡,依照法律或合同应承担民事法律责任的风险。例如,驾驶汽车不慎撞伤行人,构成车主的第三者责任风险等。与财产风险和人身风险相比,责任风险是一种更为复杂而又比较难以控制的风险。

**4. 信用风险**

信用风险是指在经济交往中，权利人与义务人之间由于一方违约或违法致使对方遭受经济损失的风险。例如，借款人不按期还款，就可能影响到贷款人资金的正常周转，给权利人造成损失。

### （三）按风险形成的原因分类

按照形成的原因不同，风险可以分为自然风险、社会风险、经济风险和政治风险。

**1. 自然风险**

自然风险是因自然力的不规则变化产生的现象所导致危害经济活动、物质生产或生命安全的风险。如地震、水灾、火灾、风灾、雹灾、冻灾、旱灾、虫灾以及各种瘟疫等自然现象，在现实生活中是大量发生的。在各类风险中，自然风险是保险人承保最多的风险。

**2. 社会风险**

社会风险是指个人或团体的故意或过失行为、不当行为等所导致的损失的风险。例如，盗窃、抢劫、玩忽职守等引起的财产损失或人身造成的伤害等。

**3. 经济风险**

经济风险是指在生产和销售等经营活动中，由于受各种市场供求关系、经济贸易条件等因素变化的影响或经营者决策失误、对前景预期出现偏差等导致经营失败的风险。即指个人或团体的经营行为或者经济环境变化所导致的经济损失的风险。

**4. 政治风险**

政治风险又称为国家风险，是指在对外投资和贸易过程中，因政治原因或订约双方所不能控制的原因，使债权人可能遭受损失的风险。如因输入国家发生战争、革命、内乱而中止货物进口；或因输入国家实施进口或外汇管制，对输入货物加以限制或禁止输入；或因本国变更外贸法令，使输出货物无法送达输入国，造成合同无法履行而造成的损失，等等。

### （四）按风险的环境分类

按照环境不同，风险可分为静态风险和动态风险。

**1. 静态风险**

静态风险是指在社会政治经济环境正常的情况下，由于自然力的不规则变动和人们的错误判断和错误行为所导致的风险。如地震、洪水、飓风等自然灾害，交通事故、火灾、工业伤害等意外事故均属静态风险。静态风险主要是指自然灾害和意外事故带来的风险。

**2. 动态风险**

动态风险是指与社会变动有关的风险，主要是社会经济、政治以及技术、组织机构发生变动而产生的风险。如通货膨胀、汇率风险、罢工、暴动、消费者偏好改变、国家政策变动等均属于动态风险。

通过对风险不同的分类，可以从不同角度认识风险，了解其本质，更好地管理风险。

**【知识库】**

### 企业道德风险表现

企业道德风险表现多样,并具有更强的蒙蔽性和欺骗性。根据企业道德风险的行为表现及其直接侵害的社会关系的不同,我国的企业道德风险大体有如下几种情形:政策性道德风险,指企业违反国家法律规定从事经营活动或谋求某些特殊权利的活动;市场性道德风险,指企业违反市场竞争规则,以损害竞争对手利益的不正当手段获取最大化利益的行为;公益性道德风险,指企业违反公共利益,从事危害自然环境、妨碍可持续发展的生产经营活动。

(资料来源:MBA 智库)

## 第二节　风险管理

### 一、风险管理的起源与发展

人类对抗风险的实践活动自古至今一刻也没有停止过。风险管理作为企业的一种管理活动,起源于 20 世纪 50 年代的美国。当时美国一些大公司发生了重大损失,使公司高层决策者开始认识到风险管理的重要性。其中一次是 1953 年 8 月 12 日通用汽车公司在密执安州的一个汽车变速箱厂因火灾损失了 5 000 万美元,间接损失达 1 亿美元,成为美国历史上损失最为严重的 15 起重大火灾之一。这场大火与 50 年代其他一些偶发事件一起,推动了美国风险管理活动的兴起。

后来,随着经济、社会和技术的迅速发展,人类开始面临越来越多、越来越严重的风险。科学技术的进步在给人类带来巨大利益的同时,也给社会带来了前所未有的风险。1979 年 3 月美国三里岛核电站的爆炸事故、1984 年 12 月 3 日美国联合碳化物公司在印度的一家农药厂发生的毒气泄漏事故、1986 前苏联乌克兰切尔诺贝利核电站发生的核事故等一系列事件,大大推动了风险管理在世界范围内的发展。同时,在美国的商学院里首先出现了一门涉及如何对企业的人员、财产、责任、财务资源等进行保护的新型管理学科,这就是风险管理。目前,风险管理已经发展成企业管理中一个具有相对独立职能的管理领域,在围绕企业的经营和发展目标方面,风险管理和企业的经营管理、战略管理一样具有十分重要的意义。

### 二、风险管理的概念

风险管理(risk management),是指经济单位通过对风险的识别和衡量,采用合理的经济和技术手段对风险进行处理,以最低的成本获得最大安全保障的一种管理活动。

风险管理的主体是经济单位。这里所指的经济单位可以是个人、家庭、企业、社会团体乃至政府。风险管理的对象是各种风险。

### 三、风险管理的目标

风险管理的基本目标是以最小的经济成本获得最大的安全保障,进而确保经济单位业务活动的稳定、持续和发展,实现经济单位价值的最大化。这里所说的成本,是指经济单位在风险管理过程中,各项经济资源的投入,其中包括人力、物力和财力,乃至放弃一定的收益机会。

风险管理目标由两个部分组成:损失发生前的风险管理目标和损失发生后的风险管理目标,前者的目标是避免或减少风险事故形成的机会,包括节约经营成本、减少忧虑心理;后者的目标是努力使损失的标的恢复到损失前的状态,包括维持企业的继续生存、生产服务的持续、稳定的收入、生产的持续增长、社会责任。由于风险管理既不能消灭风险,又难以完全避免损失,因而,经济单位不仅应事先确定风险事故发生前要达到的目标,还应确定风险事故发生后要达到的目标。例如,通过风险管理措施的实施,使经济单位在风险损失发生后仍然能够继续维持生存,保证正常的生产、生活秩序的尽快恢复,尽快实现原有的稳定的收益,等等。只有将损前目标和损后目标二者有效结合,才能构成完整而系统的风险管理目标体系。

### 四、风险管理的程序

风险管理的基本程序是风险识别、风险估测、风险评价、选择风险管理技术和风险管理效果评价的循环过程。

#### (一)风险识别

风险识别是风险管理的第一步,是指对所面临的以及潜在的风险加以判断、分类和鉴定风险性质的过程。风险识别是系统地、连续地发现经济单位所面临的风险类别、形成原因及其影响的行为。

对风险的识别一方面可以通过感性认识和经验进行判断,称之为感知风险;另一方面,也是更重要的,则必须依靠对各种客观的会计、统计资料进行分析、归纳和整理,发现各种风险的损害情况,称之为分析风险。由于风险的可变性,风险识别需要持续地、系统地进行,要密切注意原有风险的变化,及时发现新的风险。

#### (二)风险估测

风险估测又称风险衡量,是指确定某种特定风险之损失规律的过程。在风险识别的基础上,通过对所收集的大量资料加以分析,运用概率论和数理统计,估计和预测风险发生的概率和损失幅度。

在一般情况下,尤其是在日常生活中,风险管理者主要依靠自己的经验和智慧对风险进行衡量,有时也可以通过风险矩阵进行分析。在数据、信息比较充分的情况下,还可以运用概率论和数理统计及其他科学方法进行数量分析,寻找风险的损失规律。风险估测的重要性在于不仅使风险管理建立在科学的基础上,而且使风险分析定量化,为选择最佳管理技术提供较可靠的依据。

## （三）选择风险管理技术

根据风险评价的结果，为实现风险管理目标，选择与实施最佳风险管理技术是风险管理中最为重要的环节。实际中，通常采用几种管理技术优化组合，使其达到最佳状态。风险管理技术分为两大类，即控制型技术（control method）和财务型技术（financing method）。

财务型风险管理则是在实施控制技术后，对无法控制的风险所做的财务安排。这一技术的核心是将消除和减少风险的成本均匀地分布在一定时期内，以便减少因随机性的巨大损失发生而引起的财务上的波动，通过财务处理，可以把风险成本降到最低程度。财务型风险管理方式主要包括风险自留和风险转移。

**1. 控制型风险管理**

控制型风险管理是为了避免、消除和减少意外事故发生的机会，采取限制已发生损失继续扩大的一切措施，重点在于改变引起意外事故和扩大损失的各种条件。控制型风险管理方式主要包括回避、预防、分散和抑制等方法。

（1）风险回避

风险回避是指放弃某项具有风险的活动或拒绝承担某种风险以避免风险损失的一种风险处理方法。

如果单纯从处置特定风险的角度来看，风险回避是最彻底的方法，因为这样可以完全避免该种风险造成损失的可能性。但是，并非所有的风险都可以通过回避来实现风险控制。首先，有些风险是无法避免的，例如，人的死亡、自然灾害等。其次，有些风险往往和收益并存，避免风险就意味着放弃收益。例如，个人如果试图避免任何风险，就同时失去了工作、快乐等；企业如果避免任何生产经营的风险，也就不可能获得任何的收入。再次，回避一种风险，可能会产生另一种新的风险。例如，乘坐火车前往目的地尽管可以避免乘坐飞机面临的航空事故，但同时也将面临火车出轨等铁路方面的风险。

（2）风险预防

风险预防是指在风险损失发生前为了消除或减少可能引发损失的各种因素而采取的处理风险的具体措施，其目的在于通过消除或减少风险因素而达到降低损失发生频率的目的。风险预防通常在损失频率高且损失程度低时采用。

风险预防措施可分为：工程物理法，是指损失预防措施侧重于风险单位的物质因素的一种方法，例如，防火建筑结构的设计、防盗装置的设置等；人类行为法，是指风险预防侧重于人们行为教育的一种方法，例如，职业安全教育、消防教育等。

（3）风险分摊

风险分摊是指风险单位企业或个人将风险的标的不集中在一起，使其共同发生风险的概率降低，损失最小。例如，一家全球企业不能只有一家原料供应商，否则就会由于原料生产厂家的一次事故造成这家全球企业的产品无法生产的损失。此外，在生活中，人们习惯将钱包、钥匙、各种证件放在一起，被偷窃后，犯罪分子利用身份证件推出银行卡密码，这就增加了损失。这些都是风险集中的表现。

（4）风险抑制

风险抑制是指在损失发生时或之后为缩小损失程度而采取的各项措施。它是处理风险的有效手段，例如，安装自动喷淋系统或火灾报警系统。

**2. 财务型风险管理技术**

（1）风险自留

风险自留是指自己非理性或理性地主动承担风险。"非理性"自留风险是指对损失发生存在侥幸心理或对潜在的损失程度估计不足从而暴露于风险中；"理性"自留风险是指经正确分析，认为潜在损失在承受范围之内，而且自己承担全部或部分风险比购买保险要经济合算。自留风险一般适用于应对发生概率小且损失程度低的风险。

（2）风险转移

风险转移是通过合同或非合同的方式将风险转嫁给另一个人或单位的一种风险处理方式。一般说来，风险转移的方式可以分为非保险转移和保险转移。

非保险转移是指通过订立经济合同，将风险以及与风险有关的财务结果转移给别人。在经济生活中，常见的非保险风险转移有租赁、互助保证、出让等等。

保险转移是指通过订立保险合同，将风险转移给保险公司（保险人）。个人或企业在面临风险的时候，可以向保险人交纳一定的保险费，将风险转移。一旦预期风险发生并且造成了损失，则保险人必须在合同规定的责任范围之内进行经济赔偿。由于保险存在着许多优点，所以通过保险来转移风险是最常见和最有效的风险管理方式。需要指出的是，并不是所有的风险都能够通过保险来转移，因此，可保风险必须符合一定的条件。

**（四）风险效果评价**

风险评价是指对风险处理手段的适用性和效益性进行分析、检查、修正和评估。在选定并执行了最佳风险处理手段之后，风险管理者还应对执行效果进行检查和评价，并不断修正和调整计划。因为经济单位所面临的社会经济环境、自身业务活动和条件都会随着时间的推移而发生变化。

在一定时期内，风险处理方案是否为最佳，需要采用科学的方法加以评估。常用的风险评估公式为

$$效益比值 = \frac{因采取该项风险处理方案而减少的风险损失}{因采取该风险处理方案支付的各种费用机会成本}$$

若效益比值小于1，则该项风险处理方案不可取；若效益比值大于1，则该项风险处理方案可取。使得效益比值达到最大的风险处理方案为最佳方案。

**【知识库】**

**风险管理学说**

纯粹风险说:纯粹风险说以美国为代表。纯粹风险说将企业风险管理的对象放在企业静态风险的管理上,将风险的转嫁与保险密切联系起来。该学说认为风险管理的基本职能是将对威胁企业的纯粹风险的确认和分析,并通过分析在风险自保和进行保险之间选择最小成本获得最大保障的风险管理决策方案。该学说是保险型风险管理的理论基础。

企业全部风险说:企业全部风险说以德国和英国为代表,该学说将企业风险管理的对象设定为企业的全部风险,包括了企业的静态风险(纯粹风险)和动态风险(投机风险),认为企业的风险管理不仅要把纯粹风险的不利性减到最小,也要把投机风险的收益性达到最大。该学说认为风险管理的中心内容是与企业倒闭有关的风险的科学管理。企业全部风险说是经营管理型风险管理的理论基础。

(资料来源:维基百科)

# 第三节 可保风险

## 一、可保风险的概念

可保风险即可保危险,是指可以被保险公司接受的风险,或可以向保险公司转嫁的风险。可保风险必须是纯粹风险,即危险。但也并非任何危险均可向保险公司转嫁,也就是说保险公司所承保的危险是有条件的。

## 二、可保风险的要件

### (一)风险不是投机的

保险人承保的风险,一般是纯粹风险,即仅有损失机会而无获利可能的风险。例如,火灾风险,只有给人的生命财产带来损害的可能,而绝无带来利益的可能。而投机风险则不然,它既有损失的可能,又有获利的机会。例如,股市风险,投机股票既有因股市下跌遭受损失的可能,又有因股市上扬而获利的机会,对这类投机风险,保险人是不能承保的。

### (二)风险必须是偶然的

风险是客观存在的,风险的偶然性是对个体标的而言的,比如对某个人、某个企业等。偶然性包含两层意思:一是发生的可能性,不可能发生的风险是不存在的。二是发生的不确定性,即发生的对象、时间、地点、原因和损失程度等,都是不确定的。如果是确定的风险,那么也就是必然要发生的风险。对某个人必然发生的风险,保险人是不予承保的。比如某人患了绝症,并已确诊,他就不能向保险公司投保死亡保险,因为在可预见的时间内,死亡对他来说已是必然的。

### (三)风险必须是意外的

风险的意外性包含两层意思:一是风险发生或风险损害后果的扩展都是投保人的故意行为。投保人故意行为引起的风险事件或扩大损害后果均为道德风险,保险人是不予赔偿的。二是风险的发生是不可预知的,因为可预知的风险往往带有必然性。比如适航的海轮在海上出险是不可预知的。而不适航的海轮由于出险几率相当大,在海上出险可以说是可预知的,因此,保险人就不予承保,船东瞒过保险人投保的,出险时一经查出,保险人也不承担赔偿责任。

### (四)风险必须是大量标的均有遭受损失的可能性

这一条件是要满足保险经营的大数法则要求。也就是说,某一风险必须是大量标的均有遭受损失的可能性(不确定性),但实际出险的标的仅为少数。比如火灾对于建筑物,只有这样的风险,才能计算出合理的保险费率,让投保人支付起保险费,也就是风险分担金,保险人也能建立起相应的赔付基金,从而实现保险的"人人为我,我为人人"的宗旨。如果某种风险只是一个或少数几个个体所具有,就失去了保险的大数法则基础。

### (五)风险应有发生重大损失的可能性

风险的发生有导致重大或比较重大损失的可能性,才会有对保险的需求。如果导致损失的可能性只局限轻微损失的范围,就不需要通过保险来获取保障,因为这在经济上是不合算的。

【知识库】

保险基金的建立

保险对风险的分摊及对损害的补偿,是在保险人将投保人交纳的保险费集中起来形成保险基金的前提下进行的。保险基金主要是由按照各类风险出险的几率和损害程度确定的保险费率所收取的保险费建立起来的货币基金。保险实际上是将在一定时期内可能发生的自然灾害和意外事故所导致的经济损害的总额,在有共同风险的投保人之间平均化了,使少数人的经济损害,由所有的投保人平均分摊,从而使单个人难以承受的损失,变成多数人可以承受的损害,这实际上是把损害均摊给了有相同风险的投保人。

(资料来源:兰虹《保险学基础》)

【案例1.1】

责 任 风 险

某亚洲制造商生产的棉质儿童衬衫出口到美国销售后,美国某小孩身穿该品牌衬衣在靠近打火机处突然着火,导致孩子严重烧伤。孩子父母遂在美国对销售百货公司、亚洲制造商及进口商提出起诉。法院判决称因该亚洲制造商未明示所生产的衬衣在靠近火源处具有易燃性,且知悉产品将在美国出售使用,因此应受美国法律约束,最后判定该亚洲制造商承担130万美元赔偿金。

目前我国出口产品80%为OEM(贴牌生产),只有20%为自有品牌出口。其中许多OEM企业对贴牌产品责任认识有误区,认为相应产品责任由海外客商承担,与己无关。而上述案例则充分提醒OEM企业同样也会因产品责任而面临诉讼的风险。一旦发生风险,消费者不会因为产品在国外制造而不追究生产商的责任,海外客商投保的责任险也没有涵盖OEM企业,国内企业同样会面临巨额赔偿风险。

# 第一章　风险与风险管理

**【案例 1.2】**

## 产品风险

2009年7月初,某油品有限公司从巴西进口57 000多吨黄大豆,并投保了海洋货物运输保险一切险。进关检验检疫时,港口检验检疫局发现该批大豆有明显发黑、发霉结块等受损情况,经过多次认真鉴定和实验分析后,于2009年9月24日向该公司出具了该船黄大豆品质不合格的《检验证书》,并指明5 868吨大豆损失原因系船舱内通风不良造成。随后广东该油品公司与保险公司就损失赔偿发生争议并导致诉讼,2010年5月26日经当地海事法院判决:保险公司赔偿该油品公司因黄大豆残损造成的全部损失1 700多万元。本案充分体现了货物远洋运输中存在巨额风险和转嫁风险的必要性。

## 本章小结

1. 明确了风险的定义,并阐述了该定义的内涵。
2. 概括了风险的特征,并说明了风险特征分别对保险运行机制的意义。
3. 介绍了风险要素。阐明了风险因素、风险事故和损失的内容和三者之间的关系,有助于风险的识别和管理。
4. 对风险分别从环境、性质、标的和原因方面进行了分类,使读者更深入了解风险的内容。
5. 概括了风险管理的定义,表明了风险管理的目标,介绍风险管理程序和方法,明确了保险只是风险管理方法的一种。
6. 明确阐述了通过保险转移的风险所具备的条件,为后面章节奠定基础。

## 自 测 题

1. 简述风险的构成要素及之间的关系。
2. 简述纯粹风险和投机风险的区别。
3. 简述风险管理的目标及其基本程序。
4. 结合自身谈一下风险管理方法的选择与应用。
5. 通过学习可保风险,你对保险有什么认识?

---

**【阅读资料1】**

## 2011年日本大地震

2011年3月11日,日本当地时间14时46分,日本东北部海域发生里氏9.0级地震并引发海啸,造成重大人员伤亡和财产损失。地震震中位于宫城县以东太平洋海域,震源深度20公里。东京有强烈震感。地震引发的海啸影响到太平洋沿岸的大部分地区。地震造成日本福岛第一核电站1~4号机组发生核泄漏事故。4月1日,日本内阁会议决定将此次地震称为"东日本大地震"。此次地震及其引发的海啸已确认造成14 063人死亡、13 691人失踪。2011年3月11日下午发生的地震是1900年以来全球第四强震,也是日本自1923年官方测定地震震级以来,该国震级最高的一次地震。依据美国国家航空航天局收集的资料,这次强震使日本本州岛向东移动大约3.6米,地轴移动25厘米,使地球自转加快1.6微秒。日本国土地理院3月19

日宣布,由于 11 日在日本东北部海域发生的里氏 9 级强烈地震,位于震中西北部的宫城县牡鹿半岛向震中所在的东南方向移动了约 5.3 米,同时下沉了约 1.2 米,这是日本有观测史以来最大的地壳变动记录。而朝鲜半岛也东移 5.16 厘米;我国北方地区也出现几毫米的东移现象。由于这次地震缘于板块间垂直运动而非水平运动,因此触发海啸,对日本一些海岸造成严重破坏,给整个太平洋沿岸带来威胁。美国地质勘探局学者布赖恩·阿特沃特告诉美联社记者,这次地震释放的能量"将近美国全国一个月的能量消耗"。

为评估此次强震,美国负责应对自然灾害的联邦救灾局、地质调查局及国家气象局当日联合举行电话会。地质调查局高级顾问戴维·艾伯盖特表示,地震还在海底造成一条长 300 公里、宽 150 公里的裂缝。

据台湾媒体报道,美国风险分析业者 AIR Worldwide 表示,日本大地震致保险损失金额高达近 350 亿美元,成为史上代价最昂贵灾难,这还未计入海啸造成的损失。这项数额几乎等同 2010 年全球保险业的全世界整体灾损金额。

(资料来源:百度百科)

【阅读资料 2】
### 劳合社特殊风险承保纵横

有人说劳合社市场没有不能承担的风险,这句话虽说有点言过其实或有些夸张,但是,在许多其他保险市场不能承保的风险,而劳合社市场的确能够承保。它除了在开发新险种方面处于领先地位以外,一直享有承保特种风险和不寻常的风险的美誉。下面就劳合社在过去几十年中承保的一些特种风险作个简要的回顾。虽然这些风险只占劳合社市场总业务量的一小部分,但是一直为人所传颂。

一、影视、戏剧和体育界

长期以来,劳合社一直以承保著名电影明星、戏剧明星和体育运动明星而著称。曾经在劳合社投保的明星有基尼·克利、梅·威斯特、伊丽莎白·泰勒、弗兰克·希拉特拉、爱德华·罗宾逊、包布霍普、宾·克罗斯比、理查德·贝顿、劳伦斯·奥利威尔。其中最著名的电影明星贝迪格莱到劳合社承保他的两条腿,保额为 100 万美元。由此而产生轰动效应,观众纷纷购票以欣赏他主演的电影,致使卖座率极高,为电影公司赚了一大笔钱。另一位身价很高的电影明星克里斯多夫·里伍斯在拍摄影片《超人》期间,有许多惊心动魄的场面,为了防止在拍摄当中因事故造成的损失,他来到劳合社投保 2 000 万美元的人身保险,高出贝迪格莱保额的 20 倍。此外南非一位著名电影明星凯利·沃尔斯在参演影片《星特立克》时,根据剧情需要,他必须将美丽的头发全部剃光。为防止头发剃光后不能适当再生而造成终生遗憾,于是他来到劳合社投保毛发保险,保额为数百万美元。

同样,劳合社承保人在承保摇滚音乐方面也处于独特的地位。在过去的十几年中,我们可以从劳合社承保档案中找到许多摇滚明星。其中一位著名的摇滚歌唱家布鲁斯·斯普林斯顿投保嗓音保险,保额为 350 万美元;美国当代著名性感女摇滚明星麦当娜在摇滚乐和舞蹈表演方面红极一时,无疑伦比,为防止乳房遭受不幸而被断送舞台生涯,以及带来的经济损失,她到劳合社投保乳房保险,保额为 1 000 万美元,保费为 10 万美元。

英国一个著名的喜剧剧团经常上演各种喜剧节目,许多喜剧能使观众忍不住当场捧腹大笑。为防止观众在观看喜剧时发笑而死亡造成的索赔,他们到劳合社投保观众责任保险。

二、各种动物

一般来讲,劳合社承保人对于动物的保险只办理动物的死亡保险。而在去年,劳合社海上承保人办理了一批死老鼠在运输途中的损失保险,这批死老鼠是从英国运往希腊用于研究的目的,一旦造成死老鼠丢失,被保险人可获得一笔赔偿金。

在加拿大太平洋海岸边,一条鲸鱼经常伤人,为防止鲸继续伤人,经过多方努力将其捕获,并装入一个大水族池,用船运往美国底特律进行展览,供游人观赏,为防止意外事故的发生,其中包括海上其他鲸鱼的营救活动,于是到劳合社投保,保额为8 000美元。

三、其他方面

英国某人藏有一粒大米,在上面刻有女皇和爱丁堡侯爵的肖像,因此,这粒大米身价倍增,为防止被盗,这个人到劳合社购买盗窃保险,保险金额为2万英镑。

英国一位著名人士卡的·沙克·怀克斯悬赏一百万英镑活捉尼斯湖的一个怪物,为防止有人活捉怪兽而造成一百万英镑的经济损失,他到劳合社投保损失赔偿保险。一家电影公司拍摄一部题材关于尼斯湖的怪兽家族的卡通片,到劳合社投保。在拍摄期间,如果真正的怪兽突然出现由此造成的财产损失,由劳合社承保人承担。

世界上有许多特殊人才和专业人员,他们的职业离不开他们天生的某些功能。如酿酒专家靠他们特有的嗅觉辨别酒的好坏。一位威士忌酒酿酒专家到劳合社投保鼻子嗅觉保险,保险金额为50万英镑。此外,许多作曲家靠他们特有的耳朵鉴赏力谱写了不少不朽的曲子,如一位著名作曲家理查德·斯汤克勒到劳合社投保耳朵听觉保险,保额为50万美元。在资本主义国家里,一切事情的纠纷都可以到法庭上解决,因此法官显得特别重要。例如在伦敦,在法庭开庭审理的诉讼当事人到劳合社投保首席法官的死亡保险。如果法官在审判过程中突然死亡,那么需要重新开庭审理原来的案件,这样,就需要一笔可观的法律诉讼费用,所以对首席法官的生命进行保险。

目前,在全世界范围内,只有美国和苏联在天空建有宇宙空间站,为防止因宇航空间站的零部件从空中落下造成财产和人员伤亡,他们都到劳合社投保财产和人员伤亡的责任险,保额从50万英镑到250万英镑不等。

每年在全世界范围内,世界各国都不定期地举行艺术画展,劳合社对这些画展都进行承保。例如,1989年,在巴黎举行的高京艺术画展,承保金额为6.6亿英镑,同年,在纽约举行的毕加索艺术画展,保额为10亿美元。1990年,在阿姆斯特丹举行的凡·高艺术画展,保险金额达到30亿美元,创劳合社画展承保的最高纪录。此后不久,在法国举办的中国陶瓷精品展览,其中展出一个2000年完好无缺的酒坛子,此坛子随岁月变迁而变成蓝色,劳合社承保人对此也进行了保险。

英国一家康迪德汉时装公司与一位女时装模特苏姗·米吉签订了3年的合同。3年合同规定,在3年内穿时装内衣进行现场表演,如果她遭受到伤害导致断送她的模特生涯,公司将赔偿她1千万英镑。于是这家时装公司来劳合社对她进行保险。

在许多电影拍摄过程中,有许多惊险镜头,一般演员不能拍摄,只能找替身演员来完成,许多替身演员到劳合社投保拍摄过程短期寿险。例如,爱恩尔·克尼威尔和艾迪·克迪在扮演替身特技时,必须采取一些可能的谨慎措施,防止事故的发生。在劳合社投保的替身演员中,有许多人在政府拍摄的预防道路意外事故的影片中,他们作真实的汽车撞击表演,以及为更多的电视广告都进行实地真实的惊险表演。例如,滑雪明星基·克劳德·克利为一家巧克力公司拍摄一则广告,按设计要求,必须从山上高速向下滑行,他必须"控制"雪崩,如果雪崩时间没有控制好,他随时有当场摔死的危险,于是他来到劳合社投保。

英国达比竟郡威士克斯俱乐部的40名会员为了防止他们的胡子被火烧掉或为别人偷窃,他们来到劳合社投保胡子保险,保费为20英镑。

综合上述,不难看出,劳合社的特种风险的承保项目五花八门。有些承保项目令人难以置信,如上面提到的麦当娜的乳房保险,以及威士克斯俱乐部会员的胡子保险,就是其中的两个典型的例子。像这些特种风险的费率是很难确定的,因为承保人很少掌握这种风险出现的历史数据,只能凭承保人的感觉、经验来确定。

(资料来源:《保险职业学院学报》,作者:袁建华)

# 第二章 Chapter 2

# 保险的产生与发展

【学习要求及目标】

通过对本章的学习,要求读者了解世界保险的起源与发展过程,分析世界保险业发展的现状和趋势;了解并熟悉中国保险业发展过程以及国内保险业务恢复以来保险业的发展状况。

【引导案例】

**不断完善的中国保险法律体系**

近年来,保险法制建设不断健全法律法规制度体系,积极完善监管体制,在夯实行业发展基础的同时,切实提高依法科学监管水平。2009年2月28日,新修订的《保险法》经十一届全国人大常委会第七次会议第三次审议通过,2009年10月1日实施。这次对《保险法》进行的系统性修订,吸收了"十六大"以来保险业改革发展的宝贵经验和有益探索,针对保险业发展站在新起点进入新阶段的实际,对行业发展和保险监管作出了许多新的规定,进一步完善了商业保险的基本行为规范和国家保险监管制度的主体框架。

截至2010年,中国保监会已审核出台了《保险公司管理规定》、《保险专业代理机构监管规定》、《保险经纪机构监管规定》、《保险公估机构监管规定》等7部规章,此外,另有多部规章正在审核修订。以保险法为核心,保险行政法规和规章为主干,由保险法、行政法规、行政规章、规范性文件等多层次规范构成的保险法律体系已初步形成,为贯彻落实科学的监管理念,加强改善保险监管,促进保险业又好又快科学发展提供了良好的法制环境和有力的法律保障。中国保险行业从无到有,逐步发展为保障社会主义经济建设的中坚力量。

## 第一节 世界近代保险的起源与发展

从上古社会开始,人类就在探索如何弥补自然灾害和意外事故所造成的各种经济损失,使生产能够持续进行,使生活有所保障。在数千年前,世界上就出现了后备与互助的古代保险思想和各种原始形态的保险。国外最早出现保险思想的并不是现代保险业发达的资本主义大国,而是处在东西方贸易要道上的文明古国,如古代的巴比伦、埃及、希腊和罗马。据英国学者托兰纳利论证:保险思想起源于巴比伦,传至腓尼基(今黎巴嫩境内),再传入希腊。

## 一、海上保险的起源与发展

海上保险是一种最古老的保险,近代保险也首先是从海上保险发展而来的。

### (一)海上保险的萌芽——共同海损

共同海损是指,在海上凡为共同利益而遭受的损失,应由得益方共同分摊。共同海损既是指为应付航海遇难所采取的一种救难措施,也指海上常见的一种损失事故。共同海损大约产生于公元前2000年,那时地中海一带出现了广泛的海上贸易活动。当时由于船舶构造非常简单,航海是一种风险很大的活动。要使船舶在海上遭风浪时不致沉没,一种最有效的抢救办法是抛弃部分货物,以减轻载重量。为了使被抛弃的货物能从其他受益方获得补偿,当时的航海商提出了一条共同遵循的原则:"一人为众,众为一人。"这个原则后来为公元前916年的《罗地安海商法》所采用,并正式规定为:"凡因减轻船只载重投弃入海的货物,如为全体利润而损失的,须由全体分摊归还。"这就是著名的"共同海损"基本原则。它可以说是海上保险的萌芽,但共同海损是船主与货主分担损失的方法而不是保险补偿,因此它是否属于海上保险的起源尚有争议。

### (二)海上保险的雏形——船舶和货物抵押借款

随着海上贸易的发展,船舶抵押借款和货物抵押借款制度逐步形成。这种借款在公元前就很流行,而且从希腊、罗马传到意大利,在中世纪也盛行一时。船舶抵押借款契约(bottomry bond)又称冒险借贷,它是指船主以船舶作为抵押品向放款人抵押以取得航海资金的借款。如果船舶安全完成航行,船主归还贷款,并支付较高的利息。如果船舶中途沉没,债权即告结束,船主不必偿还本金和利息。船货抵押借款契约(respondentia bond)是向货主放款的类似安排,不同之处是把货物作为抵押品。

这种方式的借款实际上是最早的海上保险形式。放款人相当于保险人,借款人相当于被保险人,船舶或货物是保险对象,高出普通利息的差额(溢价)相当于保险费。公元533年,罗马皇帝查士丁尼在法典中把这种利息率限制在12%,而当时普通放款利率一般为6%。如果船舶沉没,借款就等于预付的赔款。由此可见,船舶和货物抵押借款具有保险的一些基本特征,作为海上保险的起源已成为定论。这两种借款至今仍存在,但与古代的做法不同,它们是船长在发生灾难紧急情况下筹措资金的最后手段。今天的放款人可以通过购买保险来保护自己的利益。

船舶和货物抵押借款后因利息过高被罗马教皇格雷戈里九世禁止,当时利息高达本金的四分之一或三分之一。由于航海需要保险做支柱,后来出现了"无偿借贷"制度。在航海之前,资本所有人以借款人的地位向贸易商借得一笔款项,如果船舶和货物安全抵达目的港,资本所有人不再偿还借款(相当于收取保险费)。反之,如果船舶和货物中途沉没和损毁,资本所有人有偿债责任(相当于赔款)。这与上述船舶抵押借款的顺序正好相反,与现代海上保险更为接近。

### (三)近代海上保险的发源地——意大利

在11世纪后期,十字军东侵以后,意大利商人曾控制了东西方的中介贸易,并在他们所到之处推行海上保险。14世纪中期,经济繁荣的意大利北部出现了类似现代形式的海上保险。起初海上保险是口头缔约,后来出现了书面合同。目前发现的世界上最古老的保险单是一个名叫乔治·勒克维伦的热那亚商人在1347年10月23日出立的一张承保从热那亚到马乔卡的船舶保险单,这张保险单现在仍保存在热那亚国立博物馆。保单的措辞类似虚设的借款,即上面提及的"无偿借贷"规定,船舶安全到达目的地后契约无效,如中途发生损失,合同成立,由资本所有人(保险人)支付一定金额,保险费是在契约订立时以定金名义缴付给资本所有人的。保单还规定,船舶变更航道则契约无效。但保单没有列明保险人所承保的风险,它还不具有现代保险单的基本形式。至于最早的纯粹保险单是一组保险人在1384年3月24日为四大包纺织品出立的从意大利城市比萨运送到沙弗纳的保险单。到1393年,在佛罗伦萨出立的保险单已有承保"海上灾害、天灾、火灾、抛弃、王子的禁止、捕捉"等字样,开始具有现代保险形式。

当时的保险单同其他商业契约一样,是由专业的撰状人草拟,13世纪中期在热那亚一地就有200名这样的撰状人。据一位意大利律师调查,1393年仅热那亚的一位撰状人就草拟了80份保险单,可见当时意大利的海上保险已相当发达。莎士比亚在《威尼斯商人》中就曾写到海上保险及其种类。第一家海上保险公司于1424年在热那亚出现。

随着海上保险的发展,保险纠纷相应增多,这要求国家制定法令加以管理。1468年,威尼斯制定了关于法院如何保证保险单实施及防止欺诈的法令。1523年,佛罗伦萨制定了一部比较完整的条例,并规定了标准保险单的格式。

一些善于经商的伦巴第人后来移居到英国,继续从事海上贸易,并操纵了伦敦的金融市场,而且把海上保险也带进英国。今日伦敦的保险中心伦巴第街就是因当时意大利伦巴第商人聚居该处而得名。

### (四)英国海上保险的发展

在美洲新大陆被发现之后,英国的对外贸易获得迅速发展,世界保险中心逐渐转移到英国。1568年12月22日,经伦敦市长批准,在伦敦开设了第一家皇家交易所,为海上保险提供了交易场所,废除了从伦巴第商人那里沿袭下来的一日两次在露天广场交易的方式。1575年,由英国女王特许在伦敦皇家交易所内设立保险商会,办理保险单登记和制定标准保单和条款。当时在伦敦签发的所有保险单必须在一个名叫坎德勒的人那里登记,并缴付手续费。1601年,英国女王伊丽莎白一世颁布了第一部有关海上保险的法律,规定在保险商会内设立仲裁法庭,以解决日益增多的海上保险纠纷案件。但该法庭的裁决有可能被大法官法庭的诉讼推翻,因此取得最终裁决可能要等待很长时间。

17世纪的英国资产阶级革命为英国资本主义发展扫清了道路,大规模的殖民掠夺使英国逐渐成为世界贸易、航海和保险中心。1720年成立的伦敦保险公司和皇家交易保险公司因各向英国政府捐款30万英镑而取得了专营海上保险的特权,这为英国开展世界性的海上保险提供了有利条件。1756~1778年,英国首席法官曼斯菲尔德收集了大量海上保险案例,编制了一部海上保险法案。

说到英国的海上保险不能不对当今世界上最大的保险垄断组织——伦敦劳合社加以简要的介绍。劳合社从一个咖啡馆演变成为当今世界上最大的保险垄断组织的历史,其实就是英国海上保险发展的一个缩影。1683年,一个名叫爱德华·劳埃德的人在伦敦泰晤士河畔开设了一家咖啡馆。这里逐渐成为经营远洋航海的船东、船长、商人、经纪人和银行高利贷者聚会的场所。1691年,劳埃德咖啡馆从伦敦塔街迁至伦巴第街,不久就成为船舶、货物和海上保险交易的中心。当时的海上保险交易保单只是在一张纸上写明保险的船舶和货物,以及保险金额,由咖啡馆内的承保人接受保险的份额,并在保单上署名。劳埃德咖啡馆在1696年出版了每周三次的《劳埃德新闻》,着重报道海事航运消息,并登载在咖啡馆内进行拍卖船舶的广告。1713年劳埃德去世,咖啡馆由他的女婿接管并在1734年又出版了《劳合社动态》。据说,除了官方的《伦敦公报》外,《劳合社动态》是英国现存历史最悠久的报纸。

随着海上保险业务的发展,在咖啡馆内进行保险交易已变得不方便了。1771年,由79个劳埃德咖啡馆的顾客每人出资100英镑另觅新址专门经营海上保险。1774年,劳合社迁至皇家交易所,但仍然沿用劳合社的名称,专门经营海上保险,至此,劳合社成为英国海上保险交易的中心。19世纪初,劳合社海上承保额已占伦敦海上保险市场的90%,在以后的时间里,劳合社以其卓著的成就促使英国国会在1871年批准了"劳埃德法案",至此,劳合社成为一个正式的社会团体。1906年英国国会通过的《海上保险法》规定了标准的保单格式和条款,这一标准保单又被称做"劳合社船舶与货物标准保单",被世界上许多国家公认和沿用。1911年的一项法令取消了劳合社成员只能经营海上保险的限制,允许其成员经营一切保险业务。

劳合社不是一个保险公司,而是一个社团,更确切地说,它是一个保险市场。它与纽约证券交易所相似,只是向其成员提供交易场所和有关的服务,本身并不承保业务。1986年,劳合社迁至新的大楼。如今,劳合社有数百个承保各类风险的组合,每个组合又由许多会员组成,并有各自的承保人。以前,会员对所在组合承保的业务承担无限责任。劳合社会员最多的时候达3.3万人,来自世界50多个国家。20世纪80年代后期,由于石棉案等巨额索赔,劳合社发生了严重亏损,90年代起,劳合社开始实施重建计划,会员不再承担无限责任。

在长期的业务经营过程中,劳合社在全球保险界赢得了崇高声誉。劳合社曾创造过许多个第一。劳合社设计了第一份盗窃保险单、第一份汽车保险单和第一份收音机保险单,近年又成为计算机犯罪、石油能源保险和卫星保险的先驱。劳合社承保的业务十分广泛,简直无所不保,包括钢琴家的手指、芭蕾舞演员的双脚、赛马优胜者的腿等等,不过其最重要的业务还是在海上保险和再保险方面。劳合社作为不同的、独立的承保组织组成的最大专业保险市场,拥有提供快速决策方法、广泛的选择和为客户定制风险解决方案等方面的无与伦比的能力。如今全球十大银行、十大制药公司、五大石油公司和道琼斯指数90%的公司都向劳合社购买保险。2002年,劳合社的承保能力为123亿英镑。据劳合社首席执行官的估计,2006年,其公布的年毛保费收入(包括经纪人佣金)为164亿英镑。

劳合社由其成员选举产生的一个理事会来管理,下设理赔、出版、签单、会计、法律等部门,并在100多个国家设有办事处。2000年11月,劳合社正式在我国北京设立办事处,2007年4月16日,劳合社正式以再保险公司形式在上海落户。2010年5月获中国内地直接保险业务牌照。

（五）其他国家海上保险的发展

14世纪中期,海上保险已是海运国家的一个商业特征。在美洲新大陆被发现之后,西班牙、法国的对外贸易也进入迅速发展阶段。早在1435年,西班牙就公布了有关海上保险的承保规则及损失赔偿手续的法令。1563年,西班牙国王菲利普二世制定了安特卫普(地处比利时,当时为西班牙属地)法典。该法典分为两部分,第一部分是航海法令,第二部分是海上保险及保险单格式法令,后为欧洲各国采用。1681年,法国国王路易十四颁布的海上条例中也有关于海上保险的规定。此外,荷兰、德国也颁布了海损及保险条例。海上保险法规的出现标志着这些国家的海上保险有了进一步发展。

美国的海上保险发展较迟。在殖民地时代,美国长期没有独立的海上保险市场,美国商人被迫在伦敦投保。1721年5月25日,美国出现了第一家海上保险组织,由约翰·科普森在费城市场街自己的寓所里开设了一个承保船舶和货物的保险所。独立战争后不久的1792年12月15日,美国第一家股份保险公司——北美保险公司建立了,该公司出售6万股份,每股10美元,虽计划承保人寿、火灾和海上保险等业务,但最初只办理海上保险业务。1798年,纽约保险公司成立了。到1845年,美国约有75家经营海上保险的公司。在1845~1860年期间,美国海上保险业务发展迅速,这一时期美国的船舶总吨位增加了三倍。为了扩大纽约的海上保险市场,1882年纽约建立了类似劳合社的组织——由100多个成员组成纽约海上保险承保人组织。

## 二、火灾保险的产生和发展

15世纪,德国的一些城市出现了专门承保火灾损失的相互保险组织(火灾基尔特)。到了1676年,46个相互保险组织合并成立了汉堡火灾保险社。

1666年9月2日伦敦发生的一场大火是火灾保险产生和发展起来的直接诱因。这场火灾的起因是皇家面包店的烘炉过热,火灾持续了五天,几乎烧毁了半个城市,有13 000多幢房屋和90多座教堂被烧毁,20余万人无家可归,造成了无可估量的财产损失。这场特大火灾促使人们重视火灾保险。次年,一个名叫尼古拉斯·巴蓬的牙科医生独资开办了一家专门承保火险的营业所。由于业务发展,他于1680年邀集了3人,集资4万英镑,设立了一个火灾保险合伙组织。其保险费是根据房屋的租金和结构计算的,砖石建筑的费率定为年房租的2.5%,木屋的费率为年房租的5%。因为使用了差别费率,巴蓬被称为"现代保险之父"。

18世纪末到19世纪中期,英、法、德、美等国相继完成了工业革命,机器生产代替了原先的手工操作,物质财富大量集中,对火灾保险的需求也变得更为迫切。这个时期的火灾保险发展异常迅速,而且火灾保险组织以股份公司形式为主。最早的股份公司形式的保险组织是1710年由英国查尔斯·波文创办的"太阳保险公司",它不仅承保不动产保险,而且把承保业务扩大到动产保险,营业范围遍及全国,它是英国迄今仍存在的最古老的保险公司之一。1714年,英国又出现了联合火灾保险公司,它是一个相互保险组织,费率计算除了考虑建筑物结构外,还考虑建筑物的场所、用途和财产种类,即采用分类法计算费率,这是火灾保险的一大进步。

在美国,本杰明·富兰克林于1752年在费城创办了第一家火灾保险社。这位多才多艺的发明家、科学家和政治活动家还在1736年建立了美国第一家消防组织。1792年建立的北美保险公司在两年后开始承办火险业务,在该公司的博物馆里陈列了当时的消防设备和展现驾着马车去救火场面的油画。

到了19世纪,欧美的火灾保险公司如雨后春笋般涌现,承保能力大为提高。1871年芝加哥一场大火造成1.5亿美元损失,其中1亿美元损失是保火灾险的。而火灾保险从过去只承保建筑物损失扩大到其他财产,承保的责任也从单一的火灾扩展到风暴、地震、暴动等。为了控制同行业间的竞争,保险同业公会相继成立,以共同制定火灾保险统一费率。

在美国,火灾保险出现之初,保险人各自设计自己使用的保单,合同冗长且缺乏统一性。1873年马萨诸塞州成为美国第一个以法律规定必须使用标准火险单的州,纽约在1886年也通过了类似的法律。标准火险单的使用减少了损失理算的麻烦和法院解释的困难,也是火灾保险的一大进步。

## 三、其他财产保险业务的发展

海上保险与火灾保险是两个传统的财产保险业务,在它们的发展过程中,其承保的标的和风险范围不断得到扩展,逐步成为两个综合性的财产保险险种。在此基础上,19世纪后期,除海上保险和火灾保险外,各种财产保险新险种陆续出现。如汽车保险、航空保险、机械保险、工程保险、责任保险、盗窃保险、信用保证保险等。

与财产保险业务的迅速发展相适应,19世纪中期以后,再保险业务迅速发展起来。最早独立经营再保险业务的再保险公司,是1846年在德国设立的科仑再保险公司。到1926年,各国共建立了156家再保险公司,其中德国的再保险公司数目最多。对于财产保险业务而言,由于其风险的特殊性,再保险已成为其业务经营中不可缺少的手段。再保险使财产保险的风险得以分散,特别是财产保险业务在国际上各个保险公司之间的分保,使风险在全球范围内分散。再保险的发展，又促进了财产保险业务的发展。今天，英、美、德、瑞士等国的再保险业务在国际上占有重要的地位。

## 四、人身保险的产生和发展

从原始的萌芽形态到具有现代意义的人身保险，人身保险经历了漫长的探索和演变过程。在其发展过程中，对人身保险的形成和发展影响重大的事件和人物主要有：

### （一）"蒙丹期"公债储金办法

这个办法产生于12世纪威尼斯共和国。当时为了应付战时财政困难，政府发行了强制认购的公债。其具体内容为：政府每年给予认购者一定的酬金直到该认购者死亡，本金一律不退还。这种给付形式接近于同代的终身年金保险。它对后来年金保险的产生有很大的影响。

### （二）"冬蒂"方案

这是1656年意大利银行家洛伦佐·冬蒂设计的一套联合养老保险方案，于1689年由法国国王路易十四颁布实施。该方案规定：发行总数为140万的国债，每人可认购300法郎，每年由国库付10%的利息，本金不退还。支付利息的办法是：把所有认购者按年龄分为14个集体，利息只付给集体的生存者，生存者可随集体死亡人数的增加而领取逐年增加的利息，集体成员全部死亡，就停止发放利息。这个办法相当于现在的联合生存者终身年金。

上述办法，都是欧洲各国政府带着财政目的强制推行的，以聚财为目的，必然引起人们的不满和反对，难以长久存在。同时，这些方案的费用负担都没有经过科学精确的计算，因而难以做到公平、合理。随着商品经济的发展，人们越来越要求按照等价交换的原则，根据享有的权利负担费用，这就引发了许多学者对人身保险计算问题的研究。

### （三）死亡表的研究和编制

为使人身保险符合"公平、合理"的原则，不少学者开始了对人口问题的研究，并编制死亡表。较有影响的死亡表有：

1662年英国的格朗脱编制的以一百个同时出生的人为基数的世界上第一张死亡表。此表过于简单且不够精确，但给后来的研究以很大的启发。

1671年荷兰数学家威特编制的死亡表。

1693年英国天文学家哈雷编制的第一张最完全的死亡表。此表计算出了各年龄的死亡率和生存率。

1783年诺爽姆登编制的死亡表以及1815年弥尔斯编制的死亡表。

这些死亡表的编制为人身保险的科学计算奠定了基础。

### （四）自然保费

1756年，詹姆斯·道德逊根据哈雷死亡表计算出了各年龄的人投保死亡保险应缴的保费。这种保费称为"自然保费"。由于自然保费难以解决老年人投保时费用负担的问题。詹姆斯·道德逊又提出了"均衡保险费"的理论。

在人身保险计算理论研究发展的同时,人身保险业务也有了很大发展。1705年,英国友谊保险会社获得皇家特许,经营寿险业务。到1720年,英国已有20家人寿保险公司。1762年,公平人寿保险公司在英国建立,这是世界上第一家科学的人寿保险公司。该公司第一次采用均衡保费的理论计算保险费,规定每次缴费的宽限期及保单失效后申请复效的手续,对不符合标准条件的保户另行加费,使人身保险的经营管理日趋完善。该公司的创立标志着近代人身保险制度的形成。

工业革命刺激了对人身保险的需求,使得人身保险在世界范围内迅速发展。在英国,1854年出现了民营简易寿险,1864年又出现了国营邮政简易寿险,接着团体保险也有了很大发展。19世纪末,英国的寿险业务一直居世界领先地位,20世纪以后,便先后被美国、加拿大、日本等国超过。

美国的人身保险发展速度很快,1950年经营人身保险的公司有469家,1985年增加到2 261家。日本是第二次世界大战后人身保险发展速度最快的国家,目前已成为世界上人身保险业务最发达的国家之一,其有效保额居世界首位。1999年日本的人身保险业务占保险业务总量的79.4%。当年全球保费收入总额中,人身保险保费收入所占比重为60.8%。

## 五、世界保险业发展的现状和趋势

### (一)世界保险业的现状

**1. 保费收入现状**

第二次世界大战后,世界保险业取得了极大的发展,社会对保险的依赖程度越来越高。总体而言,经济越发达的国家,保险业也越发达。全世界的保费收入1950年为207亿美元,1999年则达到了23 240亿美元,在近50年里平均每年增长10%左右。1997年,全世界保费收入总额达21 286.77亿美元,其中发达国家占了90%以上,单是日、美两国就占了近60%。但从保费收入增长的角度来看,发展中国家名列前茅。1996年,非洲的保费增长速度最快,亚洲次之,最后才是欧洲和美洲。

2009年底,保险总保费排名全球第一的是美国,总保费收入11 397 460亿美元,占世界份额28.03%。其次是日本,总保费收入5 059 560亿美元,占世界份额12.44%。第三是英国,总保费收入3 092 410亿美元,占世界份额7.61%。与中国水平相当的是意大利,总保费收入1 693 600亿美元,占世界份额4.17%。根据瑞士再保险公司的研究,2009年全世界保费规模(寿险和非寿险)为40 660亿美元,其中欧洲占39.6%(2008年41%),北美占30.5%(2008年32%),亚洲占24.3%,排名第三。

从保险深度和保险密度的角度考察,保费收入的差异体现出发达国家与发展中国家的保险发展水平的不平衡。

总体上看,发达国家的保险深度大大高于发展中国家。1996年,寿险保险深度较高的国家有南非和日本，其保险深度均在10%以上，最低的国家是越南和卡塔尔，其保险深度几乎为零，双方差距之大由此可见一斑。2009年全球保险密度位列第一的是荷兰，保险密度6 554.6美元；第二名是瑞士，保险密度6 257.6美元；再次是丹麦，保险密度5 528.9美元。日本和美国则分别位列第九、第十。

1998年，保险密度最大的两个国家是日本和瑞士，达到了4 000美元以上，其他工业化国家的保险密度则在1 200～2 100美元之间，而发展中国家的保险密度几乎都在100美元以下。2009年全球保险深度平均水平是7.0%，位列第一位的是中国台湾地区，保险深度达到16.8%；第二名是荷兰，保险深度达13.6%；再次是英国，保险深度达12.9%；中国香港则位列第五，保险深度为11.0%。

2. 险种现状

保险业务范围的拓展是以经济的发展水平以及被保险人规避风险的需要为基础的，新技术的发展推动了新工艺、新工业的产生，同时也带来了新的风险。例如，电气革命促进了电器设备的广泛运用，也带来了机器损坏的风险，计算机网络的普及带来了计算机犯罪的风险等。另一方面，技术的进步又使过去被认为不可保的风险成为可保风险，这为新险种的产生提供了契机。

进入20世纪90年代，世界保险市场竞争日趋激烈。在技术日新月异和自然灾害频繁的背景下，新的保险需求不断产生。在需求的带动下，新险种大量涌现，并且发展很快。例如，在寿险领域，日本推出了严重慢性疾病保险，美国推出了"变额保险"，英国甚至推出了"疯牛病保险"，并获成功。在财产保险领域，自然灾害的发生和意外事故的增多使险种创新的势头更为强劲。甚至针对全球变暖的情况，许多保险机构也推出了有关险种。近几年来，恐怖活动频繁，治安问题严重，还催生了勒索绑架保险。总之，一旦产生保险需求，险种创新就会发生，需求是促使新险种出现的决定性因素。

3. 巨灾风险增加，"巨灾证券化"形成

随着投保财产价值的增大，保险金额也越来越高。近年来，各种意外事故频发，索赔案件经常发生并且某些案件索赔数额巨大。20世纪90年代以来，发生了16起损失超过32亿美元的巨大灾害，而整个80年代很少发生损失超过10亿美元的灾害。1992年，全世界的保险损失达到了一个空前的高峰。这一年，共损失了271亿美元，这些损失主要是由自然灾害和人为事故造成的。如美国发生的安德鲁飓风造成了155亿美元的损失，发生在洛杉矶的暴乱造成了7.75亿美元的损失，发生在伦敦的炸弹爆炸事件造成了12.2亿美元的损失。1999年保险业又遭遇了有史以来第二大赔偿高峰。2001年9月11日的美国恐怖袭击事件使全球保险业经受了有史以来最严峻的考验。据粗略估计"9.11"事件造成的保险赔偿将高达300亿～700亿美元，是保险史上赔付额最高的一次事件。2011年3月11日，日本东北部发生9.0级地震并引发大海啸，日本福岛核电站多处发生爆炸事故，数万人失踪，直接经济损失数千亿美金。

面对日益频繁的巨灾风险，发达国家的保险业除继续采用补足资本金、提足准备金和扩大再保险等传统的分散风险损失的手段外,开始采用金融工程技术,通过开发动态风险管理产品来转移巨灾风险。

**4. 从业人员的专业化程度高、知识面广**

保险业具有很强的专业性和技术性,从险种开发到承保、理赔、防灾防损无不需要专业化人才。因此,保险机构十分重视人才的引进,并把专业化人才看做事关自身竞争力的一个重要因素。对于内部员工,保险人经常对其进行各种专业培训,这种培训尤以承保、理赔和财务人员为重点。对于高级管理人员,保险机构有更为严格的要求,要求其必须具有相应的学历和资历。在保险营销过程中,专业化的程度也越来越高。保险代理人和保险经纪人要经过专业考试并取得执业证书后方可开展业务。保险从业人员的专业化,提高了保险机构的经营水平,有利于整个保险业的健康发展。

### (二)世界保险业的发展趋势

**1. 世界保险全球化和金融服务一体化的趋势**

当今世界,经济的发展,尤其是国际贸易与国际资本市场的发展决定了市场开放的必要性,而通信、信息等高新技术的发展又为实现全球经济一体化创造了技术条件。以计算机网络技术和生物工程技术为代表的高新技术深刻地影响着经济政治生活以及人们的生存方式。在高新技术的推动下,全球经济一体化的趋势越来越明显,作为世界经济重要组成部分的保险业,也呈现出国际化的趋势。保险全球化是指保险业务的国际化和保险机构的国际化。随着世界经济全球化的进一步发展,保险业国际化的趋势将不断加强。

为了适应世界保险业发展的需要,发达国家大都放松了对本国保险市场的监管,同时发展中国家也在做出自己的努力。如中国、印度、东盟国家以及智利、阿根廷、委内瑞拉等国都不同程度地开放了本国保险市场,以吸引外国投资者。1995年,全球多边金融服务协议达成,这意味着全球保险市场的90%都将开放。

世界经济金融的自由化带来了金融保险服务的一体化。1999年11月12日,当时的美国总统克林顿签署了《金融服务现代化法案》(Financial Service Act of 1999,又称Gramm-Leach-Biley),该法案的签署颁布意味着国际金融体系发展过程中又一次划时代的变革,它将带来金融机构业务的历史性变革。金融保险服务一体化的趋势正扑面而来。在金融服务全球化和一体化的浪潮中,银行保险的联盟、保险与证券的联盟方兴未艾,并将更加成熟。

**2. 保险规模大型化和保险机构的联合与兼并的趋势**

规模的扩大一方面体现在保险标的的价值越来越大,巨额保险增多;另一方面则体现在从事保险的机构越来越多。保险标的价值的增大与经济的发展是分不开的。新技术的运用使各种机器设备越来越复杂、精细,价值也越来越高,同时由于经济主体之间关系的日益紧密,风险的影响也越来越大,因此,巨额保险的数量不断增加。

与此同时,保险机构的规模日趋庞大。竞争白热化的结果必然是优胜劣汰,从而加速了保险机构之间的联合与兼并。19世纪初,全世界只有30多家保险公司,到了20世纪90年代初,全世界保险公司的数量增加到上万家。而在面临全球化竞争的情况下,许多公司又开始进行广泛的合作。竞争与合作呈现出一种相互推动的态势。近年来,合作进一步演化成保险人之间的并购,保险市场的并购案件显著增多,保险机构呈现大型化的趋势。1996年7月,英国的太阳联合保险与皇家保险宣布合并,成立皇家太阳联合保险公司,一举成为英国第一大综合性保险公司。1996年4月,法国巴黎联合保险集团与安盛保险公司合并,新的保险集团(以账面价值为准)为世界排名第二,欧洲排名第一。在再保险领域,并购之风也愈演愈烈,仅在1996年上半年,并购大案就接二连三,如美国通用再保险收购了德国科隆再保险,慕尼黑再保险收购了美国再保险。另外,在保险中介市场上,并购活动也呈增多趋势。

**3. 保险经营转向以非价格竞争为主,并且更加注重事先的预防**

市场竞争的白热化使保险业面临的价格压力越来越大,长期的亏损使许多公司破产倒闭,严重地影响了保险人与被保险人双方的利益。因此保险人越来越注重非价格的竞争,努力在保险经营上积极创新,力求在保险技术和保险服务上吸引顾客。与此同时,保险人越来越不甘于被动地提供事后的补偿,而是积极地参与事前和事中的防灾防损,在成本收益分析的基础上联合各类技术专家从事风险的识别、测定与预防工作,为被保险人提供各种相关的防灾防损服务。这既有利于保险人提高自己的服务水平与竞争力,又减少了被保险人的损失可能和保险人赔付的可能,同时也减少了损失发生后可能的外部影响,有利于社会经济的稳定运行。

**4. 保险业的风险控制和资金管理尤为重要**

保险公司将使用新的方法来控制风险和管理资金。对保险公司来说,资金的有效管理从未显得如此重要。巨灾的频繁发生、恐怖袭击以及全球性市场低迷和银行低息政策的影响,对保险公司的资本金造成了巨大压力,保险公司的财力被日益削弱,偿付能力不断下降。保险公司正在尝试使用各种新方法来分析风险,从而决定资金流向。

**5. 养老保险将成为保险业发展的亮点**

目前,很多国家正在进行退休及养老制度改革,这类保险的需求正日益增大。未来保险公司的成败在很大程度上将取决于在该领域的表现。现存的保险公司将向客户提供更多的资产管理和金融服务,并逐步向金融服务公司转型。

【知识库】

### 英国"商法之父"和"保险法之父"——曼斯菲尔德

曼斯菲尔德勋爵(本名威廉·默里,1705—1793)生于苏格兰佩思郡,1730年成为一名律师,1742年和1754年分别出任皇家副总检察长和总检察长,1756年至1788年出任王座法庭首席大法官。

曼斯菲尔德勋爵是英国法律史上一位里程碑式的大法官,被誉为英国的"商法之父"和"保险法之父"。他通过对具体商事惯例作出的特别判决,将商事习惯和原则引入英国普通法的司法审判,使其成为英国普通法的一部分。通过此举,英国法律首次打破了以土地为中心、依附于土地并受到根深蒂固的司法传统限制的模式,英国也成为首个在普通法院实施商法的国家。此外,他还发展了票据法、著作权法的理论与实践,开辟了海上保险法这一新领域。

(资料来源:《法制日报》2010年3月,作者:张京凯)

## 第二节 中国保险业的产生与发展

中国是一个文明古国,早期就有丰富的风险管理与保险实践。但是尽管我国保险思想和救济后备制度产生很早,但因中央集权的封建制度和重农抑商的传统观念的制约,商品经济发展缓慢,缺乏经常性的海上贸易,因此我国古代原始形态的保险始终未能演变为商业性的保险。

### 一、中国近代保险业

(一)外商保险公司垄断时期

我国古代保险的雏形或萌芽并没有演变成现代商业保险,近代中国保险业是随着帝国主义势力的入侵而出现的。

19世纪初,当中国仍处于闭关自守状态时,已完成工业革命的英国率先用枪炮强行打开了我国门户,其保险商也开始跟随他们的战舰抢占中国市场,近代保险制度也随之传入中国。1805年,英国保险商向亚洲扩张,在广州开设了第一家保险机构,称为"谏当保安行"或"广州保险会社"。经过两次鸦片战争,以英国保险商为首的一些帝国主义国家的保险商,凭借一系列强加于我国的不平等条款及其在华特权,进一步在中国增设保险机构。1845年,英商在上海这个"冒险家乐园"开设了"永福"、"大东方"两家人寿保险公司,19世纪70年代又在上海开办了"太阳"、"巴勒"等保险公司。

外商保险公司在中国的出现是帝国主义经济侵略的产物,这些保险公司凭借不平等条款及其在华特权,挟其保险经营的技术和雄厚资金,利用买办在中国为所欲为地扩张业务领域,并用各种手段实行垄断经营,长期霸占中国保险市场,攫取了大量的高额利润。到19世纪末,已形成了以上海为中心,以英商为主的外商保险公司垄断中国保险市场的局面。

### (二)民族保险业的诞生和兴起

鸦片战争后,外商保险公司对中国保险市场的掠夺,激起了中国人民振兴图强维护民族权利,自办保险的民族意识。一些有识之士,民族资产阶级思想的传播者,如魏源、洪仁玕、郑观应、王韬、陈炽等人,开始把西方的保险知识介绍到国内,并主张创办自己的保险事业,为创建我国的保险业做了舆论准备。19世纪中叶,外国保险公司在华势力急剧扩张的同时,民族保险业也脱颖而出。

1865年5月25日,中国人自己创办的第一家保险公司"义和公司保险行"在上海诞生,它打破了外商保险公司独占我国保险市场的局面,为以后民族保险业的兴起开辟了道路。此后,相继出现的民族保险公司有:保险招商局、仁和水险公司与济和水火险公司(后二者合并为仁济和水火险公司)、安泰保险公司、常安保险公司、万安保险公司等。其中,仁济和保险公司是我国第一家规模较大的船舶运输保险公司;香港华商、上海华安人寿保险公司和延年寿保险公司等是最早由华商经营的人寿保险公司。从1865年到1911年中华民国成立之前,华商保险公司已有45家,设在上海的有37家,设在其他城市的有8家。1907年,上海的9家华商保险公司组成历史上第一家中国人自己的保险同业公会组织——"华商火险公会",用以抗衡洋商的"上海火险公会",这反映出民族保险业开始迈出联合团结的第一步。同时,清政府也注意到了保险这一事业,并草拟了《保险业章程草案》、《海船法草案》和《商律草案》,这些保险法规虽未正式颁布实施,但对民族保险业的兴起、发展起了一定的促进作用。这些法规的拟定也使保险业的法律制度逐步走向系统化和完备化。

上述情况表明我国民族保险业在辛亥革命前已兴起和形成。但这一时期的民族保险业的资本和规模都不大,相对于外商保险公司仍处于弱势地位。

### (三)20世纪初期的中国保险业

**1. 民族保险事业的发展**

第一次世界大战期间,由于欧美帝国主义国家忙于战争,无暇他顾,我国民族资本有了发展的机遇,许多民族资本的火灾保险公司和人寿保险公司在上海、广州、香港等地相继成立。尽管第一次世界大战后民族保险业因外国势力的加强而陷入萧条,但在"五·四"、"五·卅"运动以后,中国民族银行业的发展及对民族保险业的投入,又使保险业有了迅速的发展,并且保险业务迅速由上海等地延伸到其他口岸和内地商埠。据1937年《中国保险年鉴》统计,全国有保险公司40家,分支机构126家,这些分支机构遍布全国各地。

在民族保险业的发展和中外保险公司激烈竞争的形势下,一些规模较大的民族保险公司将保险业务由国内扩展到国外,开拓保险市场,扩展国外保险业务。1937年前后,华商保险公司陆续在西贡、巴达维亚、澳门、新加坡、马尼拉等地设立分支公司。中国保险公司还在大阪、伦敦、纽约等地设立代理处,由所在地的中国银行代理保险业务。

## 2. 外商保险公司进一步垄断中国保险市场

第一次世界大战后,美、日保险在华势力迅速扩大,形成了以英、美、日为主的多国势力控制中国保险市场的局面。在当时,全中国一百多家保险公司和保险机构中,华资保险公司仅有24家。这些外商保险公司垄断并控制了我国的保险市场,攫取大量的超额利润。据1937年的资料,中国每年流出的保费外汇达235万英镑,占全国总保险费收入的75%。

"九·一八"事变后,日本帝国主义对东北沦陷区实行经济上的全面控制,对日本以外的保险公司进行重新登记,采取逐步驱逐政策,独占保险市场。

## 3. 官僚资本保险机构对中国保险市场的控制

1937年"七·七"事变后,中华民族抗日战争全面展开,国民党政府被迫迁都重庆,经济中心逐渐西移,许多中国保险公司也随之西移重庆。这促进了内地保险业的发展,大后方的保险机构大量增加。至1945年8月,川、云、贵、陕、甘五省共有保险总分机构134处。然而当时大后方的保险市场却是由国民党官僚资本和政府有关部门兴办的官办保险公司所操纵和控制,它们凭借雄厚的资金和政治后台,几乎包揽了当时大部分保险业务。在重庆,"四大家族"的官僚资本控制了占全国90%的保险业务,形成官僚资本在保险业的霸权地位。

第二次世界大战后,中国的保险中心又东移上海。在抗日战争胜利气氛的鼓动下,百业渴望振兴,保险业也力求励精图治,曾一度呈现出表面繁荣景象。但这一时期的情况却是官僚资本保险机构与卷土重来的外商保险公司相互利用,控制保险市场。外商公司控制官僚资本公司,而民族资本保险公司则受外商和官僚资本保险公司的双重控制。由于国民党政府的腐败统治,投机活动盛行,物价飞涨,民不聊生,国民经济陷于崩溃状态,到1949年,华商保险公司已处于奄奄一息的境地。

近代商业保险制度在我国虽然已有一百多年的历史,但却始终未能获得较大发展。

## 二、中国现代保险业的发展

1949年10月,中华人民共和国成立,新中国保险事业从此也翻开了新的篇章。中国保险事业几经波折,如今已逐步走向成熟和完善。

### (一)新中国保险事业的形成和发展(1949~1958年)

主要有两方面的内容:

#### 1. 人民保险事业的创立和发展

1949年,随着解放战争在全国范围内取得决定性胜利,建立统一的国家保险公司被提上了议事日程,1949年9月25日至10月6日,经过紧张的筹备,第一次全国保险工作会议在北京西交民巷举行,会议讨论了一系列人民保险事业发展的方针政策问题,为新中国保险事业的发展指明了方面。1949年10月20日,中国人民保险公司在北京成立,宣告了新中国统一的国家保险机构的诞生,从此揭开了中国保险事业崭新的一页。

中国人民保险公司在成立后,本着"保护国家财产,保障生产安全,促进物资交流,增进人民福利"的基本方针,配合国家经济建设,先后开办了各种保险业务。国民经济恢复时期,中国人民保险公司为配合国民经济恢复这一中心工作,开办的国内业务主要是对国营企业、县以上供销合作社、国家机关财产以及铁路、轮船、飞机的旅客实行强制保险。此外还在农村开展自愿性质的牲畜保险,并在城市中开展各种自愿性质的财产保险和人身保险。这对当时年轻的人民共和国国民经济的恢复和发展起了积极的作用。但是由于认识上的原因以及缺乏经验,在业务经营过程中犯了盲目冒进、强迫命令的错误,一度在群众中引起了反感。因此,在"一五"期间,国家确立了"整顿城市业务,停办农村业务,整顿机构,在巩固基础上稳步前进"的方针,对保险市场进行了整顿:逐步收缩停办农村业务,集中力量发展城市中的强制保险、运输保险和火险三项业务。后来为了充实国家财政和社会后备力量,又重点发展农村保险,停办部分国营企业强制保险,稳步扩大城市保险业务,有计划地办理适应群众需要的个人财产和人身保险。人民保险事业在整顿中稳步发展。

**2. 人民政府对旧中国保险市场的整顿和改造**

在创建和发展人民保险事业的同时,人民政府对旧中国的保险市场进行了整顿和改造。首先,接管官僚资本的保险公司。由于官僚保险机构大多集中在上海,所以接管工作以上海为重点。1949年5月27日上海解放后,上海军管会财政经济接管委员会金融处立即发布保字第一号训令,接管324家官僚资本保险机构。其他解放了的城市的官僚资本保险机构也相继由当地军管会接管。其次,对民族资本的保险公司进行整顿和改造。对于民族资本的保险公司进行重新登记,并允许其进行社会主义改造,几经合并,又投入部分国家资金,最终于1956年成立了公私合营的专营海外保险业务的太平保险公司。再次,对外商保险公司实行限制政策。新中国成立后,为彻底改变帝国主义垄断中国保险市场的局面,维护民族独立,中国政府废除了外商保险公司一切在华特权,对其业务经营严格管理,限制其业务经营范围,切断业务来源,对违反中国法令和不服从管理的外商保险公司进行严肃查处。到1952年底,外商保险公司由于在我国保险市场上的业务量逐年下降而陆续申请停业,最终全部自动撤离中国保险市场。

### (二)中国保险事业的停顿(1958~1978年)

1958~1978年,我国经历了三年"大跃进"、三年自然灾害、十年"文化大革命"的剧烈震荡,经济的发展受到了严重的影响,我国的保险市场因此偏离了正确轨道,陷入崩溃的状态。

由于受极"左"思潮的影响,1958年全国各地刮起了"共产风",大搞"人民公社化"、"一大二公",生、老、病、死统统由国家包下来,许多人片面认为保险已完成了历史使命,没有存在的必要。于是,1958年10月在西安召开的全国财贸会议提出了立即停办国内保险业务的建议,同年12月在武汉召开的全国财政会议正式做出了立即停办国内保险业务的决定,同时,财政部发出了关于停办国内保险业务以后财务处理的通知。至此,除上海等个别城市还保留少量的国内业务外,全国其余各地均停办了国内保险业务。中国人民保险公司专营国外业务,改由中国人民银行总行国外局领导,编制紧缩为30多人的一分处。1958年底到次年,数万名保险干部转业,几千个机构被撤销,国内保险业务进入空前的低谷时期。

1964年,随着国民经济的好转,中国人民银行向国务院财贸办公室请示建议恢复保险公司建制获准。之后,保险建制改为局级,对外行文用中国人民保险公司的名义。1965~1966年,随着全国农业生产的发展,国内一些大城市的国内保险业务陆续恢复。但"文化大革命"打乱了中国经济发展的进程,保险被视为"封资修",国内业务被迫全部停办,国外业务也遭到严重摧残,最后中国人民保险公司只剩下9人从事国外保险业务工作的守摊和清摊工作,全国各地的保险机构全部瘫痪。

### (三)中国保险事业的恢复(1979~1985年)

党的十一届三中全会做出了把党和国家工作的重点转移到社会主义现代化经济建设上来的战略决策。我国保险市场以此为契机逐渐恢复。

1979年4月,国务院批准并转发了中国人民银行全国分行行长会议纪要,做出了逐步恢复国内保险业务的重大决策。同年11月,中国人民银行召开了全国保险工作会议,肯定了保险对发展国民经济的积极作用,并在总结国内外保险经验的基础上,根据国家改革开放的精神,具体部署了恢复国内保险业务的方针政策和措施。全国保险工作会议结束后,恢复国内保险业务,组建各地分支机构的工作全面展开。截至1980年底,全国28个省、自治区、直辖市都已恢复了保险公司的分支机构,各级机构总数达311个,专职保险干部3 423人,全年共收保费2.9亿多人民币。

在恢复各类财产保险业务的基础上,1982年,中国人民保险公司又开始恢复办理人身保险业务和农村保险业务。几年时间,国内各项业务飞速增长。与此同时,涉外保险业务也快速发展,1983年,中国人民保险公司已与120多个国家和地区1 000多家保险公司建立了国际业务关系,全年保险费收入1.5亿多美元,并承保了对外贸易的70%以上的业务。恢复初期,中国人民保险公司为中国人民银行的一个局级专业公司,管理体制沿袭20世纪50年代的总、分、支公司垂直领导形式。为了适应保险市场发展的需要,1982年经国务院批准同意,设立了中国人民保险公司董事会、监事会。其主要任务是:贯彻执行国家保险事业的方针政策,领导和监督保险公司的经营和管理工作。1983年9月,国务院同意中国人民保险公司从中国人民银行中分离出来,升格为国务院直属局级经济实体,按照国家的法律行政法规的规定,独立行使职权和进行业务活动。从1984年1月起,中国人民保险公司的分支机构改由保险总公司领导。1985年2月,中国人民保险公司各省、自治区、直辖市分公司经当地党政部门批准,全部升格为厅局级机构,实行总公司与当地人民政府双重领导。至此,我国保险事业已基本恢复。

从新中国保险事业的建立到20世纪80年代我国保险业基本恢复这段时期,人民保险事业从无到有,取得了长足的发展。但我国长期实行的计划经济却导致了对保险认识的偏差,致使我国保险业跌宕起伏,发展坎坷,而国家对保险业的垄断经营,又在一定程度上妨碍了保险业的发展。

### (四) 中国保险业的逐步完善(1986年至今)

我国保险业从1986年起进入了全面发展的时期,并逐步走向完善和成熟。

**1. 保险机构不断增加,逐步形成多元化竞争格局**

1985年3月3日,国务院颁布了《保险企业管理暂行条例》,为我国保险市场的新发展提供了法律保障。1986年,中国人民银行首先批准设立了新疆生产建设兵团农垦保险公司,专门经营新疆生产建设兵团内部的以种植和牧养业为主的保险业务,这预示着中国人民保险公司独家经营的局面从此在我国保险市场上消失。1987年,中国交通银行及其分支机构开始设立保险部,经营保险业务,1991年又在此基础上组建了中国太平洋保险公司,这是第二家全国性的综合保险分公司。平安保险公司于1986年在深圳成立,并于1992年更名为中国平安保险公司,成为第三家全国性的综合保险公司。进入20世纪90年代以后,保险市场供给主体发展迅速,大众、华安、新华、泰康、华泰等十多家全国性或区域性的专业保险公司进入保险市场。

在国有保险机构改革和民族保险公司不断发展的同时,外资保险机构也逐渐进入中国保险市场。从1992年美国友邦保险公司在上海设立分公司以来,已有多家外资保险公司获准在我国营业或筹建营业性机构,而入世以来,我国已先后批准了15家外资保险营业机构开业,另外还批准了6家外国保险公司进入我国市场筹建保险营业机构。到2011年四月底,我国已有173家外资保险公司代表处。

2011年,我国保险公司数量已达142家,保险中介机构2 550家,保险从业人员近330万人,保险总资产超过5万亿元,7家保险公司资产超过千亿元、2家超过五千亿元、1家超过万亿元。我国保险市场供给主体的增加,供给主体的多元化以及各供给主体在保险市场上所占份额的情况,表明我国保险市场多元化格局已经形成。

**2. 中介人制度初步建立**

随着中国保险市场趋于成熟,保险中介人制度也逐步建立。保险代理人、保险经纪人以及保险公估人共同组成保险中介体系。自1986年以后,中国保险市场上陆续出现了各种保险中介人。保险代理人是我国保险市场出现最早也是发展最快的一种中介人,特别是1992年美国友邦寿险营销机制的引入,使我国寿险市场上的营销员制(寿险个人代理制)得以迅速发展。1996年12月中旬,为提高代理人素质,规范代理人行为,保险监督机关在国内各城市首次组织了全国保险代理人资格考试,之后每年定期举办2～3次这种考试。截至2010年底,全国共有保险专业中介机构2 550家,兼业代理机构18.99万家,营销员330余万人。全国保险公司通过保险中介渠道实现保费收入10 991.14亿元,同比增长19.98%,占全国总保费收入的75.80%。全国保险代理公司和保险经纪公司实现保费收入844.64亿元,保险代理公司实现代理保费收入481.68亿元,保险经纪公司实现保费收入313.07亿元。

**3. 保险业务持续发展,市场规模迅速扩大**

随着国民经济的发展,保险市场主体的增加,我国保险业务持续发展。就经营的险种而言,已从恢复国内业务初期的几十个传统险种发展成今天的包括信用保证保险、责任保险在内的近千个险种。就业务发展规模而言,保费收入连年增加,同比增长大多在20%,远远高于国民经济发展的同期速度。1997年保费总收入达1 080亿元,同比增长9%,其中寿险保费第一次超过了财产险收入,达600亿元,占总保费收入的55.6%。到1999年,保费总收入已增至1 393.2亿元,同比增长10.2%,其中,财产保险保费收入521.1亿元,占总保费的37.4%,寿险保费收入872.1亿元,占总保费的62.6%。2010年1~12月,全国实现保费收入1.45万亿元。其中,财产险保费收入3 895.6亿元;人身险保费收入1.06万亿元。随着我国经济体制改革的深化、国民收入水平的提高,中国保险市场的潜力十分巨大,保险市场规模仍将继续扩大。

**4. 保险市场监管体系已具雏形,保险市场监管逐步走向规范化**

随着中国保险市场体系的建立、保险业务的发展,一个以政府监管为主,行业自律为辅的保险市场监管体系也在逐步地建立和完善。1985年3月3日颁布的《保险企业管理暂行条例》(简称《管理条例》)是新中国成立以来第一部保险业的法规。《管理条例》,指定中国人民银行是保险行业的管理机关,规定了保险企业的设立、中国人民保险公司的地位、偿付能力和保险准备金、再保险等方面的内容。1989年2月16日,针对当时保险市场的形势和存在的问题,国务院办公厅下发了《关于加强保险事业管理的通知》,提出了整顿保险秩序的措施和办法。1992年美国友邦公司在上海设立分公司后不久,中国人民银行颁布了《上海外资保险机构暂行管理办法》指导引进外资保险公司的试点工作。1995年6月30日《中华人民共和国保险法》正式颁布,并于同年10月1日起正式实施。《保险法》是新中国成立以来的第一部保险大法,它对保险公司、保险合同、保险经营规则、保险业的监管和代理人、经纪人等做了比较详细的规定。《保险法》的颁布,标志着新中国保险市场监管的法规建设进入了一个崭新的发展阶段。2002年10月28日,九届全国人大常委会第三十次会议通过关于修改《保险法》的决定。2009年2月28日,新修订的《保险法》经十一届全国人大常委会第七次会议第三次审议通过,2009年10月1日实施。这次对《保险法》进行的系统性修订,吸收了"十六大"以来保险业改革发展的宝贵经验和有益探索,针对保险业发展站在新起点进入新阶段的实际,对行业发展和保险监管作出了许多新的规定,进一步完善了商业保险的基本行为规范和国家保险监管制度的主体框架。

截至2010年,中国保监会已审核出台了《保险公司管理规定》、《保险专业代理机构监管规定》、《保险经纪机构监管规定》、《保险公估机构监管规定》等7部规章,此外,另有多部规章正在审核修订。以保险法为核心,保险行政法规和规章为主干,由保险法、行政法规、行政规章、规范性文件等多层次规范构成的保险法律体系已初步形成,《保险法》的修改标志着我国保险法制建设迈出了重要一步,将对深化保险体制改革、加强和改善保险监管、推进保险市场化进程、加快我国保险业与国际接轨,保证我国保险业的持续快速健康发展产生深远的影响。

2010年,产寿险都出现了费率市场化取向改革的积极信号。2010年7月,保监会下发《关于人身保险预定利率有关事项的通知(征求意见稿)》,决定放开传统人身保险预定利率,由保险公司按照审慎原则自行决定。尽管上述规定仍然处于公开征求意见阶段,但目前市场观点几近一致,即上限为2.5%的国内寿险预定利率,在执行了11年之后即将成为历史,传统人身保险预定利率市场化终于走上"破冰"之旅。在财产险领域,商业车险定价机制改革试点正在积极推进。2010年1月1日,北京商业车险费率浮动机制正式实施,标志着新一轮商业车险定价机制改革拉开序幕。继北京之后,深圳、厦门等地也开展了类似的改革试点,试点呈逐步扩大的趋势。产寿险费率市场化取向改革必将促进价格竞争,提高消费者的福利,并提升保险市场的经营效率。

【知识库】

### 中国保险监督管理委员会

中国商业保险的主管机关,也是国务院直属事业单位。中国保险监督管理委员会成立于1998年11月18日,其基本目的是为了深化金融体制改革,进一步防范和化解金融风险,根据国务院授权履行行政管理职能,依照法律、法规统一监督和管理保险市场。中国保险监督管理委员会内设15个职能机构,并在全国各省、直辖市、自治区、计划单列市设有35个派出机构。保险会主席为吴定富。

(资料来源:中国保险监督管理委员会政府网站)

【案例2.1】

### 不同的人寿保险公司与财产保险公司之间的战略合作

2010年9月25日,大地财产保险公司与新华人寿在上海举行了战略合作协议签约仪式,双方围绕业务拓展、资源共享等方面达成一揽子合作意向,并商定今后将建立更密切的合作关系。大地总经理蒋明、新华人寿总裁何志光出席了仪式。据协议,双方将在主要业务领域开展深入而全面的业务合作,合作的内容主要涉及产寿险交叉销售、销售渠道和服务网络共享及企业年金业务等方面。

这个案例说明,随着竞争的加剧,为了充分利用保险资源,保险公司之间是可以进行有效合作,谋求共同发展的。

【案例2.2】

### 保险相关法律改进完善了保险市场活动

人身保险活动中,如果在一场事故中被保险人和受益人都死亡了,到底应该将保险金给付给谁呢?在新保险法修订之前,保险合同当事人之间容易产生理赔纠纷,但是,2009年10月1日施行的新保险法明确了相关内容。这说明法律是不断在进步的,通过构建完善的法律体系,能够促进中国保险业的发展。

## 本 章 小 结

1. 在数千年前,世界上就出现了后备与互助的古代保险思想和各种原始形态的保险。国外最早出现保险思想的并不是现代保险业发达的资本主义大国,而是处在东西方贸易要道上的文明古国。

2. 中国是一个文明古国,早期就有丰富的风险管理与保险实践。尽管我国保险思想和救济后制度产生很早,但因中央集权的封建制度和重农抑商的传统观念的制约,商品经济发展缓慢,缺乏经常性的海上贸易,因此我国古代原始形态的保险始终未能演变为商业性的保险。

3. 海上保险是一种最古老的保险,近代保险也首先是从海上保险发展而来的。

4. 近代海上保险的发源地是意大利,但真正繁荣是在英国,劳合社是世界上最大的保险垄断组织。

5. 19 世纪后期以后,除海上保险和火灾保险外,各种财产保险新险种陆续出现。如汽车保险、航空保险、机械保险、工程保险、责任保险、盗窃保险、信用保证保险等。19 世纪中期以后,再保险业务迅速发展起来。

6. 近代中国保险业是随着帝国主义势力的入侵而出现的。中国建国之后的保险业经历了三个主要发展阶段。

7. 中国目前的保险市场既发展迅速又存在一系列的问题和不足,中国政府正在不断的完善保险相关法律,来提升中国保险行业在世界的竞争力。

## 自 测 题

1. 世界古代保险思想来源于哪些方面? 今天存在这样相似的保险形式吗?
2. 中国古代的保险思想有哪些表现形式?
3. 简述海上保险的三种起源学说。
4. 意大利对世界保险业发展起到什么作用?
5. 为什么说英国是双轨保险市场?
6. 劳合社是一个什么样的组织? 它是如何运营的?
7. 中国近代的保险市场的发展经历了哪些阶段? 处于什么样的历史环境?
8. 试提出你对中国保险行业持续发展的良好建议。

---

【阅读资料】
### 中国保险业保费收入位列全球第七位

"十一五"圆满结束,"十二五"正式开启。2011 年,中国入世 10 周年,中国保险市场对外开放亦十载有余。

如今,中国保险市场在世界上到底处于怎样的水平? 近日,在北京大学－瑞士再保险系列课程新闻发布会上,北京大学经济学院风险管理与保险学系副主任、北大中国保险与社会保障研究中心秘书长郑伟博士透露,截至2009年底,中国保险业保费收入位列全球第七位。

据《证券日报》保险周刊从权威渠道得知的独家数据,2009年底,中国保险业以1 630 470亿美元的总保费收入位列全球第七位,较2008年排名下降一个名次。占世界市场的份额为4.01%。

其中,排名全球第一的是美国,总保费收入11 397 460亿美元,占世界份额28.03%。其次是日本,总保费收入5 059 560亿美元,占世界份额12.44%。第三是英国,总保费收入3 092 410亿美元,占世界份额7.61%。

与中国水平相当的是意大利,总保费收入1 693 600亿美元,占世界份额4.17%,位列第6位,2008年,则位列中国之后。

根据瑞士再保险公司的研究,2009年全世界保险规模(寿险和非寿险)为40 660亿美元,其中欧洲占39.6%(2008年41%),北美占30.5%(2008年32%),亚洲比去年上升2.3个百分点,占24.3%,排名第三。

就亚洲市场而言,在研究涉及的10个国家/地区中,如果用保费收入来衡量市场份额,2009年日本仍在10个国家或地区中稳居状元,拥有53%的市场占有率。

中国则与2008年一样,依然占据榜眼位置,由2008年16%的市场占有率增长至17%。韩国位列第三,拥有10%的市场占有率,相对于2008年萎缩了1%。印度在亚洲市场占有率约为6.8%。亚洲四小龙(韩国,中国香港,新加坡和中国台湾)一共占了20.2%的市场份额,小于中国和印度市场占有率之和。

除了保费收入,保险深度和保险密度则是衡量一个地区保险市场成熟程度的指标。

首先,保险密度是指按当地人口计算的人均保险费额,反映该地国民参加保险的程度。

数据显示,截至2009年底,中国的保险密度121.2美元,位列全球64位,且大大低于全球平均水平595.1美元。

位列第一的是荷兰,保险密度6 554.6美元;第二名是瑞士,保险密度6 257.6美元;再次是丹麦,保险密度5 528.9美元。日本和美国则分别位列第9、第10。

根据瑞士再保险公司的研究,亚洲国家和地区2009年人均保费支出约为243.1美元,略高于2008年的234.3美元。其中,2009年寿险保费和非寿险保费支出分别为180.3美元和62.8美元。由于经济差异以及财富分配不均衡等方面的原因,各国家和地区保险密度存在较大差异。亚洲国家和地区中,日本拥有最高的保险密度,为3 979美元,中国香港紧随其后,为3 304美元,其次是中国台湾(2 752美元),新加坡(2 558美元),以及韩国(1 890美元)。2009年度,中国台湾超越了新加坡而占据了排名第三的位置。

保险深度则是指某地保费收入占该地国内生产总值(GDP)之比,反映了该地保险业在整个国民经济中的地位。

数据显示,截至2009年底,中国的保险深度3.4%,位列全球44位,且低于全球平均水平7.0%。

但值得一提的是,保险深度位列第一位的是中国台湾地区,保险深度达到16.8%;第二名是荷兰,保险深度达13.6%;再次是英国,保险深度达12.9%。中国香港则位列第5,保险深度为11.0%。

根据瑞士再保险公司的研究,整个亚洲2009年的平均保险深度为6.1%(与2008年的6.0%相比略有上升),其中"亚洲四小龙"依然占据领先地位。中国台湾保险深度最高,达16.8%,接下来依次是中国香港(11%),韩国(10.4%)以及新加坡(6.8%)。日本作为规模最大的市场,保险深度为9.9%。亚洲人口最多的两个经济体中国大陆和印度,保险深度却分别只有3.4%(2008年为3.3%)和5.2%(2008年为4.6%),也说明了这两个市场有着巨大的潜力。保险深度最低的国家是印度尼西亚,只有1.3%。

(资料来源:《证券日报》)

# 第三章
## Chapter 3

## 保险概述

【学习要求及目标】

通过本章的学习,要求读者掌握保险的概念、特点及构成要素,了解保险的功能和作用,着重掌握保险的分类方法及各险种的含义和相互关系。

【案例导入】

### 保险保障生活

王强和张科是好朋友,王强有着不错的工作和美满的家庭,张科工作一般,双方都有孩子和老人。两人不同的是,王强赚钱主要都用来享受生活,妻子存了一些积蓄;张科夫妇虽然生活一般,但是两人根据自己实际需要购买了几种人身保险,按月支付保费。平时,王强经常和张科开玩笑,说他没钱还给保险公司做好事,张科总是微笑不语。2009 年夏,二人开车带着各自妻子去旅游,在路上发生车祸,王强和张科当场死亡,两个人的妻子均受伤严重,在医院花费大量的医疗费用。王强一家由于平时将赚的钱主要用来花费,存款一般,所以,在王强死亡后,王的一家老人和孩子生活较困难,还要照顾母亲;张科夫妇由于购买了足够的人身保险,张科死亡后,受益人从保险公司获得充足的保险金,张妻的医疗费用从保险公司获得大部分的补偿,张家孩子有了足够的钱去读书,老人也颐养天年。两家生活由于车祸事故形成强烈的反差。这就是保险的作用,平时人们拿出一部分钱购买保险,看似没必要,但当发生事故损失时,人们就会从保险中获得补偿,将事故造成的损失降到最低。

## 第一节  保险的本质

### 一、保险的概念

"保险"是一个在我们的日常生活中出现频率很高的名词,一般是指办事稳妥或有把握的意思。在保险学中,"保险"一词有其特定的内容和深刻的含义。在我国,保险是一个外来词,是由英语"insurance"一词翻译而来的。保险曾被称为"燕梳",保险公司被称为"燕梳甘班尼"。"保险"一词是从日本传入我国的。保险作为一种客观事物,经历了萌芽、产生、成长和发展的历程,从形式上看表现为互助保险、合作保险、商业保险和社会保险。

### (一)广义保险

无论何种形式的保险,就其自然属性而言,都可以将其概括为:保险是集合具有同类风险的众多单位和个人,以合理计算风险分担金的形式,向少数因该风险事故发生而受到经济损失的成员提供保险经济保障的一种行为。

### (二)狭义保险

通常,我们所说的保险是狭义的保险,即商业保险。《中华人民共和国保险法》明确指出:"本法所称保险,是指投保人根据合同约定,向保险人支付保险费,保险人对于合同约定的可能发生的事故因其发生所造成的财产损失承担赔偿保险金责任,或者当被保险人死亡、伤残、疾病或者达到合同约定的年龄、期限时承担给付保险金责任的商业保险行为。"

对保险的理解:

**1. 从法律角度看**

保险是一种合同行为,是一方同意补偿另一方损失的一种合同安排,提供损失赔偿的一方是保险人,接受损失赔偿的另一方是被保险人。投保人通过履行缴付保险费的义务,换取保险人为其提供保险经济保障的权利,体现民事法律关系主体之间的权利和义务关系。

**2. 从风险管理的角度看**

保险是一种风险管理的方法或是一种风险转移的机制。通过保险,可以起到分散风险、消化损失的作用。

**3. 从经济角度看**

保险是分摊意外事故损失和提供经济保障的一种财务安排(人身保险还具有储蓄和投资的作用,具有理财的特征)。通过保险,少数不幸的被保险人的损失由包括受损者在内的所有被保险人分摊,是一种非常有效的财务安排。

**4. 从社会角度看**

保险是精巧的"社会稳定器"。

## 二、保险的要素

### (一)可保风险的存在

无风险,无保险。如果没有风险的存在,则保险也没有存在的价值。但并不是所有的风险都可以通过保险转移,保险的要素之一就是可保风险的存在。可保风险的内容已经在本书第一章第三节作了具体阐述,这里则不赘述。

## (二)大量同质风险的集合与分散

### 1. 风险的大量性
风险的大量性一方面是基于风险分散的技术要求；另一方面也是概率论和大数法则的原理在保险经营中得以运用的条件。

### 2. 风险的同质性
同质风险是指风险单位在种类、品质、性能、价值等方面大体相近。

## (三)保险费率的厘定

### 1. 公平性
一方面，公平性原则要求保险人收取的保险费应与其承担的保险责任是对等的；另一方面，要求投保人缴纳的保险费与其保险标的的风险状况相适应。

### 2. 合理性
保险人向投保人收取的保险费，不应在抵补保险赔付或给付以及有关的营业费用后，获得过高的营业利润。

### 3. 适度性
要求保险人根据厘定的费率收取的保险费应能足以抵补一切可能发生的损失以及有关的营业费用。

### 4. 稳定性
保险费率在短期内应该是相当稳定的。

### 5. 弹性原则
要求保险费率在短期内应该保持稳定，在长期内应根据实际情况的变动作适当的调整。

## (四)保险准备金的建立

保险准备金是指保险人为保证其如约履行保险赔偿或给付义务，根据政府有关法律规定或业务特定需要，从保费收入或盈余收入中提取的与其承担的保险责任相对应的一定数量的基金。保险准备金主要有以下几种：

### 1. 未到期责任准备金
未到期责任准备金是指在准备金评估日为尚未履行的保险责任提取的准备金，主要是指保险公司为保险期间在1年以内(含1年)的保险合同项下尚未到期的保险责任而提取的准备金。

### 2. 未决赔款准备金
未决赔款准备金是指保险公司为尚未结案的赔案而提取的准备金，包括已发生已报案未决赔款准备金、已发生未报案未决赔款准备金和理赔费用准备金。

### 3. 总准备金
总准备金(或称"自由准备金")是用来满足风险损失超过损失期望以上部分的责任准备

金。总准备金是从保险公司的营业盈余中提取的。

#### 4. 寿险责任准备金

寿险责任准备金是指保险人把投保人历年交纳的纯保险费和利息收入积累起来,为将来发生的保险给付和退保给付而提取的资金。

### (五) 保险合同的订立

作为一种经济关系,保险是投保人与保险人之间的商品交换关系,这种经济关系需要有关法律关系对其进行保护和约束,即通过一定的法律形式固定下来,这种法律形式就是保险合同。风险的最基本特征是不确定性,这就要求保险人与投保人应在确定的法律或契约关系约束下履行各自的权利与义务。倘若不具备在法律上或契约上规定的各自的权利与义务,那么,保险经济关系便难以成立。

## 三、保险的特征

### (一) 经济性

保险是一种经济保障活动。保险的经济性主要体现在保险活动的性质、保障对象、保障目的等方面。保险经济保障活动是整个国民经济活动的一个有机组成部分,其保障对象即财产和人身直接或间接属于社会生产中的生产资料和劳动力两大经济因素;其实现保障的手段,最终都必须采取支付货币的形式进行补偿或给付;其保障的根本目的,无论从宏观角度还是从企业微观角度,都是为了有利于经济发展。

### (二) 商品性

在商品经济条件下,保险是一种特殊的劳务商品,保险业属于国民经济第三产业。所以,保险体现了一种等价交换的经济关系,也就是商品经济关系。这种商品经济关系直接表现为个别保险人与个别投保人之间的交换关系,间接表现为在一定时期内全部保险人与全部投保人之间的交换关系。

### (三) 互助性

保险具有"一人为众,众为一人"的互助特性。保险在一定条件下分担了个别单位和个人所不能承担的风险,从而形成了一种经济互助关系。这种经济互助关系通过保险人用多数投保人缴纳的保险费所建立的保险基金对少数遭受损失的被保险人提供补偿或给付而得以体现。

### (四) 法律性

从法律角度看,保险是一种合同行为。保险是依法按照合同的形式体现其存在的。保险双方当事人要建立保险关系,其形式是保险合同;保险双方当事人要履行其权利和义务,其依据也是保险合同。

## （五）科学性

保险是以科学的方法处理风险的有效措施。现代保险经营以概率论和大数法则等科学的数理理论为基础，保险费率的厘定、保险准备金的提存等都是以科学的数理计算为依据的。

## 四、保险的功能

保险具有经济补偿与给付、资金融通和社会管理的功能，这三大功能是一个有机联系的整体。经济补偿与给付功能是基本的功能，也是保险区别于其他行业的最鲜明的特征。资金融通功能是在经济补偿功能的基础上发展起来的。社会管理功能是保险业发展到一定程度并深入到社会生活诸多层面之后产生的一项重要功能，它只有在经济补偿功能和资金融通功能实现以后才能发挥作用。

### （一）经济补偿与给付功能

经济补偿与给付功能是保险的立业之基，最能体现保险业的特色和核心竞争力。具体表现为两个方面：

**1. 财产保险的补偿**

保险是在特定灾害事故发生时，在保险的有效期和保险合同约定的责任范围以及保险金额内，按其实际损失金额给予补偿。通过补偿使得已经存在的社会财富因灾害事故所致的实际损失在价值上得到补偿，在使用价值上得以恢复，从而使社会再生产过程得以连续进行。这种补偿既包括对被保险人因自然灾害或意外事故造成的经济损失的补偿，也包括对被保险人依法应对第三者承担的经济赔偿责任的经济补偿，还包括对商业信用中违约行为造成经济损失的补偿。

**2. 人身保险的给付**

人身保险的保险数额是由投保人根据被保险人对人身保险的需要程度和投保人的缴费能力，在法律允许的情况下，与被保险人双方协商后确定的。由于人身保险的保险标的是没有保险价值的，所以不能用货币直接衡量出损失，因此，当保险合同出现约定的条件时，保险人按照合同事先约定的金额给付。

### （二）资金融通的功能

资金融通是指将形成的保险资金中的闲置的部分重新投入到社会再生产过程中。保险人为了使保险经营稳定，必须保证保险资金的增值与保值，这就要求保险人对保险资金进行运用。保险资金的运用不仅有其必要性，而且也是可能的。一方面，由于保费收入与赔付支出之间存在时间差；另一方面，保险事故的发生不都是同时的，保险人收取的保险费不可能一次全部赔付出去，也就是保险人收取的保险费与赔付支出之间存在数量差。这些都为保险资金的融通提供了可能。保险资金融通要坚持合法性、流动性、安全性、效益性的原则。

### (三)社会管理的功能

社会管理是指对整个社会及其各个环节进行调节和控制的过程。目的在于正常发挥各系统、各部门、各环节的功能,从而实现社会关系和谐、整个社会良性运行和有效管理。

**1. 社会保障管理**

保险作为社会保障体系的有效组成部分,在完善社会保障体系方面发挥着重要作用,一方面,保险通过为没有参与社会保险的人群提供保险保障,扩大社会保障的覆盖面;另一方面,保险通过灵活多样的产品,为社会提供多层次的保障服务。

**2. 社会风险管理**

保险公司具有风险管理的专业知识、大量的风险损失资料,为社会风险管理提供了有力的数据支持。同时,保险公司大力宣传培养投保人的风险防范意识;帮助投保人识别和控制风险,指导其加强风险管理;进行安全检查,督促投保人及时采取措施消除隐患;提取防灾资金,资助防灾设施的添置和灾害防治的研究。

**3. 社会关系管理**

通过保险应对灾害损失,不仅可以根据保险合同约定对损失进行合理补充,而且可以提高事故处理效率,减少当事人可能出现的事故纠纷。由于保险介入灾害处理的全过程,参与到社会关系的管理中,改变了社会主体的行为模式,为维护良好的社会关系创造了有利条件。

**4. 社会信用管理**

保险以最大诚信原则为其经营的基本原则之一,而保险产品实质上是一种以信用为基础的承诺,对保险双方当事人而言,信用至关重要。保险合同履行的过程实际上为社会信用体系的建立和管理提供了大量重要的信息来源,实现社会信息资源的共享。

## 五、保险的作用

保险的作用是保险职能在具体实践中表现出来的。在不同的社会发展时期,由于保险所处的经济条件不同,保险职能在人们的实践中表现的效果也不一样,所以,保险的作用也会不尽相同。如果保险职能实现得好,其结果是积极的、正确的;如果保险职能实现得不好,其作用后果是消极的,也有负面的影响。

保险的作用和保险的功能是两个既有区别又有联系的不同概念。保险的作用是指保险在国民经济中发挥其功能所产生的社会效应。

### (一)保险在微观经济中的作用

保险在微观经济中的作用主要是指保险作为经济单位或个人风险管理的财务手段所产生的经济效应。其作用具体表现在以下几个方面:

**1. 有利于受灾企业及时恢复生产**

在物质资料生产过程中,自然灾害和意外事故是不可避免的,这是一条自然规律。但在什么时间什么地点发生、涉及面有多广、受损程度有多大,都是不确定的,保险赔偿具有合理、及时、有效的特点。投保企业一旦遭遇灾害事故损失,就能够按照合同约定的条件及时得到保险赔偿,获得资金,重新购置资产,恢复生产经营。同时,由于企业恢复生产及时,还可减少受灾企业的利润和费用等间接经营的损失。2008年,中国保险业分别为南方低温雨雪冰冻灾害和汶川地震灾害支付赔款55亿元和10亿元,在稳定灾区群众生产生活和支持灾后重建方面发挥了积极作用。

### 2. 有利于企业加强经济核算

保险作为企业风险管理的财务手段之一,能够把企业不确定的巨额灾害损失,化为固定的少量的保险费支出,并摊入企业的生产成本或流通费用,这是完全符合企业经营核算制度的。因为企业通过缴付保险费,把风险损失(甚至可包括由营业中断造成的利润损失和费用损失)转嫁给保险公司,不仅不会因灾损而影响企业经营成本的均衡,而且保证了企业财务成果的稳定。如果企业不参加保险,为了不因灾损而使生产经营中断、萎缩或破产,就需要另外准备一套风险准备金,这种完全自保型的风险财务手段,一般来说,对单个企业既不经济也不可能。

### 3. 有利于企业加强危险管理

保险补偿固然可以在短时间内迅速消除或减轻灾害事故的影响因素,但是,就物质净损失而言,仍然是一种损失。而且保险企业也不可能从风险损失中获得额外的利益。因此,防范危险于未然是企业和保险公司利益一致的行为。保险公司常年与各种灾害事故打交道,积累了丰富的危险管理经验,不仅可以向企业提供各种危险管理经验,而且通过承保时的危险调查与分析、承保期内的危险检查与监督等活动,尽可能消除危险的潜在因素,达到防灾防损的目的。此外,保险公司还可以通过保险合同的约束和保险费率杠杆调动企业防灾、防损的积极性,共同做好危险管理工作。

### 4. 有利于安定人民生活

家庭是劳动力再生产的基本单位,家庭生活安定是人们从事生产劳动、学习、休息和社会活动的基本保证。但是,自然灾害和意外事故对于家庭来说同样是不可避免的,参加保险也是家庭危险管理的有效手段。家庭财产保险可以使受害家庭恢复原有的物质生活条件。当家庭成员,尤其是工资收入者,遭遇生老病死残等意外的或必然的事件时,人身保险作为社会保险和社会福利的补充,对家庭的正常经济生活起保障作用。

### 5. 有利于民事赔偿责任的履行

人们在日常生活活动和社会活动中不可能完全排除民事侵权或他侵而发生民事赔偿责任或民事赔偿事件。具有民事赔偿责任风险的单位或个人可以通过交纳保险费的办法将此风险转嫁给保险公司,为维护被侵权人的合法权益顺利获得民事赔偿。有些民事赔偿责任由政府采取立法的形式强制实施,比如雇主责任险、机动车第三者责任险等。我国目前已在机动车辆第三者责任险领域实施了强制保险。

## (二)保险在宏观经济中的作用

保险在宏观经济中的作用是保险职能的发挥对全社会和国民经济总体所产生的经济效应。其作用具体表现在以下几个方面：

### 1. 保障社会再生产的正常进行

社会再生产过程由生产、分配、交换和消费四个环节组成，它们在时间上是连续的，在空间上是均衡的。也就是说，社会总产品的物质流系统和价值流系统在这四个环节中的运动，时间上是连续的，空间上分布是均衡的。但是，再生产过程的这种连续性和均衡性会因遭遇各种灾害事故而被迫中断和失衡，这种情况是不可避免的。比如，一家大型钢铁厂因巨灾损失而无力及时恢复生产，社会正常的价值流系统和物质流系统因该厂不能履行债务和供货合同而致中断，其连锁反应还将影响社会再生产过程的均衡发展。保险经济补偿能及时和迅速地对这种中断和失衡发挥修补作用，从而保证社会再生产的连续性和稳定性。

### 2. 推动商品的流通和消费

商品必须通过流通过程的交换才能进入生产消费或生活消费，而在交换行为中难免存在着交易双方的资信风险和产品质量风险的障碍，保险为克服这些障碍提供了便利。比如出口信用保险为出口商提供了债权损失的经济补偿责任，2009年上半年，出口信用保险承保规模达到246.1亿美元，占同期我国一般贸易出口总额的10.5%，比2008年提高4个百分点。履约保证保险为债权人提供了履约担保；产品质量保证保险不仅为消费者提供了产品质量问题上的经济补偿承诺，而且还为厂商的商品做了可信赖的广告。可见，保险在推动商品流通和消费方面的作用是不可低估的。

### 3. 推动科学技术向现实生产力转化

"科学技术是第一生产力"。在各种经济生活中，采用新技术比采用落后的技术显然具有更高的劳动生产率，当代的商品竞争越来越趋向于高新技术的竞争，在商品价值方面，技术附加值比重越来越大。但是，对于熟悉了原有技术工艺的经济主体来说，采用新技术就意味着新的风险。保险则可以对采用新技术带来的风险提供保障，为企业开发新技术、新产品以及使用专利保驾护航，促进先进技术的推广运用。

### 4. 有利于财政和信贷收支平衡的顺利实现

财政收支计划和信贷收支计划是国民经济宏观调控的两大资金调控计划。相对资金运动来说，物质资料的生产、流通与消费是第一性的，所以，财政和信贷所支配的资金运动的规模与结构首先决定于生产、流通和消费的规模与结构。毫无疑问，自然灾害和意外事故发生的每次破坏，都将或多或少地造成财政收入的减少和银行贷款归流的中断，同时还要增加财政支出和信贷支出，从而给国家宏观经济调控带来困难。在生产单位参加保险的前提下，财产损失得到保险补偿，恢复生产经营就有了资金保证，生产经营一旦恢复正常，就保证了财政收支的基本稳定，银行贷款也能得到及时的清偿或者重新获得物质保证。可见，保险确实对财政和信贷收支的平衡发挥着保障性作用。此外，保险公司积蓄的巨额保险基金还是财政和信贷基金资源的重要补充。

**5. 增加外汇收入,增强国际支付能力**

保险在对外贸易和国际经济交往中,是必不可少的环节。按国际惯例,进出口贸易都必须办理保险。保险费与商品的成本价和运费一起构成进出口商品价格的三要素。一国出口商品时争取到岸价格,即由乙方负责保险,则可减少保险外汇支出。此外,当一国进入世界保险市场参与再保险业务时,应保持保险外汇收支平衡,力争保险外汇顺差。保险外汇收入是一种无形贸易收入,对于增强国家的国际支付能力起着积极的作用,历来为世界各国所重视。

**6. 动员国际范围内的保险基金**

保险公司虽是集散风险的中介,但就单个保险公司而言,其所能集中的风险量(非寿险公司的承保总金额)总要受自身承保能力的限制,超过的就要向其他保险人分发(再保险),或对巨额危险单位采取共保方式。因此,再保险机制或共保机制就可以把保险市场上彼此独立的保险基金联结为一体,共同承担某一特定的风险,这种行为一旦超越国界,即可实现国际范围内的风险分散,从而将国际范围内的保险基金联结为一体。国际再保险是动员国际范围内的保险基金的一种主要形式。

归纳起来,保险在宏观和微观经济活动中的作用有:①发挥社会稳定器作用,保障社会经济的安定;②发挥社会助推器的作用,为资本投资、生产和流通保驾护航。这是保险的自然属性使然,无论是哪一种社会制度下的保险概莫能外。

【知识库】

### 保险准备金

保险准备金是指保险人为保证其如约履行保险赔偿或给付义务,根据政府有关法律规定或业务特定需要,从保费收入或盈余收入中提取的与其承担的保险责任相对应的一定数量的基金。保险准备金主要有四种:未到期责任准备金、未决赔款准备金、总准备金和寿险责任准备金。其中,前三种准备金又被称为非寿险责任准备金,是针对非寿险业务提取的,最后一种则是针对长期性的寿险提取的。

(资料来源:兰虹《保险学基础》)

## 第二节 保险的分类

随着社会的进步和保险业的迅速发展,保险领域不断扩大,新的险种层出不穷。为了更好地对保险理论和实务进行研究和分析,按照一定的标准对保险业务进行分类十分必要。保险的分类方法很多,主要有以下几种:

### 一、按保险性质分类

按保险性质分类,可以将保险划分为社会保险、商业保险和政策保险三种。

### (一)社会保险

社会保险是指国家通过立法的形式,为依靠工资收入生活的劳动者及其家属提供基本生活条件,促进社会安定而举办的保险。主要险种有社会养老保险、失业保险、医疗保险、工伤保险、生育保险五种,简称"五险"。社会保险是社会保障的主要内容。

### (二)商业保险

商业保险是由商业保险机构,即保险公司,按照商业化原则开办的以盈利为目的的保险。主要有财产保险和人身保险两大类业务。

商业保险与社会保险的不同在于:

**1. 实施方式不同**

商业保险一般是自愿保险,只有少数险种(如机动车第三者责任险等民事赔偿责任)是强制性险种;社会保险的险种均为强制险种,体现社会公平,兼顾效率。

**2. 举办主体不同**

商业保险由专营的保险公司举办,遵循等价有偿的商业原则;社会保险一般由政府举办,是以社会安定为目的的非盈利性保险。

**3. 保费来源不同**

商业保险的保险费由投保人交纳;社会保险的保险费一般由雇主和雇员一起承担,雇主和雇员分担比例各国有所不同,基金不够,则由财政补贴。

**4. 保险金额不同**

商业保险中的财产保险的保险金额由可保利益的价值决定,人身保险的保险金额由投保人的需要及其支付能力决定;社会保险的保险金额由国家统一规定,一般只能保证基本的生活费、基本的医疗保险费用。

### (三)政策保险

政策保险是政府为了某种政策目的,委托商业保险公司或成立专门政策性保险经营机构,运用商业保险的技术开办的一种保险。如目前的交强险、出口信用保险就是政策性保险。政策保险是国家实现其某种政策目的而举办的,这决定了政策保险在经营目标上与一般的商业保险不同,不以赢利为目标。实际上,很多国家政府都对政策性保险业务给予补贴。

## 二、按实施方式分类

按照保险实施方式来划分,保险可分为强制保险和自愿保险两种。

### (一)强制保险

强制保险,又称法定保险,是由国家(政府)通过法律或行政手段强制实施的一种保险。强制保险的保险关系虽然也产生于投保人与保险人之间的合同行为,但合同的订立却受制于国家或政府的法律规定。强制保险的实施方式有两种选择:一是保险标的与保险人均由法律限定;二是保险标的由法律限定,但投保人可以自由选择保险人。强制保险具有全面性与统一性的特征,如我国机动车交通事故强制保险(简称交强险)。

### (二)自愿保险

自愿保险是指保险人和投保人双方在平等自愿的基础上通过订立保险合同而建立的保险关系。投保人可以自由决定是否投保、向哪家保险公司投保、投保什么险种、中途是否退保等,也可以自由选择保险金额、保障范围、保障程度和保险期限等。保险人也可以根据情况决定是否承保、怎样承保等。

我国现在开办的商业保险绝大多数都采用自愿保险的方式,只有少数险种,如交强险、雇主责任保险、校方责任险等采用强制保险的方式。

## 三、按承保方式分类

按承保方式分类,保险可分为原保险、再保险、重复保险和共同保险四种。

### (一)原保险

原保险是保险人与投保人之间直接订立保险合同而建立保险关系的一种保险。在原保险关系中,保险需求者将其可能有的财产风险、人身风险、责任风险或信用风险转嫁给保险人,当保险标的遭受保险责任范围内的损失,或约定的保险事件发生时,保险人直接对被保险人或其受益人承担赔偿或给付保险金责任。

### (二)再保险

再保险,也称分保,是保险人将其承保的风险和责任的一部分,转移给其他保险人的一种保险。转让责任的是原保险人(即原保险合同中的保险人,通常称其为分保分出人或分保分出公司),接受分保业务的是再保险人(即再保险合同中的保险人,在实务中通常称其为分保分入人或分保接受人)。这种风险转嫁方式是保险人对原始风险的纵向转嫁,即第二次风险转嫁。

### (三)重复保险

重复保险是指投保人以同一保险标的、同一保险利益、同一保险事故分别与两个或两个以上保险人订立保险合同,且保险金额总和超出保险价值的一种保险。为了避免被保险人因为重复保险而额外获利,所以对于重复保险要进行分摊。分摊的方式详见第五章第四节。

我国现行《保险法》第五十六条对重复保险的定义、重复保险的分摊方式等作出了明确规定。

### (四)共同保险

共同保险是指投保人与两个以上保险人之间,就同一保险利益、同一风险事故共同缔结保险合同的一种保险。在保险实务中,数个保险人可能以某一保险公司的名义(通常称其为首席承保人)签发一张保险单,然后每一保险公司对保险事故损失按比例分担责任。共同保险是直接保险的一种,因此,共同保险属于第一次风险转嫁,实现的是风险的横向转嫁。地震保险、核保险、航天保险等因巨灾风险保险常常采用共同保险的方式,由相应的保险共同体来共保。

重复保险和再保险在分散风险方面有类似的功效,但二者又有本质的区别:

**1. 反映的保险关系不同**

共同保险反映的是投保人与各保险人之间的关系,这种保险关系是一种直接的法律关系;再保险反映的是原保险人和再保险人之间的关系,再保险接收人与原保险中的投保人之间没有直接的保险关系。

**2. 风险分散的方式不同**

共同保险中各保险人对风险的分摊是第一次分摊,是风险的横向分散;而再保险则是对风险责任的第二次分摊,是纵向分散。

## 四、按保险标的分类

按保险标的分类,保险可分为财产保险和人身保险两大类。这也是我国保险法中规定的分类方式。

（一）财产保险

**1. 财产保险的概念**

财产保险是指以各种财产及其有关的利益作为保险标的的一种保险。这是广义的财产保险。

**2. 财产保险的种类**

按照我国保险法的规定,广义的财产保险又分为财产损失保险(即狭义的财产保险)、责任保险、信用保证保险三种。

(1) 财产损失保险

财产损失保险是以各种有形财产为标的的保险业务,根据标的性质、用途风险,财产损失保险可以分为火灾保险、运输工具保险、工程保险、农业保险、货物保险以及特殊科技保险等。

(2) 责任保险

责任保险是以被保险人依法应负的民事赔偿责任或经过特别约定的合同责任为保险标的的保险业务,包括公众责任保险、产品责任保险、职业责任保险、雇主责任保险,以及与各种财产保险组成的责任险。

(3) 信用保证保险

信用保证保险分为信用保险与保证保险,信用保险是保险人根据权利人的要求担保义务人(被保证人)信用的保险;保证保险是义务人(被保证人)根据权利人的要求,要求保险人向权利人担保义务人自己信用的保险。

(二)人身保险

**1. 人身保险的概念**

人身保险,是以人的寿命和身体为保险标的的保险。当人们遭受不幸事故或因疾病、年老以致丧失工作能力、伤残、死亡或年老退休时,根据保险合同的约定,保险人对被保险人或受益人给付保险金,以解决其因病、残、老、死所造成的经济困难。

**2. 人身保险的种类**

按照我国保险法,人身保险根据保障范围,可以分为人寿保险、意外伤害保险和健康保险。

(1)人寿保险

人寿保险是以被保险人的生命为保险标的,以生存和死亡为给付保险金条件的人身保险。人寿保险是人身保险的重要组成部分,传统的人寿保险主要承保以生存或死亡为给付条件,创新的人寿保险在传统人寿保险保障基础上附加了投资理财功能,市场发展空间巨大。

(2)意外伤害保险

意外伤害保险是当被保险人因遭受意外伤害而身体残废或死亡时,保险人依照合同规定给付保险金的人身保险业务。在意外伤害保险中,保险人承保的风险是意外伤害风险,保险人承担赔付责任的条件是被保险人因意外事故而残疾或死亡。

(3)健康保险

健康保险是以人的身体作为保险标的,在被保险人因疾病或意外事故产生医疗费用支出或收入损失时,保险人承担赔偿责任的一种人身保险业务。

【知识库】

交 强 险

交强险是机动车交通事故责任强制保险的简称,2006年7月1日开始实施。凡是中华人民共和国境内道路上行驶的机动车辆都必须投保该险。交强险的责任限额分为有责和无责两种情形分别确定。责任限额又分为死亡、伤残责任限额,医疗费用责任限额和财产损失责任限额三种。现行的交强险条款是从2008年2月1日开始实施的。有责情况下责任限额为12.2万元,其中,死亡、伤残责任限额为11万元,医疗费用责任限额为1万元,财产损失责任限额为2 000元;无责情况下的责任限额为1.21万元,其中,伤残责任限额为1万元,医疗费用责任限额为1 000元,财产损失责任限额为100元。

(资料来源:王健康、周灿《机动车辆保险实务操作》)

**【案例 3.1】**

**重复保险不能获得超额赔偿**

张某和妻子在黑龙江开了一个商铺,听说以前店铺周围发生过大火灾,张某观察了一下,发现那里的房子确实很密集,周围存有火灾隐患。为避免经济损失,他决定到保险公司买保险。请问,向多家保险公司投保能获得超额赔偿吗?

答:向多家保险公司投保实际上是指重复保险,即投保人对同一保险标的、同一保险利益、同一保险事故分别向两个以上保险人订立保险合同的保险。《保险法》第四十条明确规定:"重复保险的投保人应当将重复保险的有关情况通知保险人(即各保险公司)。重复保险的保险金额总和超过保险价值的,各保险人的赔偿金额的总和不得超过保险价值。除合同另有约定外,各保险人按照其保险金额与保险金额总和的比例承担赔偿责任。"

**【案例 3.2】**

**社会保险具有强制性**

小张和小陈是刚刚毕业的大学生,来到哈尔滨市的一家私企工作。在一次偶然的机会,他们了解到公司没有给他们员工购买社会保险,当询问总经理时,总经理说保险是自愿的,公司没有义务必须为员工缴纳保险。请问这种说法是否正确,为什么?

答:不正确。社会保险具有强制性,要求满足条件的公司必须对其员工投保,否则违法。

## 本 章 小 结

1. 保险有广义和狭义之分。我们这里的保险是指狭义的保险,即商业保险。

2. 保险的构成要素包括五个方面:可保风险的存在、大量同质风险的集合与分散;保险费率的科学厘定;保险准备金的建立;保险合同的订立。

3. 保险具有经济补偿与给付、资金融通和社会管理功能。这三大功能是一个有机联系的整体。经济补偿与给付功能是基本的功能,也是保险区别于其他行业的最鲜明的特征。资金融通功能是在经济补偿功能的基础上发展起来的。社会管理功能是保险业发展到一定程度并深入到社会生活诸多层面之后产生的一项重要功能,它只有在经济补偿功能和资金融通功能实现以后才能发挥作用。

4. 保险既有积极作用,又有消极作用。保险的积极作用又体现在微观经济和宏观经济中的作用。

5. 按照保险经营性质分类,保险可以分为商业保险、社会保险和政策性保险三种;按照保险实施方式分类,保险可以分为强制保险和自愿保险两种;按照承保方式分类,保险可以分为原保险、再保险、重复保险和共同保险四种;按照保险标的分类,保险可以分为财产保险和人身保险。财产保险又可以分为财产损失保险、责任保险、信用保证保险。人身保险是以人的生命和身体作为保险标的的一种保险。按照保障范围,人身保险可以分为人寿保险、意外伤害保险和健康保险三个主要险种。

## 自 测 题

1. 什么是保险？它有哪些特征？
2. 保险的功能有哪些？
3. 保险有哪些作用？
4. 比较原保险和再保险、重复保险和共同保险的不同。
5. 比较社会保险与商业保险的不同。
6. 简述保险准备金的类型。

---

【阅读资料】

### 如何选择保险公司

随着我国金融业的发展，各种保险公司如雨后春笋般现身市场，其中既有国有保险公司，又有股份制保险公司和外资保险公司，使得投保人有了很大的选择余地，但同时也面临着更多的困惑，应该怎样选择保险公司呢？消费者不妨从以下几方面来衡量：

资产结构好。在保险业，能否上市或者能否整体上市是评价一家保险公司整体资产是否优良的标志之一。所谓"整体上市"是指以公司的全部资产为基础上市，如果某家保险公司实现了整体上市，就证明该公司整体结构良好。目前，内地不少保险公司已经上市或者具备了上市条件。

偿付能力强。保险公司的偿付能力对保险消费者来说至关重要。2003年3月起施行的《保险公司偿付能力额度及监管指标规定》对保险公司的偿付能力额度作出了明确的规定，保险公司应于每年4月30日前将注册会计师审计的上一会计年度的偿付能力额度送达保险监督管理委员会，应根据保险监督管理委员会的规定，对偿付能力额度进行披露。

信用等级优。国际上有不少专门对银行、保险公司等金融机构信用等级进行评估的机构，如美国的穆迪公司、标准普尔公司等，它们对保险公司的评级可以作为评价保险公司信用等级的一个参考。

管理效率高。保险公司管理效率的高与低，决定着该公司的兴衰存亡。管理效率可从公司产品创新能力、市场竞争能力、市场号召能力、公司盈利能力、公司决策能力、公司应变能力、公司凝聚能力等方面衡量。

服务质量好。保险与其他商品不同，不是一次性消费，保险合同生效的几十年间，保户经常就多方面的事情需要保险公司提供服务，如缴费、生存金领取、地址变更、理赔等。保险客户能否成为保险公司的上帝，享受上帝待遇，开开心心接受保险的关怀，保险公司的服务质量是关键。

(资料来源：《上海证券报》)

# 第四章
## Chapter 4

# 保险合同

【学习要求及目标】

通过本章的学习,要求读者掌握保险合同的概念、特点及种类,全面、深入地理解保险合同的主体、客体、内容及形式,准确把握保险合同的订立、生效、履行、变更、解除、中止与复效和终止等内容,熟悉保险合同的解释原则和争议处理方式。

【引导案例】

### 为妻舅投保能否指定自己为受益人

2009年2月,投保人王某以配偶的弟弟陈某为被保险人向某保险公司投保了一年期个人人身意外伤害保险综合保障计划,并指定自己为受益人。保险合同约定,保险金额为意外伤害身故或残疾保险十万元、意外烧伤保险五万元、意外伤害医疗保险五千元。王某与陈某除为妻弟关系,陈某还为王某开压路机,双方形成了劳动关系。2009年11月,陈某因驾驶二轮摩托车发生车祸而死亡。陈某死亡后,王某作为受益人向保险公司主张给付保险金未果,诉至法院,要求判决保险公司给付保险金十万元。

本案中,主要涉及保险合同的效力问题以及受益人的主体是否合格的问题。

根据最高人民法院《关于适用保险法的若干问题的解释(一)》,保险合同成立于保险法施行前而理赔行为发生于保险法施行后,适用保险法的规定。

根据2009年10月1日施行的新《保险法》第十二条、第三十一条、第三十四条、第三十九条的规定,在本案中,王某与陈某存在劳动关系,王某可以为陈某投保人身保险,但投保以死亡为给付保险金条件的保险合同时,须经被保险人陈某的同意并认可保险金额,且王某不得指定自己为受益人,只能指定陈某本人或其近亲属作为受益人。所以,该保险合同无效,保险公司无需给付保险金。

# 第四章 保险合同

## 第一节 保险合同的概念、特征和种类

### 一、保险合同的概念

保险合同(insurance contract),也称保险契约,在我国《保险法》第十条明确规定:"保险合同是投保人与保险人约定保险权利义务关系的协议。投保人是指与保险人订立保险合同,并按照合同约定负有支付保险费义务的人。保险人是指与投保人订立保险合同,并按照合同约定承担赔偿或者给付保险金责任的保险公司。"

由此可见,保险合同的概念包含三个要点:

**1. 订立保险合同的双方**

一方是投保人,另一方是保险人。

**2. 保险合同的内容**

保险合同是围绕保险权利义务展开的。在保险合同中,投保人负有向保险人支付保险费的义务,而保险人则承担向被保险人或者受益人赔付保险金的责任。

**3. 保险合同的性质**

保险合同是一种协议,也就是说保险合同的订立是当事人双方平等互利、协商一致的结果。

保险合同作为民商事合同的一种,调整的是具有保险内容的民事法律关系,因此,保险合同除适用《保险法》外,也适用《中华人民共和国合同法》(以下简称《合同法》)和《中华人民共和国民法通则》(以下简称《民法通则》)的有关规定。

### 二、保险合同的特征

保险合同属于合同的一种,因此具备合同的一般法律属性,如当事人的法律地位平等,应当遵循公平互利、协商一致、自愿订立的原则,合同的内容应当合法,当事人应当自觉履行合同等等。保险合同除具有合同的一般属性之外,还具有其自身的一些法律特征:

**1. 保险合同是射幸合同**(射幸合同:aleatory contract)

射幸,原意是侥幸、碰运气的意思。射幸合同是指合同的效果在订约时不能确定的合同,即合同当事人一方并不必然履行给付义务,只有当合同中约定的条件具备或合同约定的事件发生时才履行。保险合同是一种典型的射幸合同。投保人根据保险合同约定支付保险费的义务是确定的,而保险人仅在保险事故发生时,承担赔偿或给付保险金义务,即保险人的义务是否履行在保险合同订立时尚不确定,而是取决于偶然的、不确定的保险事故是否发生。可见,投保人支付保险费,获得的仅仅是一个当保险事故发生时得到保险人赔付的机会(因为保险人一旦赔付,保险金通常比投保人支付的保险费多得多)。但是,保险合同的射幸性是就单

个保险合同而言的,也是仅就有形保障而言的。

**2. 保险合同是特殊有偿合同**(有偿合同:consideration contract)

保险合同的有偿性,是指被保险人或者受益人所获得的保险赔偿或者给付是以投保人向保险人交纳保险费为对价的;相应地,保险人所收取的保险费则是以保险事故发生时承诺向被保险人或者受益人赔偿或者给付保险金为对价的。

保险合同是一种特殊有偿合同。因为在一般的有偿合同中,以"等价有偿"为原则,即给付与反给付一致。但保险合同的有偿性,只要求合同双方的权利义务间存在对应关系即可,并不要求双方所负的给付义务平衡一致。可见,保险合同的有偿不同于其他有偿合同的等价有偿,只是一种对价有偿。

**3. 保险合同是附条件的双务合同**(双务合同:bilateral contract)

双务合同是指合同双方相互享有权利、履行义务的合同,一方享有的权利恰恰是另一方要履行的义务。保险合同是双务合同。因为在保险合同中,作为投保方的投保人负有缴纳保险费的义务,而收取保险费恰恰是作为保险方的保险人享有的权利;另一方面,当保险合同中约定的保险事故发生时,作为投保方的被保险人或者受益人享有获得保险金的权利,而赔偿或者给付保险金恰恰是保险人应履行的义务。但是,保险合同的双务性与一般双务合同有所不同,保险人的赔付义务只有在合同约定的事故发生时才履行,因而是一种附条件的双务合同。

**4. 绝大多数保险合同是附合合同**(附合合同:adhesive contract)

附合合同是指合同的条款事先由一方当事人拟定,另一方只能接受或拒绝,但不能就条款进行修改或变更。绝大多数保险合同都是附合性合同,它的基本条款和费率通常是国家保险监管机构制定或由保险人事先拟定,投保人对条款或者同意接受而投保或者不同意接受而拒绝,一般没有修改某项条款的权利。如果有必要修改合同或者变更合同的某项内容,通常也只能采用保险人事先准备的附加条款和附属保单。为了补救这种事实上存在的不公平,仲裁机构或法院在裁决合同中任何含糊或不确定的措辞和条款时大多会做出有利于非起草人,即被保险人或受益人的解释。

我国《保险法》第三十条规定:"采用保险人提供的格式条款订立的保险合同,保险人与投保人、被保险人或者受益人对合同条款有争议的,应当按照通常理解予以解释。对合同条款有两种以上解释的,人民法院或者仲裁机构应当作出有利于被保险人或者受益人的解释。"这样规定的目的显然在于对处于优势地位的保险人的对抗和对处于弱势地位的被保险人或者受益人的保护。

但也有少数保险合同属于议商合同。议商合同是指订约双方经过充分协商才最终订立的合同。如钢琴王子理查德·克莱德曼的金手指保险、欧洲胡子大赛冠军的胡子保险、印度肚皮舞皇后的肚脐保险均属于议商合同。

**5. 保险合同是最大诚信合同**（最大诚信合同：contract of utmost good faith）

诚实信用是民法的基本原则，任何合同的订立、履行都应遵循诚实信用原则。但保险合同订立履行过程中对当事人的诚实和信用有更高的要求，即要求投保双方都必须做到最大限度地诚实守信，这是保险经营的特点决定的。

**6. 保险合同是非要式合同**（非要式合同：informal contract）

要式合同是指法律要求合同的成立必须采用特定的方式的合同，非要式合同则是指不要求采用特定方式的合同。《保险法》第十三条规定："投保人提出保险要求，经保险人同意承保，保险合同成立。保险人应当及时向投保人签发保险单或者其他保险凭证。"根据这一规定，保险合同的成立取决于投保人与保险人之间的合意，而无须采用或履行特定方式，所以，保险合同属于非要式合同。保险人签发保单或其他保险凭证的行为是履行合同的行为，而非合同成立的要件。当然，关于保险合同的这一特征存在争议，也有一些保险学者认为保险合同是要式合同。

## 三、保险合同的种类

保险合同按照不同的标准可以划分为不同的种类，最主要的有以下几种：

### （一）按照合同的性质进行分类

按照合同的性质进行分类，保险合同可以分为补偿性合同和给付性合同两种。

**1. 补偿性合同**（compensation for contract）

补偿性合同是指保险人承担保险责任时，赔偿金额以补偿被保险人的实际损失为限，并不得超过保险金额的合同。各类财产保险合同和人身保险中的医疗费用保险合同都属于补偿性保险合同。

**2. 给付性合同**（paid contract）

给付性合同是指订立合同时双方约定保险金额，在约定的保险事件发生或约定的期限届满时，保险人按合同中约定的金额给付保险金的合同。各类寿险合同、意外伤害保险合同和重大疾病保险合同都属于给付性合同。

### （二）按保险价值订约时是否确定并载明分类

按照保险价值在订立合同时是否确定并载明于合同中进行分类，保险合同可以分为定值保险合同和不定值保险合同两种。

**1. 定值保险合同**（valued policy）

定值保险合同是指在订立保险合同时，投保人和保险人已约定保险标的的保险价值，并将其载明于合同中的保险合同。当保险事故发生导致保险标的全损时，保险人按照保险价值赔偿，如果保险标的发生部分损失，则保险人按照保险金额乘以损失程度进行赔偿。一般情况下，海洋货物运输保险大多采用定值保险合同。此外，船舶保险合同以及古玩、字画等价值不易确定的财产保险合同有时也采用这种合同。

### 2. 不定值保险合同（unvalued policy）

不定值保险合同是指投保人和保险公司在订立保险合同时，不预先约定保险标的的保险价值，仅载明保险金额作为保险事故发生后赔偿最高限额的保险合同。对于不定值保险合同，发生保险事故时，应首先确定保险价值，然后以此作为保险人确定赔偿金额的计算依据。通常情况下，受损保险标的的保险价值以保险事故发生时当地同类财产的市场价格来确定，但保险公司对保险标的所遭受损失的赔偿不得超过合同所约定的保险金额。如果实际损失大于保险金额，赔偿责任仅以保险金额为限；如果实际损失小于保险金额，则赔偿不会超过实际损失。大多数财产保险业务均采用不定值保险合同的形式。

我国《保险法》第五十五条规定："投保人和保险人约定保险标的的保险价值并在合同中载明的，保险标的发生损失时，以约定的保险价值为赔偿计算标准。投保人和保险人未约定保险标的的保险价值的，保险标的发生损失时，以保险事故发生时保险标的的实际价值为赔偿计算标准。"

### （三）按保险金额与保险价值之间的关系分类

按照保险金额与出险时的保险价值之间的关系进行分类，保险合同可以分为足额保险合同、不足额保险合同和超额保险合同三种。

### 1. 足额保险合同（full policy）

足额保险合同是指保险金额等于保险事故发生时的保险价值的保险合同。足额保险合同出险时能得到保险人充分的赔偿，即足额保险，十足赔偿。

### 2. 不足额保险合同（under policy）

不足额保险合同是指保险金额低于保险事故发生时的保险价值的保险合同。这种保险合同出险时，保险人通常不会按照实际损失进行赔偿，而是采用比例赔偿方式，按照保险金额与保险价值的比例对损失承担赔偿责任。但家财险中室内财产损失的赔偿例外，采用第一损失赔偿方式。

### 3. 超额保险合同（over policy）

超额保险合同是指保险金额高于保险事故发生时的保险合同。对于超额保险合同，保险人的赔偿以保险价值为限，超过保险价值的部分无效。

除了上述三种分类方式外，保险合同还有一些分类方式，如按照保险标的进行分类，保险合同可以分为财产保险合同和人身保险合同（这是我国《保险法》的分类标准，也是一种很重要的、基本的分类）；按照保险人的承保方式进行分类，保险合同可以分为原保险合同和再保险合同；按照投保方式进行分类，保险合同可以分为个人保险合同和团体保险合同等。

【知识库】
## 要式合同

要式合同或称采用格式条款订立的合同,是当事人为了重复使用而预先拟订,并在订立合同时未与对方协商条款的合同。很多学者也支持保险合同是要式合同的观点,这种观点认为:保险人拟定和印制保险单,被保险人必须接受全部单证,不能增加或删除某些条款。为了补救这种事实上存在的不公平,法院在裁决合同中任何含糊或不确定的措辞和条款时要做出有利于被保险人的解释。

(资料来源:许谨良《保险学》)

## 第二节 保险合同的要素和形式

保险合同体现了一定的民事法律关系,而任何一种民事法律关系都有三要素,即主体、客体和内容。保险合同也不例外,同样具有主体、客体和内容三要素。下面结合现行保险法规和保险实践进行具体分析。

### 一、保险合同的主体

保险合同的主体是指在保险合同中享有某种权利、承担某种义务的人。保险合同的主体是保险合同的基本要素之一。一般而言,保险合同的主体包括保险合同的当事人和关系人。

(一)保险合同的当事人

保险合同的当事人是指直接订立保险合同,并承担相应权利义务的人。保险合同的当事人是指保险人和投保人。

1. **保险人**(insurer)

保险人也叫承保人,是指与投保人订立保险合同,并根据保险合同收取保险费,在保险事故发生时承担赔偿或者给付保险金责任的人,通常为法人,只有英国劳合社例外,允许自然人做保险人。在我国,保险人必须是依法设立的经营保险业务的保险公司。

2. **投保人**(applicant)

投保人也叫要保人,是指与保险人订立保险合同并按照保险合同负有支付保险费义务的人。投保人可以是自然人,也可以是法人。

投保人必须具备三个要件:

①投保人必须具有相应的权利能力和相应的行为能力。如果投保人为自然人,则必须是具有完全行为能力的人。

②投保人必须对保险标的具有保险利益。现行《保险法》第十二条、第三十一条明确规定在人身保险中,投保人在订立合同时对被保险人应当具有保险利益,否则订立合同无效。但对财产保险则无此要求,即不追究保险合同订立时投保人必须对保险标的具有保险利益。这

是现行《保险法》较 1995 版、2003 版《保险法》的一大变化。

③投保人负有按照合同约定支付保费的义务。按照保险合同约定,投保人要向保险人支付保险费,所以投保人应当有足够的支付能力。

## (二)保险合同的关系人

保险合同的关系人是指在保险事故发生或者保险合同约定的条件满足时,对保险人享有保险金请求权的人。在财产保险合同中是指被保险人,在人身保险合同中,则包括被保险人和受益人。

### 1. 被保险人(insured)

被保险人是指保险事故或事件在其财产或在其身体上发生而受到损失时享有向保险人要求赔偿或给付的人。被保险人可以是自然人、法人,也可以是其他社会组织,但须具备下列条件:

①被保险人是保险事故发生时遭受损失的人。一旦发生保险事故,被保险人将遭受损害。但在财产保险与人身保险中,被保险人遭受损害的形式是不尽相同的。在财产保险中,因保险事故直接遭受损失的是保险标的,被保险人则因保险标的的损害而遭受经济上的损失。在人身保险中,因保险事故直接遭受损害的是保险人本人的身体、生命或健康。

②被保险人是享有赔偿请求权的人。由于保险合同可以为他人的利益而订立,因而投保人没有保险赔偿金的请求权,只有请求保险人向被保险人或受益人给付保险赔偿金的权利。

### 2. 受益人(benefiary)

受益人,又称保险金领受人。受益人是指在保险合同中由被保险人或投保人指定的享有保险金请求权的人。受益人的要件为:

①受益人是由被保险人或投保人所指定的人。被保险人或投保人应在保险合同中明确受益人。

②受益人是独立地享有保险金请求权的人。受益人在保险合同中,不负交付保费的义务,也不必具有保险利益,保险人不得向受益人追索保险费。

③受益人的保险金请求权并非自保险合同生效时开始,而只有在被保险人死亡时才产生。在被保险人生存期间,受益人的赔偿请求权只是一种期待权。

投保人指定受益人时须经被保险人同意。投保人为与其有劳动关系的劳动者投保人身保险,不得指定被保险人及其近亲属以外的人为受益人。被保险人为无民事行为能力人或者限制民事行为能力人的,可以由其监护人指定受益人。

被保险人或者投保人可以指定一人或者数人为受益人。受益人为数人的,被保险人或者投保人可以确定受益顺序和受益份额;未确定受益份额的,受益人按照相等份额享有受益权。

被保险人死亡后,有下列情形之一的,保险金作为被保险人的遗产,由保险人依照《中华人民共和国继承法》的规定履行给付保险金的义务:

①没有指定受益人,或者受益人指定不明无法确定的;

②受益人先于被保险人死亡,没有其他受益人的。
③受益人依法丧失受益权或者放弃受益权,没有其他受益人的。

受益人与被保险人在同一事件中死亡,且不能确定死亡先后顺序的,推定受益人死亡在先。

在保险合同期间,受益人可以变更,但必须经被保险人的同意。受益人的变更无需保险人的同意,但应当将受益人的变更事宜及时通知保险人,否则变更受益人的法律效力不得对抗保险人。

## 二、保险合同的客体

保险合同的客体是指保险法律关系的客体,即保险合同当事人权利义务所指向的对象。由于保险合同保障的对象不是保险标的本身,而是被保险人对其财产或者生命、健康所享有的利益,即保险利益,所以保险利益是保险合同当事人的权利义务所指向的对象,是保险合同的客体。保险标的是保险利益的载体。

## 三、保险合同的内容

（一）保险条款

**1. 保险条款一般分为基本条款和特约条款**

（1）基本条款

保险合同的基本条款是指规定保险合同双方权利义务基本事项的条款。

（2）特约条款

保险合同的特约条款是由保险双方当事人根据特殊需要,共同约定的条款。特约条款可以包括附加条款、保证条款和协会条款。

附加条款是指保险合同当事人在保险合同基本条款的基础上约定的补充条款,以增加或限制基本条款所规定的权利与义务。附加条款是保险合同的特约条款中使用最普遍的条款。

保证条款是指投保人或被保险人对特定事项进行保证,以确认某项事实的真实性或承诺某种行为的条款。保证条款是投保人或被保险人必须遵守的条款。

协会条款是指保险行业为满足某种需要,经协商一致而制定的条款。如伦敦保险人协会制定的有关船舶和货物运输的条款。

**2. 根据合同约束力的不同,保险条款可以分为法定条款与任意条款**

（1）法定条款

法定条款是指根据法律必须在保险合同中明确规定的条款。也就是说,法定条款是法定的必须载明的事项。

（2）任意条款

任意条款,又称为任选条款,是指由保险合同当事人根据需要约定的条款。

## (二)保险合同的主要内容

《保险法》第十八条规定：

保险合同应当包括下列事项：

①保险人的名称和住所。

②投保人、被保险人的名称和住所，以及人身保险的受益人的名称和住所。

③保险标的。保险标的是指作为保险对象的财产及其有关利益或者人的寿命或身体。

④保险责任和责任免除。

⑤保险期限。保险期限是保险合同的有效期，即保险合同从生效到终止的时间，也是保险合同双方履行权利和义务的起讫期限。

⑥保险价值。保险价值是指保险标的在某一特定时期内以货币估计的价值额。保险价值是财产保险特有的概念，人身保险不存在保险价值之说。

⑦保险金额。保险金额是指保险人承担赔偿或者给付保险金责任的最高限额。

⑧保险费及其支付办法。保险费是指投保人为使被保险人获得保险保障，按合同约定支付给保险人的费用。

⑨保险金赔偿或者给付办法。

⑩违约责任和争议处理。

⑪订立合同的年、月、日。

此外，投保人和保险人可以约定与保险有关的其他事项。

## 四、保险合同的形式

我国《保险法》第十三条规定："投保人提出保险要求，经保险人同意承保，保险合同成立。保险人应当及时向投保人签发保险单或者其他保险凭证。保险单或者其他保险凭证应当载明当事人双方约定的合同内容。当事人也可以约定采用其他书面形式载明合同内容。"由此可见，我国保险合同的形式为书面形式。

保险合同的形式主要包括投保单、保险单、保险凭证、暂保单和批单五种。

**1. 投保单（Application Form）**

投保单是投保人向保险人申请订立保险合同的书面要约，投保单通常由保险人事先统一印制，投保人依其所列项目逐一据实填写后交付保险人。

投保人在投保单上需要填写的主要内容有：

①投保人、被保险人的名称和住所。

②保险标的的名称及存放地点。

③保险险别。

④保险责任的起讫。

⑤保险价值和保险金额等。

投保人在投保单中,必须将投保危险的程序或状态等有关事项,据实向保险人告知。投保单本身并非正式合同文本,但一经保险人接受后,即成为保险合同的一部分。

2. 保险单(policy)

保险单简称保单,它是保险人与投保人之间订立的保险合同的正式书面凭证,由保险人制作,签章并交付给投保人,一旦发生保险事故,保险单是被保险人向保险人索赔的主要凭证,也是保险人向被保险人赔偿的主要依据。

3. 保险凭证(certificate of insurance)

保险凭证也称小保单,它是保险人出立给被保险人以证明保险合同已有效成立的文件,它也是一种简化的保险单,与保险单有相同的效力。若保险凭证未列明的内容均以正式保单为准。

保险凭证通常在以下几种情况下使用:

①保险人承揽团体保险业务时,一般对团体中的每个成员签发保险凭证,作为参加保险的证明。

②在货物运输保险中,保险人与投保人订立保险合同明确该保险的责任范围的时间,再对每笔运输货物单独出具保险凭证。

③在机动车辆及第三者责任保险中,为便于被保险人随身携带,保险人通常出具保险凭证。

4. 暂保单(binder/binding)

暂保单又称临时保单,它是保险人或其代理人在正式保险单签发之前出具给被保险人的临时保险凭证。它表明保险人或其代理人已接受了保险,等待出立正式保险单。

暂保单的内容比较简单,只载明被保险人的姓名、承保危险的种类,保险标的等重要事项,凡未列明的,均以正式保险单的内容为准。

暂保单的法律效力与正式保险单相同,但有效期较短,一般为30天。正式保险单发出后,暂保单能力失效。暂保单也可在保险单发出之前中止效力。但保险人必须提前通知投保人。

5. 批单(endorsement)

批单是用来修改、增删保险合同内容的正式书面文件,其效力优于保险单。批单是保险合同变更时最常用的书面单证。

【知识库】

**新《保险法》对被保险人的相关规定**

投保人不得为无民事行为能力人投保以死亡为给付保险金条件的人身保险,保险人也不得承保。父母为其未成年子女投保的人身保险,不受前述规定限制。但是,因被保险人死亡给付的保险金总和不得超过国务院保险监督管理机构规定的限额。以死亡为给付保险金条件的合同,未经被保险人同意并认可保险金额的,合同无效。按照以死亡为给付保险金条件的合同所签发的保险单,未经被保险人书面同意,不得转让或者质押。父母为其未成年子女投保的人身保险,不受前述规定限制。

(资料来源:《保险法》(2009)第三十三条、三十四条整理)

# 第三节 保险合同的订立、生效和履行

## 一、保险合同的订立

《保险法》第十三条规定:"投保人提出保险要求,经保险人同意承保,保险合同成立。"可见,保险合同的订立是投保人与保险人之间基于意思一致而进行的法律行为,保险合同的订立,需经过投保人提出保险要求(要约)和保险人同意承保(承诺)两个阶段。通常是投保人填写投保单,保险人同意承保后签发保险单或其他保险凭证。

## 二、保险合同的成立和生效

### (一)保险合同的成立

按照合同法的理论,所谓合同的成立,是指合同因符合一定的要件而客观存在,其具体表现就是将要约人单方面的意思表示转化为双方一致的意思表示。

判断合同是否成立,不仅是一个理论问题,也具有实际意义。首先,判断合同是否成立,是为了判断合同是否存在,如果合同根本就不存在,它的履行、变更、转让、解除等一系列问题也就不存在了;其次,判断合同是否成立,也是为了认定合同的效力,如果合同根本就不存在,则谈不上合同有效、无效的问题,即保险合同的成立是保险合同生效的前提条件。

保险合同是一项民事行为,而且是一项合同行为,因而,保险合同不仅受保险法的调整,还应当受民法和合同法的调整,所以,保险合同的成立一定要符合民事法律行为的要件和合同的成立要件。

《合同法》第十三条规定:"当事人订立合同,采取要约、承诺的方式。"我国《保险法》第十三条规定:"投保人提出保险要求,经保险人同意承保,保险合同成立。保险人应及时出立保险单或其他保险凭证。"依照这一规定,保险合同的一般成立要件有两个:其一,投保人提出保险要求;其二,保险人同意承保。这两个要件,实质上仍是合同法所规定的要约和承诺过程。因此,保险合同原则上应当在当事人通过要约和承诺的方式达成意思一致时即告成立。

### (二)保险合同的生效

保险合同中的"保险合同生效"与"保险合同成立"是两个不同的概念。保险合同生效,指合同条款对当事人双方已发生法律上的效力,要求当事人双方恪守合同,全面履行合同规定的义务。保险合同的成立与生效的关系有两种:一是合同一经成立即生效,双方便开始享有权利,承担义务;二是合同成立后不立即生效,而是等到保险合同生效的附条件成立或附期限到达后才生效。

保险合同成立后生效前发生保险事故,保险人不承担保险责任。

《保险法》第十三条第三款规定:"依法成立的保险合同,自成立时生效。投保人和保险人可以对保险合同的效力约定附条件或附期限。"

在我国保险实务中通常将缴纳保险费作为合同生效的条件。同时,还约定在保险合同成立后的一定条件下或某一时间开始才生效,我国普遍实行"零时起保制",即保险合同成立后次日零时开始生效。可见,我国保险合同的生效,不是成立即生效,而是对生效既附条件(缴纳保费,人身保险合同要求缴纳首期保费后才生效)又附期限(合同成立次日零时开始生效)。

### 三、保险合同的履行

保险合同的履行是指保险合同双方依法全面完成保险合同中约定的各自义务的行为。

#### (一)投保方义务的履行

投保方包括投保人、被保险人和受益人。

**1. 如实告知**

如实告知是投保人在订立保险合同时必须履行的一个重要义务,我国《保险法》采用询问回答告知,即投保人在订立保险合同时应当将保险人想知道的有关保险标的的重要事实(在投保单中列明)如实告知。《保险法》第十六条规定:"订立保险合同,保险人就保险标的或者被保险人的有关情况提出询问的,投保人应当如实告知。"

**2. 缴纳保险费**

按照保险合同的约定向保险人缴纳保险费是投保人最基本的义务,也是保险合同生效的要件。《保险法》第十四条规定:"保险合同成立后,投保人按照约定交付保险费,保险人按照约定的时间开始承担保险责任。"

**3. 维护标的安全**

保险合同订立后,财产保险合同的投保人、被保险人应当遵守国家有关消防、安全、生产操作、劳动保护等方面的规定,维护保险标的安全。投保人、被保险人未按约定履行其对保险标的安全应尽责任的,保险人有权要求加收保费或解除合同。

**4. 危险程度增加的通知义务**

按照权利义务对等和公平原则,在保险标的危险程度增加时,被保险人应及时通知保险人。如未履行上述通知义务,保险人可以对因标的危险程度显著增加而发生的保险事故不承担赔偿责任。《保险法》第五十二条就此作出了明确规定。

**5. 保险事故发生的及时通知义务**

保险事故发生时,投保方应及时通知保险人,这是投保方应尽的义务。《保险法》第二十一条规定:投保人、被保险人或者受益人知道保险事故发生后,应及时通知保险人。故意或因重大过失未及时通知,致使保险事故性质、原因、损失程度等难以确定的,保险人对无法确定的部分,不承担赔付责任,但保险人通过其他途径已知或应当及时知道保险事故发生的除外。

**6. 积极施救**

这是财产保险合同中被保险人应履行的义务之一。《保险法》第五十七条规定:"保险事故发生时,被保险人应当采取必要的措施,防止或者减少损失。保险事故发生后,被保险人为防止或者减少保险标的的损失所支付的必要的、合理的费用,由保险人承担。"

**7. 提供索赔所需各种单证**

保险事故发生后,按照合同约定请求保险人赔偿或给付保险金时,投保人、被保险人或受益人应当向保险人提供其所能提供的与确认保险事故性质、原因、损失程度等有关的证明和资料。

这里的"有关的证明和资料"主要是指:

①保险单或者保险凭证的正本。

②已支付保险费的凭证。

③账册、收据、发票、装箱单、运输合同等有关保险财产的原始单据。

④身份证、工作证、户口簿或其他有关人身保险的被保险人姓名、年龄、职业等情况的证明材料。

⑤确认保险事故的性质、原因、损失程度等的证明和资料,如调查检验报告、出险证明书、损害鉴定、被保险人死亡证明或者丧失劳动能力程度鉴定、责任案件的结论性意见等。

⑥索赔清单,如受损财产清单、各种费用清单、其他要求保险人给付的详细清单等。

**8. 协助追偿**

在财产保险中,由于第三者责任方的行为造成保险事故的,被保险人应当保留对保险事故责任方请求赔偿的权利,并协助保险人行使代位追偿权;被保险人应向保险人提供代位追偿所需的文件及其知道的有关情况。

我国《保险法》第六十三条规定:"保险人向第三者行使代位请求赔偿的权利时,被保险人应当向保险人提供必要的文件和所知道的有关情况。"第六十一条第三款规定:"被保险人故意或者因重大过失致使保险人不能行使代位请求赔偿权利的,保险人可以扣减或者要求返还相应的保险金。"

## (二) 保险人义务的履行

**1. 条款说明**

《保险法》第十七条规定:"订立保险合同,采用保险人提供的格式条款的,保险人向投保人提供的投保单应当附格式条款,保险人应当向投保人说明合同的内容。对保险合同中免除保险人责任的条款,保险人在订立合同时应当在投保单、保险单或者其他保险凭证上作出足以引起投保人注意的提示,并对该条款的内容以书面或者口头形式向投保人作出明确说明;未作提示或者明确说明的,该条款不产生效力。"

**2. 承担赔付责任**

这是保险人依照法律规定或合同约定应承担的最重要、最基本的义务。

《保险法》第十四条规定:保险合同成立后,投保人按照约定交付保险费,保险人按照约定的时间开始承担保险责任。

**3. 及时签发保险单证**

《保险法》第十三条规定:"投保人提出保险要求,经保险人同意承保,保险合同成立。保险人应当及时向投保人签发保险单或者其他保险凭证。保险单或者其他保险凭证应当载明当事人双方约定的合同内容。当事人也可以约定采用其他书面形式载明合同内容。"

**4. 为投保人、被保险人等保密**

《保险法》第一百一十六条规定:"保险公司及其工作人员在保险业务活动中不得泄露在业务活动中知悉的投保人、被保险人的商业秘密。"

【知识库】

危险程度增加

通说认为,危险程度增加是指合同成立期间未曾估计到的显著的未曾间断的危险状况的增加,其构成要件有三个方面的内容:第一,显著性。危险增加的显著性必须能影响保险人增加保险费或者解除保险合同,轻微的危险程度增加不影响对价平衡原则,不符合危险增加显著性的构成要件。第二,未曾估计性。未曾估计性不是说保险人对保险标的在合同有效期内的危险增加没有预见到,而是说没有将该增加的危险程度作为厘定保险费的基础。第三,持续性。持续性是指原危险状况因某种特定事件的发生而改变,并且此改变后的状态需持续不变继续一段时间。

(资料来源:谭卫山《广东律师》2009)

## 第四节 保险合同的变更、解除、中止与复效、终止

### 一、保险合同的变更

保险合同的变更是指保险合同有效期内,由当事人依照法定程序和形式,对保险合同所作的修改或补充。我国《保险法》第二十条规定:"投保人和保险人可以协商变更合同内容。变更保险合同的,应当由保险人在保险单或者其他保险凭证上批注或者附贴批单,或者由投保人和保险人订立变更的书面协议。"

保险合同的变更包括保险合同的主体变更、客体变更和内容变更。

**(一)保险合同主体的变更**

保险合同主体的变更是指保险合同当事人和关系人的变更,即投保人、保险人、被保险人和受益人的变更。但在保险实践中,除非保险公司破产、解散、合并或分立,否则保险合同中的保险人一般不会变更,所以保险合同主体的变更主要是投保人、被保险人或受益人的变更。

**1. 财产保险合同主体的变更**

在财产保险合同中,主体的变更最常见的是被保险人的变更,这种变更主要是由于保险

标的所有权等发生转移带来保险标的转让引起的,涉及保险单的转让。

关于保险标的转让,我国现行《保险法》做了如下规定:

①保险标的受让人可直接承继被保险人的权利和义务,而无需征得保险人的同意。

②被保险人或受让人应及时通知保险人,但货物运输保险合同和另有约定的合同除外。

③若被保险人或受让人未履行通知义务,因转让导致标的危险程度显著增加而引发的保险事故,保险人不赔。

在保险标的转让问题上,我国现行《保险法》对2003版《保险法》做了较大修订,修订前的《保险法》强调"经保险人同意继续承保后,依法变更合同",而现行《保险法》则修订为"受让人承继被保险人的权利义务,被保险人或受让人应及时通知保险人",具体内容详见表4.1。

表4.1 我国现行《保险法》对2003版《保险法》关于保险标的转让问题的修订

| 修订前内容 | 修订后内容 |
| --- | --- |
| 2003版《保险法》 | 我国现行《保险法》(2009年10月1日实施) |
| 第三十四条<br>保险标的的转让应当通知保险人,**经保险人同意继续承保后,依法变更合同**。但是,货物运输保险合同和另有约定的合同除外。 | 第四十九条<br>保险标的转让的,**保险标的的受让人承继被保险人的权利和义务**。保险标的的转让的,**被保险人或者受让人应当及时通知保险人**,但货物运输保险合同和另有约定的合同除外。**因保险标的的转让导致危险程度显著增加的,保险人**自收到前款规定的通知之日起三十日内,可以按照合同约定**增加保险费或者解除合同**。保险人解除合同的,应当将已收取的保险费,按照合同约定扣除自保险责任开始之日起至合同解除之日止应收的部分后,退还投保人。<br>被保险人、受让人**未履行**本条第二款规定的**通知义务的,因转让导致保险标的危险程度显著增加而发生的保险事故,保险人不承担赔偿保险金的责任**。 |

保险单的转让有两种情形:

第一种:对于绝大多数财产保险合同来说,保险单可以随保险标的转让直接转让,但应及时通知保险人,如果因转让使保险标的危险程度显著增加的,保险人可以按合同约定增加保险费或解除合同;被保险人或受让人未履行通知义务的,因转让导致保险标的危险程度显著增加而发生保险事故,保险人不承担赔偿保险金责任。

第二种:对于货物运输保险合同或另有约定的合同,保险单可以随保险标的转让直接转让给受让人,而无需通知保险人。在保险实践中,货物运输保险合同通常采用被保险人背书转让的方式。

**2. 人身保险合同主体的变更**

人身保险合同主体的变更包括投保人、被保险人和受益人的变更,最多见的就是受益人的变更。《保险法》第四十一条规定:"被保险人或者投保人可以变更受益人并书面通知保险人。保险人收到变更受益人的书面通知后,应当在保险单或者其他保险凭证上批注或者附贴批单。投保人变更受益人时须经被保险人同意。"

## （二）保险合同客体的变更

保险合同的客体是保险利益。保险合同客体的变更主要是由于保险标的的价值发生增减，从而引起保险利益改变。保险合同客体的变更，通常是由投保人或被保险人提出，经保险人同意，加贴批注后开始生效。保险利益的变化往往也会引发保险金额、保险费的调整，从而带来保险合同内容的变更。

## （三）保险合同内容的变更

财产保险合同内容的变更通常包括保险标的的价值、数量、存放地点、危险程度、保险期限等发生变化引起的变更；人身保险合同中被保险人的职业、保险金额、缴费方法等发生变化引起变更。保险合同内容的变更一般是由投保人提出的。

## （四）保险合同变更的法定程序和形式

《保险法》第二十条规定："投保人和保险人可以协商变更合同内容。变更保险合同的，应当由保险人在保险单或者其他保险凭证上批注或者附贴批单，或者由投保人和保险人订立变更的书面协议。"可见，保险合同变更的法定程序是投保人应与保险人协商变更合同内容，保险合同变更采用的法定形式主要有三种：

①保险人在保险单或其他保险凭证上批注。
②保险人在保险单或其他保险凭证上附贴批单。
③投保人与保险人订立变更保险合同的书面协议。

其中，批单是变更保险合同最常见的书面形式，须载明变更的条款内容，由保险人签章后附贴于原始保险单证上。

## 二、保险合同的解除

保险合同的解除是指在保险合同有效期间，当事人依照法律规定或合同的约定提前使保险合同效力终止的一种法律行为。保险合同的解除不同于保险合同的变更，前者是为了终止权利义务关系，后者只是修改权利义务关系，保险合同变更后仍将继续履行。

保险合同的解除形式有两种：法定解除和协议解除。

### （一）法定解除

法定解除是保险相关法规赋予保险合同当事人的一种单方面解除保险合同的权利。分为投保人法定解除和保险人法定解除两种情形。

**1. 投保人的法定解除**

《保险法》第十五条规定："除本法另有规定或者保险合同另有约定外，保险合同成立后，投保人可以解除保险合同，保险人不得解除合同。"这是因为投保人订立保险合同，其目的是获取保险保障，如果主客观情况发生变化，保险合同的履行已无必要时，应允许投保人解除保险合同。但《保险法》规定不得解除或合同中约定不得解除的合同，投保人不可以解除。

如《保险法》第五十条规定："货物运输保险合同和运输工具航程保险合同，保险责任开始后,合同当事人不得解除合同。"

**2. 保险人的法定解除**

为保护被保险人的利益,我国《保险法》第二十条对保险人的解除权作出了限制。但依照《保险法》的规定,下列法定事由出现时,保险人可以行使法定解除权,解除保险合同。

保险人解除保险合同的法定事由,详见表4.2。

表4.2  我国现行《保险法》对保险人解除保险合同事由的具体规定

|   | 保险法条 | 解除事由 |
|---|---|---|
| 1 | 第十六条第二款 | 投保人故意或者因重大过失未履行如实告知义务,足以影响保险人决定是否同意承保或者提高保险费率的,保险人有权解除合同 |
| 2 | 第五十一条第三款 | 投保人、被保险人未按照约定履行其对保险标的的安全应尽责任的,保险人有权要求增加保险费或者解除合同 |
| 3 | 第五十二条第一款 | 在合同有效期内,保险标的的危险程度显著增加的,被保险人应当按照合同约定及时通知保险人,保险人可以按合同约定增加保险费或者解除合同 |
| 4 | 第三十二条第一款 | 投保人申报的被保险人年龄不真实,并且其真实年龄不符合合同约定的年龄限制的,保险人可以解除合同 |
| 5 | 第三十六条第一款<br>第三十七条第一款 | 分期支付保费的人身保险合同,投保人在支付了首期保费后,超过宽限期仍未支付当期续期保费的,合同效力中止,合同效力中止两年内双方未就恢复合同效力达成协议的,保险人有权解除保险合同 |
| 6 | 第二十七条第一款 | 未发生保险事故,被保险人或者受益人谎称发生了保险事故,向保险人提出赔偿或者给付保险金请求的,保险人有权解除合同,并不退还保险费 |
| 7 | 第二十七条第二款 | 投保人、被保险人故意制造保险事故的,保险人有权解除合同,不承担赔偿或者给付保险金的责任;除本法第四十三条规定外,不退还保险费 |

**(二)协议解除**

协议解除也称约定解除或协议注销,是指当事人双方经协商同意解除保险合同的一种法律行为。由于保险合同的解除关系到保险双方的重大利益,所以对约定解除事由须以书面形式记载,解除合同时也要采取书面形式。保险合同的协议解除不得损害国家和社会的公共利益。如船舶战争险条款中约定:"保险人有权在任何时候向被保险人发出注销战争险的通知,在发出通知后7天期满时,保险责任即告终止。7天是从通知发出日当天午夜时起,到第8天零时开始终止责任。"

## 三、保险合同的中止与复效

**(一)保险合同的中止**

保险合同中止是指长期性的人身保险合同,采用分期缴付保费的情况下,投保人若在宽限期(我国通常为60天)满时,仍未缴纳当期保费,引起该人身保险合同效力暂时停止的情形。所以,中止是人身保险合同中特有的一种情形。保险合同中止后,若发生保险事故,保险人不承担赔付责任。

## （二）保险合同的复效

保险合同的复效是指已经中止的人身保险合同,在两年复效期内,由投保人提出复效申请,经保险人同意,补缴欠缴保费后,即可恢复合同效力。

我国《保险法》第三十六、三十七条对此有明确规定。

第三十六条　合同约定分期支付保险费,投保人支付首期保险费后,除合同另有约定外,投保人自保险人催告之日起超过三十日未支付当期保险费,或者超过约定的期限六十日未支付当期保险费的,合同效力中止,或者由保险人按照合同约定的条件减少保险金额。

第三十七条　合同效力依照本法第三十六条规定中止的,经保险人与投保人协商并达成协议,在投保人补交保险费后,合同效力恢复。保险人依照前款规定解除合同的,应当按照合同约定退还保险单的现金价值。

## 四、保险合同的终止

保险合同的终止是指由于某种法定的或约定的事由出现,致使保险合同双方当事人的权利义务关系归于消灭。保险合同终止有以下几个原因:

### 1. 自然终止

自然终止即保险合同因期限届满而终止,这是保险合同终止中最常见、最普遍的原因。

### 2. 履约终止

所谓履约终止是指在保险有效期内发生了保险事故,保险人按照约定履行了全部保险金赔付义务而终止。如某人投保了意外伤害保险,保险金额为10万元。在保险期限内,该人因车祸身故,保险公司赔付10万元给其受益人,然后保险合同终止。这就是履约终止。

### 3. 财产保险合同因保险标的灭失而终止

如四川汶川地震导致家庭财产完全损毁灭失,虽投保了家财险,但因地震属除外责任,保险人不承担赔偿责任,同时,因作为保险标的的家庭财产已经灭失,家财险合同的客体,即投保人或被保险人对保险标的具有的保险利益丧失,所以家财险合同终止。

### 4. 人身保险合同因被保险人死亡而终止

人身保险合同以被保险人的生命或身体作为保险标的,其保险利益是投保人对被保险人生命或身体具有的法律上承认的利益,若被保险人因保险事故以外原因身故,投保人将失去保险利益,所以保险合同也会终止。

### 5. 合同因解除而终止

解除分法定解除和协议解除两种,解除是合同的一种提前终止。

【知识库】

**国际上关于变更的有效性顺序**

批单或背书优于附加条款,附加条款优于基本条款;手写变更优于打字变更;旁注变更优于正文变更;对同一事项的变更,后变更的优于先变更的。

（资料来源:刘平《保险学原理与应用》2009年）

## 第五节　保险合同的解释原则和争议处理

### 一、保险合同的解释原则

在保险实务中,常会发生保险合同双方当事人对合同条款内容的理解不一致,以致造成保险合同难以履行的情况,这就必然涉及保险合同的解释问题。保险合同的解释既可以由当事人自行解释,也可以由仲裁机关或人民法院解释。仲裁机关或人民法院的解释具有法律效力,而当事人自行解释如果得不到对方同意就不能发生法律效力。

保险合同的解释原则最主要的有以下四种:

**1. 文义解释原则**

文义解释是指按保险合同条款所使用文句的通常含义或习惯用法解释保险合同条款的内容,尊重条款所使用的文句,既不能超出也不可以缩小保险合同所用词句的含义。文义解释是解释保险合同条款最主要的一种方法。在我国,保险合同的文义解释主要有两种情形:对保险合同一般文句的解释和对保险专业、法律专业术语的解释。对前者要求尽可能按文句公认的表面含义和语法意义解释。双方有争议的,以权威性工具书或专家解释为准。对后者而言,有立法解释的应以立法解释为准,没有立法解释的以司法解释、行政解释为准,无上述正式解释的,也可以按照行业习惯或保险业公认的含义来解释。

**2. 意图解释原则**

所谓意图解释,是指当保险合同条款文义不清或者有歧义时,通过逻辑分析以及背景材料等来判断合同当事人订约时的真实意图,并以此来解释保险合同条款的方式。在解释过程中,应把握以下内容:书面约定与口头约定不一致,以书面约定为准;保险单及其他保险凭证与投保单及其他合同文本不一致时,以保单及其他保险凭证中所载内容为准;特约条款与基本条款不一致时,以特约条款为准。保险合同条款内容不一致时,按照批单优于正文、后批注优于先批注、手写优于打印、加贴批注优于正文批注的规则。

**3. 解释应有利于被保险人和受益人(非起草人)**

《保险法》第三十条规定:"采用保险人提供的格式条款订立的保险合同,保险人与投保人、被保险人或者受益人对合同条款有争议的,应当按照通常理解予以解释。对合同条款有两种以上解释的,人民法院或者仲裁机构应当作出有利于被保险人和受益人的解释。"需要注意的是,这种解释原则不能滥用,只能运用于保险合同所用语言文字不清或一词多义的情况下,在尊重保险合同条款原意的基础上进行解释。

### 二、保险合同的争议处理方式

保险合同争议处理方式主要有协商、仲裁和诉讼三种,其中最激烈的方式就是诉讼。

## （一）协商

协商是指保险合同发生争议后，由合同双方当事人在双方可以接受的基础上各自作出一定让步，通过协商达成和解协议。协商是解决争议的最基本、最常用的方法。这种方法较灵活，态度友好，有利于合同的继续执行，可节省仲裁和诉讼的繁琐程序和费用。

## （二）仲裁

仲裁是指保险合同争议双方依双方事先签订的仲裁协议，自愿寻找双方共同信任、法律认可的仲裁机构的仲裁员进行裁决。仲裁裁决具有法律效力，当事人必须予以执行。保险双方在自愿的基础上事先达成仲裁协议是仲裁的前提条件。仲裁协议为书面形式订立，并应写明仲裁意愿、事项及双方共同认定的仲裁委员会。

## （三）诉讼

保险诉讼是解决争议的最激烈的方式。诉讼就是保险合同争议双方当事人依法通过人民法院解决争议，进行裁决。这一诉讼属于民事诉讼。目前，我国国内保险合同争议纠纷多数通过诉讼方式解决。保险合同双方当事人可以选择被告所在地、合同履行地、合同签订地、原告住所地、标的物所在地等的法院申请起诉。《中华人民共和国民事诉讼法》对保险合同纠纷的管辖法院有明确规定："因保险合同纠纷提起诉讼，通常由被告所在地或者保险标的物所在地人民法院管辖。"法律规定第二审判决为最终判决。当事人双方对已经生效的判决必须执行。

【知识库】

火灾的文义解释

在中国的保险合同中，构成火灾责任必须同时具备三个条件：①有燃烧现象，即发光发热有火焰；②偶然、意外发生的燃烧；③燃烧失去控制并有蔓延扩大的趋势。

（资料来源：兰虹《保险学基础》）

【案例4.1】

保险期限是保险责任起讫日期

某企业于某年5月28日为全体职工投保了团体人身意外伤害险，保险公司当即签发了保险单并收取了保险费，但在保险单上列明，保险期限自同年6月1日起到第二年5月31日止。投保后两天即5月30日，该企业职工周末外出游玩，不慎坠崖身亡。保险公司是否负给付保险金责任？为什么？

【案例4.2】

被保险人故意不履行如实告知造成保险事故该如何处理

某房主将其所有用于居住的房屋向保险公司投保财产保险，保险有效期为2008年10月2日零时至2009年10月1日二十四时。2009年1月1日投保人将其房屋用于制作加工烟花的小作坊，并没有通知保险公司。房屋不幸于1月15日因发生火灾而全部烧毁。保险公司接到报案后，有人认为被保险人将房屋由投保时的居住改为制作烟花，风险明显增加。而被保险人既未向保险公司申报又未增加保费，没有履行告知义务，保险公司不应负担赔偿责任。试问这种观点是否正确？

## 本 章 小 结

1. 保险合同是投保人与保险人约定保险权利义务关系的协议。

2. 保险合同除具有一般合同的法律特征外,还具有最大诚信、双务有偿、附合、射幸及非要式合同等独有的法律特征。

3. 保险合同的种类很多。如按照合同性质分类,保险合同有补偿性合同和给付性合同之分;按照保险价值是否在订立合同时事先确定并载明于合同中进行分类,有定值保险合同和不定值保险合同之分;按照保险金额与保险价值之间的关系分类,有足额保险合同、不足额保险合同或超额保险合同之分。此外还有其他分类方式。

4. 保险合同由主体、客体和内容三要素构成。保险合同的主体是保险权利义务关系的承担者,包括保险合同的当事人和关系人。保险合同的当事人指保险人和投保人。保险合同的关系人主要指被保险人和受益人。保险合同的客体是指保险利益。保险合同的内容是指保险合同中规定当事人双方权利义务的条款。

5. 保险合同的订立是投保人与保险人之间基于意思表示一致的法律行为。

6. 保险合同的变更是指保险合同有效期内依据法律规定的条件和程序,对保险合同的内容进行修改、补充或对合同主体、客体的改变。保险合同的解除是指当事人在合同有效期内,依照法律规定或合同约定提前终止合同效力的法律行为。保险合同的解除有法定解除和约定解除两种方式。保险合同的中止通常是指在人身保险合同中,若投保人采用分期交付保费方式,在60天宽限期仍未缴纳当期保费,则保险合同效力暂时停止。中止的合同可在两年复效申请期内申请恢复效力,即为复效。保险合同的终止是指保险合同效力彻底消灭,包括自然终止、履约终止、财产保险和人身保险的保险标的因灭失而终止、因解除而终止等。

7. 保险合同的解释原则包括文义解释、意图解释、专业解释以及有利于被保险人或受益人的解释。保险合同争议的解决方式包括协商、仲裁和诉讼三种。

## 自 测 题

1. 保险合同的特征有哪些? 你认为保险合同是要式合同还是非要式合同?
2. 保险合同的终止通常有哪些情形?
3. 为什么保险合同的解释应有利于被保险人和受益人?
4. 财产保险合同的主体与人身保险合同的主体有何区别?
5. 保险合同的解释原则和争议处理方式有哪些?
6. 投保方与保险方的义务各有哪些?

【阅读资料】
### 《保险法》应强化保险人对保户的保密义务

《保险法》第三十一条规定:"保险人或者再保险人接受人对在办理保险业务中知道的投保人、被保险人或者再保险分出人的业务和财产情况,负有保密的义务。"这是一条十分重要而又不完善的规定。本条的规定仅限于对财产保险中的保户静态的"业务和财产情况"的保密义务,没有涉及对保户动态的经营活动的保密义务,更没有涉及对人身保险中的个人隐私秘密的保密义务。这显然是很不够的。

投保人在向保险人投保业务的时候,要通过如实填写投保单、回答保险人的书面或口头的问询、提供有关记录的方式真实地向保险人说明所投保的保险标的的现实状况,以履行告知义务。在企业的财产保险中,保险人如认为有必要,还可以对投保人所投保的财产进行实地查勘,可以对企业安全生产情况进行询问,被保险人也应如实告知,在发生保险事故,被保险人提出索赔请求后,保险人要对事故现场进行查勘,并要求被保险人提供有关单据、证明和账册。保险合同签订后,被保险人的财产状况等如有变更,还必须向保险人提出变更申请,以便保险人在保险合同上进行批改。可以说保险人在开展业务过程中,不但应知道被保险人的业务、财产状况,还应了解被保险人的生产经营状况。投保人在向保险人如实告知的同时,享有要求保险人对其所告知和保险人了解的情况保守秘密的权利。

我们知道,投保人在投保时不但要如实告知被保险财产的静态分布情况,还要告知其生产经营的动态情况。因此保险人所知道的不仅是被保险人的"业务和财产情况"还有其生产经营情况,而生产经营情况是个动态变化的过程,这恰恰是比一般"业务和财产情况"重要得多的商业秘密。现在有关的财产保险的征询表的内容越来越多地包括了动态的经营活动情况,保险人对其保密显得尤其重要。我国颁布的《中华人民共和国反不正当竞争法》对商业秘密的定义是:"指不为公众所熟悉、能为权利人带来经济利益、具有实用性并经权利人采取保密措施的技术信息和经营信息。"显然保险人了解的被保险人的经营活动情况是有别于一般"业务和财产情况"的,属于商业秘密,因此保险人应该负有替被保险人保密的义务。

另外,在人身保险中,投保人在投保时,通过如实回答保险人在承保时提供的征询表上的几十个内容,将被保险人的健康状况、个人嗜好、既往病史以及某些隐私如实地告知保险人。特别是被保险人就是投保人本人时,这是鉴于保险的最大诚信原则,投保人应履行的告知义务,而有些隐私甚至连他们的家人都未必知晓。有时连投保人身保险这件事,投保人、被保险人都不希望别人知晓。如果保险人将被保险人的健康状况、有关嗜好、个人隐私以及投保人、被保险人的其他一些情况随意披露出去,就可能引起投保人、被保险人的心理不安、家庭纠纷,或者造成他们的心灵伤害,从而影响家庭、社会的稳定。所谓"隐私",就是指个人不愿公开的私生活或私人的事,隐私是人格尊严的主要内容,个人隐私是公民生活的一个重要部分。隐私权是公民个人和生活不受侵扰及私人资料不予公开的权利。在社会生活越是开放、文明的情况下,隐私权的保护越显得重要和迫切。尊重他人人格,首先必然要尊重他人的隐私权。我国《民法通则》规定,"公民、法人的合法的民事权益受法律保护,任何组织和个人不得侵犯。"《民法通则》虽然没有明确提出保护公民的隐私权问题,但它为公民的隐私权的保护提供了法律依据。1993年8月,最高人民法院在《关于审理名誉权案件若干问题的解答》中指出:"对未经他人同意,擅自公布他人的隐私材料或以书面、口头形式宣扬他人隐私致他人名誉受到损害的,按照侵害他人名誉权处理。"2001年3月最高人民法院《关于确定民事侵权精神损害赔偿责任的若干问题》中明确规定:"违反社会公共利益、社会公德,侵害他人隐私或其他人格权利,受害人以侵权为由向人民法院起诉请求赔偿精神损害的,人民法院应当受理。"这项规定直接保护了公民的隐私权。因此,在《保险法》中体现这一点是十分必要的。

综上所述,在修改《保险法》的过程中,有必要强化保险人为保户保守秘密的义务,不但要考虑在财产保险中的有关保守保户静态和动态商业秘密的内容,还要把在人身保险中保守被保险人的个人秘密作为一项重要内容加进去。

(资料来源:《国际金融报》,作者:方贤明)

# 第五章 Chapter 5

## 保险的基本原则

**【学习要求及目标】**

通过对本章的学习,要求读者熟悉并掌握保险经营中各项基本原则的基本内容,深刻理解内涵和应用环境,能够熟练应用保险的基本原则。

**【引导案例】**

他可以为母亲买保险吗?

英国有个叫哈斯的人与自己的母亲居住在一起,母亲平日为他料理家务。哈斯考虑到母亲年事已高,他应该准备一笔丧葬费,在他母亲一旦病故后为安葬其母亲所用。于是,出于为获得这笔丧葬费用补偿的目的,他以他母亲为被保险人向波尔人寿保险公司投保了一份寿险。保险合同订立后不久,波尔人寿保险公司就了解了哈斯为其母亲购买这份寿险的目的,遂以他们母子之间不存在保险利益为由解除了与哈斯的合同关系。作为投保人的哈斯认为波尔人寿保险公司的解约理由是不能接受的,就此向英国法院提起诉讼。

问题思考:

(1)保险公司解除其与哈斯订立的保险合同的理由是否成立?

(2)哈斯与他的母亲之间是否存在保险利益?

(3)此案若是在我国,那么情况又如何呢?

## 第一节 保险利益原则

### 一、保险利益原则的含义

保险利益是投保人或被保险人对投保标的所具有的法律上承认的利益,他体现了投保人或被保险人与保险标的之间存在的利害关系。保险利益对被保险人的利益关系表现为,当保险标的安全存在时,被保险人利益也存在;当保险标的遭到损毁时,被保险人的利益就受到损害。例如,某人拥有一所房屋,如房屋安全存在时,他可以居住,或者出租、出售来获得利益;

如房屋损毁,他就无法居住,更谈不上出租、出售,经济上就要受到损失。正是因为他对自己拥有的房屋存在利害关系,他才考虑房屋的安危,将房屋保险,而保险人也正是因为他对这所房屋存在利益关系,才允许他投保。这就说明房屋的所有人对其所拥有的房屋具有保险利益。

(一)保险利益成立的条件

保险利益的构成必须符合一定的条件,这些条件是:

**1. 保险利益应为合法的利益**

投保人对保险标的所具有的利益要为法律所承认,因为只有在法律上可以主张的利益才能受到国家法律的保护。如果由于违法行为而对保险标的产生某种利益,并以此作为订立保险合同的依据则合同无效,而不论当事人是善意或恶意。因此,保险利益必须是符合法律规定的、符合社会公共秩序的、为法律所认可并受到法律保护的利益。例如,因偷税、漏税、盗窃、走私、贪污等非法行为所得的利益不得作为投保人的保险利益而投保。

**2. 保险利益应为经济上有价值或可估价的利益**

可保利益数量应该可以用货币来计量,如果利益无法定量,则不能为可保利益。虽然人身不像财产那样有价值依据可以度量,然而我们可以以被保险人或受益人的经济保障需要为依据作为人身保险的可保利益。被保险人的生、老、病、死、伤、残等人身事件,均可使本人或其受益人在经济上受到影响,这种影响是可以用货币来计算和估价的。财产保险中,保险利益一般可以精确计算,对那些像纪念品、日记、账册等不能用货币计量其价值的财产,虽然对投保人有利益,但一般不作为可保财产。

**3. 保险利益必须是确定的利益**

保险利益是投保人对保险标的在客观上或事实上已经存在或可以确定的利益。这种利益是可以用货币形式估价,而且是客观存在的利益,不是当事人主观臆断的利益。某些古董、名人字画虽为无价之宝,但可以通过所约定的货币数额来确定其保险利益。人的生命价值是无价的,难以用货币来衡量,但亦可约定一个金额来确定保险利益。而精神创伤是无法以货币来衡量的,所以,它通常不具有保险利益。这种客观存在的确定利益包括现有利益和期待利益。现有利益是指在客观上或事实上已经存在的经济利益;期待利益是指在客观上或事实上尚未存在,但根据法律、法规、有效合同的约定等可以确定在将来某一时期内将会产生的经济利益。在投保时,现有利益和期待利益均可作为确定保险金额的依据;但在受损索赔时,这一期待利益必须已成为现实利益才属索赔范围,保险人的赔偿或给付,以实际损失的保险利益为限。

**4. 保险利益应为具有利害关系的利益**

投保人对保险标的必须具有利害关系。所谓利害关系,是指保险标的的安全与损害直接关系到投保人的切身利益。投保人对保险标的具有利害关系,是权衡其具有可保利益的必要条件,否则,只有投保人和保险标的,而投保人与保险标的之间不存在利害关系,是不能签订保险合同的,因为签订这样的合同就使保险变为赌博。英国历史上曾经出现过赌博保险,有人以与自己毫无利害关系的远洋船舶为标的投买保险,如果船舶安全到达目的地,投保者只丧失已付保险费;如果船舶灭失,投保者则可获得相当于船舶价值的、千百倍于保险费的巨额赔款。也有人以与自己毫无任何关系的他人的生命为保险对象打赌。当这种赌博性保险影响到社会安定时,英国政府终于在18世纪通过立法予以禁止。这里的利害关系是指保险标的的安全与损害直接关系到投保人的切身经济利益。而投保人与保险标的之间不存在利害关系是不能签订保险合同的。根据我国《保险法》的规定,在财产保险合同中,保险标的的毁损灭失直接影响投保人的经济利益,视为投保人对该保险标的具有保险利益;在人身保险合同中,投保人的直系亲属,如配偶、子女、父母等的生老病死,与投保人有一定的经济关系,视为投保人对这些人具有保险利益。

### (二)保险利益原则的含义及意义

#### 1. 保险利益原则的含义

所谓保险利益原则,是保险合同必须遵循的原则,是指在签订和履行保险合同的过程中,投保人或被保险人对投保标的有保险利益。否则,合同是非法或无效的。

《中华人民共和国保险法》第十二条明确规定:"人身保险的投保人在保险合同订立时,对被保险人应当具有保险利益。财产保险的被保险人在保险事故发生时,对保险标的应当具有保险利益。"可见保险利益是保险合同的要素,无论是财产保险合同,还是人身保险合同,必须以保险利益存在为前提。保险利益原则要求投保人和保险人在订立保险合同时必须对保险标的具有保险利益,而所约定的保险金额不得超过该保险利益额度。

#### 2. 保险利益原则对保险经营的意义

在保险经营活动中之所以严格规定保险利益原则是基于以下三个方面考虑:

一是防止赌博行为发生。保险与赌博有着本质的区别,没有可保利益而签订的保险合同无异于赌博,因为投保人与保险标的的无利害关系,签订合同的目的是想谋取侥幸利益,这有违于保险的目的,这种赌博性的保险合同是不受法律保护的。因此,坚持保险利益原则也是为了维护社会秩序和公共利益。17、18世纪的英国,曾出现过赌博寿险,投保人以与己无关的他人的生命作为投保标的,获得毫无保险利益的寿险保单。由于保险标的的损毁、灭失并未使被保险人蒙受经济损失,因此,保险标的只不过充当了赌博对象,这样诱发并助长了不良社会行为的产生与发展。对此,英国议会于1774年通过了《人寿保险法》,旨在消除以他人生命为赌注,博取非法利益的人寿保险。可见,保险必须以保险利益的存在为条件,以维护社会公共利益,保证保险经营的科学性。

二是防止道德风险的发生。这里所谓的道德风险是指被保险人或受益人为获得保险人的赔偿或保险金给付而故意违反道德规范,甚至故意犯罪,促使保险事故发生或在保险事故发生时放任损失扩大。如果不以投保人对保险标的具有保险利益为保险合同的有效条件,由于保险费与保险金额或给付额的悬殊,将诱发道德风险、犯罪动机与犯罪行为的发生。17世纪的英国曾因此出现暗杀的社会不良现象。投保人为获得赔款，希望与己毫无相干的被保险人尽早死亡，甚至不惜采取暗杀的方式使其死亡。保险利益原则的限定，杜绝了无保险利益保单的出现，从而有效地控制了道德风险的重要诱因，保护了被保险人的生命安全与被保险财产的安全。

三是限制赔付额度。根据保险利益原则，从定性的角度，投保人与被保险人要对保险标的具有保险利益；从定量的角度，保险金额的大小要与保险标的的实际价值相符，也可由投保人与保险人共同商定。即保险人的赔偿金额不能超过保险利益，否则，被保险人可以因较少的损失而获得较大的赔偿额，这超过保险利益的部分，同样会导致道德风险。

## 二、保险利益原则的应用

### （一）保险利益原则在财产保险中的应用

在财产保险中，保险利益并非财产本身，而是财产中所包含的与投保人或被保险人有关的利益。该利益是由于投保人或被保险人对保险标的具有某种利害关系而产生的，这种利害关系一般指的是因法律上或合同上的权利或责任所产生的关系。投保人或被保险人与保险标的具有某种法律关系或合同关系，他们对该标的就具有保险利益。

财产保险的保险利益有以下四种：

#### 1. 财产所有人、经营管理人的保险利益

财产所有人对其财产具有保险利益。财产可能为个人所有，也可能与他人共有，如为后者，则每一财产所有人的保险利益仅限于他对共同财产所占有的份额。经营管理人如公司的法定代表人对本公司的财产具有保险利益，可投保财产保险。

#### 2. 债权人的保险利益

债权人因债权关系对有关财产有利害关系，因此对这些财产有保险利益。例如，银行实行抵押购房贷款，购房人将自己所购的房产抵押给银行，作为清偿贷款的担保。这里购房人是抵押人，银行是抵押权人即债权人，银行便对该房产具有优先受偿权利。该房产的灭失或价值下降，都会给银行带来风险，因此银行对该房产有了保险利益，就可以以该房产为标的投保财产保险。

#### 3. 财产受托人或保管人、承运人、承包人、承租人的保险利益

财产的受托人、保管人、货物的承运人、各种承包人、承租人，由于对所托、管、运、租的财物的安全负有法律责任，一旦该财物受损，上述各当事人就要承担经济赔偿责任，其经济利益必然会受到损失，从而对该财物具有保险利益。例如，旅店店主对旅客的行李，修理人对委托修理人的财物，承运人对所运物品和运费，船舶承租人对船舶均具有保险利益。这些受托、代管、承运、承租的财物虽然不是归受托人或保管人、承运人、承包人、承租人所有，但这些财物的毁损灭失也会给自己带来经济上的损失，因而他们与该财物有利害关系，具有保险利益。

#### 4. 经营者对合法的预期利益有保险利益

预期利益也称期待利益、预期利润，是指投保人因对财产有现有利益而具有的未来利益。例如，企业的财产是其获得经营利益的基础，现有财产的损毁，必然导致其未来正常经营利益的减少，因此这种预期利益可作为保险利益投保。又如，因营业中断导致预期利润丧失、票房收入减少、租金收入减少、待销商品的利润减少等，经营者对这类预期利益具有保险利益，所以可以投保利润损失保险。预期利益必须以现有利益为基础，而且必须能够确定。

### （二）保险利益原则在人身保险中的应用

人身保险的保险利益基本分为两种情况。

①投保人以自己的生命或身体为标的投保人身保险，具有可保利益。

②投保人以他人的生命或身体为标的投保人身保险，并非都具有可保利益，而是有严格的限制范围。

根据我国《保险法》的规定，投保人对配偶、子女、父母以及有抚养、赡养或者抚养关系的家庭其他成员和近亲属都具有保险利益。人身保险的保险标的是人的生命或身体。当投保人对被保险人的生命或身体具有某种利害关系时，才能对被保险人具有保险利益。除以上人员外，《保险法》还规定："被保险人同意投保人为其订立合同的，视为投保人对被保险人具有保险利益。"在判断对他人的生命或身体是否具有投保人身保险的可保利益方面，国外有两种观点：一是利害关系论，即投保人对被保险人的存在具有精神和物质幸福，被保险人死亡或伤残会造成投保人的痛苦和经济损失，有这种利害关系存在就具有可保利益。英、美等国家强调对他人具有金钱利益关系的人具有可保利益，包括债权债务关系、雇佣关系或业务关系等。如分期付款，卖方可以买主为对象投人身保险，但是可保利益以债务数字为限。再如，公司经理可以为其职工投保团体人身保险。荷兰、意大利等国家认为有爱情、感情关系也具有可保利益。二是同意或承认论，即只要投保人征得被保险人同意或承认，就对其生命或身体具有投保人身保险的可保利益。德国、瑞士、日本等国家持这种观点。还有一些国家采取二者相结合的原则，即投保人对被保险人存在利害关系或者经被保险人同意或承认都具有可保利益。我国采用二者相结合的原则。一方面，要求投保人与被保险人有利害关系，具有保险利益；另一方面，只要经被保险人同意，投保人便具有了保险利益。另外，死亡保险未经被保险人同意，投保人不能投保，在办理投保手续时，被保险人必须在保险合同上签字。

### （三）保险利益原则在责任保险中的应用

责任保险是指以保险客户的法律赔偿风险为承保对象的一类保险。责任保险的保险利益是投保人（被保险人）对其所应负的民事损害赔偿责任。在责任保险中，由于被保险人的疏忽、过失等行为造成受害者的生命财产损害，被保险人必须对受害者依法承担经济赔偿责任，而保险人则对被保险人承担经济赔偿责任。根据责任保险险种划分，责任保险的保险利益主要包括：

①各种公共场所的负责人对其顾客、观众具有保险利益。各种固定场所,如商场、饭店、医院、娱乐场所等对顾客、观众等人身伤害或财产损失依法应承担经济赔偿责任,这些公共场所的负责人对其顾客、观众具有保险利益,可投保公众责任险。

②制造商、销售商、修理商对其产品的损害赔偿责任具有保险利益。上述当事人因其制造、销售、修理的产品有缺陷造成消费者的人身伤害或财产损失,依法应承担经济赔偿责任,他们对该责任有保险利益,可投保产品责任保险。

③雇主对其雇员因职业引起的伤害具有保险利益。雇员在受雇期间因从事与职业有关的工作而患职业病或伤、残、死亡等,雇主依法应承担医药费、工伤补贴、家属抚恤等费用,因而对这种责任具有保险利益,可投保雇主责任险。

④各种专业人员对其从事的职业引起的民事损害赔偿责任具有保险利益。律师、医师、会计师、设计师、工程师等专业技术人员,因工作上的疏忽或过失致使他人受到损害,依法应承担经济赔偿责任,他们对这种责任具有保险利益,可投保职业责任险。

### (四)保险利益原则在信用与保证保险中的应用

在信用保证保险中,权利人与被保证人之间存在信用经济关系或合同关系,他们之间也必然存在经济利益关系,即利害关系。因此,权利人对对方的信用具有可保利益;被保证人对自身的信用也具有可保利益。

【知识库】

限制赔付额度

例如,某人将自己价值10万元的汽车以15万元的保险金额投保,即使汽车全损,他也只能获得10万元的赔偿金,因为他对超过汽车实际价值部分的5万元金额没有保险利益,投保也是无效的。

因此,保险利益原则不仅是保险合同有效的必要条件,而且为确定保险的赔偿额度提供了科学的依据。

(资料来源:李秀芳《保险精算》)

## 第二节 最大诚信原则

### 一、最大诚信原则的基本含义

诚信是世界各国立法对民事、商事活动的基本要求。我国《保险法》第五条规定:"保险活动当事人行使权利、履行义务应当遵循诚实信用原则。"保险合同关系属于民商事法律关系,自然应该遵守立法对民、商事活动的基本要求,而且,保险经营活动的特殊性决定了保险合同比其他经济合同对当事人诚信的要求更为严格。在保险经营中的最大诚信原则,其基本含义是:保险双方在签订和履行保险合同过程中,必须以最大诚意履行各自应尽的义务,互不欺骗和隐瞒,恪守合同的认定与承诺,否则将使保险合同无效。

## 二、最大诚信原则产生的原因

保险的最大诚信原则来源于海上保险。当投保人与保险人签订保险合同时,往往远离船舶和货物所在地。保险人所要了解的有关保险标的危险程度等情况主要根据投保人单方面告知来掌握,从而由保险人决定是否承保以及承保的费率条件。投保人的陈述是否完整准确,对保险人承担的义务关系极大。投保人的任何欺骗或隐瞒行为,必然会侵害保险人的利益。因此,英国《1906年海上保险法》第十七条规定:"海上保险合同为基于最大诚信的合同,如果一方不信守诚信原则,另一方可宣布合同无效。"

最大诚信原则不仅适用于投保方,而且适用于保险方;不仅适用于海上保险,而且适用于其他各类保险。但是,人们一般认为,最大诚信原则主要是针对被保险方的,这是由于保险双方在业务交易中的不同地位所决定的。保险人的诚信主要通过保险业法、保险监管等法律和制度手段以及社会舆论、市场竞争来保证和实现。随着保险市场化进程和人们保险意识的不断提高,相对而言,投保人更容易了解保险产品与保险公司的有关信息,从而决定投保意向。那么,由于保险市场存在的典型的信息不完全和不对称性,以及被保险方的业务逆选择和道德风险问题,则形成最大诚信原则的成因。对于保险公司而言,需要了解的信息主要包括保险标的的风险程度、投保人和被保险人的风险管理水平和信誉。这些信息广泛分布于社会各领域,受到资料来源、统计方法与统计时期等方面的限制,保险人能够获得的信息可能是不完全的。

而保险人所能了解到的保险标的和被保险人的有关风险资料信息总是有限的,面对大量的投保者,信息不完全与不对称性对于保险人而言表现更为突出,必须靠投保人的诚信来保证。因此,遵守最大诚信原则,对于维护合同当事人的权益,维持公平交易,保证保险合同的正常履行,都是必要的。

## 三、最大诚信原则的主要内容

最大诚信原则的内容包括告知、保证、弃权与禁止反言。

### (一)告知

**1. 告知的内容**

告知指保险合同订立之前、订立时及在合同有效期内,投保方对已知或应知的危险和标的有关的实质性重要事实向保险方作口头或书面的申报;保险方也应将对投保方利害相关的实质性重要事实据实通告投保方。

具体来讲,告知的内容包括:

①投保人或被保险人在申请投保、订立保险合同时,应把有关投保标的的风险情况、上述当事人是否具有保险利益及其自身的一些事实情况主动如实地向保险人申报;同时,保险人

应就保险合同的条款内容、费率以及其他可能影响投保人作出投保选择的事实情况作如实告知。

②在保险合同有效期内,如果保险标的的风险发生变化,或保险人承担的责任范围有所扩大时,被保险人必须履行告知的义务,以便保险人决定是否继续承担保险责任,或以什么条件继续承保。因此,我国《保险法》第二十一条规定:"投保人、被保险人或者受益人知道保险事故发生后,应当及时通知保险人。故意或者因重大过失未及时通知,致使保险事故的性质、原因、损失程度等难以确定的,保险人对无法确定的部分,不承担赔偿或者给付保险金的责任,但保险人通过其他途径已经及时知道或者应当及时知道保险事故发生的除外。"例如,在海上保险中,船舶中途改变航线,被保险人应及时告知保险方。在保险事故发生时,被保险人应及时将保险标的的受损情况、施救费用等如实告知保险人。在索赔时,被保险人应申报对保险标的所具有的保险利益,同时提供保险人所要求的各种真实证明,以便保险人履行赔偿义务。

**2. 告知的形式**

告知的形式分为两种,即无限告知义务和询问回答告知义务。

无限告知义务又称客观告知义务,即法律对告知的内容没有确定性的规定,投保人或被保险人自行尽量将保险标的的风险状况及有关重要事实如实告知保险人。

询问回答告知义务又称主观告知义务,是指投保人或被保险人对保险人询问的问题必须如实告知,对询问以外的问题视为非实质性重要事项,投保人无须告知。我国《保险法》第十六条第一款规定:"订立保险合同,保险人就保险标的或者被保险人的有关情况提出询问的,投保人应当如实告知。"

上述两种告知形式可以结合使用。在订立保险合同时,保险人会根据不同险种制定询问表,该表列出了保险人认为重要的问题,投保人应如实填写,对表中没有详尽列出的问题,保险人仍然可以要求投保人如实告知。对于合同订立后的通知义务和说明义务,被保险人应本着最大诚信原则,主动履行无限告知义务。

**(二)保证**

保证是最大诚信原则的又一重要内容,它是指投保人或被保险人对在保险期限内的特定事项作为或不作为向保险人所做的担保或承诺。保证分为明示保证与默示保证两种。

**1. 明示保证**

明示保证是以书面形式载明于保险合同中,以"被保险人义务"条款表达的一类保证事项。例如,机动车辆保险条款中一般规定:被保险人及其驾驶员应当做好保险车辆的维护、保养工作,保险车辆装载必须符合规定,使其保持安全行驶技术状态;被保险人不得非法转卖、转让保险车辆,不得利用保险车辆从事违法犯罪活动。

**2. 默示保证**

默示保证是指一些重要保证并未在保险合同中订明,但却为订约双方在订约时都清楚的保证。是按照行业或国际惯例、有关法规以及社会公认的准则,投保人或被保险人应该作为或不作为的事项。默示保证的内容通常是以往法庭判决的结果,是保险实践经验的总结。例如,投保了家庭财产盗窃险后,被保险人应在家中无人时关窗锁门,这是常识。默示保证在海上保险中具有十分重要的意义,海上保险有公认的三项默示保证:保险船舶应具有适航适货能力;不随意改变既定航道;运输经营的合法性。默示保证虽未在合同中明文规定,但它与明示保证具有同等的法律效力,都对被保险人具有约束力。

告知与保证都是对被保险方诚信的要求,但二者也有区别。一是告知是对过去与现在有关事实与情况存在与否和存在状态的确认;保证则是对今后(现在与将来)某些特定事项的承诺。二是告知强调的是诚实,要求被保险方对有关重要事实如实申报;而保证则强调守信,要求被保险方恪守诺言,许诺的事项须与事实一致。三是从二者的效用看,正确的告知使保险人能够恰当地评估风险并进行业务选择;而保证的履行在于控制风险。

### (三)弃权和禁止反言

弃权是指保险人放弃他在保险合同中可以主张的权利。如保险人放弃因投保人或被保险人违反告知或保证义务而产生的保险合同解除权。保险人的弃权,可以采用明示或默示方式。禁止反言也称"禁止抗辩",是保险人既已放弃他在合同中的某种权利,将来不得再向对方主张这种权利。

在保险活动中,弃权与禁止反言的规定是对被保险人利益的维护。近几年来,我国保险代理队伍发展比较快,保险代理人是基于保险人的授权以保险人的名义对外从事保险业务的,因此,保险代理人可能为增加佣金而不认真或故意不按照保险条件承保,保险合同一旦成立生效,保险人就不能再向投保人主张未达到的保险条件,从而出现保险人的弃权行为,这时保险人不得以代理人的行为有违保险条件而解除保险合同。当然,保险人在这种情况下,也可以在维持保险合同效力的同时,根据代理人对保险代理合同的违反情况追究代理人的责任。

【知识库】

#### 告知与保证

英国著名的大法官曼斯菲尔德对告知与保证有一段精辟的见解:"告知与保证不同,告知仅须实质上正确即可,而保证必须严格遵守。例如,被保险船舶保证于3月5日开航,却延迟至3月6日才解缆,这即为违反保证条款。"

(资料来源:《青年科学》2010年第01期)

## 第三节 近因原则

### 一、近因与近因原则

#### （一）近因原则的含义

英国《1906年海上保险法》第五十五条对近因原则下了如下定义："任何灭失的近因是由承保的风险所造成的,保险人应承担责任。"这个原则为各国所采用,沿用至今。在保险理赔中必须遵循近因原则,按照近因原则,当保险标的遭受风险事故而受损,损失近因是由承保的风险所造成时,保险人才予以赔付;如果损失的近因不属于承保的风险,保险人不给予赔付。近因原则是保险经营的又一个重要原则。它是指保险赔偿以保险风险为损失发生的近因为要件的原则。

近因原则同样是从保险实践中产生的。若不根据近因原则确定损失原因,任何原因导致的保险标的损失均需赔付,保险人的赔偿责任扩大,其权利义务不对等,不利于保险业的正常经营。再者,如果不问何种风险致损,有损就赔,会助长灾害事故的发生,不利于保障人们的生命财产安全。因此,目前世界各国一般都采取近因原则来断定损失原因及处理赔案。

保险所讲的近因是指造成保险损失事件的起主导作用和支配地位的原因,但并非指时间上、空间上最接近损失的原因。近因与风险事故的发生有直接的因果关系,它是一种活跃而有效的动因,在效果上有支配力,它直接促使某种事件产生后果,是诱发事件的主要原因或在诸因素中起支配作用的因素。例如,司机酒后驾车造成交通事故,近因就是司机饮酒。又如,有人趁火灾之际偷盗物品,则被盗物品损失的近因就不是火灾,而是盗窃。

#### （二）近因原则包含的内容

其一,判定致损近因。关于近因,英国法庭曾于1907年下过这样的定义："近因是指引起一连串事件,并由此导致某种结果的能动的、起决定作用的原因。"在1924年英国上议院宣读的法官判词中对于确定损失的真正原因表述为："取近因而舍远因,近因是指处于支配地位或者起决定作用的原因,即使在时间上它并不是最近的。"由此可见,近因并不一定指在时间上或空间上最接近损失的原因,而是指导致标的损失的处于支配地位或者起决定作用的原因。相对而言,远因则是指仅对损失结果起次要作用或者不处于支配地位的原因。

其二,保险赔偿以近因属于保险事故为前提。保险人对远因引起的损失显然不负赔偿责任,那么,是否对近因引起的损失都负责呢？当然也不是。因为保险人把致损的风险分为三类:保险风险、除外风险和未保风险。这里的未保风险是指在某一保单中并未承保的风险,如火灾在盗窃险保单中属于未保风险。

## 二、近因的判定

### (一) 顺序法

从最初事件出发,按照逻辑推理,分析判断下一个事件可能是什么;然后再从下一个事件出发,分析判断再下一个事件可能是什么,如此下去,直至分析到损失为止。如果最初事件是导致损失的第一个原因,则最初事件即是损失的近因。如果最初事件是保险责任范围内的事件,则保险人应当承担赔偿责任。例如,一辆汽车由于驾驶员错误操作,冲向路边,撞倒路边一棵大树,大树压坏路边一座建筑物,造成建筑物坍塌,压死了屋里正在休息的居民。按照顺序法从驾驶员失误→撞倒大树→压倒建筑物→建筑物坍塌→压死居民,可以看出居民死亡的最初事件是驾驶员的操作失误,也是致使居民死亡的直接原因,因此,保险人应承担起保险范围内的赔偿责任。

### (二) 倒推法

从损失开始,按照逻辑推理,分析引起损失的原因是否是前一事件,如果是,再继续分析导致前一事件发生的原因,直至最初事件为止。如果最初事件是导致损失的近因,则保险人承担保险赔偿责任。

例如"赖斯彻尔诉博里克"案:一艘拖船航行中触礁,结果导致船体开洞,于是船员用塞子堵水,在拖港修理途中塞子脱落,船舶进水最终沉没。本案在审理中,保险人以拖港途中塞子脱落而进水属不保的海上固有风险进行抗辩,最终法庭判决触礁是船沉没的近因,属保险责任,保险人应当赔偿。

本案如用上述两种方法判断即为:顺序法:船触礁→船体开洞→用塞子堵水→塞子脱落→船进水沉没;倒推法:船进水沉没→由于塞子脱落→塞子是用来堵水的→因为船体有洞→因为船触礁。用上述两种方法均可分析船触礁近因。

## 三、应用近因原则来确定保险责任

### (一) 单一原因

如果事故发生所致损失的原因只有一个,显然该原因即是损失的近因。如果这个近因属于保险风险,保险人应对损失负赔偿责任;如果这个近因是除外风险,保险人则不予赔付。例如,某人投保家庭财产保险并附加盗窃险,某日家中被盗,保险人应负责赔偿;如果他只投保家财险,未附加盗窃险,被盗仍为近因,则保险人不负赔偿责任。

### (二) 多种原因同时发生

造成保险标的损失的原因有多个,且难以确定先后顺序,视为多种原因同时作用。在这种情况下,不能以先后次序作为推断的依据,应当视具体原因区别对待:

①多种原因都是保险责任范围内的原因,保险人对这些原因所致损失均负赔偿责任。反

之,若多种原因均属除外责任,则保险人不负保险责任。

②多种原因中有些属于保险责任,有些属于除外责任,有些难以划分。对属于保险责任的给予赔偿;对属于除外责任的不予赔付;对无法划分的一般不予赔付,但有时也会采用保险人和被保险人协商赔付的方式。例如"哈特拉斯角灯塔"案:6 500袋咖啡自巴西海运至纽约,当时正值美国南北战争,哈特拉斯角灯塔在南方军控制下,实行灯火管制。灯塔熄灭,船舶迷失航向,船体冲上海滩搁浅而破裂。救助者救出120袋咖啡,随即被南方军征收,1 000袋在抢救中毁于战火,其余留在船上的5 380袋沉没全损。法庭判决,1 120袋咖啡属于不保的敌对行动所致,其余的5 380袋咖啡由保险人负责赔偿,因造成损失的直接原因为船舶意外搁浅。

(三)多种原因连续发生

如果损失的发生由多个有因果连续关系的原因造成,则最初的原因为近因,保险人赔偿的处理方式有以下几种:

①连续发生的原因都是保险风险,则对保险事故发生后的一切损失,保险人都负责赔付。例如,雷击引起火灾,火灾引起爆炸,则保险人对所有损失均负赔偿责任。

②在连续发生的原因中,若前因是保险风险,后因是不保风险,但后因是前因的直接的延续和后果,则保险人对所有损失均负责赔付。例如,一艘装有皮革与烟草的船舶投保了"水渍险",遭遇海难,大量的海水侵入使皮革腐烂,海水虽未直接接触包装烟草的捆包,但由于腐烂皮革散发的气味,致使烟草串味变质。烟草未被水浸,保险人对烟草的损失是否应当赔偿?用倒推法来分析:烟草变质是被皮革腐烂的气味所熏,皮革腐烂是由于海水侵入所致,海水侵入是由于船舶遭遇海难。从以上分析可得出结论:海难是近因,每个致损的原因都因果相联,因此保险人对皮革与烟草的损失均应赔付。

③在连续发生的原因中,若前因是不保风险,后因是保险风险,后因是前因的必然结果,则保险人对所有损失均不予赔付。例如,因地震(不保风险)的发生而引起火灾(保险风险),烧毁了被保财产,由于损失的近因是地震而不是火灾,地震又属除外责任,故保险人对该财产的损失不负赔偿责任。

④在连续发生的原因中,前因与后因均属非保险风险,则保险人对损失不予赔付。例如,船舶因航海延迟致使舱内水果变质,虽说气候变化也是造成水果变质的原因之一,但延迟是致损的近因,延迟致使水果保存时间过长,而延迟又是除外责任,故保险人不负赔偿责任。

(四)多种原因间断发生

损失是由两个以上不相关联的原因引起的,如果造成损失的原因中有保险风险,则保险人仅对由保险风险造成的损失予以赔付,对非保险风险造成的损失不予赔付。若造成损失的原因中没有保险风险,则保险人对损失不予赔付。例如,船舶在航行时因遭遇台风被刮到对岸搁浅,对岸系敌国领海,船被敌方扣留,为使船舶脱浅需要卸货,因而产生装卸费用的损失,再无其他损失。这样,虽有台风、搁浅、扣留等致损原因,但只有搁浅是造成卸货的必然原因,因此它是损失的近因,搁浅属于保险责任,保险人应予以赔偿。

**【知识库】**

近因效应不同于近因原则

所谓近因效应,是心理学范畴,与首因效应相反,是指在多种刺激一次出现的时候,印象的形成主要取决于后来出现的刺激,即交往过程中,我们对他人最近、最新的认识占了主体地位,掩盖了以往形成的对他人的评价,因此,也称为"新颖效应"。

(资料来源:詹启生、俞智慧《健康心理学杂志》2000年)

## 第四节 损失补偿原则

### 一、损失补偿原则的含义

补偿原则也称赔偿原则、损失补偿原则、赔偿责任原则等,它只适用于非寿险业务,对人寿保险不适用。补偿原则的基本含义是指投保人通过与保险人签订财产保险合同,将特定危险事故造成的损失转嫁给保险人承担,当保险事故发生并导致被保险人经济损失时,保险人给予被保险人的经济赔偿数额,恰好弥补其因保险事故所造成的经济损失。

补偿原则包含两层含义:一是被保险人因保险事故造成的经济损失,依照保险合同,在保险责任范围内有权获得全部的、充分的补偿;二是保险人对被保险人的赔偿数额,仅以被保险人的保险标的遭受保险责任范围内的实际损失为限,即赔偿刚好可以使保险标的在经济上恢复到受损以前的状态。

### 二、损失补偿原则的规定

根据损失补偿原则,保险人在保险合同保障范围内赔偿被保险人的实际损失。由于影响保险赔款的因素较多,损失补偿原则按以下限制条件掌握。

#### (一)以实际损失为限

保险的目的是补偿被保险人因保险标的发生保险事故而遭受的实际损失,全部损失全部赔偿,部分损失部分赔偿,使被保险人的经济利益损失能够得以弥补。一般来说,保险人按实际损失赔偿,赔款不能大于实际损失,由于受赔偿方式和免赔率等因素的制约,赔款也可能小于实际损失。影响实际损失的因素包括市场价格、折旧等,财产的实际损失一般都应按照损失当时的市场价格计算。例如,某机器设备投保时保额为10万元,发生保险事故造成全损,损失时该设备市价为8万元,折旧1万元,保险人的赔偿额按实际损失额确定为7万元。实际损失一般包括财产直接损失和有关费用(施救费用、救助费用、检验费用等),也可以包括预期利润损失,它们都属于保险赔偿范围。

## (二)以保险金额为限

保险金额是保险合同中确定的保险人为被保险人提供的保障数额,是保险人能够赔偿的最高限额。赔偿金额可以低于或等于保险金额,而不能高于保险金额,如果实际损失高于保险金额,说明超过保额部分的财产没有投保,这部分财产损失不应该获得赔偿。即使在通货膨胀条件下,被保险人的实际损失因物价上涨而高于保险金额,被保险人也不能获得高于保险金额的赔款。

## (三)以保险利益为限

保险赔偿以被保险人对损失财产具有保险利益为条件,而且以现有保险利益为最高限额。如果保险财产全部转让,则被保险人无权索赔;如果保险财产部分转让,或者在本次损失之前发生过部分损失和保险赔偿,则被保险人只能获得不超过现有保险利益的赔款,而不能因损失获得超过保险利益的赔偿。例如,抵押贷款保险,银行(抵押权人)借出款为 60 000 元,抵押品房屋价值 100 000 元。银行和借款人(抵押人)以房屋价值作为保额联合投保,并附加"赔款优先受偿"条款,说明在债权利益范围内优先清偿债权人的贷款之本利和。如果房屋实际损失 90 000 元,银行可获得保险利益以内的赔款 61 000 元(本利之和),而借款人只能得到其余 29 000 元赔款。如果在保险期限届满前银行已收回贷款。此后银行失去保险利益,无权获得赔偿。

以上条件互相关联,相互制约,保险人对被保险人赔偿时按实际损失、保险金额和保险利益三者中较低标准作为赔偿限度。

损失补偿原则除适用于一般财产保险合同外,也基本适用于重置价值保险合同和定值保险合同,但这两种保险合同在损失补偿方面有其特殊性,可能出现赔款大于实际损失的例外情况。对于重置价值保险合同,投保人按超过财产现有实际价值的重置价值投保,发生损失时,保险人按重置价值赔偿。具体来说,若财产全部损失,按该项财产的重建或重置价值赔偿,使保险标的恢复到新建或新置买时一样,但不好于或大于原状;若财产部分损失,则对损失部分的修理费和恢复原状赔偿以相等于该项财产在新建或新置时的价值。例如,汽车原值 8 万元,投保时净值 5 万元,考虑到通货膨胀因素,可按原值加五成的市场重置价值 12 万元投保,若汽车全损,则按 12 万元赔偿。这个赔款数字已经超过实际损失,却没有超过保险金额和保险利益。对于定值保险合同,赔款额根据保险金额和损失程度计算,而不考虑损失时实际价值的变化,赔款额可能相当于实际损失,也可能大于实际损失,这是定值保险合同所决定的。

## 三、派生原则

随着财产保险业务的发展,逐渐出现了重复保险、委付和代位追偿等一些特殊的赔偿制度,适应发展和完善这些赔偿制度的需要,在损失补偿基本原则的基础上,又派生出了重复保险的分摊原则和代位原则。

### (一)重复保险的分摊原则

在重复保险条件下,如果保险标的发生保险事故损失,被保险人有权向各承保公司索赔。

为防止被保险人获得超过实际损失或保险价值的赔款,在赔款时通常由各承保公司分摊损失,即某一保险人有权要求其他保险人共同分担被保险的损失赔款,若某保险人支付了全部赔款,则有权向其他有关保险人收回一部分赔款额。经过分摊,既使被保险人得到十足补偿,又不使其获得额外利益。

重复保险有以下三种分摊方式。

### 1. 比例责任

按每家保险公司的保险金额占各家保险公司全部保险金额之和的比例分摊损失金额。其计算公式为

$$某保险公司赔款额 = \frac{某保险公司保险金额}{各家保险公司保险金额总和} \times 实际损失$$

例如:某人以 5 万元家产同时向甲、乙两家公司投保家庭财产保险,保险金额分别为 3 万元和 5 万元,损失金额 4 万元。甲乙两家公司的赔款分别计算如下

$$甲保险公司赔款额 = \frac{30\ 000}{30\ 000 + 50\ 000} \times 40\ 000 = 15\ 000(元)$$

$$乙保险公司赔款额 = \frac{50\ 000}{30\ 000 + 50\ 000} \times 40\ 000 = 25\ 000(元)$$

### 2. 限额责任

各家保险公司的分摊额并不以保险金额作为分摊基础,而是在假定无他保情况下单独应负的赔偿责任限额占各家保险公司赔偿责任限额之和的比例分摊损失金额。其计算公式为

$$某保险公司赔款额 = \frac{某保险公司赔偿责任限额}{各保险公司赔偿责任限额总和} \times 实际损失$$

例如:某企业以 200 万元的财产同时向甲、乙两家保险公司投保企业财产险,甲、乙两家公司的保额分别为 180 万元和 150 万元,在保险期限内因火灾损失 160 万元。甲、乙两家公司的赔款分别计算如下:

首先,在假定无他保情况下,甲、乙两公司的赔款责任限额分别应是 160 万元和 150 万元。

其次,依公式计算甲、乙两家公司的赔款额如下

$$甲公司赔款额 = \frac{1\ 600\ 000}{1\ 600\ 000 + 1\ 500\ 000} \times 1\ 600\ 000 \approx 825\ 806.45(元)$$

$$乙公司赔款额 = \frac{1\ 500\ 000}{1\ 600\ 000 + 1\ 500\ 000} \times 1\ 600\ 000 \approx 774\ 193.55(元)$$

### 3. 顺序责任

这种方式按照各家保险公司出单顺序赔偿,先出单的公司首先在其保额限度内负责赔偿,后出单的公司只有在损失额超出前一家公司的保额时,才在自身保额限度内赔偿超出部分。

## （二）代位原则

代位原则又称权益转让原则，是指当保险事故涉及第三者责任时，或者在保险标的发生推定全损由保险双方达成委付协议时，当保险人赔偿被保险人损失后，被保险人必须将有关权益转让给保险人，由保险人向第三者代位追偿，或者对发生推定全损的标的物享有物权，被保险人不能获得额外利益。代位原则包括权利代位和物上代位两种形式。

### 1. 权利代位——代位追偿

（1）代位追偿原则的概念

当被保险人的损失是由于保险关系双方以外的第三者的疏忽、过失或者故意行为所致，而损失又属于保险责任范围时，被保险人可依据法律规定的民事损害赔偿责任向第三者要求赔偿，也可以依据保险合同向保险人要求赔偿。若由保险人和第三者同时赔偿被保险人的损失，将使被保险人获得双重赔偿，这与保险合同的补偿实质相违背；若由第三者赔偿，往往使被保险人得不到及时补偿。因此，法律规定，保险人可先行赔偿被保险人的损失，然后由被保险人通过填制"权益转让书"的形式将其向第三者追偿的权益转让给保险人，由保险人代替被保险人的位置向责任方（第三者）追（求）偿。保险人所获得的这种权利称为代位追偿权。

实行代位追偿的依据是：财产保险合同为损失补偿合同，被保险人所得赔偿不得超过其保险利益，不能因保险而重复获利。如果被保险人向第三者索赔成功，就不该再向保险人索赔，也就不存在代位追偿问题；如果被保险人从保险方获得赔偿，就应将其向第三者索赔的权益转让给保险人，由保险人依法行使代位追偿权。

代位追偿原则的意义在于：一是贯彻损失补偿原则，不使被保险人额外获利；二是追究第三者责任，维护法律和社会公平原则。

保险人的代位追偿权适用于除人身保险（健康保险除外）以外的其他任何保险。人身保险之所以不存在代位追偿问题，是因为人的生命价值难以用货币衡量，被保险人在取得保险人所给付的保险金的同时，仍然可再向第三者索赔，保险人无代位求偿权。

（2）代位追偿权成立的要件

①被保险人对保险人和第三者必须同时存在损失赔偿请求权。首先，如果被保险人的损失并非保险事故所致，则与保险人无关，被保险人只能向第三者索赔，不存在保险人的代位追偿权；其次，只有保险事故的发生由第三者行为所致，才存在被保险人对第三者的损失赔偿请求权，也才可能将这种权益转让给保险人；再次，如果被保险人豁免了第三者的赔偿责任，保险人也无法代位行使被保险人已经放弃的权利，那么，被保险人也无权向保险人索赔。因此，法律要求被保险人在向保险人索赔前不得损害保险人代位追偿的利益，而且在代位追偿过程中应积极协助保险人。

②代位权的产生必须在保险人支付赔偿金之后。只有保险人先行赔偿了被保险人的损失，才能获得代位追偿权，即所谓"先赔后追"，追偿权是在保险人支付赔偿金后自动转移的。如果保险人没有赔偿被保险人的损失，被保险人就无权益可以转让，保险人也就不可能取得

代位追偿权。

(3) 保险人在代位追偿中的权益范围

第三者对被保险人的损害赔偿责任属于民事损害赔偿责任,其赔偿额应依法裁定;保险人对被保险人的赔偿责任属于合同责任,其赔偿额应依据保险责任范围和赔偿方式以及损失情况确定,并以保险金额和保险利益为限。根据法律规定,保险人只能在赔偿责任范围内代位行使追偿权,保险人代位追偿所得不得大于其向被保险人的赔偿额。由于代位求偿同保险赔偿之间的联系,保险人向第三者追偿金额如果大于其向被保险人的赔偿金额时,多余部分应归还被保险人。

**2 物上代位——委付**

物上代位指保险标的遭受保险范围内的损失后,在保险人对被保险人履行了保险赔偿义务后就拥有对保险标的全部或部分的所有权,即代位取得对受损保险标的的一切利益。我国《保险法》第四十四条规定:"保险事故发生后,保险人已支付了全部保险金额,并且保险金额相等于保险价值的,受损保险标的的全部权利归于保险人;保险金额低于保险价值的,保险人按照保险金额与保险价值的比例取得受损保险标的的部分权利"。

物上代位的取得方式一般是通过委付来实现的。委付是一种被保险人放弃物权的法律行为,在海上保险中经常采用。所谓委付是只被保险人在保险标的发生推定全损时,将保险标的的一切权益转移给保险人,而请求保险人按保险金额全数赔付的行为。

【知识库】

## 代　位

是一种法律拟制(legal fiction),债权人(被代位人,subrogor)在他从第三人(代位人,subrogee)处收到所述债务款项的偿付时,应将它对债务人的权利和求偿转让给该第三人。在大陆法系中,存在法定代位(statutory subrogation,在法律所规定的第三人付款后发生)和常规代位(conventional subrogation,在债权人从第三方受到付款后明示权利转让(assignment)其债权)。在普通法中,代位可以是法定的,也可是约定的,还可以是法院同意的(judicial consent)。1967年海上留置权和抵押权公约第9条和1993年公约第10条都明确允许海上留置权的代位。在我国的司法实践中,代位权人不受被代位的当事人签订的涉外仲裁协议的约束,但代位权人明确接受该涉外仲裁协议的除外。

(资料来源:《中国实用法学大辞典》)

**【案例 5.1】**

### 事故车辆该归谁所有

个体运输专业户张某将其私有东风牌汽车向某保险公司足额投保了车辆损失险，保险金额 10 万元，以及第三者责任险，保险金额为 4 万元。保险期为 1 年。在保险期限内的某一天，该车在外出办事途中坠入悬崖下一条湍急的河流中，该车驾驶员有合格驾驶照，系张某堂兄，随车遇难。事故发生后，张某向保险公司报案索赔。该保险公司经过现场查勘，认为地形险要，无法打捞，按推定全损处理，当即赔付张某人民币 10 万元；同时声明，车内尸体及善后工作保险公司不负责任，由车主自理。后来，为了打捞堂兄尸体，张某与王某达成一协议，双方约定：由王某负责打捞汽车，车内尸体及死者身上采购货物的 2 800 元现金归张某，残车归王某，王某向张某支付 4 000 元。残车终于被打捞起来，张某和王某均按约行事。保险公司知悉后，认为张某未经保险公司允许擅自处理实际所有权已转让的残车是违法的。双方争执不果而诉讼。你认为法院会如何处理？为什么？

## 本 章 小 结

1. 保险的基本原则包括保险利益原则、最大诚信原则、近因原则和损失补偿原则。

2. 保险利益原则是在签订和履行保险合同过程中投保人必须遵守的原则，坚持这一原则可以避免赌博行为，防止道德风险，限制赔付额度。各类保险在可保利益的权益范围和时效上有所区别。

3. 最大诚信原则适用于保险双方，保险市场的信息不完全和不对称性，以及被保险方的业务逆选择和道德风险问题，是形成最大诚信原则的成因。为了使最大诚信原则得以贯彻和实行，保险合同及有关法律中对投保人与被保险人规定了告知与保证的义务；对保险人有弃权与禁止反言的规定。

4. 近因原则是判断风险事故与保险标的损害之间的因果关系，从而确定保险赔偿责任的一项基本原则。法律上用以判定较为复杂的因果关系的赔案时通常应用近因原则。

5. 损失补偿原则只适用于补偿性合同而不适用于给付性合同。按照损失补偿原则，保险人负责补偿被保险人的经济损失，但被保险人不能因损失而额外获利。

6. 针对重复保险、委付和代位追偿等一些特殊情形的赔偿，在损失补偿基本原则的基础上，又派生出了重复保险的分摊原则和代位原则。

## 自 测 题

1. 重要概念：逆选择、告知、保证、代位追偿、委付、推定全损、近因原则。
2. 什么是保险利益原则？为什么要坚持保险利益原则？

3. 简述最大诚信原则的含义及其成因。
4. 为什么说代位追偿原则和重复保险的分摊原则是损失补偿原则的派生原则？
5. 某投保人以价值 50 万元的货物分别向甲、乙、丙三家保险公司投保了海洋运输货物一切险，保额分别为 30 万元、40 万元、50 万元。因恶劣气候导致货物损失 30 万元，请按比例责任计算各保险公司的赔付额。

【阅读资料】

### 新《保险法》中的保险利益原则

保险利益又称可保利益，是指投保人对保险标的具有的法律上承认的利益，即在保险事故发生时，可能遭受的损失或失去的利益。保险利益原则是保险法的基石，新《保险法》中关于保险利益原则的变化主要体现在第四十八条和第四十九条。

新《保险法》第四十八条规定："保险事故发生时，被保险人对保险标的不具有保险利益的，不得向保险人请求赔偿保险金。"从这条可以看出：保险利益原则不再直接影响保险合同的效力，只是导致丧失保险金请求权的法律后果。

新《保险法》第四十九条的修改可谓是新《保险法》修订的核心，它的内容主要是关于保险标的的发生转让时保险利益原则的变化。修订前的《保险法》规定，保险标的的转让应当通知保险人，经保险人同意继续承保后，依法变更合同。该规定没有对危险程度是否显著增加进行区分，因此，只要保险标的的转让未经保险人同意，保险合同一律无效，这对于保护被保险人利益十分不利。此次保险法修订本着"契约自由，鼓励交易"的精神，在保险标的的转让而保险合同效力延续至受让人的基本原则前提下，再作具体制度安排，以尽量规避风险，平衡各方关系。具体规定为：保险标的的转让的，保险标的的受让人直接承继被保险人对于保险合同所享有的权利和义务；只有在因保险标的的转让导致危险程度显著增加的情况下，保险人才可以调整保险费或者解除合同。被保险人、受让人应当将交易情况及时通知保险人；未及时通知的，只有对因转让导致保险标的的危险程度显著增加而发生的保险事故，保险人才可以不承担保险责任。

（资料来源：2010 年法邦网）

# Chapter 6

# 财产损失保险

【学习要求及目标】

通过本章的学习,要求读者了解财产损失保险的分类,掌握企业财产保险的保险标的、保险责任和责任免除;熟悉并理解普通家庭财产保险和其他家庭财产保险、机动车辆保险、飞机保险、船舶保险、货物运输保险、工程保险、农业保险的保险内容;掌握企业财产保险、家庭财产保险、机动车辆保险的赔偿处理方法。

【引导案例】

### 超过租期发生事故是否赔偿

2009年1月2日,A公司向本市一家印刷厂租借了一间100多平方米的厂房做生产车间,双方在租赁合同中约定租赁期为一年,若有一方违约,则违约方将支付违约金。同年3月6日,A公司向当地保险公司投保了企业财产险,期限为一年。当年A公司因订单不断,欲向印刷厂续租厂房一年,遭到拒绝,因此A公司只好边维持生产边准备搬迁。次年1月2日至18日间,印刷厂多次与A公司交涉,催促其尽快搬走,而A公司经理多次向印刷厂解释,并表示愿意支付违约金。最后,印刷厂法人代表只得要求A公司最迟在2月10日前交还厂房,否则将向有关部门起诉。2月3日,A公司职员不慎将洒在地上的煤油引燃起火,造成厂房内设备损失215 000元,厂房屋顶烧塌,需修理费53 000元,A公司于是向保险人索赔。试问保险公司是否赔偿,赔偿金额是多少?

## 第一节 企业财产保险

### 一、保险标的

企业财产保险的被保险人范围,包括除了私营企业以外所有的各类企业,还包括事业单位和机关团体,因此,有的学者将企业财产保险称为团体财产保险。其承保范围包括:

## （一）可保财产

### 1. 基本险和综合险的可保财产

从保险利益的角度而言，基本险和综合险可承保的财产包括：属于被保险人所有或与他人共有而由被保险人负责的财产；由被保险人经营管理或替他人保管的财产；其他具有法律上承认的与被保险人具有经济利益关系的财产，例如被保险人享有留置权的财产，依据租约被保险人享有承租利益的承租财产等。

从财产的形态上看，基本险和综合险承保的财产是存放在固定地点并且处于相对静止状态中的财产，包括固定资产和流动资产等，其表现形式为：房屋、建筑物及附属装修设备；机器及附属设备；工具、仪器及生产工具；通信设备和器材；管理用具及低值易耗品；原材料、半成品、制品、产成品或库存商品、特种储备商品；账外或已摊销的财产等。此外，建造中的房屋、建筑物和建筑材料，交通运输工具及设备等也是属于企业财产保险的可保财产，但如果已投保工程保险、运输工具保险等险种，则不需投保企业财产保险。

### 2. 一切险的可保财产

一切险的可保财产是在一切险保险单明细表中列明的财产及费用。财产一切险的保险财产及费用一般可包括：建筑物（包括装修）、机器设备、办公用品、仓储物品、清除残骸费用、灭火费用等。

## （二）特约保险财产

### 1. 基本险和综合险的特约保险财产

特约保险财产是指必须经保险当事人双方特别约定并在保险合同中载明才能成为保险标的的财产。该类财产需要在查勘质量和采取安全防护措施以后才能决定是否承保。保险人之所以要承保这类财产，是为了满足部分企业的特殊需要。

基本险和综合险的特约保险财产大体分为三类。

第一类，市场价格变化较大，保险金额难以确定的财产，一般包括金银、珠宝、钻石、玉器、首饰、古币、古玩、古书、古画、邮票、艺术品、稀有金属等珍贵财物。

第二类，价值高，风险特殊的财产，一般包括堤堰、水闸、铁路、道路、涵洞、桥梁、码头等。

第三类，风险大，需要提高费率的财产，一般包括矿井、矿坑内的设备和物资。

### 2. 一切险的特约保险财产

经被保险人特别申请，并经保险公司书面同意，下列物品及费用经专业人员或公估部门鉴定并确定价值后，可作为保险财产：金银、珠宝、钻石、玉器；古玩、古币、古书、古画；艺术作品、邮票；建筑物上的广告、天线、霓虹灯、太阳能装置等；计算机资料及其制作、复制费用。

## （三）不保财产

### 1. 基本险和综合险的不保财产

不保财产是指保险人不予承保的财产。不属于基本险和综合险承保范围的财产主要有五种。

第一种是不能用货币衡量其价值的财产或利益,包括土地、矿藏、矿井、矿坑、森林、水产资源。与此并列的还有未经收割或收割后尚未入库的农作物。

第二种是货币、票证、有价证券、文件、账册、图表、技术资料、计算机资料、枪支弹药及无法鉴定价值的财产。

第三种是承保后与有关法律、法规和政策相抵触的财产,包括违章建筑、非法占用的财产等。

第四种是必然会发生危险事故的财产,如危险建筑。

第五种是应投保其他险种的财产,包括在运输过程中的物资;领取执照并正常运行的机动车;牲畜、禽类和其他饲养动物。

**2. 一切险的不保财产**

下列物品一律不得作为一切险的保险财产:枪支弹药、爆炸物品;现钞、有价证券、票据、文件、档案、账册、图纸;动物、植物、农作物;便携式通讯装置、计算机设备、照相摄像器材及其他贵重物品;用于公共交通的车辆。

## 二、保险种类

企业财产保险可以分为主险和附加险,其中主险又分为基本险、综合险和一切险。附加险主要包括水暖管爆裂险、海潮险、自燃险、盗窃险、机器设备损坏险、输油管道损坏险、罩棚、露堆财产险、橱窗玻璃破碎险、广告牌险、锅炉、压力容器损失险等。

## 三、保险责任与责任免除

### (一)基本险的保险责任和除外责任

**1. 保险责任**

由于下列原因造成保险标的的损失,保险人依照保险条款约定负责赔偿:

雷击;火灾、爆炸;飞行物体及其他空中运行物体坠落;被保险人拥有财产所有权的自用的供电、供水、供气设备因保险事故遭受损坏,引起停电、停水、停气以致造成保险标的的直接损失,由保险人承担;在发生保险事故时,为抢救保险标的或防止灾害蔓延,采取合理的必要的措施而造成保险标的的损失,由保险人承担;在保险事故发生后,被保险人为防止或者减少保险标的的损失所支付的必要的、合理的费用,由保险人承担。

**2. 除外责任**

(1)除外的损失原因

下列原因造成保险标的损失,保险人不予赔偿:战争、敌对行动、军事行动、武装冲突、罢工、暴动;被保险人及其代表的故意行为或纵容所致;核反应、核子辐射和放射性污染;地震、暴雨、洪水、台风、暴风、龙卷风、雪灾、雹灾、冰凌、泥石流、崖崩、滑坡、水暖管爆裂、抢劫、盗窃等。

(2) 除外的损失

对于下列损失,保险人不予赔偿:保险标的遭受保险事故引起的各种间接损失;保险标的本身缺陷、保管不善导致的损失;保险标的变质、霉烂、受潮、虫咬、自然磨损、自然损耗、自燃、烘焙所造成的损失;由于行政行为或执法行为所致的损失。除外责任中所说的间接损失,主要指停工、停业期间支出的工资、各项费用、利润损失、因财产损毁导致的有关收益的损失。

(3) 其他不属于保险责任范围内的损失和费用

凡是不属于保险责任中所列举的灾害事故损失、费用等都属于除外责任。

## (二) 综合险的保险责任和除外责任

### 1. 保险责任

企业财产保险的综合险的保险责任,不仅包括企业财产保险基本险所列的保险责任,而且包括暴雨、洪水、台风、暴风、龙卷风、雪灾、雹灾、冰凌、泥石流、崖崩、突发性滑坡、地面突然塌陷的原因造成的保险标的损失。

此外,对因海潮、河流、大雨侵蚀或在建筑房屋前没有掌握地层情况,地下有孔穴、矿穴,以致地面突然塌陷所致保险标的损失,也在保险责任范围内。

### 2. 除外责任

对下列原因造成的保险标的损失,保险人不予赔偿:战争、敌对行为、军事行动、武装冲突、罢工、暴动;被保险人及其代表的故意行为或纵容所致;核反应、核子辐射和放射性污染。此外,对下列损失也不负责赔偿:保险标的遭受保险事故引起的各种间接损失;地震造成的一切损失;保险标的本身缺陷、保管不善导致的损毁;保险标的变质、霉烂、受潮、虫咬、自然磨损、自然损耗、自燃、烘焙引起的损失;堆放在露天或罩棚下的保险标的以及罩棚,由于暴风、暴雨造成的损失;由于行政行为或执法行为所致损失以及其他不属于保险责任范围的损失和费用。

## (三) 一切险的保险责任和除外责任

### 1. 保险责任

在保险期限内,若保险单明细表中列明的被保险财产因自然灾害或意外事故造成的直接物质损坏或灭失,保险公司按照保险单的规定负责赔偿。自然灾害指雷电、飓风、台风、龙卷风、风暴、暴雨、洪水、水灾、冻灾、冰雹、地崩、山崩、雪崩、火山爆发、地面下陷下沉及其他人力不可抗拒的破坏力强大的自然现象。意外事故指不可预料的以及被保险人无法控制并造成物质损失的突发性事件,包括火灾和爆炸。

### 2. 除外责任

保险公司对下列各项不负责赔偿:设计错误、原材料缺陷或工艺不善引起的损失和费用;自然磨损、内在或潜在缺陷、物质本身变化、自燃、自热、氧化、锈蚀、渗漏、鼠咬、虫蛀、大气(气候或气温)变化、正常水位变化或其他渐变原因造成的损失和费用;非外力引起机械或电气装置本身的损坏;锅炉及压力容器爆炸引起其本身的损失;被保险人及其雇员的操作过失造成机械或电气设备损失；盘点时发现的短缺；贬值、丧失市场或使用价值等其他后果损失；存放在露天或使用芦席、篷布、茅草、油毛毡、塑料膜或尼龙布等作罩棚或覆盖的保险财产因遭受风、霜、严寒、雨、雪、洪水、冰雹、尘土引起的损失；地震、海啸引起的损失和费用；固定在建筑物上的玻璃破碎；被保险人及其代表的故意行为或重大过失引起的任何损失、费用和责任，以及被保险人的亲友或雇员的偷窃；公共供电、供气及其他公共能源的中断引起的损失，但自然灾害或意外事故引起的中断不在此限；战争、类似战争行为、敌对行为、武装冲突、恐怖活动、谋反、政变、罢工、暴动、民众骚乱引起的损失、费用和责任；政府命令或任何公共当局的没收、征用、销毁或毁坏；核裂变、核聚变、核武器、核材料、核辐射以及放射性污染引起的任何损失和费用；大气、土地、水污染及其他各种污染引起的任何损失、费用和责任，但不包括由于自然灾害或意外事故造成污染引起的损失；保险单明细表或有关条款中规定的应由被保险人自行负担的免赔额。

## 四、保险金额与保险价值

### （一）固定资产的保险金额与保险价值

固定资产的保险金额由被保险人按照账面原值或原值加成数确定，也可按照当时重置价值或其他方式确定。

账面原值是指在建造或购置固定资产时所支出的货币总额，可以被保险人的固定资产明细账卡等为依据。账面原值加成数即在固定资产账面原值基础上再附加一定成数，使其趋于重置价值。在账面原值与实际价值差额较大时，可按账面原值加成数确定保险金额。重置价值即重新购置或重建某项财产所需支付的全部费用。按重置价值确定保额，可以使被保险人的损失得到足额的补偿，避免因赔偿不足带来的纠纷。

固定资产的保险价值是出险时的重置价值。

### （二）流动资产的保险金额与保险价值

流动资产（存货）的保险金额由被保险人按最近12个月任意月份的账面余额确定，或由被保险人自行确定。

流动资产的保险价值是出险时账面余额。

账外财产和代保管财产可以由被保险人自行估价或按重置价值确定。账外财产和代保管财产的保险价值是出险时重置价值或账面余额。

## 五、赔偿处理

在企业财产保险中，保险标的发生保险责任范围内的损失，保险人按照保险金额与保险价值的比例承担赔偿责任，即按以下方式计算赔偿金额：

### （一）固定资产的赔款计算

固定资产的赔偿需要分项计算。在具体赔偿时分为如下两种情况：

### 1. 全部损失

受损财产保险金额等于或高于出险时重置价值的,其赔偿金额以不超过出险时的重置价值为限,受损财产的保险金额低于出险时重置价值的,其赔偿金额不得超过该项财产的保险金额。

### 2. 部分损失

受损保险标的的保险金额等于或高于出险时重置价值的,按实际损失计算赔偿金额,受损财产的保险金额低于出险时重置价值的,应根据实际损失或恢复原状所需修复费用,按保额占出险时重置价值的比例计算赔偿金额。即:

赔款 = 保险金额 × 实际损失或受损财产恢复原状所需修复费用/出险时重置价值

## (二)流动资产的赔款计算

流动资产的损失分为如下两种情况:

### 1. 全部损失

受损财产的保险金额等于或高于出险时账面余额的,其赔偿金额以不超过出险时账面余额为限;受损财产的保险金额低于出险时账面余额的,其赔款不得超过该项财产的保险金额。

### 2. 部分损失

受损保险标的的保险金额等于或高于账面余额,按实际损失计算赔偿金额;受损财产的保险金额低于账面余额,应根据实际损失或恢复原状所需修复费用,按保险金额占出险时账面余额的比例计算赔偿额。

赔款 = 保险金额 × 实际损失或受损财产恢复原状所需修复费用/出险时账面余额

## (三)与赔偿相关的其他事项

### 1. 施救费用的赔偿

发生保险事故时,被保险人所支付的必要、合理的施救费用的赔偿金额在保险标的损失以外另行计算,最高不超过保险金额的数额。若受损保险标的按比例赔偿,则该项费用也按与财产损失赔款相同的比例赔偿。

### 2. 损余价值的处理

保险标的遭受损失后的残余部分价值(简称残值),协议作价折归被保险人,并在赔款中扣除。如果受损财产赔款要进行分摊,其损余价值部分也要进行分摊。

### 3. 代位追偿

因第三者对保险标的的损害而造成保险事故的,保险人自向被保险人赔偿保险金之日起,在赔偿金额范围内代位行使被保险人对第三者请求赔偿的权利。

### 4. 保险金额的冲减

保险标的遭受部分损失经保险人赔偿后,其保险金额应相应减少,被保险人需恢复保险金额时,应补交保险费,由保险人出具批单批注。保险当事人均可依法终止合同。

**5. 重复保险的分摊**

若保险人所保财产存在重复保险的情况,本保险人仅负按照比例分摊损失的责任。

【知识库】

### 地 震 保 险

1996年由北京地震出版社出版的《地震保险》这样定义:"地震保险是利用保险这一经济手段,按照概率论的原理,由企业和个人缴纳保险费的方式,设立集中的保险基金,专门用于补偿因地震灾害所造成的经济损失。"目前,全球有许多国家都设有完善的地震保险制度,通常由普通保险公司、再保险公司、政府基金甚至行业协会等多方共同参与。在共同赔付的保障下,普通保险公司免除了后顾之忧,可以将地震保险大规模推广,不用担心赔付不起而破产。与这些国家的先进经验相比,中国大陆地区的地震保险起步较晚,投保率也非常低,地震发生后,灾民得到的赔付也很有限。

(资料来源:兰虹《保险学基础》)

## 第二节　家庭财产保险

家庭财产保险是以我国城乡居民的家庭财产为保险标的,由保险人承担火灾及有关自然灾害、意外事故损失赔偿责任的财产损失保险。

### 一、普通家庭财产保险

普通型家庭财产综合保险的承保范围由房屋及附属设备、室内装潢和室内财产三大部分组成,投保人可以自由选项投保。房屋及附属设备和室内装潢的保险金额由投保人根据购置价和市场价自行确定。室内财产的保险金额以各项财产的实际价值自行确定。

(一)保险标的范围

**1. 可以承保的家庭财产**

凡是被保险人自有的,坐落于保险单所载明地址内的下列家庭财产,在保险标的范围以内:

①房屋及其室内附属设备(如固定装置的水暖、气暖、卫生、供水、管道煤气及供电设备、厨房配套的设备等)。

②室内装潢。

③室内财产,包括家用电器和文体娱乐用品、衣物和床上用品、家具及其他生活用具。

以上被保险人可自由选择投保。

**2. 特约承保的家庭财产**

下列财产经被保险人与保险人特别约定,并在保险单上载明,可列入保险标的范围以内:

①属于被保险人代他人保管或者与他人共有而由被保险人负责的第一条载明的财产。

②存放于院内、室内的非机动农机具、农用工具及存放于室内的粮食及农副产品。
③经保险人同意的其他财产。

**3. 不可承保的财产**

下列家庭财产不在保险标的范围以内：

①金银、珠宝、钻石及制品，玉器、首饰、古币、古玩、字画、邮票、艺术品、稀有金属等珍贵财物。

②货币、票证、有价证券、文件、书籍、账册、图表、技术资料、电脑软件及资料以及无法鉴定价值的财产。

③日用消耗品、各种交通工具、养殖及种植物。

④用于从事工商业生产、经营活动的财产和出租用做工商业的房屋。

⑤无线通讯工具、笔、打火机、手表，各种磁带、磁盘、影音激光盘。

⑥用芦席、稻草、油毛毡、麦秆、芦苇、竹竿、帆布、塑料布、纸板等为外墙、屋顶的简陋屋棚及柴房、禽畜棚、与保险房屋不成一体的厕所、围墙、无人居住的房屋以及存放在里面的财产。

⑦政府有关部门征用、占用的房屋，违章建筑、危险建筑、非法占用的财产、处于危险状态下的财产。

**(二)保险责任**

保险财产只有在保险单载明的地址内，由于遭受保险责任范围内的灾害事故造成的损失，保险人才负赔偿责任。保险责任包括：

①火灾、爆炸。

②雷击、台风、龙卷风、暴风、暴雨、洪水、雪灾、雹灾、冰凌、泥石流、崖崩、突发性滑坡、地面突然下陷。

③飞行物体及其他空中运行物体坠落，外来不属于被保险人所有或使用的建筑物和其他固定物体的倒塌。

④在发生保险事故时，为抢救保险标的或防止灾害蔓延，采取合理的、必要的措施而造成保险标的的损失。

⑤保险事故发生后，被保险人为防止或者减少损失所支付的必要的、合理的费用由保险人承担。

**(三)责任免除**

**1. 事故原因的除外**

①战争、敌对行为、军事行动、武装冲突、罢工、暴动、盗抢。

②核反应、核子辐射和放射性污染。

③被保险人及其家庭成员、寄居人、雇佣人员的违法、犯罪或故意行为。

④因计算机 2000 年问题造成的直接或间接损失。

## 2. 损失、费用的除外

①保险标的遭受保险事故引起的各种间接损失。

②地震及其次生灾害所造成的一切损失。

③家用电器因使用过度、超电压、短路、断路、漏电、自身发热、烘烤等原因造成的本身的损毁。

④坐落在蓄洪区、行洪区,或在江河岸边、低洼地区以及防洪堤以外当地常年警戒水位线以下的家庭财产,由于洪水所造成的一切损失。

⑤保险标的本身有缺陷或保管不善导致的损毁;保险标的变质、霉烂、受潮、虫咬、自然磨损、自然损耗、自燃、烘焙所造成的本身的损失。

⑥行政、执法行为引起的损失和费用。

⑦其他不属于保险责任范围内的损失和费用。

### (四)保险金额与保险价值

房屋及室内附属设备、室内装潢的保险金额由被保险人根据购置价或市场价自行确定。房屋及室内附属设备、室内装潢的保险价值为出险时的重置价值。

室内财产的保险金额由被保险人根据当时实际价值分项目自行确定。不分项目的,按各大类财产在保险金额中所占比例确定,如规定室内财产中的家用电器及文体娱乐用品、衣物及床上用品、家具及其他生活用具、农村农机具等在保险金额中的比例。特约财产的保险金额由被保险人和保险人双方约定。

### (五)赔偿处理

保险事故发生后,保险人按照下列方式计算赔偿:

**1. 房屋及室内附属设备、室内装潢的赔偿计算**

①全部损失的赔偿计算。保险金额等于或高于保险价值时,其赔偿金额以不超过保险价值为限;保险金额低于保险价值时,按保险金额赔偿。

②部分损失的赔偿计算。保险金额等于或高于保险价值时,按实际损失计算赔偿金额;保险金额低于保险价值时,应根据实际损失或恢复原状所需修复费用乘以保险金额与保险价值的比例计算赔偿金额。

**2. 室内财产的赔偿计算**

全部损失和部分损失,在分项目保险金额内,按实际损失赔付。即室内财产的损失采用第一危险责任赔偿方式,应在实际损失赔偿、而不是按责任比例分摊损失,但最高赔偿金额不得超过保险金额。

**3. 其他费用**

被保险人所支付的必要、合理的施救费用,按实际支出另行计算,最高不超过受损标的的保险金额。若该保险标的按比例赔偿,则该项费用也按相同的比例赔偿。

## 二、其他家庭财产保险

### (一) 家庭财产两全保险

家庭财产两全保险是适用于城乡居民家庭的兼具保险保障和满期还本两全性质的家财险业务。它是在普通家财险的基础上产生的一种家财险,其保险标的、保险责任与普通家财险无异,其主要特点是:

**1. 每份保险单的保险金额固定**

与普通家财险不同,家财两全险的保险金额采取固定的方式,投保份数至少1份。投保人根据投保时保险标的的实际价值确定保险金额及投保份数。投保多份的,若保险金额总和超过保险价值,超过部分无效。

**2. 家庭财产两全保险兼有保险保障和到期还本双重性质**

保险储金是按年保险费率和同期银行利率进行计算的,保险公司以被保险人所交的保险储金的利息收入作为保险费。在保险期满时,不论被保险人在保险期间有无获得赔款,也不论保险合同在期满前是否终止,保险人均向被保险人退还全部储金。

**3. 保险期限较长**

财产保险的保险期限一般是以一年为期,而家财两全险的保险期限一般较长,如三年、五年甚至更长。家庭财产两全保险既可以为保险人积聚大量的可运用资金,增加保险人的资金实力,同时由于其期限较长,又有利于保险业务的稳定,并减少了每年展业、出单、收费的工作量。

**4. 赔偿处理**

在保险期限内任一个保险年度,如果累计赔偿金额达到保险金额,当年的保险责任即行终止,下个保险年度开始时自动恢复保险责任。保险人对部分损失赔偿后,当年的有效保险金额为原保险金额减去赔偿金额后的余额,到下个保险年度时保险金额自动恢复。保险标的全部损失经保险人赔偿后,保险责任终止,保险人到下个保险年度全额退还保险储金。

### (二) 家庭财产保险盗抢险

普通家庭财产保险开办了多个附加险,如附加盗抢保险、附加家用电器用电安全保险、附加管道爆裂及水渍保险、附加现金、首饰盗抢保险、附加第三者责任保险、附加自行车盗窃保险等。其中附加盗抢险是最为普遍的一种附加险。

### (三) 家庭财产保险的创新

近年来,为满足客户的需要,增强保险公司的竞争能力,家庭财产保险也在进行创新,比较典型的产品是投资保障型家庭财产保险。该产品的特点是:第一,保险保障范围广泛,包括火灾、爆炸等除地震以外的各种自然灾害和意外事故,投保人也可以根据需要选择入室盗抢、管道破裂和水渍的特约责任,居民家庭最为关心的现金、金银、珠宝、玉器、钻石、首饰等贵重物品也可以受到保障。第二,产品具有投资功能,集保险保障与资金投资于一体,且产品收益稳定,客户的投资收益按固定收益率计算,客户享有稳定可靠的收益保证。

【知识库】

家居平安系列保险

"家居平安系列保险"是平安保险公司在长期市场调研实践中,以传统家庭财产基本险和八个附加险为基础,为置业安居的市民度身打造的一种保险范围广、责任大、价格低、易操作的新型家庭保障产品。该产品根据消费大众的不同需求,提供了三款个性化的组合方案(即如意 A 款、如意 B 款、如意 C 款),不仅继承了传统型家财险的优点,还实现了四大突破:

◎第一项突破:把传统家财不保的家电、服装、家具等的盗抢及现金、金银珠宝、信用卡的盗窃、盗用列入保险范围;

◎第二项突破:把传统家财不保的家电用电安全、水暖管爆裂损失列入保险范围;

◎第三项突破:扩展了个人责任保险范围,即在被保险房屋内因发生意外事故导致第三者的人身伤亡和财产损失以及紧急救助费用,依法应由被保险人承担的责任;

◎第四项突破:扩展了临时住所保障,即因保险责任原因导致被保险房屋无法居住,而需支付的必需的合理的租房费用。

(资料来源:中国平安保险公司)

## 第三节 运输工具保险

### 一、机动车辆保险

机动车辆保险也称为汽车保险。我国机动车辆保险主要承保对象是汽车,也包括电车、电瓶车、摩托车、拖拉机、各种专用机械车、特种车。机动车辆保险包括多个基本险和一系列附加险。在各国非寿险业务中,机动车辆保险不仅是运输工具保险的主要险别,也是整个非寿险业务的主要来源。我国机动车辆保险也是财产保险业务的第一大险种。

(一)机动车辆保险的种类

1. **车辆损失险**

车辆损失险的保险责任范围包括以下两个方面:

第一,被保险人或其允许的合格驾驶员在使用保险车辆过程中,由于保险单上约定的灾害事故发生造成保险车辆损失,保险人负赔偿责任。

第二,发生保险事故时,被保险人为防止或减少保险车辆的损失所支付的必要的、合理的施救费用,由保险人承担,但最高不超过保险金额。

2. **第三者责任保险**

被保险人或其允许的合格驾驶人员在使用保险车辆过程中发生意外事故,致使第三者遭受人身伤亡或财产的直接损毁,依法应当由被保险人支付的赔偿金额,保险人负责赔偿。这里的第三者是指除投保人、被保险人和保险人以外的,因保险车辆发生意外事故遭受人身伤亡或财产损失的受害者。

**3. 机动车辆保险附加险**

除了商业机动车辆损失保险和第三者责任保险外,我国在车辆保险方面还有一个强制的保险"交强险"。另外,在这些主险之上,还有很多车辆商业附加险,如玻璃单独破碎险、车身划痕险、车上人员责任险、车上货物责任险、停驶损失险、不计免赔特约险等几十种,满足不同的车辆所有者的不同保险需求。

## (二)机动车辆保险的保险金额和保险价值

**1. 机动车辆损失险的保险金额**

除了摩托车和拖拉机损失保险的保险金额由投保人和保险人在投保时保险摩托车的实际价值以内协商确定以外,其他车辆损失保险的保险金额由投保人和保险人从下列三种方式中选择确定,保险人根据确定保险金额的不同方式承担相应的赔偿责任:

第一种方式是按照投保时保险车辆的新车购置价确定。新车购置价是指在保险合同签订地购置与保险车辆同类型新车(含车辆购置税)的价格。

第二种方式是按照投保时保险车辆的实际价值确定。实际价值是指同类型车辆新车购置价减去折旧金额后的价格。折旧按年计算,不足一年的,不计折旧。最高折旧金额不超过投保时保险车辆新车购置价的80%。

第三种方式是在投保时保险车辆的新车购置价内协商确定。投保车辆标准配置以外的新增设备,应在保险合同中列明设备名称与价格清单,并按设备的实际价值相应增加保险金额。新增设备随保险车辆一并折旧。

**2. 第三者责任险的责任险额**

每次事故的责任限额,由投保人和保险人在签订保险合同时按5万元、10万元、20万元、50万元、100万元和100万元以上不超过1 000万元的档次协商确定。主车与挂车连接时发生保险事故,保险人在主车的责任限额内承担赔偿责任。

**3. 附加险的保险金额或责任限额**

不同的附加险其保险金额或责任限额的确定方法不同。例如,车辆停驶损失险的保险金额按照投保时约定的日赔偿金额乘以约定的赔偿天数确定,约定的日赔偿金额最高为300元,约定的赔偿天数最长为60天。车身划痕损失险的保险金额为5 000元。自燃损失险、火灾、爆炸、自燃损失险和盗抢险的保险金额由投保人和保险人在保险车辆投保时的实际价值内协商确定。无过失责任险的责任限额由投保人和保险人在5万元以内协商确定。车上货物责任险的责任限额由投保人和保险人在投保时协商确定。车上人员责任险的每名车上人员责任限额和投保座位数由投保人和保险人在投保时协商确定,投保座位数以保险车辆的核定载客数为限。

**4. 机动车辆损失保险的保险价值**

机动车辆损失保险合同是不定值保险合同。不定值保险合同是指双方当事人在订立保险合同时不预先确定保险标的的保险价值，而是按照保险事故发生时保险标的的实际价值确定保险价值的保险合同。

## 二、飞机保险

### （一）保险标的

飞机机身保险的保险标的包括飞机机身、推进器、机器及设备。

### （二）保险责任

**1. 主险的保险责任**

（1）机身险的保险责任

飞机在飞行或滑行中以及在地面上，不论任何原因（不包括除外责任），造成飞机及其附件的意外损失或损坏，由保险公司负责赔偿。保险公司还负责因意外引起的飞机拆卸重装和运输的费用和清除残骸的费用。

（2）第三者责任险的保险责任

由于飞机或从飞机上坠人、坠物造成第三者的人身伤亡或财物损失应由被保险人负担的赔偿责任，由保险公司负责赔偿，但被保险人及其支付工资的机上和机场工作人员的人身伤亡或财物损失除外。

（3）旅客法定责任险的保险责任

由于旅客在乘坐或上下飞机时发生意外，造成旅客的人身伤亡或所携带和已经交运登记的行李、物件的损失，以及对旅客、行李或物件在运输过程中因延迟而造成的损失，根据法律或契约应由被保险人负担的赔偿责任，由保险公司负责赔偿。

**2. 附加险的保险责任**

（1）飞机战争、劫持险的保险责任

凡由于战争、敌对行为或武装冲突、拘留、扣押、没收、保险飞机被劫持和被第三者破坏等原因造成的保险飞机的损失、费用，以及引起的被保险人对第三者或旅客应负的法律责任或费用，由保险人负责赔偿。其中，拘留、扣押、没收造成的损失、费用赔案，必须从损失发生日起满三个月后才能受理。

（2）飞机承运货物责任险的保险责任

凡办好托运手续装载在保险飞机上的货物，如在运输过程中发生损失，根据法律、合同规定应由承运人负责者，由保险人给予赔偿。

### (三)保险金额、责任限额、保险费率及免赔额

**1. 保险金额**

飞机机身险的保险金额的确定有三种方式。

第一种方式是按购买飞机时的实际价值(机身原值)或者按年度账面价值扣除折旧后的余额(机身净值)确定。

第二种方式是价值按照同样类型飞机的市场重置价值确定。

第三种方式是由保险公司与被保险人共同协商确定飞机价值,称为约定价值。约定价值构成定值保险。目前,飞机保险市场基本上采用约定价值方式确定飞机保险的保险金额,飞机自身保险一般均采用定值保险方式承保。

**2. 责任限额**

飞机责任险的责任限额是指一次飞机事故中,保险人承担的被保险人对旅客及其行李以及对第三者责任的经济赔偿的最高限额。

飞机责任保险包括旅客法定责任保险和飞机第三者责任保险。对于责任保险通常只确定赔偿责任限额。飞机责任险的责任限额一般采用综合单一责任限额方式确定。所谓"综合"是指责任限额内包括了旅客行李、货物以及对第三者责任在内的综合责任限额;所谓"单一"是指每一次事故的最高赔偿限额。飞机第三者责任保险的赔偿限额是根据不同的飞机类型而制订的。对于旅客责任保险,我国也实行限额赔偿。

**3. 保险费率**

机身险的保险费一般是按照保险金额的一定比例收取,而责任保险的保险费可按固定的金额收取,也可按实际承担的责任的一定比例收取。保险费率根据飞机种类、用途、航行范围、保险险种、保险金额、飞机维护保养情况而定。

**4. 免赔额**

保险公司对飞机保险一般规定了免赔额。其目的是促使被保险人加强责任感,促使飞机营运人注意飞机的飞行安全,降低飞机失事风险。

## 三、船舶保险

### (一)保险标的

本保险的保险标的是船舶,包括其船壳、救生艇、机器、设备、仪器、索具、燃料和物料。

### (二)责任范围

**1. 全损险的责任范围**

船舶保险承保由于下列原因所造成的被保险船舶的全损:地震、火山爆发、闪电或其他自然灾害;搁浅、碰撞、触碰任何固定或浮动物体或其他物体或其他海上灾害;火灾或爆炸;来自船外的暴力盗窃或海盗行为;抛弃货物;核装置或核反应堆发生的故障或意外事故。船舶保

险还承保由于下列原因所造成的被保险船舶的全损:装卸或移动货物或燃料时发生的意外事故;船舶机件或船壳的潜在缺陷;船长、船员有意损害被保险人利益的行为;船长、船员和引水员、修船人员及及租船人的疏忽行为;任何政府当局,为防止或减轻因承保风险造成被保险船舶损坏引起的污染,所采取的行动。

### 2. 一切险的责任范围

船舶保险承保上述原因所造成被保险船舶的全损和部分损失以及下列责任和费用:①碰撞责任;②共同海损和救助;③施救。

施救费用是指保险船舶在航行中遭遇保险事故处于危险中,本船尽一切可能采取的自救行为,由此而支付的合理费用。

### (三)保险金额

保险金额一般按保险价值确定。船舶保险价值,新船依重置价值确定,旧船依实际价值确定。新船的重置价值为出险时的新船市场购置价。船龄在三年以内(含三年)的船舶视同新船。旧船的实际价值可按其新旧程度和市场价值确定。保险金额不得超过保险价值,超过部分无效。

### (四)保险期限

#### 1. 定期保险的保险期限

期限最长一年,起止时间以保险单上注明的日期为准。保险到期时,如果被保险船舶尚在航行中或处于危险中或在避难港或中途港停靠,经被保险人事先通知保险人并按日比例加付保险费后,本保险继续负责到船舶抵达目的港为止。保险船舶在延长时间内发生全损,需加交6个月保险费。

#### 2. 航次保险的保险期限

按保单订明的航次为准。起止时间按下列规定办理:不载货船舶,自起运港解缆或起锚时开始至目的港抛锚或系缆完毕时终止;载货船舶,自起运港装货时开始至目的港卸货完毕时终止,但自船舶抵达目的港当日午夜零点起最多不得超过30天。

**【知识库】**

## 交　强　险

机动车交通事故责任强制保险(以下简称"交强险")是我国首个由国家法律规定实行的强制保险制度。《机动车交通事故责任强制保险条例》已经于2006年3月1日国务院第127次常务会议通过,并予公布,自2006年7月1日起施行。(以下简称《条例》)规定:交强险是由保险公司对被保险机动车发生道路交通事故造成受害人(不包括本车人员和被保险人)的人身伤亡、财产损失,在责任限额内予以赔偿的强制性责任保险。

(资料来源:保险监督管理委员会)

# 第四节 货物运输保险

## 一、概述

**（一）货物运输保险的含义**

货物运输保险是以社会公共运输过程中的货物为保险标的，由保险公司对被保险人因货物遭受自然灾害或意外事故而致损失进行赔偿的一种财产损失保险。

**（二）货物运输保险的分类**

**1. 按照货物运输范围分类**

（1）国内货物运输保险

国内货物运输保险是以国内水路运输、铁路运输、公路运输、航空运输和联合运输及特种运输中的货物为保险标的，当运输中的货物因遭受保险责任范围内的自然灾害或意外事故所造成的损失时由保险公司给予经济补偿的保险。例如，中国人民财产保险股份有限公司公布的国内货物运输保险品种有公路货物运输保险、国内航空货物运输保险、水路货物运输保险和铁路货物运输保险。

（2）进出口货物运输保险

进出口货物运输保险是以国际贸易中的运输货物为保险标的的保险。例如中国人民财产保险股份有限公司公布的进出口货物运输保险品种有主险和附加险，其中主险条款有海洋运输货物保险条款、海洋运输冷藏货物保险条款、海洋运输散装桐油保险条款、航空运输货物保险条款、活牲畜、家禽的海上、陆上、航空运输保险条款、进口集装箱运输保险特别条款、陆上运输货物保险条款、陆上运输冷藏货物保险条款、邮包险条款等；附加险又分为一般附加险、特殊附加险和特别附加险。一般附加险包括包装破裂险、串味险、淡水雨淋险、短量险、钩损险、混杂玷污险、碰损、破碎险、渗漏险、受潮受热险、偷窃提货不着险、锈损险。特殊附加险包括海洋运输货物战争险、航空运输货物战争险、货物运输罢工险、陆上运输货物战争险和邮包战争险。特别附加险包括舱面货物险、海关检验险、海运进口货物国内转运期间保险责任扩展条款、黄曲霉毒素险、交货不到险、进口关税险、拒收险、码头检验条款、卖方利益保险、易腐货物条款等。

**2. 按照运输方式和运输工具分类**

（1）直运货物运输保险

直运货物运输保险是指从起运地至目的地只使用一种运输工具的货物运输保险。中途虽有转运，但所用运输工具属于同类（如都是公路运输工具），亦称直运。根据运输工具的不同，直运货物运输保险又可分为公路货物运输保险、航空货物运输保险、水路货物运输保险和铁路货物运输保险。

（2）联运货物运输保险

联运货物运输保险是指货物运输过程中使用同一张运输单据，但使用两种或两种以上不同运输工具的货物运输保险。例如水陆联运、江海联运、陆空联运等货物运输保险。联运货物运输保险的费率高于直运货物运输保险。

（3）集装箱运输保险

集装箱运输的优点是运输成本低，货物残损少，保险费率较低。

（4）邮包险

邮包险承保通过邮政机构以邮包方式递运的货物在运输途中可能遭到的自然灾害、意外事故或外来原因造成的货物损失的风险。此外，按照是否独立承保可以分为主险和附加险；按照货物自身的特点可以分为一般货物运输保险和特殊货物运输保险。

## 二、涉外远洋货物运输保险

涉外远洋货物运输保险种类繁多，最主要的是如下三种基本险。

### （一）平安险

平安险是我国保险业的习惯叫法，在英文中简称 FPA，其英文原意为"单独海损不赔"。所谓"单独海损"，英国《1906年海上保险法》的解释为："单独海损损失是指承保危险造成的保险标的的部分损失，是共同海损损失以外的损失。"所谓"单独海损不赔"，是指保险人对被保险人遭受的部分损失不予赔偿，因而过去常把平安险理解为只赔全部损失。英国《1906年海上保险法》规定："如果保险标的按不保单独海损投保，除非保险单所包含的合同是可分割的，否则被保险人遭受的部分损失，将不能得到赔偿"，"但如是可分割的，则被保险人可以对任何保险标的的可分割部分的全损得到赔偿。"

### （二）水渍险

水渍险，也是我国大陆保险业沿用已久的名称，在英文中简称 WA 或 WPA，其英文原意为"负单独海损责任"。水渍险的保险范围比平安险宽。水渍险的保险责任既包括平安险的各项责任，也负责被保险货物由于恶劣气候、雷电、海啸、地震、洪水等自然灾害所造成的部分损失。

### （三）一切险

一切险在英文中简称 AR，其责任范围除包括上列平安险和水渍险的各项责任外，还负责被保险货物在运输途中由于外来原因所致的全部或部分损失。其实，一切险是平安险、水渍险和 11 种一般附加险的总和。但是，一切险并非对运输途中的一切风险都负责，它仅负责那些可能发生的，但不是必然发生的，同时必须是外来原因所引起的损失。至于非偶然发生的或非外来原因所引起的损失，都不包括在一切险的责任范围之内，如由于货物的内在缺陷和自然损耗等所造成的损失。

## 三、国内货物运输保险

### （一）国内货物运输保险的保险责任

**1. 公路货物运输保险的保险责任**

由于下列保险事故造成保险货物的损失，保险人依照保险条款约定负责赔偿：火灾、爆炸、雷电、冰雹、暴风、暴雨、洪水、海啸、地陷、崖崩、突发性滑坡、泥石流；由于运输工具发生碰撞、倾覆或隧道、码头坍塌，或在驳运过程中因驳运工具遭受搁浅、触礁、沉没、碰撞；在装货、卸货或转载时因意外事故造成的损失；因碰撞、挤压而造成货物破碎、弯曲、凹瘪、折断、开裂的损失；因包装破裂致使货物散失的损失；液体货物因受碰撞或挤压使所用容器（包括封口）损坏而渗漏的损失，或用液体保藏的货物因液体渗漏而致保藏货物腐烂的损失；符合安全运输规定而遭受雨淋所致的损失；在发生上述灾害事故时，因纷乱造成货物的散失以及因施救或保护货物所支付的直接合理的费用。

**2. 国内航空货物运输保险的保险责任**

由于下列保险事故造成保险货物的损失，保险人负赔偿责任：火灾、爆炸、雷电、冰雹、暴风、暴雨、洪水、海啸、地陷、崖崩；因飞机遭受碰撞、倾覆、坠落、失踪（在三个月以上），在危难中发生卸载以及遭受恶劣气候或其他危难事故发生抛弃行为所造成的损失；因受震动、碰撞或压力而造成破碎、弯曲、凹瘪、折断、开裂的损失；因包装破裂致使货物散失的损失；凡属液体、半流体或者需要用液体保藏的保险货物，在运输途中因受震动、碰撞或压力致使所装容器（包括封口）损坏发生渗漏而造成的损失，或用液体保藏的货物因液体渗漏而致保藏货物腐烂的损失；遭受盗窃或者提货不着（货物不能到达目的地）的损失；在装货、卸货时和港内地面运输过程中，因遭受不可抗力的意外事故及雨淋所造成的损失；在发生责任范围内的灾害事故时，因施救或保护保险货物而支付的直接合理费用。

**3. 水路货物运输保险的保险责任**

（1）基本险的保险责任

由于下列保险事故造成保险货物的损失，保险人负赔偿责任：因火灾、爆炸、雷电、冰雹、暴风、暴雨、洪水、海啸、崖崩、突发性滑坡、泥石流；船舶发生碰撞、搁浅、触礁，桥梁、码头坍塌；因以上两款所致船舶沉没失踪；在装货、卸货或转载时因意外事故造成的损失；按国家规定或一般惯例应承担的共同海损的牺牲、分摊和救助费用；在发生上述灾害事故时，因纷乱造成货物的散失以及因施救或保护货物所支付的直接合理的费用。

（2）综合险的保险责任

综合险的保险责任范围比较宽，它既包括基本险的保险责任，还包括：因受碰撞、挤压而造成货物破碎、弯曲、凹瘪、折断、开裂的损失；因包装破裂致使货物散失的损失；液体货物因受碰撞或挤压力致使所用容器（包括封口）损坏而渗漏的损失，或用液体保藏的货物因液体渗漏而造成该货物腐烂变质的损失;遭受盗窃的损失;符合安全运输规定而遭受雨淋所致的损失。

**4. 铁路货物运输保险的保险责任**

(1) 基本险的保险责任

由于下列保险事故造成保险货物的损失和费用,保险人依照本条款约定负责赔偿;火灾、爆炸、雷电、冰雹、暴风、暴雨、洪水、海啸、地陷、崖崩、突发性滑坡、泥石流;由于运输工具发生碰撞、出轨或桥梁、隧道、码头坍塌;在装货、卸货或转载时因意外事故造成的损失;在发生上述灾害、事故时,因施救或保护货物而造成货物的损失及所支付的直接合理的费用。

(2) 综合险的保险责任

本保险除包括基本险责任外,保险人还负责赔偿:因受震动、碰撞、挤压而造成货物破碎、弯曲、凹瘪、折断、开裂的损失;因包装破裂致使货物散失的损失;液体货物因受震动、碰撞或挤压力致使所用容器(包括封口)损坏而渗漏的损失,或用液体保藏的货物因液体渗漏而造成保藏的货物因腐烂变质的损失;遭受盗窃的损失;因外来原因致使提货不着的损失;符合安全运输规定而遭受雨淋所致的损失。

【知识库】

邮 包 保 险

邮包运输保险是指承保邮包通过海、陆、空三种运输工具在运输途中由于自然灾害、意外事故或外来原因所造成的包裹内物件的损失。邮包运输保险承保通过邮政局邮包寄递的货物在邮递过程中发生保险事故所致的损失。以邮包方式将货物发送到目的地可能通过海运,也可能通过陆上或航空运输,或航空运输,或者经过两种或两种以上的运输工具运送。不论通过何种和种运送工具,凡是以邮包方式将贸易货物运达目的地的保险均属邮包保险。

(资料来源:兰虹《财产保险》)

## 第五节 工程保险

### 一、建筑安装工程保险的含义

建筑安装工程保险分为建筑工程保险与安装工程保险。建筑工程保险即建筑工程一切险,简称建工险;安装工程保险即安装工程一切险,简称安工险。保险公司将建工险与安工险分别制定条款,但两种保险条款的内容基本相同。建筑安装工程保险承保建筑工程或者安装工程在整个工程施工期间由于自然灾害和意外事故造成的物质损失和费用,以及被保险人依照民法应承担的对第三者人身伤害或财产损失的损害赔偿责任。建筑安装工程保险基本属于一种财产损失保险,但同运输工具保险一样,包含有责任保险的内容,因此,可称其为以财产损失险为主的综合建筑安装工程保险的保险责任和除外性保险。

## 二、建筑安装工程保险的保险金额

建筑工程保险与安装工程保险的保险单中分项目列明保险金额。建筑工程本身的保险金额和安装工程本身的保险金额分别不低于所承保的工程完工时的总价值,包括原材料费用、设备费用、建造费、安装费、运输费和保险费、关税、其他税项和费用,以及由工程所有人提供的原材料和设备的费用。施工用机器、装置和机械设备项目的保险金额按照重置同型号、同负载的新机器、装置和机械设备所需的费用确定保险金额。其他保险项目的保险金额由被保险人与保险公司商定。

## 三、建筑安装工程保险的保险期限

建筑安装工程保险的保险期限包括建筑期(或安装期)和保证期。

### 1. 建筑期(或安装期)物质损失及第三者责任保险的期限

在建筑期(或安装期),保险公司的保险责任自保险工程在工地动工或用于保险工程的材料、设备运抵工地之时起开始,至工程所有人对部分或全部工程签发完工验收证书或验收合格,或工程所有人实际占有或使用或接收该部分或全部工程之时终止,以先发生者为准。但在任何情况下,建筑期(或安装期)保险期限的起始或终止不得超出建工险保险单(或安工险保险单)明细表中列明的建筑期(或安装期)保险生效日或终止日。

### 2. 保证期物质损失保险的期限

保证期是指工程项目完工移交使用后的质量保证期,在此期间,如果发现建筑物或被安装的机器设备有质量问题甚至因质量而造成事故,则由承包人根据承包工程合同内的保证条件负责赔偿。投保人可以加保保证期保险。

保证期的保险期限与工程合同中规定的保证期一致,从工程所有人对部分或全部工程签发完工验收证书或验收合格,或工程所有人实际占有或使用或接收该部分或全部工程时起算,以先发生者为准。但在任何情况下,保证期的保险期限不得超出保险单明细表中列明的保证期。

## 四、建筑安装工程保险的赔偿处理

### 1. 赔偿方式

对保险财产遭受的损失,保险公司可以选择以下方式予以赔偿:支付赔款;修复受损项目;重置受损项目。对保险财产在修复或重置过程中发生的任何变更、性能增加或改进所产生的额外费用,保险公司不负责赔偿。

### 2. 赔偿金额的确定方式

在发生本保险单物质损失项下的损失后,保险公司按下列方式确定赔偿金额:

对于可以修复的部分损失,以将保险财产修复至其基本恢复受损前状态的费用扣除残值后的金额为准。但若修复费用等于或超过保险财产损失前的价值时,则按推定全损规定处理。当发生全部损失或推定全损时,以保险财产损失前的实际价值扣除残值后的金额为准确定赔偿金额,但保险公司有权不接受被保险人对受损财产的委付。发生损失后,被保险人为减少损失而采取必要措施所产生的合理费用,保险公司可予以赔偿,但本项费用以保险财产的保险金额为限。

### 3. 赔偿后保险金额的变化

保险公司赔偿损失后,由保险公司出具批单将保险金额从损失发生之日起相应减少,并且不退还保险金额减少部分的保险费。如果被保险人要求恢复至原保险金额,应按约定的保险费率加缴恢复部分从损失发生之日起至保险期限终止之日止按日比例计算的保险费。

### 4. 发生第三者责任项下索赔的处理

当发生保险事故给第三方造成损失,第三方向被保险人提出赔偿要求时,未经保险公司书面同意,被保险人或其代表对索赔方不能作出任何责任承诺或拒绝、出价、约定、付款或赔偿。在必要时,保险公司有权以被保险人的名义接办对任何诉讼的抗辩或索赔的处理。当发生保险事故,第三方对被保险人的损失负有责任,被保险人要向第三方索赔时,保险公司有权以被保险人的名义,为保险公司的利益自付费用向任何责任方提出索赔的要求。未经保险公司书面同意,被保险人不能接受责任方就有关损失作出的付款或赔偿安排或放弃对责任方的索赔权利,否则,由此引起的后果将由被保险人承担。在诉讼或处理索赔过程中,保险公司有权自行处理任何诉讼或解决任何索赔案件,被保险人有义务向保险公司提供一切所需的资料和协助。

### 5. 被保险人的索赔期限

被保险人的索赔期限从损失发生之日起,不得超过两年。

## 五、建筑安装工程保险的保险责任

### (一)物质损失部分的保险责任

在保险期限内,若保险单明细表中分项列明的保险财产在列明的工地范围内,因保险单除外责任以外的任何自然灾害或意外事故造成的损失,包括物质损坏或灭失,保险公司按保险单的规定负责赔偿。对经保险单列明的因发生上述损失所产生的有关费用,保险公司也可负责赔偿。保险公司对每一保险项目的赔偿责任均不得超过保险单明细表中对应列明的分项保险金额以及保险单特别条款或批单中规定的其他适用的赔偿限额。在任何情况下,保险公司在保险单项下承担的对物质损失的最高赔偿责任不超过保险单明细表中列明的总保险金额。

这里所说的自然灾害是指地震、海啸、雷电、飓风、台风、龙卷风、风暴、暴雨、洪水、水灾、冻灾、冰雹、地崩、山崩、雪崩、火山爆发、地面下陷下沉及其他人力不可抗拒的破坏力强大的自然现象;意外事故是指不可预料的以及被保险人无法控制并造成物质损失或人身伤亡的突发性事件,包括火灾和爆炸。

### (二)第三者责任部分的保险责任和除外责任

在保险期限内,因发生与保险单所承保工程直接相关的意外事故引起工地内及邻近区域的第三者人身伤亡、疾病或财产损失,依法应由被保险人承担的经济赔偿责任,由保险公司按照约定负责赔偿。对被保险人因上述原因而支付的诉讼费用以及事先经保险公司书面同意而支付的其他费用,保险公司也负责赔偿。保险公司对每次事故引起的赔偿金额以法院或政府有关部门根据法律裁定的应由被保险人偿付的金额为准。但在任何情况下,均不超过保险单明细表中对应列明的每次事故赔偿限额。在保险期限内,保险公司在保险项目下对上述经济赔偿的最高赔偿责任不超过保险单明细表中列明的累计赔偿限额。

【知识库】

工程保险的历史

工程保险作为一个相对独立的险种起源于二十一世纪初,第一张工程保险保险单是1929年在英国签发的承保泰晤士河上的拉姆贝斯大桥建筑工程的。所以,工程保险的历史相对于财产保险中的火灾保险来讲要短得多,可以说是财产保险家族中的新成员。但是,由于工程保险针对的是具有规模宏大、技术复杂、造价昂贵和风险期限较长特点的现代工程,其风险从根本上有别于普通财产保险标的的风险。所以,工程保险是在传统财产保险的基础上有针对性地设计风险保障方案,并逐步发展形成自己独立的体系。

(资料来源:许谨良《财产和责任保险》)

## 第六节 农业保险

### 一、农业保险的分类

农业保险泛指种植业保险和养殖业保险,是保险人对被保险人在从事种植业和养殖业生产过程中因遭受自然灾害和意外事故所受到的经济损失提供经济补偿的一种保险服务。由于我国农业生产力发展水平相对较低,加上我国农业风险发生的频率高、损失的程度大和灾害的覆盖面广,农业风险管理的难度相对较高,使我国在开展农业保险过程中采取了"低保额、低保费、低保障"的"三低"政策。

根据保险标的不同,可把农业保险分为种植业保险和养殖业保险。种植业保险又可分为农作物保险和林木保险;养殖业保险又可分为畜禽保险和水产养殖保险。

### 二、种植业保险

#### (一)农作物保险

农作物保险分为生长期农作物保险和收获期农作物保险,以下以生长期农作物保险为例介绍农作物保险的相关内容。

### 1. 保险标的与分类
这是根据保险标的的用途和植物学系统相结合进行的分类。

(1) 粮食作物保险标的

①禾谷类作物,包括水稻、小麦、玉米、高粱、稷、薏米、荞麦等。

②豆类作物,包括大豆、蚕豆、豌豆、绿豆、小豆等。

③薯类作物,包括甘薯、马铃薯、木薯、莲藕等。

(2) 经济作物保险标的

①纤维类作物,包括棉花、苎麻、红麻、大麻、商麻、剑麻、蕉麻等。

②油料作物,包括油菜、花生、芝麻、向日葵、蓖麻等。

③糖料作物,包括甘蔗、甜菜等。

④嗜好类作物,包括烟草、茶叶、咖啡、可可等。

⑤绿肥及饲料作物,包括苕子、紫云英、黄花、苜蓿草、木樨、柽麻、田青、紫穗槐、绿萍、水花生、水葫芦、水浮莲等。

### 2. 保险费率
生长期农作物保险的保险费率由纯费率和附加费率构成。

### 3. 保险责任和责任免除
生长期农作物面临的主要灾害有两类:一是由于气候原因引起的自然灾害,包括干旱、水灾、涝灾、冰雹、干热风、霜冻、暴风、暴雨、台风、龙卷风、寒潮等;二是由病虫的危害引起的自然灾害。

(1) 保险责任

从理论上讲,上述两类灾害都可作为保险责任来承保,但是由于农作物灾害的成因复杂,而且遇灾的概率大、范围广、灾情重,在保险责任选择上应从低水平做起,选择一种或两三种风险予以承保。生长期农作物保险承保的责任分为单一责任和综合责任:

①单一责任,即只承保一种风险,如棉花雹灾保险,烤烟水灾保险等。

②综合责任,即以列举方式承保一种以上的风险,但不包含所有的主要风险,如棉花雹灾、水灾保险等。

(2) 责任免除

内容包括:

①被保险人的故意行为、欺骗行为所致的损失。

②间作、套种的非保险标的和毁种复播的农作物的损失。

③因盗窃、他人毁坏或畜、禽、兽所致的损失。

④未尽防范和抢救所致的损失。

⑤保险责任以外的灾害所致的损失。

## (二)林木保险

### 1. 森林保险

森林保险是以防护林、用材林、经济林、薪炭林以及特种用途林为保险标的的保险。

(1)保险责任

森林面临的风险主要有:火灾、风灾、洪水、雹灾、雪灾、病虫害等。其中以火灾造成的损失最大,其次是病虫害。

单一火灾责任,保险责任为火灾造成的损失,包括人为火源和自然火源引起的灾害损失。单一火灾责任承担了森林主要灾害,保险费率低,投保人负担得起,适宜大面积承保;

综合责任,保险责任是在火灾责任基础上再承保气象灾害中的其他几项责任,如冻害、雪灾、洪水等,这种承保方式一般适于南方林区。

(2)保险金额

有以下三个方面:

①按单位面积立木蓄积量确定保险金额。单位面积立木蓄积量是指处于生长过程中的立木材积总量与林地面积的比值。

②按营林成本确定保险金额。营林生产需要多次投入资金,并较长时间处于生产过程,按营林过程各作业(如育苗、整地、栽植、抚育等)面积,分别核算出作业成本,计算出每亩费用总和,作为亩保险金额。计算亩保险金额有两种方法:一是把营林每年发生的费用累加而成;二是按照每年实际发生的费用累加并结合占用资金的利息来确定亩保险金额。目前一般采用第一种方法。

成本保险对林木再植成本提供基本保障,林木保险大部分都采用成本保险;适用于幼龄林或中龄林。目前的林木保险大部分采用成本保险;

③按理论林价确定保险金额。理论林价包括营林生产的计息成本和森林经营者应获利润以及应向国家缴纳的税金部分,并以此为基础确定保险金额。

(3)赔偿处理

全部损失和部分损失两种:

全部损失:按保险金额赔付并扣除残值。

部分损失:赔偿金额 = 保险金额 × 损失程度;损失程度 = (灾前的估价 − 残值)/灾前标的估价。

### 2. 果树保险

果树保险的标的可分为7类:

①仁果类,苹果、梨、沙果、海棠果、山楂、木瓜等。

②核果类,桃、杏、椰、梅、樱桃、枇杷、橄榄、芒果、枣椰等。

③浆果类,葡萄、草莓、猕猴桃、无花果、醋栗、石榴、杨桃等。

④坚果类,核桃、板栗、银杏、腰果、槟榔、香榧、榴莲等。

⑤柑果类,柑橘、甜橙、柠檬、柚、金橘等。
⑥柿枣类,柿、枣、酸枣、君迁子等。
⑦亚热带及热带果类,香蕉、凤梨、龙眼、荔枝、椰子、芒果、杨桃、木瓜等。

果树保险的承保条件包括以下几项:

①果树生长期树体保险承保的是果树一生中的幼树期、初花初果期、盛果期,而不保衰老期(即自然淘汰期)。

②果树产量保险承保的是果树一生中的盛果期,而不保初花初果期和衰老期,因为初花初果期和衰老期的产量极不稳定。

③果园必须有专职栽培管理人员,包括管理果园土、肥、水的技术员,为果树整形、修剪,疏花、疏果或保花保果的人员以及防治自然灾害和病虫害的人员。

果树保险的主要保险责任有:火灾、暴风、暴雨、霜冻、洪水、寒潮、冰雹、干旱。由于被保险人及其家庭成员的故意行为造成的损失,因经营管理不善造成的损失,国家征用土地造成的损失以及保险责任以外的灾害造成的损失,保险人均不负赔偿责任。

果树保险的保险金额分为树体死亡保险金额和果树产果保险金额:

①树体死亡保险金额,根据果树年龄、果园管理条件、果树产量、果园环境等因素,由保险人、投保人和公估人三方协商确定,实行不足额承保。

②果树产果保险金额,有正常而且较为准确的产量记录的果园,按其过去4或6年的平均产量的4~8成承保。

## 三、养殖业保险

### (一)畜禽保险

畜禽保险,是以有生命的畜禽类为承保对象的养殖财产保险。根据保险标的的不同特点和不同养殖方式,可把畜禽保险分为大牲畜保险、中小家畜保险、牲畜保险和家禽保险4类。

### (二)水产养殖保险

水产养殖保险,是指对利用淡水或海水水域进行人工养殖的虾、贝、藻、鱼、蟹、蚌等,在遭受自然灾害和意外事故造成经济损失的情况下提供经济补偿的一种保险保障方式。目前我国开办的水产养殖保险业务主要有:对虾保险、扇贝保险、海带保险、蛤蜊保险、养鱼保险、养蟹保险、河蚌保险、虹鳟鱼保险、鳗鱼保险、网箱养鱼保险、网箱养虾保险等。

【知识库】

**农业保险的经营方式**

根据农业生产具有经营的多样性、分散性、不平衡性、自然风险和病虫灾害等特点,必须采取多种保险经营方式。其中包括法定保险方式、自愿保险方式、合作保险方式和联合保险方式。

(资料来源:孙祁祥《保险学》)

【案例6.1】

### 两车相撞该如何赔偿

某日，两辆家用机动车发生碰撞事故，推定全损。发生事故时，A车车辆实际价值40 000元，残值1 000元，本车人身伤亡补偿费合计为20 000元。A车投保的是车辆损失险和第三者责任险，其中，车身险保险金额为80 000元，是按照投保时的新车购置价确定的，第三者责任险每次事故最高赔偿限额为50 000元。B车车辆损失50 000元，本车人身伤亡补偿费合计为10 000元。B车只投保了第三者责任险，最高赔偿限额60 000元。经公安部门裁定，A车负70%责任，B车负30%责任。A车的承保人是保险公司甲，B车的承保人是保险公司乙。问A车和B车的承保人各应付多少赔款？

## 本 章 小 结

1. 企业财产保险可以分为主险和附加险，其中主险又分为基本险、综合险和一切险。附加险主要包括水暖管爆裂险、海潮险、自燃险、盗窃险、机器设备损坏险、输油管道损坏险、罩棚、露堆财产险、橱窗玻璃破碎险、广告牌险、锅炉、压力容器损失险等。

2. 家庭财产保险是以我国城乡居民的家庭财产为保险标的，由保险人承担火灾及有关自然灾害、意外事故损失赔偿责任的财产损失保险。

3. 运输工具保险包括机动车辆保险、船舶保险、飞机保险和其他运输工具保险。

4. 货物运输保险是以社会公共运输过程中的货物为保险标的，由保险公司对被保险人因货物遭受自然灾害或意外事故而致损失进行赔偿的一种财产损失保险。按照货物运输范围分为国内货物运输保险和进出口货物运输保险。

5. 建筑安装工程保险包括建筑工程一切险和安装工程一切险。之所以称为一切险，是因为这两种保险对保险单除外责任以外的任何自然灾害或意外事故造成的物质损坏或灭失均按保险单的规定负责赔偿，对保险单列明的因发生上述损失所产生的有关费用也可负责赔偿。

6. 农业保险泛指种植业保险和养殖业保险，是保险人对被保险人在从事种植业和养殖业生产过程中因遭受自然灾害和意外事故所受到的经济损失提供经济补偿的一种保险服务。根据保险标的不同，可把农业保险分为种植业保险和养殖业保险。

## 自 测 题

1. 简述财产损失保险的分类。
2. 简述企业财产保险的保险标的、保险责任和责任免除。
3. 简述普通家庭财产保险和其他家庭财产保险。
4. 简述机动车辆保险、飞机保险、船舶保险的保险责任。
5. 简述货物运输保险的保险责任。
6. 简述工程保险的特点及分类。

7. 简述农业保险的分类。

【阅读资料】

## 财产保险的起源与发展

火灾保险是财产保险的前身(在海上保险中也包括了火灾保险),是指以火灾为主要保险责任的财产保险,中国的企业财产保险、家庭财产保险都属于火灾保险的范畴。火灾保险的产生,是由于海上贸易的发展、商业资本的形成和商品的逐渐集中促进了对火灾保险的需要,它的产生比海上保险晚得多,但是发展得很快。它是在火灾互助组织基础上产生的,11世纪在冰岛已经有火灾公会组织,15世纪在德国一些城市出现了专门承保火灾损失的相互保险组织,到了1676年由46个相互保险组织合并成立了汉堡火灾保险社。火灾保险真正兴起的时间是在1666年英国伦敦大火之后,当时伦敦火灾持续了4天,1.3万余幢房屋被烧毁、20万人无家可归,造成无可估量的财产损失,引起人们对火灾的重视和忧虑。到了19世纪,英、德、法、美等国相继完成了工业革命,大机器生产代替了原手工式操作,物质财富大量集中,对火灾保险的需求更为迫切,欧美的火灾保险公司如雨后春笋般涌现,保险标的从过去只保建筑物扩大到其他财产,保险责任也从单一的火灾扩展到风暴、地震、暴雨等。为了控制同业间竞争,相继成立了保险同业公会,共同制订统一的保险费率。为分散风险,再保险也开始有了发展。

中国现代式保险是随着英国列强的经济掠夺而输入的。在旧中国的保险历史上,美国美亚保险公司曾长期控制了中国保险市场。建国前中国的保险公司几乎集中在沿海的大城市,在抗日战争年代,重庆也曾一度成为保险业的中心,1994年上海有中外保险公司300余家。

中华人民共和国成立,开创了中国保险史的新篇章,摧毁了帝国主义对中国保险市场的垄断。在整顿和发展旧中国保险业、接管官僚资本保险公司的基础上,中国政府于1949年10月20日成立了中国人民保险公司,主要开办火灾保险、货物运输保险,沿海口岸还承保运输兵险,并强调保险必须与防灾相结合,与此同时,对旧保险制度作了一系列改革,修改了保险单、扩大了保险责任范围、降低了费率和简化投保手续等。在国民经济恢复时期,又相继开办了国家机关、国营企业及县以上供销社财产强制保险、货物运输保险、运输工具险和家庭团体火险,并在农村试办了牲畜保险和农作物保险。1958年又扩大办理养猪保险和公民财产保险。从1949年至1958年10年时期内,各种保险费收入总计16亿元,支付赔款3.8亿元,给国家积累的资金相当于当时全年基本建设拨款的1/4,在这一时期里,在全国范围建立了比较完整的社会主义保险体系,普遍设立了保险机构,恢复和开办了很多险种,及时为企业和个人提供经济保障,为当时恢复和发展国民经济起了积极的作用。

(资料来源:叶奕德、吴越等《中国保险史》)

# 第七章
## Chapter 7

# 责任保险

【学习要求及目标】

通过本章的学习,要求读者掌握产品责任保险、雇主责任保险、公众责任保险和职业责任保险的概念,熟悉并理解产品责任、雇主责任、职业责任、公众责任等各种责任保险的保险责任、除外责任及相关内容。

【引导案例】

### 旅行社的责任风险

某旅行社在某保险公司购买了旅行社责任保险,约定年度累计赔偿限额为 200 万元,每人赔偿限额 12 万元。赵某所在单位与某旅行社签订赴外地七日旅游合同。合同签订当日晚,赵某及其所在单位职工一起在旅行社的组织下,乘坐某次火车。次日清晨 6 点左右,同行人员工发现赵某不在铺上,寻找不见后报告列车长,最终在中途车站附近发现赵某尸体。经公安部门现场勘验,认定其为意外坠车死亡。赵某家属就此向人民法院提起诉讼,法院判决某旅行社承担相应的赔偿责任。旅行社支付了赔偿费用后,即向保险公司要求赔偿。

## 第一节 责任保险概述

### 一、责任保险概念

责任保险是指以被保险人对第三者依法应负的赔偿责任为保险标的的保险。从广义上说,责任保险是一种财产保险,因为从承保环节看,责任保险要遵循财产保险的可保利益原则;在赔偿环节要遵循财产保险的赔偿原则,有损失才赔偿,而且不允许被保险人获得额外利益,若有重复保险,各保险公司按比例分摊赔偿额;如果责任事故是由被保险人和保险人以外的第三者造成的,那么保险公司有代位求偿权。不过,责任保险与一般的财产保险不同。首先,责任保险直接保障被保险人的利益,间接保障受害的第三方的利益。财产损失保险是在发生保险事故给被保险人自己的财产造成损失时给予赔偿,而责任保险是在发生保险事故给他人的财产或身体造成损失时给予赔偿,就是说,被保险人的损失不是由自己财产的损坏引起的,而是由向他人支付赔款引起的资金流失。表面上看,保险公司是给予被保险人赔偿,实际上是给予受损失的第三方赔偿,赔偿款的流动过程可以被视为:保险公司支付给被保险人,被保险人转而支付给受害的第三方。其次,责任保险不确定保险价值和保险金额,而是确定赔偿限额。因为责任保险的保险标的不是实体,而是一种看不见摸不着的责任,无法确定保险金额,而且责任风险究竟有多大,事先无法判定,也许给第三方造成的损失较小,只要赔偿几十元就可以了,也许给第三方造成几十亿元的损失。面对这种不确定性很大的风险,保险公司只能与被保险人事先约定最高责任限额,这对保险公司而言,等于将不确定的风险转化为确定的风险。

## 二、责任保险种类

### (一) 专门的责任保险

专门的责任保险是指保险人单独设计保险条款、投保人单独投保的责任保险。国际保险市场上存在的专门责任保险大体上可以划分为公众责任保险、产品责任保险、雇主责任保险和职业责任保险等四类。我国各保险公司推出的专门的责任保险有:产品责任保险、公众责任保险、雇主责任保险、医疗责任保险、供电责任保险、旅行社责任保险、校(园)方责任保险、承运人非典型肺炎(SARS)责任保险、医务人员法定传染病责任保险、餐饮场所责任保险、单项建设工程设计责任保险、律师职业责任保险、物业管理责任保险、保险经纪人职业责任保险、监护人责任保险、工程监理责任保险、血站采供血责任保险、注册会计师职业责任保险等。责任保险的承保责任范围呈扩大趋势。

### (二) 与财产损失保险密切联系、作为主险的责任保险

有的责任保险是属于主险(或称基本险),但其保险条款与财产损失险条款组合在一起,例如前面介绍过的机动车辆第三者责任保险、飞机保险中的第三者责任保险和旅客法定责任保险、建筑安装工程保险中的第三者责任保险等。

### (三) 附加在其他保险中的责任保险

此类责任保险必须在投保了其他险种的前提下才能投保。例如,附加在机动车辆损失险中的车上人员责任保险和车上货物责任保险。

【知识库】

**责任保险的发展**

责任保险作为一种保险业务,产生于19世纪的欧美国家,20世纪70年代以后在工业化国家迅速得到发展。1880年,英国颁布《雇主责任法》,当年即有专门的雇主责任保险公司成立,承保雇主在经营过程中因过错致使雇员受到人身伤害或财产损失时应负的法律赔偿责任;1886年,英国在美国开设雇主责任保险分公司,而美国自己的雇主责任保险公司则在1889年才出现。绝大多数国家均采取强制手段并以法定方式承保的汽车责任保险,始于19世纪末,并与工业保险一起成为近代保险与现代保险分界的重要标志。

西方保险界认为,保险业的发展可以划分为三个大的发展阶段:第一阶段是传统的海上保险和火灾保险(后来扩展到一切财产保险);第二阶段是人寿保险;第三阶段是责任保险。

保险业由承保物质利益风险,扩展到承保人身风险后,必然会扩展到承保各种法律风险,这是被西方保险业发展证明了的客观规律。同时我们还知道,责任保险在保险业中的地位是很高的,它既是法律制度走向完善的结果,又是保险业直接介入社会发展进步的具体表现。

(资料来源:许谨良《财产和责任保险》)

## 第二节 产品责任保险

### 一、产品责任概念

产品是指经过加工、制作,用于销售的产品。产品责任是指因销售、供应、修理、保养或试验任何有缺陷的产品致使用户或他人遭受人身伤害或财产损失,有关方依法应承担的赔偿责任。在现实生活中,往往会发生产品伤人事件。例如,啤酒瓶爆炸、电视机显像管喷火、燃气热水器泄漏、化妆品毁容、食品中毒等致消费者伤害、死亡的事件,甚至发现生产、贩卖假药、假酒和有毒食品等严重危害消费者生命财产安全的犯罪活动。为了促使产品生产者和销售者提高产品质量,保护消费者的合法利益,就要实行产品责任追究制度。主要发达国家颁布有专门的产品责任法,例如美国的《产品责任法》、日本的《制造物责任法》等。我国1986年制定的《民法通则》第一百二十二条规定:"因产品质量不合格造成他人财产、人身损害的,产品制造者、销售者应当依法承担民事责任;运输者、仓储者对此负有责任的,产品制造者、销售者有权要求赔偿损失。"1993年2月22日第七届全国人民代表大会常务委员会第三十次会议通过、2000年7月8日第九届全国人民代表大会常务委员会第十六次会议决定修正的《中华人民共和国产品质量法》,其第三章是"生产者、销售者的产品质量责任和义务",第四章是"损害赔偿"。

### 二、保险标的

产品责任保险以被保险人的产品责任为保险标的。

产品责任保险是以生产厂家和经销商依法应承担的产品责任为承保风险的一种责任保险。我国的产品责任保险从1980年起开办,最初局限于办理我国出口商品的产品责任保障。1985年以后,沿海地区的保险公司率先将产品责任保险推向国内市场。

### 三、内容

#### (一)产品责任保险的责任范围

我国产品责任保险的责任范围包括两项。一是在保险有效期内,由于被保险人所生产、出售的产品或商品在承保区域内发生事故,造成使用、消费或操作该产品或商品的人或其他任何人的人身伤害、疾病、死亡或财产损失,依法应由被保险人负责时,保险人根据保险单规定,在约定的赔偿限额内负责赔偿。二是对被保险人应付索赔人的诉讼费用以及经保险公司书面同意负责的诉讼及其他费用,保险公司也负责赔偿,但本项费用与责任赔偿金额之和以保险单明细表中列明的责任限额为限。

(二)产品责任保险的除外责任

在国内产品责任保险中,保险公司对下列各项不负责赔偿:

一是被保险人根据与他人的协议应承担的责任,但即使没有这种协议,被保险人仍应承担的责任不在此限。

二是根据劳动法应由被保险人承担的责任。此责任属于劳动保障的范围。

三是根据雇佣关系应由被保险人对雇员所承担的责任。此责任属于雇主责任保险的范围。

四是保险产品本身的损失。

五是产品退换回收的损失。产品责任保险是不承担因产品事故导致的产品损坏损失以及由此引起的调换、修理责任的,这两条属于产品保证保险的范畴。产品保证保险是以被保险人因提供不合格产品而依法承担的产品本身损失的经济赔偿责任,是保险人针对产品质量违约责任提供的带有担保性质的保证保险,也称为产品质量保证保险。

六是被保险人所有、保管或控制的财产损失。因为被保险人不是第三者,故其自身财产损失不能列入产品责任赔偿范围,包括被保险人未出售的产品。被保险人可对此标的投保财产损失保险以取得保障。

七是被保险人故意违法生产、出售的产品造成任何人的人身伤害、疾病、死亡或财产损失。

八是保险产品造成的大气、土地及水污染及其他各种污染所引起的责任。

九是保险产品造成对飞机或轮船的损害责任。

十是由于战争及类战争行为、敌对行为、武装冲突、恐怖活动、谋反、政变直接或间接引起的任何后果所致的责任。

十一是由于罢工、暴动、民众骚乱或恶意行为直接或间接引起的任何后果所致的责任。

十二是由于核裂变、核聚变、核武器、核材料、核辐射及放射性污染所引起的直接或间接的责任。

十三是罚款、罚金、惩罚性赔款。

十四是保险单明细表或有关条款中规定的应由被保险人自行负担的免赔额。

在涉外产品责任保险中,保险公司对下列各项,不负赔偿责任:除规定的法律责任之外,根据其他合同或协议应由被保险人承担的责任;由被保险人承担的对其雇员的赔偿责任;因产品缺陷造成被保险人所有、照管或控制的财产的损失;产品仍在制造或销售场所,尚未转移至用户或消费者手中时所造成的损失赔偿责任;被保险人故意违法生产、出售或分配的产品造成他人的人身伤害、疾病、死亡或财产损失的赔偿责任;被保险产品本身的损失及被保险人因收回、更换或修理有缺陷产品造成的损失和费用;在港、澳、台地区以及中华人民共和国境外使用产品,发生的损害赔偿和费用,以及同上述地区的法院、仲裁机构提起诉讼或仲裁而产生的赔偿和费用;其他不属于本保险责任范围内的损失或费用。

### (三) 产品责任保险的赔偿限额及免赔额

赔偿限额是责任险的保险人承担的最高赔偿金额。保险双方可根据可能发生的赔偿责任风险的大小协商确定限额的高低。产品责任险的赔偿限额由每次事故赔偿限额及累计赔偿限额组成,保险人所指的一次事故是指一次意外事故或由同一意外事件引起的一系列事故。

保险人为避免小额责任的索赔,也为达到控制风险、损失共担的目的,在保单内都规定有每次事故免赔额,此免赔额为绝对免赔额,同时适用于财产损失索赔和人身伤害索赔。

### (四) 产品责任保险的保险期限

产品责任保险的保险期限多为一年。

### (五) 产品责任保险的保险费

**1. 影响产品责任保险费率的因素**

(1) 产品的特点和可能对人体或财产造成损害的风险大小

如药品对人体造成损害的风险高于服装,波及面也广,其使用必须谨慎,因而费率较服装要高;再如烟花、爆竹的危险性大,应比千斤顶、乐器等产品的费率高。

(2) 产品数量和产品价格

对于同类产品的投保数量大、价格高、销售额高,保险费收入绝对额就大,费率就可相对降低;反之亦然。

(3) 承保的地区范围

一方面,承保的地区范围大,风险也大,产品责任保险费率亦高,如世界范围或出口销售的产品就比国内销售的产品责任风险大;另一方面,承保销往产品责任严格的国家和地区,比其他国家或地区风险大,因为这些国家或地区的索赔金额高,且实行绝对责任制原则,故费率亦高,如出口美国与出口美洲国家及至英国、日本的产品责任保险在费率上就应有所区别。

(4) 产品制造者的技术水平和质量管理情况

产品制造者的技术水平高,质量管理好,产品检测严,其产品的合格率就高。优良的产品本身就是避免或减少产品责任事故风险的关键,因此,其费率应低些;反之亦然。

(5) 赔偿限额的高低

在产品的其他条件相同的情况下,赔偿限额越高,费率越高,因为高限额意味着承担较大风险,但限额与费率之间并非成比例增长。另外还要考虑以往的赔偿记录。

**2. 产品责任保险费的计算**

产品责任保险以销售额乘以费率计算保费,预付保费、年终结算或保险期满后按实际销售额对保费予以调整。为保证保险人的利益,保单中还可约定最低保费。保险期满后,被保险人应将保险期间生产、出售的产品或商品的总值书面通知保险公司,作为计算实际保险费的依据。实际保险费若高于预收保险费,被保险人应补交其差额。反之,若预收保险费高于实际保险费,保险公司退还其差额,但实际保险费不得低于所规定的最低保险费。保险公司有权在保险期内的任何时候,要求被保险人提供一定期限内所生产、出售的产品或商品总值的数据。保险公司还有权派人检查被保险人的有关账册或记录并核实上述数据。

(六)产品责任保险的赔偿处理

被保险人的索赔期限,从损失发生之日起,不得超过两年。

【知识库】

### 产品缺陷

产品缺陷是确定产品责任的前提条件。产品没有缺陷,就没有产品责任;谁造成产品的缺陷,最终就由谁来承担产品责任。所谓缺陷,是指产品存在不合理的危险性或不符合国家有关质量、安全的强制性标准,或违反明示担保或默示担保而形成的,其结果可能造成人身伤害或财产损失的产品瑕疵。

(资料来源:张洪涛、王和《责任保险理论、实务与案例》)

## 第三节 雇主责任保险

### 一、概念

雇主责任保险是指被保险人所雇佣的员工在受雇过程中,从事与被保险人经营业务有关的工作而遭受意外或患与业务有关的国家规定的职业性疾病,所致伤、残或死亡,被保险人根据《中华人民共和国劳动法》及劳动合同应承担的医药费用及经济赔偿责任,由中国人民财产保险股份有限公司在规定的赔偿限额内负责赔偿的一种保险。三资企业、私人企业、国内股份制公司、国有企业、事业单位、集体企业以及集体或个人承包的各类企业都可为其所聘用的员工投保雇主责任保险。

### 二、保险标的

雇主责任保险的保险标的是雇主对雇员依法应负的民事赔偿责任。

### 三、内容

(一)保险责任

凡被保险人所聘用的员工,于保险有效期内,在受雇过程中(包括上下班途中),从事与保险单所载明的被保险人的业务工作而遭受意外,或患与业务有关的国家规定的职业性疾病,所致伤、残或死亡,对被保险人根据劳动合同和中华人民共和国法律、法规,须承担的医疗费及经济赔偿责任,保险人依据保险单的规定,在约定的赔偿限额内予以赔付。对被保险人应付索赔人的诉讼费用以及经保险人书面同意负责的诉讼费用及其他费用,保险人亦负责在约定的分项赔偿限额内赔偿。在保险期限内,保险人对保险单项下的各项赔偿的最高赔偿责任之和不得超过保险单明细表中列明的累计赔偿限额。

(二)责任免除

在国内雇主责任保险中,保险人对下列各项不负赔偿责任:战争、军事行动、罢工、暴动、民众骚乱或由于核辐射所致被保险人所聘用的员工伤残、死亡或疾病;被保险人所聘用的员工由于职业性疾病以外的疾病、传染病、分娩、流产以及因这些疾病和原因而施行内外科治疗手术所致的伤残或死亡;由于被保险人所聘员工自加伤害、自杀、违法行为所致的伤残或死亡;被保险人所聘用的员工因非职业原因而受酒精或药剂的影响所发生的伤残或死亡;被保险人的故意行为或重大过失;除有特别规定外,被保险人对其承包商所聘员工的责任;除有特别规定外,在中华人民共和国境外发生的被保人所聘员工的伤残或死亡;直接或间接因计算机2000年问题造成的损失;其他不属于保险责任范围内的损失和费用。

在涉外雇主责任保险中,除外责任包括:战争、类似战争行为、叛乱、罢工、暴动或由于核辐射所致的被雇人员伤残、死亡或疾病;被雇人员由于疾病、传染病、分娩、流产以及因这些疾病而施行内外科治疗手术所致的伤残或死亡;由于被雇人员自加伤害、自杀、犯罪行为、酗酒及无照驾驶各种机动车辆所致的伤残或死亡;被保险人的故意行为或重大过失;被保险人对其承包商雇用的员工的责任。

(三)赔偿限额

保险人按照与被保险人约定的限额,对被保险人所聘员工发生保险责任范围内的保险事故造成的损失予以赔偿。

(四)保险费

在国内雇主责任保险中,保险人按照被保险人具体的风险情况参照费率表确定具体适用的费率,以赔偿限额乘以费率计算出被保险人应交纳的保险费。

在涉外雇主责任保险中,在订立保险单时根据被保险人估计,在保险单有效期内付给其雇用人员工资(或薪金)、加班费、奖金及其他津贴的总数,计算预付保险费。在保险单到期后的一个月内,被保险人提供保险单有效期间实际付出的工资(薪金)、加班费、奖金及其他津贴的准确数,凭以调整支付保险费。预付保险费多退少补。被保险人必须将每一雇用人员的姓名及其工资(薪金)、加班费、奖金及其他津贴做成记录,并同意保险公司随时查阅。

(五)保险期限

雇主责任保险的保险期限为1年,自起保日的零时起到期满日的24时止。期满时另办理续保手续。若雇主限于某些特殊的劳动合同期限的需要,也可按该劳动合同的期限投保不足1年或1年以上的雇主责任保险。如果保险责任期限不足1年,应按短期费率表相应的比例收取保费。

(六)赔偿处理

**1. 被保险人申请赔偿**

被保险人申请赔偿时,应向保险人提交以下资料:保险单、有关事故证明书、保险人认可的医疗机构出具的医疗证明、医疗费等费用的原始单据及保险人认为必要的有效单证材料。索赔期限,从发生事故之日起算,国内雇主责任保险不超过2年,涉外雇主责任保险不超过1年。

**2. 保险人理赔**

保险人在接到被保险人的赔偿申请及各项材料后,应立即进行认真审核,确定赔偿责任,计算应赔金额,按规定的权限履行审批和报批手续,并在审批或接到上级公司批文后10天内一次赔偿结案。

**3. 赔偿标准**

在国内雇主责任保险中,在保险有效期内,发生保险责任范围内的事件,保险人根据被保险人提供的雇员名册,对发生伤、残、亡的雇员按下列标准赔偿:

(1)死亡

按保单规定每人最高赔偿额度赔付。

(2)伤残

永久丧失全部工作能力的,按保单规定每人最高赔偿额度赔付。

永久丧失部分工作能力的,按医疗机构出具的伤残程度证明以本保险单所附伤残赔偿额度表规定的百分比乘以每人赔偿限额赔付。

暂时丧失工作能力超过4天的,在此期间,经医院证明,每人每天按当地政府公布的最低生活标准赔偿工伤津贴,工伤医疗期满或确定伤残程度后停发,最长不超过1年。如经过诊断被医疗机构确定为永久丧失全部(部分)工作能力,按永久丧失全部(部分)工作能力确定赔付金额,多退少补予以赔偿。

(3)医疗费用

保险人赔偿包括挂号费、治疗费、手术费、床位费、检查费(以300元为限)、非自费药费部分。不承担陪护费、伙食费、营养费、交通费、取暖费、空调费及安装假肢、假牙、假眼和残疾用具费用。除紧急抢救外,受伤员工均应在县级以上医院或政府有关部门或承保公司指定的医院就诊。保险人对被保险人所聘用员工个人的上述各项总的赔偿金额,最高不超过本保险单规定的每人的赔偿金额。死亡和伤残赔偿不得兼得,而且与医疗费用限额不能相互调剂使用。在发生本保险单项下的索赔时,若另有其他保障性质相同的保险存在,不论该保险赔偿与否,保险人对医疗费、工伤津贴、诉讼费用仅负比例赔偿责任;当实际保障人数超过投保人数时,保险人应按比例对被保险人所聘用员工进行赔偿。

**【知识库】**

雇主责任险与意外伤害保险的比较

雇主责任险与工伤责任险同属责任保险范畴,与团体意外险在本质上有所不同,责任保险只能由财产保险公司经营,而团体意外险只能由人寿保险公司经营,雇主责任险和工伤责任险所保障的是雇主,即企业、公司根据中国现行的劳动法律法规的规定,应当承担的对员工的经济赔偿责任。而团体意外险保障的是原公司员工因意外所造成伤害,被保险对象是员工个人。下面是总结出的不同:

1. 在雇主和工伤责任保险中被保险人是雇主,而在团体人身意外伤害保险中被保险人是单位的雇员(职工)。

2. 雇主和工伤责任保险的标的是雇主依法对雇员承担的损害赔偿责任,团体人身意外伤害保险的保险标的则是被保险人(雇员)的身体或生命。

3. 在雇主和工伤责任保险中,保险人的赔偿是代替被保险人(雇主)履行了应尽的赔偿责任的一部分或全部。团体人身意外伤害中,保险人根据条款对被保险人进行给付,但这种给付并不能免除或减少投保的单位或雇主对被保险人应尽的赔偿责任。从法律上讲,得到团体意外险给付的职工仍可根据法律或雇佣合同在向雇主行使要求赔偿的权利。

4. 雇主责任险在增加了扩展24小时意外险后,其便涵盖了团体意外险的保障范围。

(资料来源:陈朝先《保险学》)

# 第四节 职业责任保险

## 一、概念

职业责任保险是承保各种专业技术人员因工作上的疏忽或过失造成第三者损害的赔偿责任保险。如果把专业技术人员提供的服务视为产品的话,那么职业责任保险就类似于产品责任保险。一般将有形产品的责任列入产品责任保险范围,将无形产品的责任列入职业责任保险的范围。随着职业种类的不断增多,职业责任风险不断增大,职业责任保险的品种会持续增长。

## 二、保险标的

职业责任保险的保险标的就是职业责任。职业责任是指从事各种技术工作的单位或个人因工作上的失误造成他人人身伤害或财产损失,依法应承担的经济赔偿责任。职业责任是职业责任保险存在和发展的基础。职业责任风险属于技术性较强的工作导致的责任事故,它不仅与人的因素有关,同时也与知识、技术水平及原材料的欠缺有关,它限于技术人员从事本职工作中出现的责任事故。

## 三、种类

职业责任保险是承保各种专业技术人员在从事职业技术工作时因疏忽或过失造成他人的人身伤害或财产损失依法应承担的经济赔偿责任的保险。按照不同的划分方式,职业责任保险可分为以下几种:

第一,以投保人为划分依据可分为普通职业责任保险和个人职业责任保险。普通职业责任保险的投保人是单位,以在投保单位工作的个人为保障对象;个人职业责任保险的投保人是个人,以投保人自己为保障对象。

第二,以承保方式为划分依据可分为以索赔为基础的职业责任保险和以发生为基础的职业责任保险。

第三,以被保险人从事的职业为划分依据可分为医疗责任保险、律师责任保险、会计师责任保险、建筑师责任保险、设计师责任保险等。

## 四、内容

### (一)医疗责任保险

**1. 医疗责任保险的概念**

医疗责任保险承保医务人员在诊疗护理工作中,由于过失造成病人死亡、残废、组织器官功能障碍等依法应承担的经济赔偿责任,是职业责任保险中占主导地位的险种。

**2. 保险对象**

凡依法设立、有固定场所的医疗机构及经国家有关部门认定合格的医务人员,都可投保医疗责任保险。

**3. 保险责任**

在保险单明细表列明的保险期限或追溯期及承保区域范围内,被保险人在从事与资格相符的诊疗护理中因过失发生医疗事故或医疗差错造成下列依法应由被保险人承担的经济赔偿责任,并由被保险人在保险有效期内首次提出申请的,保险人负责赔偿:

①第三者(指病人)的人身伤亡。

②保险事故发生后并在仲裁或诉讼前,保险人书面同意的仲裁或诉讼费用。

③发生保险责任事故后,被保险人为缩小或减少对病人人身伤害的赔偿责任所支付的必要、合理的费用。

**4. 责任免除**

医疗责任保险的除外责任,包括不可抗力、非法行医、道德风险等情况,国内现行的保单规定的除外责任主要包括:

①一般的除外责任。

②违法或故意行为所致的责任。

③其他免除责任的情形。

**5. 赔偿处理**

医疗责任保险一般以索赔为基础,保险人确定索赔引起的赔偿金额以病人或其家属与被保险人及保险人协商确定或经法院或国家有关部门依法裁定被保险人应偿付的金额为准。但不超过保险合同约定的赔偿限额。此外,被保险人在发生保险责任事故后,为抢救病人支付的必要的、合理的费用,保险人按约定负责赔偿。对于经保险人书面同意的仲裁或诉讼费用以及被保险人向有关责任方追偿所支付的费用,保险人也按约定赔偿。

### (二)律师责任保险

**1. 律师责任保险的概念**

律师责任保险承保被保险人或其前任作为律师在能力范围内从事职业服务发生的由于疏忽、错误或遗漏等过失行为导致的法律赔偿责任,包括一切侮辱、诽谤以及被保险人在工作中发生的或造成的对第三者的人身伤害或财产损失。

**2. 保险责任**

被保险人在保险期限或保险单明细表列明的追溯期内从事律师业务时,由于疏忽或过失造成委托人的经济损失,并在保险期限内由委托人首次向被保险人提出索赔申请,依法应由被保险人承担的经济赔偿责任,事先保险人书面同意的诉讼费用;发生保险事故后,被保险人为缩小或减少对委托人遭受经济损失的赔偿责任所支付的必要、合理的费用。律师责任保险一般采用期内索赔式承保。

**3. 责任免除**

①一般的除外责任。

②因违法或故意行为等原因所致的责任。

③其他免除责任的情形。

**4. 赔偿处理**

律师责任保险以索赔为基础,保险人对每项索赔引起的赔偿以法院或政府有关部门根据法律裁定或被保险人及保险人协商确定的应由被保险人偿付的金额为准。但不超过保险合同约定的相应赔偿限额。被保险人索赔时应向保险人提供的文件有保险单正本、索赔报告、损失清单、《律师执业证》、与委托人签订的委托合同、证明律师责任的法律文件和其他证明损失性质、原因和程度的单证材料。

### (三)会计师责任保险

**1. 会计师责任保险的概念**

会计师责任保险承保被保险人的会计师根据被保险人的授权,在承办国内注册会计师审计业务过程中,因过失未尽其业务上应尽的责任及义务造成委托人及其利害关系人直接经济损失依法应由被保险人承担的经济赔偿责任。国内的会计师责任保险是新开办的险种,保险对象是依法设立的会计师事务所。

**2. 保险责任**

被保险人在保险期限或保险单规定的追溯期内承办审计业务时,由于疏忽或过失造成委托人或其他利害关系人的经济损失,依法应由被保险人承担的经济赔偿责任;事先经保险人书面同意的诉讼费用,发生保险事故后,被保险人为缩小或减少对委托人或其他利害关系人经济赔偿责任所支付的必要、合理的费用。

**3. 责任免除**

①一般的除外责任。
②因违法或故意行为等原因所致的责任。
③其他免除责任的情形。

**4. 赔偿处理**

会计师责任保险以索赔为基础,保险人对每次索赔引起的赔偿金额以法院或政府有关部门根据法律裁定或双方当事人及保险人协商确定的应由被保险人偿付的金额为准,但不得超过保险单约定的相应赔偿限额。

### (四)建筑工程设计责任保险

**1. 建筑工程设计责任保险的概念**

建筑工程设计责任保险承保建筑工程设计人员因设计的疏忽或过失引起工程质量事故造成损失或费用,依法应承担经济赔偿责任。它是我国开办最早的职业责任保险险种之一。

建筑工程设计责任保险的被保险人是依法成立的建设工程设计单位,也可是依法独立从事建设工程设计的个人。

**2. 保险责任**

在保险单明细表列明的追溯期或保险期限内,由于设计的疏忽或过失而引发工程质量事故,被保险人承担经济赔偿责任的损失包括建设工程本身的物质损失以及第三者人身伤亡或财产损失;事先经保险人书面同意的诉讼费用,包括被保险人和委托人(工程的建设人)进行诉讼或抗辩的费用、被保险人向有关方追偿产生的费用等;为缩小或减少对委托人遭受经济损失时赔偿责任所支出的费用。

**3. 责任免除**

①一般的除外责任。
②因违法或故意行为等原因所致的责任。
③其他免除责任的情形。

**4. 赔偿处理**

建筑工程设计责任保险一般是以索赔为基础,而不论是否由一次事故所致,保险人对每次索赔引起的赔偿金额以法院或政府有关部门根据法律裁定或双方当事人及保险人协商确定的应由被保险人偿付的金额为准,但不得超过保险单明细表约定的相应赔偿限额。

## （五）其他职业责任保险

职业责任保险的种类繁多，较常见的险种还有：

①美容师责任保险。承保美容院工作人员因业务过失而导致美容者的人身伤害的赔偿。

②药剂师责任保险。承保药剂人员在配方或出售或递送药物时，发生错误而导致他人人身伤害的赔偿责任。

③保险代理人及经纪人责任保险。承保保险代理人、经纪人由于业务上的错误、遗漏或其他过失行为致使他人遭受损害的经济赔偿责任。

④董事责任保险。承保董事及高级职员在行使职责时因疏忽或过失行为造成股东损失依法应承担的经济赔偿责任。

【知识库】

### 医疗事故鉴定

《医疗事故处理条例》出台以前，医疗事故的鉴定一般是由医院的主管部门进行，难以保证鉴定的客观性和公正性。《医疗事故处理条例》改变了这种做法，规定：医患双方协商解决医疗事故争议，需要进行医疗事故技术鉴定的，由双方当事人共同委托负责医疗事故技术鉴定工作的医学会组织鉴定。同时，参加鉴定的专家，也由医患双方在医学会的组织下从专家库中随机抽取。

（资料来源：张洪涛、王和《责任保险理论、实务与案例》）

# 第五节　公众责任保险

## 一、概念

公众责任保险是指保险人对法人或公民因疏忽过失行为致使公众利益受到损害而承担经济赔偿责任提供保障的责任保险。公众责任险也用来承保人们在日常生产生活中的法律责任，或扩展承保被保险人按契约规定承担的赔偿责任。实际上国外的公众责任保险是指除了交通工具责任保险、雇主责任保险、产品责任保险、职业责任保险以外的所有责任风险。

## 二、保险标的

公众责任保险以固定场所和规定区域内，因生产经营活动或日常生活中对社会公众造成损害事故应承担的法律赔偿责任为保险标的。凡依法设立的企事业单位、社会团体、个体工商户、其他经济组织及自然人，均可作为公众责任保险的被保险人。

## 三、内容

### (一)公众责任保险的保险责任

在本保险有效期内,被保险人在本保险单明细表中列明的地点范围内依法从事生产、经营等活动以及由于意外事故造成下列损失或费用,依法应由被保险人承担的民事赔偿责任,保险人负责赔偿:第三者人身伤亡或财产损失;事先经保险人书面同意的诉讼费用;发生保险责任事故后,被保险人为缩小或减少对第三者人身伤亡或财产损失的赔偿责任所支付的必要的、合理的费用。前两项每次事故赔偿总金额不得超过本保险单明细表中列明的每次事故赔偿限额;第三项每次事故赔偿金额不得超过本保险单明细表中列明的每次事故赔偿限额。

### (二)公众责任保险的责任免除

下列原因造成的损失、费用和责任,保险人不负责赔偿:

被保险人及其代表的故意或重大过失行为;战争、敌对行为、军事行为、武装冲突、罢工、骚乱、暴动、盗窃、抢劫;政府有关当局的没收、征用;核反应、核辐射和放射性污染;地震、雷击、暴雨、洪水、火山爆发、地下火、龙卷风、台风、暴风等自然灾害;烟熏、大气、土地、水污染及其他污染;锅炉爆炸、空中运行物体坠落;直接或间接由于计算机2000年问题引起的损失。

被保险人的下列损失、费用和责任,保险人不负责赔偿:

被保险人或其代表、雇佣人员人身伤亡的赔偿责任,以及上述人员所有的或由其保管或控制的财产的损失;罚款、罚金或惩罚性赔款;被保险人与他人签订协议所约定的责任,但应由被保险人承担的法律责任不在此列。

下列属于其他险种保险责任范围的损失、费用和责任,保险人不负责赔偿:

被保险人或其雇员因从事医师、律师、会计师、设计师、建筑师、美容师或其他专门职业所发生的赔偿责任;不洁、有害食物或饮料引起的食物中毒或传染性疾病,有缺陷的卫生装置,以及售出的商品、食物、饮料存在缺陷造成他人的损害;对于未载入本保险单而属于被保险人的或其所占有的或以其名义使用的任何牲畜、车辆、火车头、各类船只、飞机、电梯、升降机、自动梯、起重机、吊车或其他升降装置造成的损失;由于震动、移动或减弱支撑引起任何土地、财产、建筑物的损害责任;被保险人因改变、维修或装修建筑物造成第三者人身伤亡或财产损失的赔偿责任;被保险人及第三者的停产、停业等造成的一切间接损失;未经有关监督管理部门验收或经验收不合格的固定场所或设备发生火灾、爆炸事故造成第三者人身伤亡或财产损失的赔偿责任;因保险固定场所周围建筑物发生火灾、爆炸波及保险固定场所,再经保险固定场所波及他处的火灾责任。

下列原因造成的损失、费用和责任,保险人不负责赔偿:

被保险人因在本保险单列明的地点范围内所拥有、使用或经营的游泳池和停车场发生意外事故造成的第三者人身伤亡或财产损失;被保险人因在本保险单列明的固定场所内布置的广告、霓虹灯、灯饰物发生意外事故造成的第三者人身伤亡或财产损失;被保险人因出租房屋或建筑物发生火灾造成第三者人身伤亡或财产损失的赔偿责任。本保险单列明的或有关条款中规定的应由被保险人自行负担的免赔额,其他不属于本保险责任范围内的一切损失、费用和责任,保险人不负责赔偿。

(三)公众责任保险的赔偿处理

公众责任保险的赔偿处理办法、规则与雇主责任保险、职业责任保险的赔偿处理办法、规则相同。另外,公众责任保险有多种附加责任条款。

【知识库】

### 电梯责任保险产品介绍

凡依法持有政府主管部门核发的《电梯准用证》的电梯所有人、使用人或管理人,均可作为保险合同的被保险人。

在保险期间及保险单列明的地点范围内,被保险人所有、使用或管理的电梯(包括电梯、液压电梯、自动扶梯和自动人行道),在运行过程中发生意外事故造成第三者的人身伤亡或财产损失,依法应由被保险人承担的赔偿责任,保险人负责赔偿。保险人同时负责赔偿仲裁费用或诉讼费用及事先经保险人书面同意支付的律师费用,以及保险事故发生后,被保险人为防止或减少对第三者人身伤亡或财产损失的赔偿责任所支付的必要的、合理的费用。

(资料来源:张洪涛、王和《责任保险理论、实务与案例》)

【案例7.1】

### 雇主责任保险

2009年11月8日,蔡某受雇的某公司为员工向某保险公司投保雇主责任保险。投保时,保险公司要求某公司填写一份"被保险人名单",该名单包括蔡某等员工,同时还将员工的有关亲属列为受益人,蔡某的受益人为蔡某的父亲。保险公司签发的保险单将员工载明为被保险人。2010年2月,蔡某在执行任务中因交通事故死亡。保险公司根据保险合同向某公司给付了保险金。蔡某的父亲以某公司为被告提起诉讼,要求某公司返还人身保险金。请问法院将如何受理此案?

# 第七章 责任保险

**【案例 7.2】**

## 酒店爆炸案

某日,赵某请孙某和刘某到一家酒店喝酒。席间,赵某声称去卫生间,离席。2分钟后,孙某和刘某在巨大爆炸声中倒地,刘某当场死亡,孙某被赵某送医院抢救后脱险,共花去医药费约4.5万元。后经某法医鉴定中心鉴定,孙某属8级伤残。经公安部门破案查明,赵某事先将一枚炸弹放在酒桌下,并引爆炸弹。赵某被判处死刑。孙某家人向酒店提起索赔诉讼。法院认为,酒店和孙某均无过错,按照民法中的公平原则,判决酒店一次性补偿孙某7.4万元的损失,本案的受理费由酒店承担。双方服判。随后,酒店凭财产保险单据、法院判决书等单证向保险公司索赔。在这之前,酒店曾向保险公司投保了公众责任险,保险金额50万元。保险公司同意支付保险赔款。请读者作详细分析。

## 本 章 小 结

1. 责任保险是随法律的发展而逐步发展起来的新兴险种,以被保险人的民事损害赔偿责任为保障内容。市场上较多的专门责任保险包括产品责任保险、雇主责任保险、职业责任保险与公众责任保险。

2. 产品责任保险是以生产厂家和经销商依法应承担的产品责任为承保风险的一种责任保险。产品责任保险满足产品制造商、销售商与维修商的民事损害赔偿责任的保障需求。

3. 雇主责任保险是指被保险人所雇佣的员工在受雇过程中,从事与被保险人经营业务有关的工作而遭受意外或患与业务有关的国家规定的职业性疾病,所致伤、残或死亡,被保险人根据《中华人民共和国劳动法》及劳动合同应承担的医药费用及经济赔偿责任,由中国人民财产保险股份有限公司在规定的赔偿限额内负责赔偿的一种保险。

4. 职业责任保险是承保各种专业技术人员因工作上的疏忽或过失造成第三者损害的赔偿责任保险。职业责任保险提供给专业技术人员。

5. 公众责任保险是指保险人对法人或公民因疏忽过失行为致使公众利益受到损害而承担经济赔偿责任提供保障的责任保险。公众责任保险承保除了上述各类业务之外的其他责任风险,主要是企业团体与个人的场所责任风险。

## 自 测 题

1. 试比较责任保险与一般财产损失保险。
2. 试比较雇主责任保险与工伤保险。
3. 产品责任保险承保中如何进行风险管理?

4. 分析我国雇主责任保险发展缓慢的原因。
5. 目前制约我国责任保险发展的因素有哪些？
6. 调查目前我国各家保险公司开办的责任保险主要有哪些品种？

【阅读资料】

### 新保险法对责任保险制度的修改和完善

2009年2月28日，十一届全国人大常委会第七次会议修订通过了新保险法。其中，第六十五条对原保险法第五十条关于责任保险的规定作了重大修改，第六十五条在原保险法第五十条两款规定的基础上，又增加了两款规定，所增加的内容理顺了保险人、被保险人、第三者在责任保险赔偿上的关系，突出了对第三者合法权益的保护，使第三者责任保险的规范更加完善。

一、明确赔偿保险金的请求权归属，理顺被保险人与第三者在赔偿程序上的关系

新保险法第六十五条第一款保留了原保险法第五十条第一款的如下规定："保险人对责任保险的被保险人给第三者造成的损害，可以依照法律的规定或者合同的约定，直接向该第三者赔偿保险金。"实践中有些人认为，据此规定，第三者对责任保险的赔偿金有请求权，即第三者可以直接起诉保险公司。但这只是一个授权性质的规定，依据这个规定，保险人对第三者直接赔偿保险金的条件一是必须有相关法律规定，二是必须有投保人与保险人的约定。而上述条文本身，是不能作为第三者直接向保险人行使赔偿保险金请求权的依据的。

新保险法第六十五条增加的第二款，在很好地解决了第三者合法权益保护问题的同时，也很好地解决了保险金请求权的基础和权利归属问题。我们知道，保险人之所以在发生保险事故后要赔偿保险金，是由于他与被保险人之间存在保险合同关系。合同的特点决定了合同当事人只能依照约定承担责任。在责任保险合同中，当被保险人出现了合同约定的保险事故时，保险人应该依照约定向被保险人赔偿保险金。保险人在这里承担的责任虽然名为赔偿责任，但本质上是合同责任。被保险人对保险人的请求权也来源于合同。因此，从请求权基础分析，对保险人有赔偿保险金请求权的应该是被保险人。

二、设立切实可行的法律制度，加强对第三者权利的保护

原保险法第五十条第一款的规定，虽然体现了简化赔偿程序和及时保护第三者权利的立法初衷，但是由于配套法律的欠缺，使这一规定在机动车责任保险等一些常见的第三者责任险的赔偿实践中形同虚设。新保险法第六十五条增加的第二款、第三款在保护第三者合法权益方面作了操作性很强的规定，有效解决了原保险法第五十条存在的问题。

一是设立赔偿保险金请求权转让制度，使第三者可以直接从保险人处获得赔偿。新保险法第六十五条第二款的前段关于"责任保险的被保险人给第三者造成损害，被保险人对第三者应负的赔偿责任确定的，根据被保险人的请求，保险人应当直接向该第三者赔偿保险金"的规定，设立的就是这种制度。

二是设立赔偿保险金代位请求权制度，以保证第三者能够及时获得赔偿。新保险法第六十五条第二款的后段关于"被保险人怠于请求的，第三者有权就其应获赔偿部分直接向保险人请求赔偿保险金"的规定，设

立的就是这种制度。之所以要设立这种制度,是由于被保险人从保险人获得的赔偿保险金最终要支付给受害的第三者,虽然被保险人因此可以减少以自己的财产进行赔偿的支出,但肯定不能从中获利,因此,实践中经常出现被保险人怠于向保险人行使保险金请求权的情形,而最终的受害人还是第三者。基于这种情况,为了保护第三者的合法权益,新保险法参照合同法关于代位权的原理,规定第三者有权就其应获赔偿部分直接向保险人请求赔偿保险金。

三是设立限制被保险人领取赔偿保险金制度,保证第三者获得有效赔偿。在过去的责任保险实践中,曾经出现被保险人从保险人处获得赔偿保险金后隐匿躲避或挥霍一空或用于清偿其他债务的情形,以致第三者无法得到赔偿。这种情形的存在违背了责任保险的立法目的,也不利于社会稳定和社会和谐。为了避免这种损害第三者合法权益情形的发生,新保险法第六十五条第三款规定:"责任保险的被保险人给第三者造成损害,被保险人未向该第三者赔偿的,保险人不得向被保险人赔偿保险金。"根据这个规定,被保险人在未依照第二款的规定把领取保险金请求权转让给第三者的情况下,只有在向第三者进行赔偿后,才有权以自己的名义向保险人领取赔偿的保险金。

(资料来源:新浪财经)

# 第八章
Chapter 8

# 信用保证保险

【学习要求及目标】

通过本章的学习,要求读者熟悉出口信用保险、产品质量保证保险、投资保险和忠诚保证保险的含义,理解并掌握出口信用保险、产品质量保证保险、忠诚保证保险的种类及保障范围。

【引导案例】

## 如此损失谁承担

2009年6月20日,A银行与B保险公司签订了《个人汽车消费贷款保证保险合作协议》,约定:为推动A银行贷款及B保险公司保险业务共同发展,双方合作开展个人汽车消费贷款及保证保险业务,由B保险公司负责向A银行提供有关借款人购车资料(包括购车合同、发票、购车完税凭证等)并确保真实;B保险公司应当对借款人(即保证保险投保人)的资信状况进行认真审查,并对自己书面确认同意承保的有关借款承担保证保险责任。除协议规定的不可抗力、政策变动、投保人与银行恶意串通等免责范围外,不论何种原因造成保证保险投保人连续三个月未能按照贷款合同约定按期供款,即为保险事故发生,保险人(B保险公司)承诺在收到被保险人(A银行)的书面索赔申请及相关资料后10个工作日内确认保险责任并予以赔付。协议签定后,根据B保险公司提供的购车资料及购车人身份和资信审查资料,以及B保险公司在A银行《个人汽车消费贷款审批表》上同意承保的签字盖章承诺,A银行先后与借款人C等20人签订了《个人汽车消费贷款合同》并依约发放贷款共500万元,B保险公司在收取投保人支付的有关保费后向A银行出具了以该20名借款人为投保人、以A银行为被保险人的个人汽车消费贷款保证保险保单正本。2009年12月,C等20名借款人先后出现连续3个月以上未按期供款,A银行即依照合作协议约定向B保险公司提出了书面索赔申请,但B保险公司以有关借款人涉嫌诈骗正被立案侦查,是否属于保险责任尚不清楚为由予以推脱。在多次索赔未果的情况下,A银行以保证保险合同纠纷为由将B保险公司诉诸法院。本案在审理过程中合议庭出现两种不同意见:一种意见认为,保证保险合同的实质属于保证合同,B保险公司充当的是保证人的角色,所提供的保险责任实质上是以保险形式体现的有偿保证担保,B保险公司应承担的法律责任为保证担保责任,案件处理的法律依据应为《担保法》;另一种意见则认为，本案的保证保险合同合法有效，B保险公司既然已经收取保费，并签订保证保险合同，按照合同约定，当投保人无法按期还款时，保险事故发生，B保险公司应承担保证保险责任，应直接将赔款支付给贷款银行。因保证保险合同并非保证担保合同，故案件处理的法律依据不应是《担保法》，而应是《保险法》。

## 第一节　信用保证保险概述

### 一、含义

信用保证保险是随着商业信用的发展而产生的一类新兴保险业务。信用保证保险分为信用保险与保证保险，信用保险是保险人根据权利人的要求担保义务人（被保证人）信用的保险；保证保险是义务人（被保证人）根据权利人的要求，要求保险人向权利人担保义务人自己信用的保险。

### 二、信用保证保险的作用

信用保证保险属于广义财产保险的范畴，但它同一般财产保险比较，又有如下特点：

第一，保险合同要涉及三方当事人。一般财产保险合同是投保人（被保险人）与保险人之间签订的协议，通常不涉及到第三方。信用保证保险要涉及三个方面的当事人：保证人即是保险人，权利人即是被保险人或受益人，义务方即是保证人。

第二，特殊的义务处理方式。信用保证保险承保的是一种信用风险，具有风险性质复杂，经营技术难度大的特点。因而为了控制风险，保险人在经营信用保证保险义务时要采取一些特殊的业务处理方式。主要有资信调查和反担保。

资信调查，即是保险人为了避免在占有信息不充分的条件下作出不正确的选择，亲自或委托信托资信部门调查被保证人的支付能力、信用、经营管理等情况，以调查的结果为信用保证保险决策服务。如果是涉外业务，还要调查被保证人所在国的政治经济状况。反担保，是保证人为被保证人提供担保的同时，要求被保证人为自己履行合同提供保证，这一担保称为反担保，因为它和保证人提供的保证指向刚好相反。

第三，保险费的性质。保证保险中保险人支付的赔偿要由被保证人如数退还，因此从理论上讲，保险人并没有真正承担赔偿责任。保险人收到的保险费，实际上是一种手续费或服务费。但在信用保险中，保险人往往难以得到被保证人的反担保，只能事后向被保证人追偿，这就要求对被保证人的资信进行更严格的审查。

第四，对经营该业务的保险人要求较严格。在国内外，信用保证保险必须由政府指定或批准的保险人或专门经营信用保证保险业务的保险人办理，禁止一般保险人承保该项业务。例如，美国财政部每年公布一次被批准的信用保证保险人的名单，并规定各公司承保的限额。

### 三、信用保险与保证保险之区别

信用保险和保证保险都是保险人对义务人(被保证人)的作为或不作为致使权利人遭受损失负赔偿责任的保险,即都是保险人对义务人信用的担保。但二者又存在差别,主要表现在以下几个方面:

①投保对象与投保人不同。信用保险是权利人要求保险人担保义务人(被保证人)的信用,保证保险是义务人(被保证人)要求保证人向权利人担保自己的信用;前者由权利人投保,后者由义务人(被保证人)投保。

②信用保险是填写保险单来承保的,而保证保险则是出立保证书来承保的。该保证书同财产保险单有本质的区别,其内容通常很简单,只规定担保事宜。

③信用保险合同除保险人外只涉及权利人和义务人两方;而保证保险因为往往要求义务人提供反担保,因此保证保险除保险公司外,还涉及义务人、反担保人和权利人三方。

④在信用保险中,被保险人交纳保险费是为了可能因义务人不履行义务而使自己受到损失的风险转嫁给保险人,保险人承担着实实在在的风险,保险人赔偿后,虽然可以向责任方追偿,但成功率很低;在保证保险中,义务人缴纳的保险费是为了获得向权利人保证履行义务的凭证。保险人出立的保证书,履行的全部义务还是由义务人自己承担,并没有发生风险转移,在义务人没有能力承担的情况下,才由保险人代为履行义务,因此,经营保证保险的风险小于信用保险。

【知识库】

**信用保证保险的起源**

信用保证保险是现代保险中的一类新兴业务,相对于一般财产保险和人寿保险来说历史不长。保证保险约比信用保险出现的早一点。大约在18世纪末19世纪初,在欧洲就出现了忠诚保证保险,它最初是由一些个人、商行或银行办理的。稍后出现了合同担保。1919年,第一次世界大战结束后,鉴于东方和中欧诸国政治局势的变化,英国政府为保护本国与东方和中欧诸国的出口贸易的顺利进行,专门成立了出口信用担保局,逐步创立了一套完整的信用保险制度,以后各国纷纷效仿。1934年,英国、法国、意大利和西班牙的私营和国营信用保险机构成立了"国际信用和投资保险人联合会",简称"伯尔尼联盟",旨在便于相互交流出口信用保险承保技术、支付情况和信息,并在追偿方面开展国际合作。

(资料来源:吴小平《保险原理与实务》)

## 第二节 信用保险

### 一、信用保险概念

信用保险有广义与狭义之分。广义的信用保险泛指承保信用风险的保险,包括狭义的信用保险和保证保险。狭义的信用保险仅指保险人根据权利人的要求担保被保证人信用的保险。如果保险人根据被保证人的要求向权利人担保被保证人的信用,则属于保证保险。换句话说,凡权利人要求保险人担保他人的信用,就是信用保险;凡被保证人根据权利人的要求请保险人担保自己的信用,就是保证保险。例如,出口方担心进口方拖欠货款,因而向保险公司投保,当进口方拖欠货款给出口方造成损失时,由保险机构赔偿,这就是属于信用保险。再如,工程业主(权利人)要求工程承包人提供保险公司的履约保证,保证在承包人不能按期交付工程项目而使业主遭受损失时,由保险公司赔偿主要经济损失,这就是属于保证保险。本章所述的信用保险,是指狭义的信用保险。

### 二、信用保险种类

信用保险从其业务内容看,一般分为国内信用保险、出口信用保险和投资保险,各类又可进一步细分为若干具体险种。

### 三、我国的信用保险

#### (一)国内信用保险

国内信用保险又称为商业信用保险,是指在商业活动中一方当事人为了避免另一方当事人的信用风险而作为权利人向保险人投保,将另一方当事人作为被保证人,并由保险人承担由于被保证人的信用风险而使权利人遭受的商业利益损失,这种保险称为国内信用保险。

国内信用保险主要有赊销信用保险、企业贷款信用保险和个人贷款信用保险。赊销信用保险是为国内商业贸易中延期付款或分期付款行为提供信用担保的一种信用保险。投保人、被保险人、权利人是制造商或供应商,保险人承保的是买方(义务人)的信用风险,其目的是保证被保险人能按期收回赊销货款,保障商业贸易的顺利进行。

企业贷款信用保险是保险人对银行或其他金融机构与企业之间的借贷合同进行担保并承保其信用风险的一种保险。发放贷款的金融机构是投保人、债权人,当保险机构出立了保险单后,投保人即成为被保险人。当借款人无法归还贷款时,被保险人可以从保险人那里获得补偿,然后把债权转让给保险人,由保险人进行追偿。

个人贷款信用保险是指保险人对金融机构的个人贷款信用风险承担保险赔偿责任的保险。这里所说的个人是指自然人。金融机构对自然人进行贷款时,由于作为债务人的自然人不履行贷款合同,致使金融机构遭受经济损失,这种损失可以通过投保个人贷款信用保险而得到一定程度的补偿。

### (二) 出口信用保险

#### 1. 出口信用保险概述

出口信用保险是国家建立政策性风险基金,通过保险经济合同形式,承保出口商在经营出口业务过程中,因买方的商业风险或政治风险而遭受的损失。它的作用主要体现在:

①出口信用保险特别强调承保前贸易双方的资信调查与承保后的债务跟踪,所以有利于企业防范和控制国际贸易风险,并且增强了出口企业创汇的信心和勇气。

②出口信用保险有利于出口企业融资,积极参与国际竞争,开拓国际市场。例如,1998年6月至1999年8月,中国船舶工业贸易公司和大连造船新厂联合投标建造伊朗国家油轮公司和30万吨超大型油轮的项目中,中国进出口银行积极发挥政策性金融支持的作用,通过出口信用保险和出口信贷的全面配合,帮助我国企业成功中标。

③出口信用保险能够通过账务追偿减少和挽回外贸企业出口贸易中的直接损失。

④出口信用保险有利于改善出口贸易结构,推动市场多元化战略。例如:1998年受亚洲金融危机的冲击,我国出口增速急剧下降,但机电产品出口比上年同期增长了12.2%,其中出口信用保险功不可没。出口信用保险的发展始于20世纪80年代初期。1983年初,原中国人民保险公司上海市分公司达成协议,对一笔出口船舶买方信贷提供中长期出口信用保险;1986年试办短期出口信用保险;1988年,国务院正式决定由当时的中国人民保险公司试办出口信用保险业务;1994年以后,中国进出口银行也经办各种出口信用保险业务。

#### 2. 出口信用保险的特点

第一,带有明显的政府经营下的非企业特点。因为出口信用保险的风险比较大,所需资金较多,因而多需要政府的支持和参与办理。

第二,不以盈利为经营的重要目标。出口信用保险的目的是为了鼓励和扩大出口,保证出口商以及与之融通资金的银行因出口所致的各种损失,所以许多国家经营出口信用保险的机构不惜损失来支持出口,以实现国家整个经济利益的要求。

第三,汇率制定与一般财产保险不同。因为信用风险中包括了很多的人为因素,因此除了一般财产保险费率制定应考虑的损失概率外,还要考察出口商资信、规模及买方国家的政治经济和外汇收支状况等。

第四,出口信用保险的体制由于各国和各地区政治、经济、法律制度以及办理出口保险历史等方面的差异,根据政府支持的程度不同,大致可分为以下几种体制:

①政府直接办理型。即办理出口信用保险业务的机构本身就是政府的职能部门,其业务收入与赔偿支出直接纳入国家预算。

②政府间接办理型。即政府投资建立独立的经济实体,专门办理出口信用保险业务,并且提供财务担保的方式作后盾。

③政府委托私营机构代理型。即政府制定政策,私营保险机构办理,国家最终承担风险。既体现了国家的支持,又利用了私营保险机构的经营体制。

④混合经营型。即出口信用部分由保险公司自己经营,部分业务由政府代理经营。

**3. 出口信用保险承保的风险**

(1)商业风险

①买方由于破产或其他债务原因而无力支付贷款的风险。

②买方收到货款后,长期拖欠贷款的风险。

③买方违背贸易合同,在卖方发货后提出拒收货物并拒付罚金的风险。

(2)政治风险

①买方所在国发生战争、内战、暴乱、革命、敌对行为或其他骚扰。

②买方所在国颁布法律、命令或条约,阻止、限制买方汇出发票上规定的货币或其他自由兑换货币。

③买方所在国颁布法律、命令或条约,突然撤销了买方的进口许可证或禁止买方的货物进口。

④由于买方无法控制的其他政治事件,使买方无法履行合同。出口信用保险不承保在卖方出口货物前已经存在的风险,或由于卖方或其代表的故意违反行为而违约带来的风险。对于汇率变动引起的风险和其他保险中承保的风险也不予承保。

**4. 出口信用保险的种类**

出口信用保险的种类有:短期出口信用保险、中长期出口信用保险、特约出口信用保险三种。

①短期出口信用保险。适用于持续性的出口消费型货物,信用期不超过180天的短期信用贸易及向海外客户提供的服务。这种保险业务的保险期通常为一年,期满可续保。

②中长期出口信用保险。适用于半资本型的或资本型的货物,信用期在180天以上,甚至5年、8年。

③特约出口信用保险。适用于资信程度较高的被保险人,因临时性的业务需要,比较特殊的,在其他出口信用保险不能承保的业务。

**(三)投资保险**

投资保险也称政治风险保险,保险人承保本国在外国进行投资的,投资者在投资期间,因对方国家的政治风险所造成的投资损失。其承保对象一般是海外投资者。投资保险是在20世纪30年代欧美国家形成的。第二次世界大战后,美国于1948年4月根据"对外援助法"制定了"经济合作法案",开始实施马歇尔计划,同时设立了经济合作署,专门管理外援及海外事务,并开始实行投资风险保险制度。此后,机构几次变更,美国的涉外投资向发展中国家转移,与此同时,其他国家也仿效美国实行投资保险制度。如英国的出口信用担保局,即办理此项业务,从而成为鼓励输出、保障私人投资者在国外投资利益的重要手段,同时成了海外投资者进行投资活动的前提条件。我国自1979年以来,为了适应对外开放和引进外资的需要,也开办了投资保险。但我国的投资保险保障的是我国投资者的利益,被保险人是我国投资者。

### 1. 保险责任

①战争险。包括战争、类似战争行为、叛乱、罢工及暴动。

②征用险。又称国有化风险,是投资者在国外的投资资产被东道主政府有关部门征用或没收的风险。

③汇兑险。即外汇风险,是投资者因东道国的突发事件而导致其在投资国与投资国有关的款项无法兑换货币转移的风险。

### 2. 除外责任

①被保险人投资项目受损后造成被保险人的一切商业损失。

②被保险人没有按照政府有关部门所规定的汇款期限汇出汇款,所造成的损失。

③被保险人及其代表违背或不履行投资合同或故意违法行为导致政府部门征用或没收造成的损失。

④由于原子弹、氢弹等核武器造成的损失。

⑤投资合同范围外的任何其他财产的征用、没收所造成的损失。

### 3. 保险金额的确定

一年期的保险金额是该年的投资金额乘以保险双方约定的百分比,一般为投资金额的90%。长期投资项目每年投资金额在投保时按每年预算投资金额确定,当年保险金额为当年预算金额的90%,长期投资项目需确定一个项目总投资金额下的最高保险金额,其保险费需在年度保费基础上加差额保费,长期投资项目期满时,按实际投资额估算。

### 4. 保险期限

投资保险分为1年期保险和长期保险两种。1年期保险单到期后,经双方协商同意,可以续保,条件另议。长期保险期限最长为15年,最短为3年。3年以后,被保险人有权要求注销保险单。如未满3年,提前注销保险单的,被保险人须交足3年的保险费。

### 5. 理赔处理

第一,理赔金额的规定。在发生保险责任范围内的损失时,一般按投资金额与保险金额的比例进行赔偿。由于保险人的保险金额一般为投资金额的20%,因此被保险人所受的损失若将来追回,也应由被保险人与保险人按各自承担损失的比例分摊。

第二,赔偿期限的规定。由于各种政治风险造成的损失,有可能在不久后通过不同途径予以挽救,被保险人的损失发生与否需要经过一段时间才能确定。因此,投资保险有赔偿期限的规定,而且不同的保险责任有不同的赔偿期限。

①政府有关部门征用、没收引起的投资损失,在征用、没收发生满6个月后赔偿。

②战争、类似战争行为、叛乱、罢工及暴动造成投资项目的损失,在提出财产损失证明后,或被保险人投资终止6个月后赔偿。

③政府有关部门汇兑限制造成的投资损失,自被保险人提出申请汇款3个月后赔偿。

## 第八章 信用保证保险

**【知识库】**

### 信用保险的产生

信用是商品买卖中的延期付款或货币的借贷行为。这种借贷行为表现为以偿还为条件的商品和货币的让渡形式。即债权人用这种形式赊销商品或贷出货币，债务人则按规定日期支付欠款或偿还贷款，并支付利息。信用保险是在这种借贷活动中，商品赊销方（卖方）赊销商品后不能得到相应的偿付，即赊购方（买方）出现信誉危机后产生的。商品运动过程中使用价值的让渡和价值实现的分离是信用危机产生的必要条件，商品生产的盲目性则是信用危机产生的充分条件。信用危机的出现，在客观上要求建立一种经济补偿机制以弥补债权人所遭受的损失，从而能够充分发挥信用制度对商品生产的促进作用。可见，信用保险正是随着信用制度的发展而应运而生的。

（资料来源：百度百科）

# 第三节 保证保险

## 一、保证保险概念

保证保险是在被保险人的作为或不作为致使被保险人（权利人）遭受经济损失时，由保险人来承担经济赔偿责任的保险。

保证保险是随着道德风险的频发而发展起来的。在有些国家，一些企事业单位和团体在招收就业人员时，要求应聘人员必须提供企事业单位和团体认可的保证人才能就业。在就业期间，如果由于被保险人的营私舞弊行为而使得雇主受损时，保证人要承担赔偿责任。

## 二、保证保险种类

保证保险种类繁多，大致有确实保证保险、雇员忠诚保证保险和产品质量保证保险。确实保证保险是被保证人因履行义务的能力或意愿的变化，导致不能履行义务而使权利人遭受损失时由保险人负赔偿责任的保险。其保险标的是被保证人的违约责任。确实保证保险大致包括合同保证保险、司法保证保险、许可证保证保险和公务员保证保险等。

这里重点介绍产品质量保证保险、忠诚保证保险、确实保证保险中的合同保证保险。

## 三、我国的保证保险

### （一）产品质量保证保险

**1. 产品质量保证保险的含义**

产品质量保证保险又称为产品信誉保险、产品保证保险，是以被保证人因制造或销售的产品丧失或不能达到规定的效能而应对买主承担的经济赔偿责任为保险标的的保险。在实务中,产品质量保险常与产品责任保险同时担保。

**2. 产品质量保证保险的保险对象**

凡经国家质检部门检验,符合国家有关部门规定的质量标准,取得正式合格证而生产的民用产品,均可由生产单位或销售单位(下称投保人)向保险公司(下称保险人)投保本保险。

**3. 产品质量保证保险的责任范围**

保险产品由于其质量问题而造成的本身的经济损失,并经用户要求投保人履行国家对产品应尽的义务,而投保人未能履行时,保险人按本条款的有关规定,对产品的用户负赔偿责任,赔偿范围包括修复费用、报废费用和更换费用。

**4. 产品保证保险的除外责任**

保险公司对保险产品由于下列原因造成的损失不负赔偿责任:出厂时为不合格的产品,包括次品、处理品、废品等;用户不按说明书安装、使用或经用户自行拆装、维修过的产品;运输、仓储过程中的损失;保险产品的自然磨损;其他不属于保险责任范围内的损失。

总之,产品保证保险承保的是制造商、销售商或修理商因其制造、销售或修理的产品质量有内在缺陷而造成的产品本身损失对用户所负有的经济赔偿责任,因而其责任范围是产品本身的损失及其有关费用,而这正是产品责任保险不承保的责任。

由于产品保证保险的风险难测,也不易控制,所以保险人通常采取与投保人各承担一定比例责任的办法。

**5. 产品质量保证保险的保险期限**

在保险单载明的有效期内生产的产品(有保险标志)自销售给用户的当天起(以发票为准)发生保险效力,保险期限最长不超过一年,由保险人与投保人协商确定,并在保险单上载明。

**6. 产品质量保证保险的保险金额与保险费**

产品质量保证保险的保险金额按产品出厂销售价或商店零售价确定。

产品保证保险的保险费,根据保险人制定的《产品质量保证保险费率规章》计收。保险公司根据制造者、销售者的技术水平和质量管理情况、产品的性能和用途、产品的数量和价格、产品的销售区域、保险人以往的赔付记录等因素综合考虑厘定保险费率。

**7. 产品质量保证保险的赔偿处理**

保险产品发生保险责任范围内损失时,用户应向销售或生产单位申请索赔,保险人按下列规定赔偿:需要修理的产品,按实际修复费用赔偿;报废产品按保险金额扣除残值后赔偿;更换产品负责赔偿其维修及往返(邮寄)的运杂费用。以上赔偿金额均不超过该件产品的保险金额为限,无论一次或多次赔偿金额达到该产品的保险金额时,该件产品的保险责任即告终止。保险产品在保险期内未发生赔款,保险人按上年应收保险费的10%给予投保人优惠待遇,不续保者不优待。投保人或权益人(保险产品用户)向保险人索取赔款时,应提供产品质量检验书,更换零部件的详细清单,保险凭证或发票以及维修费用单证等。投保人或权益人从获悉发生保险事故当天起,若一年内不提供有关赔偿单证或不向保险人提出索赔申请,即视为自愿放弃索赔权益。

(二)忠诚保证保险

**1. 忠诚保证保险的含义**

忠诚保证保险,又称为诚实保证保险、不诚实保险、雇员忠诚保证保险,是指因被保证人(雇员)行为不诚实而使权利人(雇主)遭受经济损失时,由保证人(保险人)承担经济赔偿责任的一种保证保险。该保险的保险标的是雇员的诚实信用。雇员的盗窃、贪污、侵占、非法挪用、故意误用、伪造、欺骗等行为均属不诚实行为。忠诚保证保险的保证合同涉及雇主与雇员的关系,雇主是权利人,雇员是义务人。忠诚保证保险承担的风险只限于雇员的不诚实行为。雇员的任何不诚实行为均在保证的范围。

忠诚保证保险的投保人既可以是被保证人,也可以是权利人。当由权利人投保时,该保险便具有信用保险的性质。一旦雇主发现某个被保证的雇员不诚实,对这个雇员的保证即行终止。雇主及其代理人在发现雇员中有某种欺骗和其他不诚实行为并可能造成钱财损失时,应随时通知保险人。

**2. 忠诚保证保险的保险责任**

在保险期限内,被保险人因所雇佣的员工在工作过程中的欺骗和不诚实行为所致的直接经济损失,保险公司负责赔偿。

**3. 忠诚保证保险的除外责任**

保险公司对被保险人雇佣的员工的与其职务无关的行为所致被保险人的损失,不负赔偿责任。保险公司对在保险期限6个月后或在雇员死亡、被解雇或退休6个月后发现的雇员的欺骗、不诚实行为造成的被保险人损失,不负责赔偿。

如果雇主的营业性质或雇佣的职责或条件发生变更,或者没有保险公司的认可,减少雇员的报酬,或者保证账目准确性的预防措施和检查没有切实遵守,保险公司不负赔偿责任。

保险公司在任何情况下都不负责赔偿从发生损失时起12个月后的任何损失,除非索赔尚在法院审理或仲裁中。

**4. 忠诚保证保险的赔偿处理**

在任何情况下,保险公司最高赔偿限额不超过保险单规定的总赔偿限额,针对每一雇员的赔偿限额,不超过保险单明细表分项列明的赔偿限额。在本保险单项下发生索赔时,如另有其他关于雇员行为或欺骗的担保或保证,保险公司对索赔仅负责赔偿或分摊应赔付的比例部分。雇员在雇主手中的钱以及如无欺骗或不忠实行为雇主本应付给雇员的钱,应从本保险项下支付的赔款中扣除。

(三)合同保证保险

**1. 合同保证保险的含义**

合同保证保险是承保因被保证人不履行各种合同义务而造成的权利人的经济损失的一

种保险。常见的是建筑工程承包合同的保证保险。

**2. 合同保证保险的种类**

（1）建筑保证保险

该保险承保因建筑误期所致的各种损失，具体可按工程建设阶段分为投标保证保险、履约保证保险、预付款保证保险、维修保证保险。其中，投标保证保险是承保工程业主同中标人不继续签订承包合同而造成的损失；履约保证保险承保工程业主因承包人不能按时按质按量交付工程而遭受的损失，预付款保证保险承保工程业主因承包人不能履行合同而受到的预付款的损失；维修保证保险承保工程业主因承包人不履行合同所规定的维修义务而受到的损失。被保险人可分阶段投保，也可投保综合性的建筑保证保险。

（2）完工保证保险

该保险承保用借款进行建设的业主因未按期完工和到期不归还借款而造成有关权利人的损失。

（3）供给保证保险

该保险承保供给方因违反合同规定的供给义务而使权利人（需求方）遭受的损失。

**3. 合同保证保险所要求的具体条件**

投保合同保证保险，要求投资项目已经核实，工程施工力量、设备材料等已落实可靠；要严格审查承包人的信誉、经营承包能力和财务状况，并要求提供投保工程的合同副本、往来银行名称及账号等资料；要求承包工程的人对保险公司提供反担保或签订"偿还协议书"；工程项目本身已投保了工程保险。

**4. 合同保证保险的责任范围**

保险人只负责工程合同中规定的因承包人方面的原因造成的工期延误的损失。因人力不可抗拒的自然灾害或工程业主提供设备材料不能如期抵至工地等原因造成工期延误，属于除外责任。保险人赔偿的数额也以工程合同中规定的承包人应赔偿的数额为限。如果承包合同中规定了承包人若不能按期保质完工就要向工程业主支付罚款，则保险人的赔偿数额就以该罚款数额为限。此外，合同保证保险的保险金额一般以不超过工程总造价的80%为限。

【知识库】

### 保证保险的产生

保证保险首先出现于约18世纪末19世纪初，它是随商业信用的发展而出现的。最早产生的保证保险是诚实保证保险，由一些个人商行或银行办理。到1852年~1853年，英国几家保险公司试图开办合同担保业务，但因缺乏足够的资本而没有成功。1901年，美国马里兰州的诚实存款公司首次在英国提供合同担保，英国几家公司相继开办此项业务，并逐渐推向了欧洲市场。

（资料来源：许谨良《保险学原理》）

# 第八章 信用保证保险

**【案例8.1】**

## 雇员忠诚保证保险拒赔案

2009年初,广州一家合资公司策划在上海某百货商场举办护肤用品专柜特卖活动月。为组织好这次特卖活动,该公司通过某人才市场的招聘,雇佣了5名小姐担任此次活动的推销员。有一天,该公司急需将20箱护肤用品,价值五万多人民币的货物从公司驻沪办事处运往商场。当时正值下午4时,公司专用送货车辆均已外出未归,活动现场又急等要货。为此,负责这次活动的业务员便安排推销员A叫一辆出租车送货,并再三吩咐其随车押货到指定的商场,同时联系商场专柜售货组派人在商场门口接货。但数小时过后,在商场门口接货的人员却始终未见随车押货的推销员A的踪影。业务员根据公司提供的手机号码与推销员A联系,可是一位接电话的男士声称是机主,却根本不认识业务员要找的推销员A。由于公司招聘资料只有推销员A的手机号码及一般个人资料,该公司一时无法找到推销员A的下落。发现这批货物已遭不测后,该公司立即向当地派出所报了案。公安刑警人员根据该公司提供的情况和资料,通过向有关单位查询,结果发现推销员A提供的手机号码与实际机主身份不符,同时,推销员A在人才市场所留下的身份证及姓名、地址也有不少疑点。对于此案,公安部门虽然对所有的线索作了进一步的追查,但终究没有明确的结果。该公司事后根据投保的雇员忠诚保证保险向保险公司提出了索赔申请。

保险公司接到受损公司的索赔申请后,立即向该公司的有关人员进行了调查取证,并根据保险单所列明的条款,要求被保险人提供雇佣推销员A对其受雇前情况进行查询所获得的证明资料。但事实表明,该公司在雇佣推销员A时,未对其受雇前情况作必要的查询。由于被保险人在使用其雇员前,未通过必要的查询来防范其雇员在忠诚信用方面所潜在的风险,因此,保险公司依据保单条款对此案作出了拒赔的决定。

## 本 章 小 结

1. 广义的信用保险包括保证保险在内,而狭义的信用保险不包括保证保险。本章所述信用保险指狭义而言。

2. 信用保险与保证保险均属于广义的财产保险,承保的都是信用风险。但信用保险是保险人根据权利人的要求担保被保证人信用的保险,而保证保险是义务人即被保证人应权利人的要求投保自己信用的保险。信用保险和保证保险的种类较多,本章主要介绍了出口信用保险、投资保险、产品质量保证保险、合同保证保险和忠诚保证保险。

3. 出口信用保险按保险期限可分为短期出口信用保险和中长期出口信用保险。

4. 投资保险也称政治风险保险,保险人承保本国在外国进行投资的,投资者在投资期间,因对方国家的政治风险所造成的投资损失。

5. 产品质量保证保险又称为产品信誉保险、产品保证保险,是以被保证人因制造或销售的产品丧失或不能达到规定的效能而应对买主承担的经济赔偿责任为保险标的的保险。

6. 忠诚保证保险,又称为诚实保证保险、不诚实保险、雇员忠诚保证保险,是指因被保证人(雇员)行为不诚实而使权利人(雇主)遭受经济损失时,由保证人(保险人)承担经济赔偿责任的一种保证保险。

7. 合同保证保险是承保因被保证人不履行各种合同义务而造成的权利人的经济损失的一种保险。

## 自 测 题

1. 试比较信用保险与保证保险的异同。
2. 简述出口信用保险的特点。
3. 忠诚保证保险的类型有哪些?
4. 简述贷款保证保险的基本内容。
5. 简述我国信用保证保险的现状及发展趋势。

---

【阅读资料】

### 中小企业信用保证保险的海外经验

目前,国际上已经成熟的中小企业融资方式有两种:一种是以美国为代表的市场主导型方式,另一种是以日本为代表的政府主导型融资方式。此外,韩国的电子商务型信用保险也是信息时代的新典型,成为当前国际上信用保证保险的主流趋势。

1. 美国:市场主导型信用保证制度

美国是世界上最早创办信用保证保险公司的国家之一,其信用保证保险业务始办于1876年,其实质是由保险公司为顾客提供保证服务。而美国的信用保证保险业务发展到今天,已经成为与财产保险、人寿保险并驾齐驱的业务,开展该种业务需要申请单独的经营执照。1908年,美国成立了信用保证保险协会(SAA),目前会员已超过650家,主要提供保证保险和忠诚保险两类服务,也提供保单编制、费率厘定及统计代理服务。加入SAA的会员保险公司通过大会论坛,讨论共同关心的问题,如政府的有关规定、理赔实践等。SAA也担当一个保险行业的公共关系角色,与美国保险协会、全国保证保险协会一起,推动工程保证保险,支持保证保险及雇员忠诚保险等新产品的开发和发展。目前,由保险公司或其附属机构提供保证保险业务已经非常普遍,相关的个人、公司都普遍选择投保保证保险来分担风险,以避免更大的经济损失。

1953年,美国还专门成立了小企业管理局(SBA),专门负责管理和执行小企业贷款担保计划,成为中小企业担保体系最重要的组成部分。该局由联邦政府直接全额出资,实行国会预算贷款,为不超过10万美元的贷款提供高达80%的信用担保,对10万美元以上的贷款则提供75%的信用担保。担保净损失由政府财政补贴,一般仅对通过正常渠道不能获得贷款和融资,但信用较好、认真经营、有发展前途的中小企业提供融资担保。小企业管理局还利用资产证券化手段,让银行以小企业管理局担保的企业贷款为抵押,在债券市场出售债券,加快回收资金,以提高银行资产的流动性。

2. 日本:政府主导型信用保证制度

日本属于社团市场经济,以日本式的"从教"哲学为基础,大企业间实行交叉持股,产权的制约作用较弱,注重依靠人际关系来解决争端,直接融资的比重较小。间接融资是企业融资的主要渠道,银企关系密切,银行在经济和企业经营中起着重要作用。

日本于1937年建立了地方性的东京信用保证协会,1958年又成立了全国性的中小企业信用保证协会联合会和日本中小企业信用担保公库,形成了较为完善的中小企业融资担保模式。日本也是世界上最早建立中小企业信用担保体系的国家之一,拥有完善的法律环境和健全的风险控制机制。其中最有特色的是,日本从1982年开始建立住宅性能保证制度,从法律上规定了开发商必须对住宅质量提供10年长期保证,当住宅出现了保证书中列明的质量问题时,可通过保险机制保证消费者权益。由于住宅质量保证保险运作机制极具科学性和实用性,因而被意大利、西班牙、瑞典等许多国家广泛借鉴。

日本的信用保证协会是日本中小企业信用保险体系的重要组成部分。中小企业加入该协会后,由协会向保险公库缴纳相当于保证费收入40%的保险费,从而自动取得中小企业信用保险公库的信用保证保险。如果保证债务实际代偿,则由保险公库向保证协会支付代偿额度70%的保险金。当代偿债权实际收回后,信用保证协会将其中的70%归还保险公库。如果信用保证协会代偿取得求偿权以后,仍然无法收回相关损失,将由政府预算拨款进行最终补偿,补偿额为预期不能收回的求偿权益的30%,保险公库赔付其余的70%。除了基本财产之外,信用保证协会的经营资金还有从地方政府和中央(通过中小企业信用保险公库)筹措的借款。信用保证协会把此项借款存入金融机构,通常执行高于协会筹措资金时执行的政策性利率一倍的商业性利率。与此同时,在向中小企业提供贷款时,由于金融机构具有派生存款的放大功能,通常会具有7倍的乘数效应。

信用保证保险制度和损失准备金制度、融资基金制度两大信用支柱一起,与基本财产制度列为日本中小企业信用体系的"三大支柱、一项基础",共同为日本中小企业融资提供信用保障服务。

3. 韩国:电子模式化的保证服务

韩国的中小企业融资以政府出资建立的政策性金融体系为主,同时,积极培育风险资本市场和第二板市场的发展。间接融资为中小企业融资主要渠道,直接融资比重尚小,但已开始随着资本市场的完善而逐年增长。

韩国的信用保证保险发展的历史并不长,但在电子商务发展方面拥有自己的特色。1976年成立的信用担保基金(KCGF)是韩国中小企业信用体系的主要组成部分,管理三类不同的资本基金账户,它们是信用保证资本基金、信用保险资本基金和基础设施担保资本基金。信用保证资本基金由政府和金融机构捐助,信用保险资本基金和基础设施担保资本基金则只由政府捐助,主要为有发展前途、但缺乏有形抵押物的中小企业提供负债担保,并通过信用信息的有效管理和利用、促进合理健康的信用交易,从而推动国民经济的均衡发展。

对全球中小企业来说,都存在着融资难的现象。在经济学中,中小企业融资难也被称为"麦克米伦欠缺",指由于金融制度中存在欠缺,对中小企业融资造成的融资壁垒。而美国、日本、韩国与我国台湾省在长期信用保证与保险的发展实践中,建立了较为完善的中小企业信用保证与保险制度,积累了通过发展信用保证保险来化解中小型企业融资难题的经验,值得我国学习借鉴。

(资料来源:百度文库)

# 第九章
Chapter 9

## 人寿保险

**【学习要求及目标】**

通过本章的学习,要求读者理解并掌握人寿保险的含义、特征,熟悉人寿保险的基本形态,理解并准确把握死亡保险、生存保险、两全保险、变额人寿保险、万能寿险、年金保险等险种的特点及运用。

**【引导案例】**

### 离婚后的受益人是否有效

田某为其妻子钱某投保了一份人寿保险,保险金额为 10 万元,田某为受益人。半年后田某与妻子离婚,离婚次日钱某意外死亡,死亡前未变更受益人。对保险公司给付的 10 万元保险金,钱某的父母提出,田某已与钱某离婚而不再具有保险利益,因此保险金应该由他们以继承人的身份作为遗产领取。这种说法正确吗?保险公司应该如何分配保险金?

## 第一节 人寿保险概述

### 一、人寿保险概念

人寿保险亦称"生命保险",属"人身保险"范畴,是以人的生命为保险对象的保险。投保人或被保险人向保险人缴纳约定的保险费后,当被保险人于保险期内死亡或生存至一定年龄时,履行给付保险金。

### 二、人寿保险特征

人寿保险和意外伤害保险、健康保险统为人身保险。人寿保险又称为生命保险,是以人的生命为保险标的,以人的生死为保险事故,当发生保险事故时,保险人对被保险人履行给付保险金责任的一种保险。人寿保险通常可分为生存保险、死亡保险、两全保险。生存保险是以被保险在保险期满时仍然生存为给付条件的人寿保险;死亡保险是以被保险人的死亡为保险事故的人寿保险,其又分为定期寿险和终身寿险;前者保险期限是某一特定的期间,后者的保险期限是被保险人的一生。两全保险的"两全"是指当被保险人在保险期内死亡,或在保险期满时仍生存,保险人均负有理赔或支付保险金的义务。人寿保险具有以下特征:

（一）保险期限较长

人寿保险的主要目的是为家庭、子女或个人提供经济保障,消除人们心理忧虑,增加安全感。由于人的死亡和生存具有不确定性,所以对这种保障也是长期的。人寿保险的保单,短则三、五年,长则十几年、几十年乃至人的一生。投保期限的长短是由投保人根据自身需求与条件自行决定的。

（二）使用均衡费率

人的死亡风险随着年龄的增加而相应增大,风险越大,所付的保费也就相应增多,这样老年人就会因为保费过重而放弃投保。因此,人寿保险多采用长期缴费和均衡费率的做法,也就是投保人在整个保险期内费率不变。

（三）不存在超额投保、重复保险和代位求偿问题

人的生命是无价的,不能用货币来衡量,所以保险公司允许被保险人投保几种人寿保险或取得几份保险单,但保险公司也可以根据被保险人的需要和收入水平加以控制,使总计的保险金额不高得过分。如果被保险人伤亡是由于第三者造成的,被保险人或其受益人既能从保险公司取得保险金,又能向肇事方提出损害赔偿要求,保险公司不能行使代位求偿权。

（四）人寿保险兼有储蓄和投资性

投保人寿保险,除可以获得保障外,同时亦是一种投资和储蓄,投保人可以从保险公司得到投资收益——红利和储蓄收益——利息。而且保险单所有人还可以享有诸如保单抵押贷款、退保、选择保险金给付方式等权利。

## 三、人寿保险的基本形态

人寿保险的基本形态通常包括三大险别:

第一,以死亡为保险事故的死亡保险。

第二,以生存为保险事故的生存保险。

第三,既可以生存又可以死亡为保险事故的生死混合保险,即两全保险。

（一）死亡保险

死亡保险主要分为定期死亡保险和终身死亡保险。

**1. 定期死亡保险**

习惯上被称为定期寿险,它只提供一个确定时期的保障,如果被保险人在规定时期内死亡,保险人向受益人给付保险金。如果被保险人期满生存,保险人不承担给付保险金的责任,

也不退还保险金。

定期死亡保险有如下特征：

①由于保险人承担风险责任有确定期限，所以在保险金额相等的条件下，定期寿险保险费低于其他寿险，而且可获得较大保障。

②许多定期寿险单规定，保险单所有人在保险期满时，被保险人不必进行体检，不论健康状况如何都可以延长保险期限。规定这项选择权是为了保护被保险人的利益，否则被保险人可能在保险期满时因健康状况不佳或其他原因不能再取得人寿保险。

③被保险人不必体检，不论健康状况如何，均可把定期寿险单变换为终身寿险单或两全保险单的选择权。这种选择权一般只允许在一个规定的变换期内行使。

④容易产生逆选择。投保定期寿险可以较少的支出获取较大的保障，所以在人寿保险经营中，表现为被保险人在感到或已经存在着身体不适或有某种极度危险存在时，往往会投保较大金额的定期寿险。保险公司对此采取的措施有：首先对超过一定保险金额的保户的身体作全面、细致的检查；其次对身体状况略差或一些从事某种危险工作的保户，提高收费标准；最后对年龄较高身体又较差者拒绝承保。

定期寿险具有较强的保险功能。比较适合选择定期寿险的人，一是在短期内从事比较危险的工作急需保障的人；二是家庭经济境况较差，子女尚幼，自己又是一个家庭经济支柱的人。对他们来说，定期寿险是廉价的保险，可以用最低的保险费支出取得最大金额的保障，但无储蓄与投资收益。

**2. 终身死亡保险**

终身死亡保险又称终身人寿保险、终身寿险，是一种提供终身保障的保险，被保险人在保险有效期内无论何时死亡，保险人都向其受益人给付保险金。由于终身寿险的保险期限比较长，而且无论寿命长短，保险公司的保险金是必付的，因此，其保费比定期保险要高。终身寿险分为普通终身寿险和特种终身寿险。

①普通终身寿险，又称终身缴费的终身保险。它是人寿保险公司提供的最普通的保险。具有保险费终身缴纳；以较为低廉的保费获取终身保障的特点。

②特种终身寿险，又称为限期缴费的终身寿险。它有两种形式：一是一次缴清保险费的终身寿险，即趸缴终身寿险。由于一次所缴金额较大，投保此种保险的人较少；二是限期缴清的终身寿险，缴付保险费的期限可以限定为10年、15年或30年，或用被保险人所达到的年龄来表示，如55岁、60岁。在同一保险金额下，缴费期越长，投保人每期缴纳的保险费越少；反之，则越多。短期的限期缴清保险费的终身寿险适用于在短期内有很高收入者购买。

终身寿险的一个显著特点是保单具有现金价值，而且保单所有人既可以中途退保领取退保金，也可以在保单的现金价值的一定限额内贷款，具有较强的储蓄性。目前，中国寿险市场上终身寿险已经成为主要寿险险种之一，每个公司都推出了自己的寿险产品。

## （二）生存保险

生存保险是被保险人要生存到保险期满时，保险人依照保险合同的规定给付保险金的一种保险。生存保险有以下几个特点：

①生存保险是以被保险人在一定时期内生存为给付条件的，如果被保险人在保险期内死亡，保险公司不负保险责任，并且不退回投保人所交的保险费。

②生存保险具有较强的储蓄功能，是为一定时期之后被保险人可以领取一笔保险金，以满足其生活等方面的需要。

## （三）两全保险

两全保险又称生死合险。被保险人在保险期内死亡，保险人向其受益人给付保险金；如果被保险人生存至保险期满，保险人也向其本人给付保险金。因此，两全保险是死亡保险和生存保险的混合险种。两全保险可分为两个部分：定期寿险和储蓄投资，定期寿险保费逐年递减，至保险期满日为零，而储蓄保费逐年递增，至保险期满日为投保金额。

由于被保险人在保险期内不论生存或死亡，被保险人本人或受益人在保险期满后，总是可以获得稳定的保险金。它既可以保障被保险人的晚年生活，又能解决由于本人死亡后给家庭经济造成的困难，因而它在人寿保险中最能够体现保障与投资的两重性，有时人们又称其为储蓄保险。

目前保险市场上的多数险种都属于两全保险。常见的有子女婚嫁保险、子女教育金保险、学生平安保险以及多数养老保险。

【知识库】

### 人寿保险投保人与被保险人资格

1. 投保人资格

同时具备以下条件的，可作为投保人：具备完全民事行为能力的自然人或法人；对被保险人具有保险利益（必要时能够提供有关保险利益关系证明）；具备缴费能力，愿意承担支付保费义务。

2. 被保险人资格

具备以下条件之一的可以作为被保险人：具有保险公司所在地户口或永久居留权；非当地户口，但在当地工作，有稳定收入和固定居所，必要时能提供证明者。有关证明指身份证、户籍证明、当地暂住证、劳动用工合同、工商营业执照等；港、澳、台同胞必须在当地有投资，并经常往返或居住在当地。

为未成年人投保含死亡责任保险的，投保人必须为父/母（合法监护人）或者经父/母（合法监护人）书面同意，且累计风险保额不得超过有关规定。

（资料来源：刘子操、杜能《人身保险》）

## 第二节 人寿保险的类别

### 一、生存寿险

生存保险是以被保险人于保险期满或达到某一年龄时仍然生存为给付条件的一种人寿保险。生存保险的保费可以趸缴,也可以分期缴付。保险金的给付可以一次付清,也可以分期给付。因此生存保险有两种形态:单纯的生存保险和年金保险。

单纯的生存保险与定期死亡保险恰好相反,在单纯的生存保险中,保险金的给付是以被保险人在期满时生存为条件,如果被保险人中途死亡,保险人既不给付保险金,也不退还已交的保费。这种纯粹的生存保险如果不加以限制,就会使不幸者更加不幸,有利者更加有利,最后可能导致与赌博性质差不多的结果,因而在现实业务中一般不以单纯的生存保险作为单独的保险形式推行,而是附加死亡保险和其他人身保险。如我国目前开办的独子险以及子女教育婚嫁保险等,都是以生存保险作为基本险而附加了死亡或意外伤害保险。

年金保险就是在被保险人生存期间,按合同的规定,每隔一定的周期向被保险人支付一定的保险金的一种生存保险。简言之,以年金的方式支付保险金的生存保险就是年金保险。习惯上,人们常把年金保险称为年金,实际上两者是不同的。年金是大概念,年金保险只是年金的一种,年金的收付有确定的期间,与收付人的生命无关;年金保险的给付期则取决于被保险人的生命因素,人的生死是事先不能预料的偶然事件,因而其给付期是不确定的。为了区别两者,一般称前者为确定年金,后者为不确定年金。在年金保险中,领取年金额的人为年金受领人,保险人定期给付的金额为年金领取额(或年金收入),投保人交付的保费又叫年金购进额(或年金现价)。

### 二、死亡寿险

死亡保险是以被保险人在保险有效期内死亡或终身死亡为保险金给付条件的人寿保险。保险人承担的基本责任就是被保险人的死亡。死亡保险如果是有期限的为定期死亡保险,不限定期限的为终身死亡保险。

(一)定期死亡保险(一般又称为定期寿险)

定期寿险是世界上出现得最早的寿险合同。1583年6月18日承保的威廉·吉朋(Wilhan Gybbons)的12个月期的保单就属于此种保险。

1. **定期寿险的概念**

定期寿险提供的是特定期间的死亡保障。特定期间有两种表示法:①以特定的年数表示(如5年期死亡保险);②以特定的年龄表示(如保至50岁)。无论以哪种方法表示期间,只要被保险人在保险有效期内死亡,保险人就给付保险金于受益人,如果被保险人生存至保险期满,保险合同即告终止,保险人既不退还已交保费,也不给付任何金额。如想继续获得此种保障,必须重新投保。

**2. 定期寿险的特点**

定期寿险大多期限较短。除长期性定期寿险外,通常它没有现金价值,不具备储蓄因素。其保险费一般只含保障因素和最低限度的附加费开支,不计利息。根据生命表,在一定时期内,死亡概率小于生存概率,被保险人通常都较保险期间活得更久,其保费也较低。然而根据生命规律,越接近晚年,死亡概率增长的速度越快,从而导致保费的快速增长。因此,定期寿险较低的保费所代表的是较少的给付。

事实上,由于定期寿险是以在期内死亡为条件给付保险金,显然大多数投保此险种的被保险人在特定期内的死亡概率都较高。另外,定期寿险满期时,被保险人有继续投保或终止的权利,希望继续投保而情愿缴高额保费者,显然不健康者居多。基于上述原因,定期寿险存在着较为严重的逆选择,其费率必然也是较高的。

**3. 定期寿险的适用范围及局限性**

定期寿险提供的是特定期内的死亡保障,且保费较低,因此它适宜于:①在特定的期间内对被保险人的生命具有合同上权益关系的人投保,以免被保险人在特定期间内死亡使投保人的利益遭受损失。②家庭负担较重,经济负担能力较差,又有保险需求的人投保。除此之外,偏重死亡保障的人也适宜于投保定期寿险。

定期寿险的局限性表现为:①当投保人对保险保障的需求超过特定期间,而又需要保障时,可能因其变为不可保体而永远丧失保险保障;也可能由于被保险人的年龄增大,费率过高,而交付不起高昂的保费,被排除在保险保障之外。②定期寿险大多不具备储蓄性质,投保人不能获得保险与储蓄的双重好处,对于偏重储蓄的人则是一个限制。

### (二)终身死亡保险(又称终身寿险)

终身寿险是一种不定期限的死亡保险。保单签发后,除非应缴的保费不缴,或因解约而早期停效,被保险人在任何时候死亡,保险人都得给付保险金。由于人固有一死,因此终身寿险的给付是必然要发生的,受益人始终会得到一笔保险金。终身寿险属长期性保险,保单都具有现金价值,带有一定储蓄性质,因而适宜于需要终身保障和中度储蓄的人投保。

终身寿险是提供终身保障的保险。如果被保险人生存到100岁,保险人则向其本人给付保险金。基本形式有:

**1. 普通终身寿险单**

普通终身寿险单是一种灵活的寿险单,投保人可以改变终身缴付保险费的方式。具有提供终身保障、以适量的保险费支出提供终身保障、在保险单失效时支付退保金的特点。

**2. 限期缴清保险费的终身寿险单**

限期缴清保险费的终身寿险单缴付保险费的期限可以用年数或被保险人所达到的年龄来表示,如10年、20年、30年或者被保险人的退休年龄。由于限期缴清保险费的终身寿险单的缴费期短于保险期,所以这种保险单的年均衡保险费大于终身缴费的年均衡保险费,但其缴费总额与终身缴费是等值的。由于较高的年均衡保险费,所以限期缴清保险费的终身寿险单不适合需要保险保障大而收入水平低的人。

除此之外,还有保险费不确定的终身寿险和利率敏感型终身寿险。

## 三、两全寿险

### (一)两全寿险的含义

两全寿险,又称生死合险,是指被保险人在保险合同约定的保险期间内死亡,或在保险期间届满仍生存时,保险人按照保险合同均承担给付保险金责任的人寿保险。两全保险的死亡保险金和生存保险金可以不同,当被保险人在保险期间内死亡时,保险人按合同规定将死亡保险金支付给受益人,保险合同终止;若被保险人生存至保险期间届满,保险人将生存保险金支付给被保险人。

### (二)两全寿险的特点

**1. 储蓄性**

被保险人参加两全保险,既可获得保险保障,同时又参加了一种特殊的零存整取储蓄。被保险人可按月(或每年)交付少量钱,存入保险公司,若遇到保险责任范围内的事故,即得到一份保障;若平平安安到保险期满时,可以领到一笔生存保险金,用来养老。

**2. 给付性与返还性**

两全保险中,无论被保险人在保险期间身故,还是保险期满依然生存,保险公司均要返还一笔保险金。在未返还给被保险人保险金之前,投保人历年所缴的保险费等于以保险责任准备金的形式存在保险公司,换句话说,这些保险费等于是保险公司对被保险人的负债。

### (三)两全寿险的功能

两全保险具有保障性和储蓄性的双重功能。首先,两全保险对被保险人在保险合同约定的保险期间内可能发生的死亡事故提供保险保障;同时,两全保险在保险期间内不断积存现金价值。两全保险通常也采用均衡保险制,在均衡保费制下,保险人早期收取的保费大于其用于赔付的部分,超过的部分不断积累起来构成准备金,用于以后的支付。在两全保险中,积累起来的准备金在保险期间届满时将等于保险金额。因此说,两全保险具有很强的储蓄功能。正因为两全保险承担了双重的保险责任,生死合险的保险费率要比单纯的生存保险或死亡保险高。

## 四、变额寿险

### (一)变额人寿保险的含义

变额人寿保险是一种保额随其保费分离账户的投资收益的变化而变化的终身寿险,于20

世纪 70 年代在美国寿险市场上出现。这种产品可有效抵消通货膨胀给寿险带来的不利影响。变额寿险在各国的称谓有所不同。英国称为单位基金连结产品,加拿大称为权益连结产品,美国称其为变额人寿保险,新加坡称为投资连结保险。我国也称为投资连结保险。如中国平安保险公司销售的"平安世纪理财投资连结保险",但需注意的是,该保险产品为定期险。变额寿险在许多方面与传统终身寿险类似。保费仍然为均衡保费,如投保人没缴纳保费,保单就会失效;可对保单进行某种方式的选择,如可以选择减额缴清保险或展期保险;失效的保单可按复效条款进行复效。

变额寿险有分红型和不分红型两种。由于其利差益扣除投资管理费用后,用于增加保单的现金价值,所以分红型的变额寿险其红利来源为死差益和费差益两部分。

(二) 变额人寿保险的特点

变额人寿保险通常具有以下特点:

第一,保费是固定的,但保单的保险金额在保证一个最低限额的条件下,是可以变动的。

第二,变额寿险通常开立有分离账户,在将保费减去费用及死亡给付分摊额后被存入投资账户。保险人根据资产运用状况,对投资账户的资产组合不断进行调整;保单所有人也可以在各种投资产品中自由选择调整组合。

第三,保单的现金价值随着保险人投资组合和投资业绩的状况而变动,某一时刻保单的现金价值决定于该时刻、该险种的保费投资账户资产的市场价值。

在该种保单的死亡给付中,一部分是保单约定的固定的最低死亡给付额,一部分是其分立账户的投资收益额。保险人根据资产运用状况,对投资分立账户的资产组合不断进行调整;保单所有人也可以至少每年一次地在各种投资产品中自由选择调整组合。所选择的投资分立账户的投资收益高则保单的现金价值高,死亡保险金即保险金额也高;反之,则保单的现金价值低,死亡保险金即保险金额也低。

变额寿险产品除了具有保险的保障功能外,最显著的特点是其通过独立投资账户的投资基金来实现投资功能。客户的保费进入投资账户中,由保险公司或委托基金公司的投资专家进行投资运作,投资收益全部归客户所有,但投资账户不承诺投资收益,投资风险由保单所有人承担,保险人只是负责管理投资账户。保单的现金价值可能因投资账户的收益不好而为零。正是如此,在美国,变额寿险产品被认为是一种有价证券产品,经营变额寿险产品的保险公司须作为投资公司经纪商在美国证券交易委员会(SEC)注册,同时出售各种变额寿险保单的也必须在 SEC 注册,并且只有根据联邦证券法取得经纪人或交易商许可证和保险双重从业资格的销售代理人才有资格销售这类产品。但在加拿大等其他一些国家,仍将变额寿险视为寿险产品,由保险公司及其代理人在无特别许可的条件下也可销售。

## 五、万能寿险

### （一）万能寿险的含义

万能寿险是指包含保险保障功能、并至少在一个投资账户拥有一定资产价值的人身保险产品。

万能寿险除了同传统寿险一样给予保户生命保障外，还可以让客户直接参与由保险公司为投保人建立的投资账户内资金的投资活动，将保单的价值与保险公司独立运作的投保人投资账户资金的业绩联系起来。万能寿险大部分保费，用来购买由保险公司设立的投资账户单位，由投资专家负责账户内资金的调动和投资决策，将保户的资金投入到各种投资工具上。对投资账户中的资产价值进行核算，并确保投保人在享有账户余额的本金和一定利息保障前提下，借助专家理财进行投资运作的一种理财方式。

万能寿险具有较低的保证利率，这点与分红保险大致相同；保险合同规定交纳保费及变更保险金额均比较灵活，有较大的弹性，可充分满足客户不同时期的保障需求；既有保证的最低利率，又享有高利率带来高回报的可能性，从而对客户产生较大的吸引力。万能寿险，提供了一个人一生仅用一张寿险保单解决保障问题的可能性。弹性的保费缴纳和可调整的保障，使它十分适合进行人生终身保障的规划。

万能寿险的基本做法是：从投保人缴纳的首期保费中，扣除首期的各种费用、死亡给付分摊、附加优惠条件的费用等后的剩余部分为保单最初的现金价值。该部分价值按新投资率计息累积到期末，成为期末现金价值，同时也是下一周期的起初价值额。在第二周期，投保人根据自己的情况缴纳或不缴纳保费，若该周期的期初价值额足以支付第二期的费用及死亡给付分摊额，投保人就不用缴费；若现金价值额不足，投保人缴纳的保费不够，则保单会因此而失效。若投保人在第二期期初缴纳了保费，则第二期的期初现金价值额为上期末现金价值加第二期保费减去费用和死亡给付额。第二期的期初现金价值额按新的投资利率累积到期末，成为第二期的期末现金价值额。该过程不断重复，一旦其保单的现金价值额不足以支付保单的死亡给付分摊额和费用，又未有新的保费缴纳，则保单失效。

### （二）万能寿险的特点

和其他寿险相比，万能寿险有下面一些特点：

**1. 死亡给付模式的可选择性**

万能寿险为投保人提供了两种可供选择的给付模式（通常称为 A 方式和 B 方式）。A 方式为一种均衡给付方式，与传统的具有现金价值的给付方式类似：在保险有效期内发生保险事故，受益人得到约定的死亡给付金。该方式的死亡给付金是净风险保额和保单的现金价值之和。但净风险保额每期都可能变化，通过调整，使净风险保额与现金价值之和保持均衡，成为均衡的死亡受益额。当保单的现金价值增加，风险保额相应减少，对应的所需缴纳的保费额减少。在B方式中,死亡给付额为均衡的净风险保额与现金价值之和。现金价值的变化直接影响到死亡给付额的大小,如现金价值的增加将会使死亡给付额等额增加,但对净风险保额的大小没有影响。

**2. 保费交纳方式的灵活性**

万能寿险的保单持有人可在保险公司规定的幅度内,选择任何一个数额,在任何时候交纳保费。通常情况下,保险人规定的首期保费较高,以支付足够的费用和死亡给付,同时也为了避免保单由于对保费缴纳没有严格的限制而导致过早终止。有时,保险人按保单签订时投保人的意愿建立目标缴费额,按照缴费目标进行开支计划,利用银行自动划拨的方式引导投保人缴费。有些保险人在保单中列入了基于缴纳最低保费时保单不失效条款,即在此条款下,即使保单已无现金价值,只要投保人缴纳年保单规定的最低保费,保单继续有效。

**3. 现金价值的特殊性**

万能寿险的现金价值为保费扣除各种分摊额后的累积价值。保单通常都规定一个最低的现金价值累积利率,通常为4%或5%,在长期累积下,保单所有者仍有较大的收益。有的保险人提供滚动式利率,如外界的某一移动平均利率(如5年期国债利率)为最低利率;也有的保险人的万能寿险保单的利率基于其投资利率或投资组合收益率而定。

## 六、特种寿险

### (一)年金保险

年金保险是生存保险的特殊形态,是指被保险人在生存期间每年给付一定金额的生存保险。死亡保险的目的在于保障自身死亡后家庭经济生活的安全,年金保险的目的则是防备自身老年时经济生活的不安定。

**1. 年金保险的含义**

年金保险是指,在被保险人生存期间,保险人按照合同约定的金额、方式,在约定的期限内,有规则地、定期地向被保险人给付保险金的保险。年金保险,同样是由被保险人的生存为给付条件的人寿保险,但生存保险金的给付,通常采取的是按年度周期给付一定金额的方式,因此称为年金保险。

年金保险具有生存保险的特点,只要被保险人生存,被保险人通过年金保险,都能在一定时期内定期领取一笔保险金,获得因长寿所致的收入损失保障,达到年金保险养老的目的。因此,年金保险又称为养老金保险。年金保险的保费有多种缴费方式,但在被保险人领取年金以前,投保人必须缴清所有的保费。其保险金给付周期有一年、半年、一季或一月等,年金的含义是广义的。年金保险较好地解决了老年人的生活问题,因此,各国对年金保险都十分重视。

**2. 年金保险的分类**

(1)按缴费方法不同

按缴费方法不同,年金保险可分为趸缴年金保险与分期缴费年金保险,趸缴年金保险又称为一次缴清保费年金保险,投保人一次性地缴清全部保险费,然后从约定的年金给付开始日起,受领人按期领取年金。分期缴费年金保险的投保人,在保险金给付开始日之前分期缴纳保险费,在约定的年金给付开始日起按期由受领人领取年金。

(2)按年金给付开始时间不同

按年金给付开始时间不同,年金保险可分为即期年金保险和延期年金保险。

即期年金保险是指在投保人缴纳所有保费且保险合同成立生效后,保险人立即按期给付保险年金的年金保险。通常即期年金保险采用趸缴方式缴纳保费,因此,趸缴即期年金保险是即期年金保险的主要形式。

延期年金保险是指保险合同成立生效后且被保险人到达一定年龄或经过一定时期后,保险人在被保险人仍然生存的条件下开始给付年金的年金保险。

(3)按被保险人不同

按被保险人不同,年金保险可分为个人年金保险、联合及生存者年金保险和联合年金保险。

个人年金保险又称为单生年金保险,被保险人为独立的一人,是以个人生存为给付条件的年金保险。

联合及生存者年金保险是指两个或两个以上的被保险人中,在约定的给付开始日,至少有一个生存即给付年金保险,直至最后一个生存者死亡为止的年金保险。因此,该年金保险又称为联合及最后生存者年金保险。但通常此种年金保险的给付规定,若一人死亡则年金按约定比例减少金额。此种年金保险的投保人多为夫妻。

联合年金保险是指两个或两个以上的被保险人中,只要其中一个死亡则保险金给付即终止的年金保险,它是以两个或两个以上的被保险人同时生存为给付条件。

(4)按给付期限不同

按给付期限不同,年金保险可分为分为定期年金保险、终身年金保险和最低保证年金保险。

定期年金保险是指保险人与被保险人有约定的保险年金给付期限的年金保险。一种定期年金保险是确定年金保险,只要在约定的期限内,无论被保险人是否生存,保险人的年金给付直至保险年金给付期限结束;另一种定期年金保险是定期生存年金保险,在约定给付期限内,只要被保险人生存就给付年金,直至被保险人死亡。

终身年金保险是指保险人以被保险人死亡为终止给付保险年金时间的年金保险。也就是,只要被保险人生存,被保险人将一直领取年金。对于长寿的被保险人,该险种最为有利,但一旦被保险人死亡,给付即终止。

最低保证年金保险是为了防止被保险人过早死亡而丧失领取年金的权利而产生的防范形式年金。它具有两种给付方式:一种是按给付年度数来保证被保险人及其受益人利益,该种最低保证年金保险形式确定了给付的最少年数,若在规定期内被保险人死亡,被保险人指定的受益人将继续领取年金到期限结束;另一种是按给付的金额来保证被保险人及其受益人的利益,该种最低保证年金形式确定有给付的最低金额,当被保险人领取的年金总额低于最低保证金额时,保险人以现金方式自动一次或分期退还其差额。第一种方式为确定给付年金保险,第二种方式为退还年金保险。

(5)按保险年金给付额是否变动

按保险年金给付额是否变动,年金保险可分为定额年金保险与变额年金保险。

定额年金保险的保险年金给付额是固定的,不因为市场通货膨胀的存在而变化。因此,定额年金保险与银行储蓄性质相类似。

变额年金保险属于创新型寿险产品,通常变额年金保险也具有投资分立账户,变额年金保险的保险年金给付额,随投资分立账户的资产收益变化而不同。通过投资,此类年金保险有效地解决了通货膨胀对年金领取者生活状况的不利影响。变额年金保险因与投资收益相连接而具有投资性质。

## (二)简易人寿保险

### 1. 简易人寿保险的含义

简易人寿保险,是指用简易的方法所经营的人寿保险。它是一种小额的、免体检、适应一般低工资收入职工需要的保险。简易人寿保险的缴费期较短,保险金额有一定的限制,且不用经过体格检查。简易人寿保险的保险费略高于普通人寿保险的保险费。

### 2. 简易人寿保险的特点

(1)保险期限、保险费、保险金额的标准化

保险期限的标准化体现在简身险只规定几种保险的期限,投保人只能根据被保险人的年龄,在不超过期满最高年龄(一般确定为70岁)的情况下,可在保险期限中任意选择。保险费的标准化则体现在其保险费按份计算,每份简身险保费,不论年龄和保险期限的长短均相同。保险金额的标准化反映在该险采取按同一数额的保险费来确定几个年龄组别的保险金额。即把年龄相近的人合并为一组,取最接近该组平均死亡率的年龄作为计算该组保险金额的依据,所以只要保险期限相同,该年龄组别的保险金额就是相同的。

(2)低保额、低保费、缴纳次数频繁

参加简身险的投保人一般为低工资收入者,为适应投保人的需求,简身险实行低保额、低保费和按周期缴纳保费的办法。保险人对每一保单或每一被保险人的保额有最高限制。如美国为5 000美元,我国为10 000元人民币。在缴费方面,为了与投保人领取工资的周期一致,一般均采取按月缴纳保费的方式,保险期最短也是5年。

(3)免体检

由于简身险每份保额较低。一般都免于身体检查,只是为了防止逆选择,保险公司在接受承保申请时必须注意对被保险人的健康条件进行审查,对不符合承保条件的被保险人不予

承保或以弱体承保方式加以限制。

(4) 保险费率高于普通寿险

由于简身险承保面广,被保险人人数众多,保险期限长,业务分散,就承保和收费而言,工作量大,且采取上门收费,需要投入较多的人力物力,因此管理费用开支大。在国外,习惯上简身险采取不同于普通寿险的生命表,而这种生命表的死亡率高于普通寿险。综合上述两个因素,所以简身险保险费率一般高于普通寿险。

(三) 团体人寿保险

团体人寿保险是以团体为保险对象,由保险公司签发一张总的保险单,为该团体的成员提供保障的保险。具体来说,就是以公司作为投保人,由保险公司和公司签订一张总的保险单,保障对象包括公司的集体成员。其特点包括:

①要求投保团体必须是依法成立的组织,要有自身专业活动,投保团体寿险只是该组织的附带活动;投保团体中参加保险的人数必须达到规定的标准。

②免体检。

③保险金额分等级制定。团体寿险的被保险人不能自由选择投保金额。这样做是为了防止体质差、危险大的人选择较高的保险金额。

④保险费率较低。

⑤保障范围比较广泛。

【知识库】

**人寿保险常见一般谢绝承保规定列示**

1. 凡从事下列职业者,公司谢绝承保:

现役军人特种兵种;爆破工人、火药爆竹制造工人、三酸制造工人;乡镇及私营煤矿井下矿工。

2. 凡符合下列情况之一者,公司谢绝承保:

恶性肿瘤患者;弱智、痴呆、精神病患者;外国籍人;假释犯人;妇女在怀孕6个月后至产后60天期间。

(资料来源:张洪涛、庄作瑾《人身保险案例分析》)

【案例9.1】

**如此受益人能否获得保险金**

丁某于2008年以妻子为被保险人投保人寿保险,每年按期交付保费。夫妻双方于2009年离婚。此后,丁某继续交付保费。2011年,被保险人因保险事故死亡。试问丁某作为受益人能否向保险公司请求保险金给付?

**【案例 9.2】**

### 受益人先于被保险人死亡

王某因父母病故,妻子与其相处不和,带着儿子另住别处。后王某投保了意外伤害保险,并指定其妹妹为受益人。不久王某不幸煤气中毒死亡,王妹也在其中毒死亡前半月病故。现王某的妻子与王妹的儿子都向保险公司请求给付保险金。试问保险公司应如何处理?

## 本 章 小 结

1. 人寿保险简称寿险,是一种以人的生死为保险对象的保险,是被保险人在保险责任期内生存或死亡,由保险人根据契约规定给付保险金的一种保险。

2. 人寿保险的业务范围包括生存保险、死亡保险、两全保险。生存保险是以约定的保险期限满时被保险人仍然生存为保险条件,由保险人给付保险金的保险。如养老年金保险。死亡保险是以保险期限内被保险人死亡为保险条件,由保险人给付保险金的保险。两全保险是以保险期限内被保险人死亡和保险期满时被保险人仍然生存为共同保险条件,由保险人给付保险金的保险。

3. 为了满足人们对各种特定的不同的保险需求,增强寿险产品的竞争能力,可对寿险的基本形态进行修订和组合或增加其功能,形成内容更为复杂的现代寿险品种。这些产品与传统产品相比较,通常具有投资功能,是投资连结产品,或称为投资理财类保险产品。在保费缴纳方式、保单的现金价值或保险金额等方面是可以单独或共同变动的。

## 自 测 题

1. 人寿保险有哪些特征?
2. 人寿保险有哪些基本形态?
3. 变额人寿保险有哪些形式?
4. 万能寿险具有哪些特点?
5. 年金保险的主要形式有哪些?
6. 投资连结保险有哪些特点和功能?

**【阅读资料】**

### 人类需求层次与人寿保险

美国心理学家马斯洛 1943 年发表了《人类动机论》,在这篇论文中,马斯洛首次将人类的需求分为五个层次,从人的需求出发探索人的激励和研究人的行为,这也就是著名的马斯洛理论。现在我们从马斯洛的人类需求层次理论出发,来探讨人寿保险的意义。

## 一、人类需求的第一层次是生理需求

这是人类最原始的也是最基本的需求，包括饥、渴和其他生理机能的需求，对食物、水、空气和住房等需求都是生理需求，这类需求的级别最低，它是推动人们行为的最强大的动力。一个人在饥饿时不会对其他任何事物感兴趣，他的主要动力是得到食物。

商业保险在这一领域毫无意义。如果说保险一定要涉及该领域，那也是社会基本保障制度方面的保险安排，比如失业保险、工伤保险、基本医疗保险等多为强制保险和互助保险，商业保险在这个领域将毫无建树。由于这种需求过于原始，企图介入该领域的商业保险要么以无人投保开始，要么以严重亏损收场。前两年曾有大量的保险公司介入城市或企业基本医疗保险领域，最后均以严重的亏损而退出该市场，原因是什么，道德的缺失。生理需求的原动力超过了道德的约束力。

## 二、人类需求的第二层次是安全需求

社会保障在该领域能发挥一定的功能，商业保险在该领域会发挥更大的功用。比如个人财产保险、火灾保险、家庭财产保险、车损险等都是财产保险领域的人们经常熟悉的保险。人所共知的"交强险"，无论是对受伤害的第三者、甚至无责任的第三者，还是对驾车人、车主都提供了一份基本的安全保障。

更重要的对安全方面的保险需求来自人寿保险领域。比如健康保险，疾病医疗保险、意外医疗保险、住院医疗、住院津贴等等，都是应对健康方面的需求而建立的保障机制。"天有不测风云，人有旦夕祸福"，当被保险人遭遇到非本意的、外来的、突发的意外事故（非疾病因素），身体蒙受伤害而残废或死亡时，保险公司按合同约定给付保险金的一种人身保险，就是意外伤害保险。从这个定义也可以看到，尽管人们处处小心，但意外无处不在。如何防患这种意外，人寿保险在这个领域大有作为。

## 三、人类需求的第三层次是社会需求，即爱与归属的需求

当生理需求和安全需求得到满足后，社会需求就会突显出来。在马斯洛需求层次理论中，这一层次是与前两层次截然不同的另一层次，包括同人往来，进行社会交际，获得伙伴之间、朋友之间的关系融洽或保持友谊和忠诚，人人都希望获得别人的爱，给予别人爱，并希望为团体与社会所接纳，成为其中的一员，得到相互支持与关照。

同样的，在基本的保险需求得到安排之后，我们才能也必要在这一层次进行保险安排。团体人寿保险、员工意外伤害保险与伤害医疗保险、员工福利计划、雇主责任保险等等是一种组织上的保险安排。这些安排使员工对组织有归属感，提高员工的忠诚度，同时，增加企业的竞争力和稳定性，为公司的持续发展提供动力。

家庭是社会的最基本的组成单位，也是我们每个成员最可信赖的组织。在这个组织里，我们可以毫无保留地付出爱，也可以毫无制约的获得爱。但是，在我们享受这种无约束爱的同时，我们需要将这种"爱"永续经营下去，那就需要对这个组织做合理的保险安排。家庭成员意外保险、教育金保险、养老保险等等都是不同层次的保险安排。家庭主要的经济来源是家庭这个单位存在的支柱，是爱的源泉。但每个人都要清楚地认识到风险无处不在。如果家庭主要经济来源突发意外，这个家庭将陷入重重困境，爱将从这个家庭中消失。人寿保险可以在一定程度上来延续这种爱。对一个家庭负责任，就是有效地经营这种爱。

## 四、人类需求的第四层次就是尊重需求

尊重的需要包括受人尊重与自我尊重两方面:前者是希求别人的重视,获得名誉、地位;后者希求个人有价值,希望个人的能力、成就得到社会的承认。

能达到第四需求层次无疑是成功的人士,他们不会为一日三餐担忧,不必为家庭琐事烦恼。但是同样风险无处不在。在第二、三层次时他们可能为自己或者家庭好了意外事故的安排,但是有些风险的发生可能是延续的,这种安排需要第四层次的保险需求。

比如重大疾病保险。在当前的环境条件,各种各样的不治之症几乎会与每一个人不期而遇。但在当前的医疗条件下,那些不治之症又都成了可治之症,至少,生命在金钱的许可范围能得以延续。受人尊重及高度自尊的人,在生命的终点同样需要尊重。于是,应运而生了许多保险产品,比如,重大疾病保险,生命关怀提前给付保险。这些保险理论是为被保险人提供保险金治疗疾病,实际上只是有效地延长被保险人生命,让被保险人更有尊严地离去,让被保险人的家庭能有一个时间来接受这个现实。

家庭理财保险也是尊重需求层次的保险安排。保险理财有多种方式,现在的两全保险、分红产品、万能产品甚至投资连结保险产品都是很好的理财方式。这些产品一方面可以将储蓄和投资有效结合,另一方面,可以做一些保险风险方面的安排,在第二、三层次的保险安排已完成之后,可以才可以考虑这方面的保险安排。良好的理财习惯、稳健的理财方式才是我们选择保险公司的理财产品动力。计划在保险公司的理财产品中发大财、赚大钱是不可取的。

五、人类需求的第五个层次是自我实现的需要

自我实现的需要是指实现个人理想、抱负,最大限度地发挥个人的能力的需要,即获得精神层面的臻于真、善、美至高人生境界的需要。马斯洛认为:为满足自我实现的需要所采取的途径是因人而异的。有人希望成为一位理想的母亲,有人可以表现在体育上,还有人表现在绘画或发明创造上……简而言之,自我实现的需要是指最大限度地发挥一个人的潜能的需要。

第五个层次需要什么保险?什么保险都可以,只要你付出就行了。

人寿保险是一种家庭保障、是一种积蓄之道、是一种理财之道、是创业守成之道、是现代生活之道;寿险能维护人性的尊严、能解除人们的后顾之忧、能减少社会问题,促进社会安定、能促进经济发展,增强综合国力。

(资料来源:泰康人寿,方远近)

# 第十章

Chapter 10

## 意外伤害保险

【学习要求及目标】

通过本章学习，要求读者能够准确把握意外伤害的内涵，进而正确理解意外伤害保险的概念，了解意外伤害保险的特点及种类，重点掌握意外伤害保险的保险责任构成条件及保险金的给付方式，了解我国开办的意外伤害保险主要险种，并能够对涉及意外伤害保险的相关案例做出正确分析及赔付金额的计算。

【引导案例】

### 中暑死亡算不算意外事故

2009年8月25日下午，李华冒着酷热去看望弟弟李军，发现弟弟静静地躺在床上，一动不动。他立即拨打120，救护车来时，弟弟的呼吸已经停止了。经法医和刑侦员勘察现场和验尸，认为李军是死于中暑。李军的母亲王兰在整理儿子的遗物时，突然想起2009年5月27日，她在中国平安财产保险股份有限公司赣州中心支公司投保了"平安家庭综合保障计划（月缴型）"，李军为连带被保险人，有效期为1年。也就是说，如果李军死于意外伤害，这个家庭就能够得到5万元的保险金。

李华认为，高温引发弟弟中暑，中暑导致其死亡，存在"因果关系"，属于意外伤害导致死亡，保险公司理应承担责任。李华立即找保险公司要求理赔。可是，保险公司却称这不是意外事故，不属于意外伤害保险的保险责任，作出拒赔处理。

请你用学过的理论对本案例作出分析，中暑死亡是否为保险责任，保险公司拒赔是否合理？

# 第一节 意外伤害保险概述

## 一、意外伤害保险的概念

意外伤害保险,是人身意外伤害保险的简称,也有人称其为"意外险",是指被保险人在保险期限内遭受了意外伤害,并由此导致其在责任期限(指事故发生后的一定时间,我国通常规定为180天)内残疾或身故,由保险公司按照约定给付保险金的一种保险。在实务中,常常以附加险的形式或通过意外伤害综合保障计划扩展承保由于意外伤害给被保险人带来的医疗费用支出或失能收入损失的保障。按照《保险法》的规定,寿险公司、财险公司均可经营此类保险。

在意外伤害保险的概念中,最关键的就是对"意外伤害"的理解和把握。

意外伤害包括"意外"和"伤害"两个要件。

### (一)意外的界定

意外是针对被保险人的主观状态而言的,主要包含三个关键要素:即外来的、突发的、非本意的。

**1. 外来的**

主要强调对被保险人造成"伤害"的原因必须是来自身体外部的,如被车撞伤、飞机失事、高空坠物砸伤等。疾病所致伤害,显然不属于意外伤害。

**2. 突发的**

主要强调对被保险人造成的"伤害"是突然出现的,不是经年累月形成的。也就是说,这种"伤害"通常是瞬间造成的,根本来不及预防,如飞机坠落、车祸等。由此可知职业病的损害不属于"意外伤害"。

**3. 非本意的**

主要强调对被保险人造成的"伤害",必须并非出于被保险人的本意,这种"伤害"往往是被保险人所不能预见的,或者即使能够预见但无法避免的。如行人被大风吹落的广告牌砸伤、骑车上班路上发生车祸等。自杀显然不是"意外伤害"。

### (二)伤害的界定

意外伤害中的"伤害"是指对被保险人的身体造成侵害的客观事实,它由三个要素构成:

**1. 致害物**

致害物是直接造成对被保险人身体侵害的物体或物质,没有外来致害物,就不会有侵害的发生,也就不会构成伤害。

### 2. 侵害对象

侵害对象是致害物侵害的客体。只有当致害物侵害的客体即侵害对象是被保险人的身体，而非被保险人名誉权、肖像权等权力时，才构成伤害。可见，这里的伤害特指生理上的伤害，而不是权力上的侵害。

### 3. 侵害事实

这里的侵害事实是指致害物以一定的方式破坏性地接触或作用于被保险人的身体的客观事实。如果没有侵害的客观事实，当然也就不可能构成伤害。

## （三）意外伤害的界定

意外伤害的构成包括"意外"和"伤害"两个必要条件。仅有主观上的意外而没有伤害的客观事实，不能构成意外伤害。反之，仅有伤害的客观事实而没有主观上的意外，同样不构成意外伤害。没有致害物，也不能构成伤害。只有在意外的条件下由致害物导致的伤害，才构成意外伤害。

## （四）意外伤害保险中的"意外伤害"

目前，国内意外险市场上提供的意外伤害保险产品，在条款中，对"意外伤害"的通常解释是：指遭受外来的、突发的、非本意的、非疾病的使身体受到伤害的客观事件。可见，意外伤害保险中的"意外伤害"，是指在被保险人没有预见到或违背被保险人意愿的情况下，突然发生的外来致害物对被保险人身体明显、剧烈地侵害的客观事实。

# 二、意外伤害保险的特点

意外伤害保险属于人身保险中的一种，它具有以下几个特点：

## （一）保险期限较短

意外伤害保险的保险期限一般较短，以1年期居多，如各种普通意外伤害保险，有的只有几天，如旅游意外伤害保险；或者几个小时，如飞机旅客意外伤害保险；有的甚至只有几分钟，如索道意外伤害保险。只有少数满期还本型的意外伤害保险保险期限略长。

## （二）保障性较强，保费低廉

意外伤害保险为纯保障性险种，不具有储蓄性，在保险期限内出险，保险人才须赔付，若保险有效期内被保险人安然无恙，则保险人无需赔付，也无需退还保费，所以保险费相对较低，保障性较强。

## （三）保险费率厘定主要依据保额损失率

意外伤害保险的费率厘定一般不需要考虑被保险人的年龄、性别等因素，不以生命表为依据。因为被保险人所面临的风险与其职业、工种或从事的活动密切相关，被保险人遭受人身意外伤害的概率并不因被保险人的年龄、性别不同而有较大差异。被保险人的职业或从事活动危险性与保险费率呈正相关,即在其他条件相同的情况下,被保险人职业、工种或从事活动的危险程度越高,应交的保险费越多。还需要指出的是,被保险人的职业不仅关系到保险费率,有的还会影响赔付金额。

### (四) 有责任期限的特殊规定

责任期限是意外伤害保险特有的概念。在意外伤害保险中,只要被保险人遭受意外伤害发生在保险期限内,而且自遭受意外伤害之日起的一定时期内即责任期限内(一般为90天或180天,我国通常规定为180天)造成死亡或残废的后果,保险人就要承担保险责任,给付保险金。即使在死亡或者被确定为残废时保险期限已经结束,但只要未超过责任期限,保险人仍要承担给付保险金的责任。从某种意义上说,责任期限实际上是保险期限的延长。

### (五) 承保条件较宽

相对于其他人身保险业务,意外伤害保险的承保条件一般较宽,高龄者也可以投保,而且对被保险人也不进行体格检查。

### (六) 定额给付与补偿方式相结合的赔付方式

纯粹的意外伤害保险是定额给付性的,但附加的意外伤害医疗保险却是补偿性的,所以综合性的意外伤害保险通常表现为既具有给付性又具有补偿性,在赔付上,体现出定额给付与损失补偿方式相结合。

【知识库】

**大连:农民工意外伤害保险被列入强制规定**

今后在大连市从事重大建设工程项目的施工单位必须为从事危险作业的人员办理意外伤害保险。

大连保监局从稳定社会和维护农民工利益着眼,全力推动农民工意外伤害保险,积极与市政府有关部门密切沟通,促成农民工意外伤害保险被正式列入市政府印发的《大连市重大建设工程项目安全管理规定》(大政发[2009]24号)文件,要求重大建设工程项目的施工单位必须为从事危险作业的人员办理意外伤害保险,从而使得农民工意外伤害保险由此被列入当地有关工程建设的强制性规范。

(资料来源:《中国保险报》2009年5月6日,作者:李敬伟)

## 第二节 意外伤害保险的种类

意外伤害保险种类的划分方法很多，主要有以下几种：

### 一、按实施方式划分

#### （一）自愿性的意外伤害保险

自愿性的意外伤害保险是投保人根据自己的意愿和需求投保的各种意外伤害保险。比如，我国现开办的中小学生平安险、投宿旅客人身意外伤害保险就是其中的险种。这些险种均采取家长或旅客自愿投保的形式，由学校或旅店代收保费，再汇总交保险公司。

#### （二）强制性的意外伤害保险

强制性的意外伤害保险是由国家或地方政府强制规定有关人员必须参加的一种意外伤害保险，它是基于国家或地方政府有关保险的法律法规的效力构成的投保人与保险人的权利和义务关系。如我国20世纪50年代开办的铁路、轮船、飞机、公路旅客意外伤害强制保险就属于强制性的意外伤害保险，此外，大连农民工意外伤害保险被列入强制规定。

### 二、按承保风险划分

#### （一）普通意外伤害保险

该类人身意外伤害保险是承保由一般风险而导致的各种人身意外伤害事件。在投保普通人身意外伤害保险时，一般由保险公司事先拟定好条款，投保方只需做出"是"与"否"的附合。在实际业务中，许多具体险种均属此类人身意外伤害保险，如我国现开办的团体人身意外伤害保险、个人平安保险等。一些附加性的意外伤害保险也多为普通意外伤害保险。

#### （二）特种意外伤害保险

该类意外伤害保险是承保在特定时间、特定地点或由特定原因而发生或导致的人身意外伤害事件。由于"三个特定"，相对于普通人身意外伤害保险而言，后者发生保险风险的几率更大些，故称之为特种人身意外伤害保险。例如在游泳池或游乐场所发生的人身意外伤害、江河漂流、登山、滑雪等激烈的体育比赛或活动中发生的人身意外伤害等。当前保险市场上的旅意险、航意险、交意险、索道保险、电梯意外伤害保险等均属于特种意外伤害保险。

### 三、按保险对象划分

#### （一）个人意外伤害保险

个人意外伤害保险是以个人作为保险对象的各种意外伤害保险。机动车驾乘人员人身意外伤害保险、航空旅客人身意外伤害保险和旅游人身意外伤害保险等是个人意外伤害保险的主要险种。

### （二）团体意外伤害保险

团体意外伤害保险是以团体为保险对象的各种意外险。由于意外伤害保险的保险费率与被保险人的年龄和健康状况无关，而是取决于被保险人的职业，所以人身意外伤害保险最适合于团体投保。当前在我国，这种团体意外伤害保险开办很多。如很多危险性较大的企业大多为本单位职工投保意外伤害保险。

## 四、按保险期限划分

### （一）极短期意外伤害保险

保险期限往往只有几天、几小时甚至更短。我国目前开办的公路旅客人身意外伤害保险、住宿旅客人身意外伤害保险、旅游保险、索道游客人身意外伤害保险、游泳池意外伤害保险、大型电动玩具游客人身意外伤害保险等，均属于极短期意外伤害保险。其中，公路旅客人身意外伤害保险一般由地方政府或有关管理机关发布地方性法规或地方性行政规章，规定搭乘长途汽车的旅客必须投保。住宿旅客人身意外伤害保险以在旅馆住宿的旅客为被保险人，由旅店代办承保手续，但旅客可以自由选择投保。旅游保险以组织团体旅游的旅行社（或机关、学校、企业、事业单位、群众团体等）为投保人，以参加旅游团体的旅游者为被保险人，由旅行社为被保险人办理投保手续。

### （二）一年期意外伤害保险

人身意外伤害保险的大多数险种的保险期限为一年。目前我国开办的团体人身意外伤害保险、学平险、附加人身意外伤害医疗保险等都属于一年期人身意外伤害保险。

### （三）多年期意外伤害保险

保险期限超过一年，但基本上不超过五年。如我国目前开办的人身意外伤害期满还本保险，保险期限可以是三年、五年。人身意外伤害还本保险的保险本金是根据团体人身意外伤害保险的保险费率和相应年期的利息率制定的。被保险人投保人身意外伤害还本保险交纳的保险本金远大于投保团体人身意外伤害保险时交纳的保险费，但由于保险人在保险期限结束时返还本金，被保险人只是损失利息。

## 五、按保险承保责任划分

### （一）意外伤害死亡残疾保险

意外伤害死亡残疾保险是指保险人仅以被保险人遭受意外伤害而致死亡或残疾保险金给付条件的一种保险。

### （二）意外伤害医疗保险

意外伤害医疗保险是指当被保险人由于遭受意外伤害需要治疗时，保险人给付医疗保险金的一种保险。

### （三）综合性意外伤害保险

综合性意外伤害保险是指保险人除了承担被保险人因意外伤害的身故保障、残疾保障之外，还提供意外医疗保险金，即在普通意外伤害保险的基础上扩大了保障范围的一种保险。具有投保范围广、保障全面的特点，既保障意外死亡，又保障意外伤残和医疗。

### （四）意外伤害失能收入损失保险

意外伤害失能收入损失保险是指当被保险人由于遭受意外伤害暂时丧失劳动能力不能工作时，保险人给付误工损失保险金的一种保险。如中意附加意外伤害失能收入损失保险就是一款可以附加在意外伤害保险上的意外伤害失能收入损失保险。

## 六、按险种结构划分

### （一）单纯人身意外伤害保险

保险责任仅限于人身意外伤害。我国目前开办的团体人身意外伤害保险、公路旅客人身意外伤害保险、学生团体人身意外伤害保险、驾驶员人身意外伤害保险等，都属于单纯人身意外伤害保险。

### （二）附加人身意外伤害保险

这种保险包括两种情况：一种是其他保险附加人身意外伤害保险；另一种是人身意外伤害保险附加其他保险责任。如我国目前开办的一些人寿保险，经投保人或被保险人申请，都可以附加意外伤害造成的死亡、残废。再如，住宿旅客人身意外伤害保险，保险责任包括旅客由于人身意外伤害造成的死亡、残废以及旅客随身携带行李物品的损失，属于人身意外伤害保险附加财产保险。

## 七、按是否出立保险单划分

### （一）出单意外伤害保险

它是指承保时必须出立保险单的人身意外伤害保险。一年期和多年期人身意外伤害保险都必须出立保险单，如可单独投保或作为寿险附加险投保的各种意外伤害保险，以及各种综合意外伤害保障计划均需出立保险单。

### （二）不出单意外伤害保险

它是指承保时不出立保险单，以其他有关凭证为保险凭证的人身意外伤害保险。不出单人身意外伤害保险多为极短期人身意外伤害保险。例如，公路旅客人身意外伤害保险以汽车票为保险凭证,而不需要单独出立书面的保险单。

【知识库】

**意外伤害保险的由来**

人身意外伤害保险起源于15世纪,最初只是海上保险的附加保险,承保对象是经海上贩运的奴隶。后来,船长和海员等也陆续参加了这一保险。在19世纪40年代火车的发明使得意外伤害保险真正的形成和发展,1848年英国开始办理旅行意外伤害保险,保险期限为一个旅程。此后,这种保险逐步从铁路客运扩展到其他易受危险伤害的部门,保障范围也随之扩大。

(资料来源:张洪涛、庄作瑾《人身保险》)

## 第三节 意外伤害保险的主要内容

### 一、意外伤害保险的保险费

意外伤害保险虽属于人身保险范畴,但其保险费的测算与寿险保险费的计算有较大区别。一般寿险保险费的计算主要依据被保险人的年龄大小,按照预定死亡率或生存率的高低和预定利率来确定。而意外伤害保险所承担的只是外来的、剧烈的、偶然的危险,因此危险的发生与否基本上与被保险人的年龄大小没有内在联系。另外,意外伤害保险属于短期保险,保险期限一般不超过一年,因此,意外伤害保险的保险费计算一般也不考虑预定利率的因素。意外伤害保险费的计算原理近似于非寿险,即在计算意外伤害保险费率时,根据意外事故发生频率及其对被保险人造成的伤害程度,根据被保险人的危险程度,对不同类别的被保险人进行分类。

(一)一年期意外伤害保险费的计算

一年期意外伤害保险费的计算一般根据被保险人的职业分类,这种职业分类也称为"划分工种档次",是一项技术极为复杂的工作,既要讲究科学性,又要注意实际工作中的可操作性,因为工种档次的划分需要粗细适当。美国的意外伤害保险费率,因职业危险程度不同被分为十档。

我国一年期意外伤害保险,通常按职业危险程度把被保险人分为三档。

第一档为机关、团体、事业单位和一般企业单位的职工。

第二档为从事建筑、冶金、勘探、航海、伐木、搬运、装卸、筑路、地面采矿、汽车驾驶和高空作业的人员。

第三档是从事井下采矿、海上钻探、海上打捞、海上捕鱼、航空执勤的人员。

投保人在投保意外伤害保险时,应将被保险人的职业、性别如实填报。保险人根据被保险人从事的不同职业的危险大小,适用不同的保险费率。投保人如果申报不实或故意遗漏,保险人可以终止合同。如果被保险人在合同有效期间里变更职业,致使危险程度增加,也应及时通知保险人，以便保险人重新调整费率或决定是否继续承保。

### （二）不足一年的短期意外伤害保险费率的计算

对不足一年的短期意外伤害保险费率计算，一般是按被保险人所从事活动的性质进行分类，例如，对飞机旅客、旅游者、游泳者、登山者、大型电动游艺人员等，分别确定保险费率。极短期意外伤害保险费的计收原则是：保险期限不足1个月的按1个月计收，超过1个月不足2个月的，按2个月计收，依此类推。对于一些保险期限为若干星期、若干天、若干小时的极短期伤害保险来说，费率往往很高。因为对于每个被保险人来说，意外伤害保险的危险并不是在保险期间的简单分布，往往保险期间越短，危险越集中，参加极短期意外伤害保险的时间，往往是伤害保险事故发生最集中的时候。例如，参加鱼汛季节出海捕鱼和登山运动等，危险都比较集中，因此，相应的保险费率就会定得高一些。

## 二、意外伤害保险承保的风险

意外伤害保险中，保险人承保的是被保险人遭受的意外伤害风险，但并非承保被保险人遭受的一切意外伤害。根据意外伤害是否可被承保划分，意外伤害可以分为三大类：不可保意外伤害、特约保意外伤害和一般可保意外伤害。

### 1. 不可保意外伤害

不可保意外伤害被明确列为意外伤害保险的除外责任。基于法律的规定或社会公共利益的要求，保险人不应该承保此类意外伤害。不可保意外伤害一般包括以下四种情况：

①被保险人在犯罪活动中所受的意外伤害。意外伤害保险不承保被保险人在犯罪活动中所受的意外伤害。

②被保险人在寻衅斗殴中所受的意外伤害。

③被保险人在酒醉、吸食（或注射）毒品（如海洛因、鸦片、大麻、吗啡等麻醉剂、兴奋剂、致幻剂）后发生的意外伤害。

④由于被保险人的自杀行为造成的伤害。

对于不可保意外伤害，在意外伤害保险条款中被明确列为除外责任。

### 2. 特约保意外伤害

特约保意外伤害是指那些保险人考虑到保险责任不易区分或限于承保能力，一般不予承保，只有经过投保人与保险人特别约定，有时还要加收保险费后才能承保的意外伤害。特约保意外伤害一般包括以下四种情况：

①战争使被保险人遭受的意外伤害。

②被保险人在从事登山、跳伞、滑雪、江河漂流、赛车、拳击、摔跤等剧烈的体育活动或比赛中遭受的意外伤害。

③核辐射造成的意外伤害。

④医疗事故造成的意外伤害(如医生误诊、药剂师发错药品、检查时造成的损伤、手术切错部位等)。

对于上述特约保意外伤害,在保险条款中一般列为除外责任,经投保人与保险人特别约定承保后,由保险人在保险单上签注特别约定或出具批单,对该项除外责任予以删除。

**3. 一般可保意外伤害**

一般可保意外伤害,即在一般情况下可以承保的意外伤害。除上述不可保意外伤害、特约保意外伤害以外,均属一般可保意外伤害。

## 三、意外伤害保险的保障项目及保险金给付计算

(一)意外伤害保险的保障项目

意外伤害保险的保障项目包括基本保障项目和附加保障项目。

**1. 基本保障项目**

(1)意外死亡给付——身故保险金

死亡是指机体生命活动和新陈代谢的终止。在法律上发生效力的死亡,一是生理死亡,即已被证实的死亡;二是宣告死亡,即按照法律程序推定的死亡。当意外事故发生致使被保险人死亡的,保险人给付身故保险金。

(2)意外残疾给付——残疾保险金

当意外事故发生致使被保险人身体残疾的,保险人给付残疾保险金。

**2. 附加保障项目**

丧葬给付和遗嘱生活费给付等,这是由意外死亡给付派生而来;医疗费给付、误工给付等,这是由意外残疾给付派生而来。

(二)意外伤害保险保险金给付的计算

经营意外伤害保险的保险人主要承担着被保险人因遭受意外伤害而致死亡或残疾的风险。当意外伤害事故发生时,意外伤害保险金的给付主要有两种情况,即死亡保险金给付和残疾保险金给付。

**1. 死亡保险金的给付**

死亡保险金的给付通常简单明确。意外伤害保险条款中均明确规定了死亡保险金的数额,一般是按照保险金额给付死亡保险金,或者规定为保险金额的一定比例(如保险金额的80%、50%)或倍数等。

中国人寿保险股份有限公司的人身意外伤害保险条款中规定,被保险人在保险期限内遭受意外伤害并自意外伤害发生之日起180日内因同一原因死亡的,公司按保险金额给付死亡保险金。太平洋人寿保险股份有限公司的太平盛世·长顺安全保险(A)是一款较特别的长

期意外伤害保险。条款规定,被保险人因意外伤害身故,保险人根据保险事故发生时被保险人的年龄给付身故保险金,金额如表10.1 所示。

表10.1　太平盛世·长顺安全保险身故保险金给付金额表

| 被保险人身故时的年龄/周岁 | 小于16 | 16～25 | 26～60 | 61～70 |
| --- | --- | --- | --- | --- |
| 身故保险金 | 保险金额 | 保险金额的3倍 | 保险金额的5倍 | 保险金额的2倍 |

### 2. 残疾保险金的给付

残疾保险金的给付相对比较复杂。残疾是指人体组织的永久性残缺或人体器官正常机能的永久性丧失。可见,意外伤害保险中,残疾的确定是基于被保险人的永久的稳定的状态而言的。如果被保险人因为遭受意外伤害而导致眼睛一时丧失视力,但其失明有可能通过治疗得以恢复或改善,因此必须在治疗结束后经伤残鉴定委员会的鉴定,方能确定是否残疾及其残疾程度。倘若在责任期限终了时仍未能结束治疗,则按这一天的身体情况进行残疾鉴定,并据此给付残疾保险金。

残疾保险金的给付金额由保险金额和残疾程度(一般以百分率表示)两个因素确定,其计算公式为

$$残疾保险金 = 保险金额 \times 残疾程度百分率$$

保险双方在订立意外伤害保险合同时已约定好保险金额。因此,当意外伤害发生后,被保险人的残疾程度越高,保险人给付的残疾保险金数额也就越高。关于被保险人怎样的残疾状况应该对应怎样的残疾程度百分率,在意外伤害保险合同中应明确规定,以免将来发生争执。实践中,各保险公司通常采用由保监会颁布的《人身保险残疾程度与保险金给付比例表》来列举残疾程度百分率。该表将残疾按程度不同共分为七级34项,分别对应100%～10%的给付比例。对于未能列举穷尽的情况,则由保险双方遵循公平合理的原则,参照已列举的残疾程度百分率来协商处理,协商不一致时可提请有关机关仲裁或由人民法院审判。

### 3. 保险金额通常还是给付限额

一般来说,在意外伤害保险合同中,保险金额不仅是确定死亡保险金、残疾保险金的依据,也是保险人给付保险金的最高限额。

①如果一次意外伤害造成被保险人身体多处部位残疾,保险人按保险金额与被保险人身体各部位残疾程度百分率之和的乘积计算残疾保险金,但如果身体各部位的残疾程度百分率之和超过100%,则按保险金额给付残疾保险金。

②如果被保险人在保险期限内先后多次遭受意外伤害,保险人对每次意外伤害造成的残疾或死亡均按保险合同中的规定给付保险金,但累计给付金额以不超过保险金额为限。

综上所述,在意外伤害保险中,只要被保险人发生了合同约定的意外死亡或残疾,不论一

次或多次,保险人均应按照合同规定给付保险金,但累计给付金额以不超过保险金额为限。当给付金额等于保险金额时,该意外伤害保险合同效力即告终止。

#### 4. 意外医疗保险金的给付

某些意外伤害保险除承担死亡给付和残疾给付外,还提供包括意外医疗给付等其他保障。在这样的意外伤害保险合同中,除约定有意外伤害保险金额(用于确定死亡保险金和残疾保险金的依据)外,还规定有意外医疗保险金额,意外医疗保险金额通常是保险人给付医疗保险金的限额。

【知识库】

脑 死 亡

"脑死亡"概念首先产生于法国。1959 年,法国学者 P. Mollaret 和 M. Goulon 在第 23 届国际神经学会上首次提出"昏迷过度"(Le Coma Dépassé)的概念,同时报道了存在这种病理状态的 23 个病例,并开始使用"脑死亡"一词。他们的报告提示:凡是被诊断为"昏迷过度"的病人,苏醒可能性几乎为零。医学界接受并认可了该提法,这种认识开始了。目前认为:脑死亡即包括脑干在内全脑机能完全、不可逆转地停止,而不管脊髓和心脏机能是否存在。或者定义为:脑死亡是脑细胞广泛、永久地丧失了全部功能,范围涉及大脑、小脑、桥脑和延髓。即发生全脑死亡后,虽心跳尚存,但脑复苏已不可能,个体死亡已经发生且不可避免。目前,世界上许多国家还是采用"哈佛标准"或与其相近的标准;有近 30 个国家立法通过了脑死亡标准。中国脑死亡标准正在制定,即将推出。

(资料来源:陈忠华《脑死亡临床判定指南》)

## 第四节 我国主要的意外伤害保险产品介绍

### 一、我国意外伤害保险市场发展特点

(一)保费低,保额高,覆盖面较广

和其他人身保险险种相比较,意外伤害保险多为纯保障型险种,客户能用较少的钱获得较高的保障,费率一般在千分之二左右。特别是 2008 年推出的农村小额意外伤害保险,具有价格低廉、投保手续简便等特点,有利于增强农民保险意识,扩大商业保险覆盖面。

(二)种类繁多,品种齐全

在所有人身保险险种中,意外险产品的种类最多,不同行业、不同人群都有很多不同的选择,且有团体和个人险种之分。据不完全统计,目前我国商业保险公司已推出百余种意外伤害保险险种,一些大型保险公司推出的意外险往往多达几十种。

### （三）便于客户组合购买

意外伤害险除了可以单独销售外，还能与意外医疗险、意外伤害收入补偿、交通意外险等附加险搭配，形成很多种组合。一般人发生意外伤害的概率比较小，所以多在寿险后，直接附加几份意外伤害赔偿的附加险，不另行购买单独的意外险保障计划。如果是乘坐公共交通工具上下班，可以加上有公共交通工具多倍给付的险种。出游之前，可购买适量的旅游意外险。根据具体情况进行险种的搭配组合，可基本满足投保人或被保险人防范多种意外风险的需要。

### （四）卡折式意外伤害险比较畅销

一些卡折式意外险，特别是冠名为"吉祥卡"的险种，可以在保险公司营业柜台随时办理，即刻生效，也可以通过电话或电子网络激活生效。卡折式保单的保险金额相对固定，有多重保障供客户分类选择，且保险利益简单、明确，投保单和保险单合二为一，投保和理赔手续都十分便捷。

### （五）意外险产品可以度身定做

投保人可根据自身的职业特点选择投保险种。学生可选择购买学平险；出差多的商务人士可购买交通意外、航空意外伤害险；建筑工程师、运动员等特殊职业者可购买特种意外伤害保险等。

### （六）多家公司均提供意外伤害保险产品

自我国于1996年实施产、寿险分业经营以来，寿险公司专营人身保险产品，财产保险公司专营非寿险产品，但是短期意外伤害保险由于具有特殊属性，后成为产、寿险公司共同经营的第三领域。目前，多家公司均能提供意外险产品，这同时导致了意外险市场的激烈竞争。

## 二、我国开办的主要意外伤害保险险种

目前保险市场上的意外伤害保险主要有个人意外伤害保险、团体意外伤害保险、航空意外伤害保险、旅游意外伤害保险、住宿旅客意外伤害保险、出国人员意外伤害保险、交通意外伤害保险、学平险等险种。意外伤害保险也可以作为附加险附加于各种人身保险合同。

下面简要介绍一下我国当前主要的几种意外伤害保险产品：

### （一）个人意外伤害保险

个人意外伤害保是以个人作为保险对象的各种意外伤害保险。

#### 1. 投保范围

①年龄在16~65周岁，身体健康，能正常工作或劳动者，均可作为被保险人参加本保险。

不足 16 周岁或 66 周岁以上者,将根据其具体情况决定是否承保。

②被保险人本人,对被保险人具有保险利益的其他人可作为投保人。

2. 保险责任

①被保险人自意外伤害发生之日起 180 日内因同一原因死亡的,按保险金额给付死亡保险金。

②被保险人自意外伤害发生之日起 180 日内因同一原因身体残疾的,根据《人身保险残疾程度与保险金给付比例表》的规定,按保险金额及该项残疾所对应的给付比例给付残疾保险金。如治疗仍未结束的,按第 180 日的身体情况进行残疾鉴定,并据此给付残疾保险金。

被保险人因同一意外伤害造成 1 项以上身体残疾时,给付对应项残疾保险金之和。但不同残疾项目属于同一手或同一足时,仅给付其中 1 项残疾保险金;如残疾项目所对应的给付比例不同时,仅给付其中比例较高 1 项的残疾保险金。

③所负给付保险金的责任以保险金额为限,1 次或累计给付的保险金达到保险金额时,本合同终止。

3. 保险期间

保险期间为 1 年或 1 年以内,自同意承保,收取保险费并签发保险单的次日零时起至约定的终止日 24 时止。

4. 保险金额和保险费

①保险金额由本合同双方约定,但保险金额最低为人民币 2 000 元。

②保险费按《职业分类表》的有关规定,根据被保险人的职业类别对应的保险费率标准计算,由投保人在订立本合同时一次缴清。

5. 职业或工种变更

被保险人变更其职业或者工种时,投保人或被保险人应于 10 日内以书面形式通知保险人。被保险人所变更的职业或者工种,依照保险人职业分类其危险程度降低时,保险人自接到通知之日起按其差额退还未满期保险费;其危险程度增加时,保险人于接到通知后,自职业变更之日起,按差额增收未满期保险费。但被保险人所变更的职业或者工种依照保险人职业分类在拒保范围内者,保险人对该被保险人所负保险责任自其职业或者工种变更之日起终止,并按约定退还未满期保险费。

被保险人所变更的职业或工种,依照保险人职业分类其危险程度增加而未依前项约定通知而发生保险事故的,保险人按其原收保险费与应收保险费的比例计算并给付保险金。但被保险人所变更的职业或者工种在保险人拒保范围内,保险人不负给付保险金的责任。

(二) 团体人身意外伤害保险

团体人身意外伤害保险是以机关、团体、企事业单位在职的、身体健康能正常工作或正常劳动的职工为保险对象，单位为投保人的意外伤害保险。

国内针对特殊风险人群的保险主要是意外险产品，且以团体购买为主。目前，国内相关部分对警察、消防、救援等特殊风险人群的风险控制已有所关注，大部分人员都已购买了保险，主要是意外险。一般来说，每份保险的保费在50～60元左右，死亡赔偿可以达到3万元，费率基本与普通意外险相似。

在一些重大事件和灾害面前，很多保险公司都相当地积极，为参与救援的人员提供意外险产品。在汶川地震期间，保险公司还为医疗人员、救援人员、志愿者提供了保险保障。

### (三) 学平险

学平险是一款特别针对在校大、中、小学生以及幼儿园的孩子开办的性价比很高的综合性意外伤害保险产品。包括一个主险，即学平险，一般保险金额为1万元；附加意外伤害医疗保险，保险金额为5 000元，附加住院医疗保险，保险金额为6万元。保险期限为1年，保费为50元。

### (四) 旅游意外伤害保险

旅游意外伤害保险是专门针对旅游中人员遭受意外事故所造成的损失进行给付和补偿的保险。中华人民共和国境内的旅行社组织的旅游团队的全体成员，包括旅游者及旅行社派出的为旅游者提供服务的导游、领队人员，均可作为被保险人参加本保险。这类意外伤害保险产品主要承担意外身故保险责任、意外残疾保险责任和意外医疗保险责任。

值得注意的是保险期间，旅游意外伤害保险的保险期间主要有四种：

①入境旅游的保险期间自被保险人入境后参加旅行社安排的旅游行程时开始，至该旅游行程结束时止。

②国内旅游保险的期间自被保险人在约定时间登上由旅行社安排的交通工具开始，至该次旅行结束离开旅行社安排的交通工具止。

③出境旅游的保险期间自被保险人通过中国海关出境始，至相邻下一次通过中国海关入境止，计为一次旅行。

④被保险人自行终止旅行社安排的旅游行程，其保险期间至其终止旅游行程的时间止。

### (五) 交通意外伤害保险

交通意外伤害保险也称为交通工具意外伤害保险。是以被保险人的身体为保险标的，以被保险人作为乘客在乘坐客运大众交通工具期间因遭受意外伤害事故，导致身故、残疾、医疗费用支出等为给付保险金条件的保险。主要包括火车、飞机、轮船、汽车、地铁等交通工具。

代表险种：君安行人身意外伤害保险（如表10.2所示）。

表10.2　君安行人身意外伤害保险险种简介

| 产品名称 | 君安行 |
|---|---|
| 产品属性 | 意外险 |
| 发行公司 | 中国太平洋财产保险股份有限公司 |
| 适用人群 | 凡身体健康,年满18周岁至70周岁的投保人本人可作为本保险的被保险人 |
| 产品特色 | 被保险人以乘客身份乘坐商业运营的汽车、火车、轮船、民航班机,因遭受意外伤害导致的身故或残疾。 |
| 保险期间 | 一年 |
| 保险费 | 每份100元(累计保险金额80万)每份50元(累计保险金额40万) |
| 注意事项 | 1. 本公司对每一被保险人承担的汽车意外保险责任以100 000元为限,火车、轮船意外保险责任以200 000元为限,飞机意外保险责任以500 000元为限。<br>2. 此价格仅供参考,具体请以最终支付时的金额为准。 |

### (六)满期还本型意外伤害保险

人身意外伤害满期还本保险是投保人不需要缴纳保险费,只缴纳保险本金,保险期满时,无论是否发生过保险金的给付,保险本金都退还给投保人的一种意外伤害保险。投保条件是被保险人应为16~65周岁的健康者,保险期限一般分为3年、5年、8年三种。保险费率根据被保险人的行业(工种)确定,保险责任与"人身意外伤害保险"中的保险责任相同。

代表险种:华安金龙收益联动型人身意外伤害保险(如表10.3所示)。

华安金龙收益联动型人身意外伤害保险是一款集保障、无风险投资为一体的理财产品。它的投资收益能随银行同期限存款利率的上调而同幅度增长,又可以使投资者获得每年2.9%的保底投资收益,迎合了目前市场形势下对于投资风险偏好低、本金保障要求高的投资者的需求。

表10.3　华安金龙收益联动型人身意外伤害保险险种简介

| 内容 | | | 保障计划 |
|---|---|---|---|
| 保障金 | | | 50 000元 |
| 保障期间 | | | 3年 |
| 保障内容 | 意外身故、残疾及烧伤保险金 | 主被保险人 | 100 000元/人 |
| | | 次被保险人 | 100 000元/人 |
| 满期金 | 若银行三年期存款利率不调整<br>(目前为5.40%) | | 58 805元 |
| | 若银行三年期存款利率调整<br>(超过5.40%) | | 58 805元 + 根据银行利率调整后的上浮收益 |

### (七)综合意外伤害保险

产品保障全面,既有以意外死亡和残疾为赔偿责任的"意外身故烧伤及残疾保险金给付",也有对意外医药费实报实销的"意外伤害医药补偿"以及因疾病和意外事故入住医院或动手术而赔偿的"住院费用补偿医疗保险"及"手术费补偿医疗保险",此外该保险还可提供"每日住院给付"收入及"重病监护给付"收入保障,进一步补偿客户的经济损失。代表险种:泰康人寿 e 顺综合意外保险;中国平安一年期综合意外险。

【知识库】

### 我国人身意外伤害保险的费率根据被保险人的职业划分为三档

1. 机关团体、事业单位和一般工商企业单位职工,年费率为 0.2%,附加医疗保险的费率为 0.3%。

2. 从事建筑、冶金、勘探、航海、伐木、搬运、装卸、筑路、地面采矿、汽车驾驶、高空作业的人员,年费率为 0.4%,附加医疗保险的费率为 0.6%。

3. 从事井下采矿、海上钻探、海上打捞、海上捕鱼、航空执勤的人员,年费率为 0.7%,附加医疗保险费率为 0.9%。

(资料来源:张洪涛《保险核保与理赔》)

【案例 10.1】

### 如此确认保险责任是否正确

刘先生的儿子刘晓(化名)是在校大二学生。今年年初的一天,刘晓突感身体不适,腹痛难止。刘先生随即将儿子送到附近一家医院就诊,经夜间值班医生初步诊断为急性肠胃炎。于是,医生给他开了专治肠胃炎的药物进行点滴治疗。第二天,刘晓即被告知可回家休养。第三天,在家休养期间的刘晓突然呼吸急促,并开始呕吐不止。虽然被马上送到医院进行急救,但终因医治无效死亡。刘先生无法接受这个事实,只被确认为肠胃炎的儿子为何猝死?经医院最后解剖诊断,刘晓是由于迟发性药物过敏直接导致死亡。办完儿子的葬礼后,刘先生拿着儿子的意外伤害险及附加意外伤害医疗保险的保单,来到保险公司,提出理赔申请。经过核赔,保险公司认为刘晓是在接受疾病治疗过程中死亡的,不属于"意外伤害"的范畴。由于刘晓投保的是人身意外伤害险,并非疾病死亡与医疗保险,因此,保险公司不应承担赔偿责任。请问保险公司的做法对吗?为什么?

【案例 10.2】

### 意外伤害保险残疾给付实例

某人投保一份保险金额为 10 万元的人身意外伤害保险,保险期限 1 年,保险期限内,被保险人因从高处意外坠楼而导致左上肢永久完全残废,同时丧失右手拇指。试问保险公司应给付残废保险金多少?半个月后,该被保险人又因遭遇车祸而致一目永久完全失明。问保险公司是否负责给付保险金?若给付,给付多少?

## 本 章 小 结

1. 意外伤害保险,是人身意外伤害保险的简称,也有人称其为"意外险",是指被保险人在保险期限内遭受了意外伤害,并由此导致其在责任期限(指事故发生后的一定时间,我国通常规定为180天)内残疾或身故,由保险公司按照约定给付保险金的一种保险。

2. 在意外伤害保险的概念中,最关键的就是对"意外伤害"的理解和把握。意外伤害包括"意外"和"伤害"两个要件。

3. 意外是针对被保险人的主观状态而言的,主要包含三个关键要素:即外来的、突发的、非本意的;"伤害"是指对被保险人的身体造成侵害的客观事实,它由三个要素构成:致害物、侵害对象和侵害事实。

4. 意外伤害保险种类的划分方法很多,主要有以下几种划分方法:实施方式、承保风险、保险对象、保险期限、保险承保责任、险种结构以及是否出立保险单等。

5. 目前保险市场上的意外伤害保险主要有个人意外伤害保险、团体意外伤害保险、航空意外伤害保险、旅游意外伤害保险、住宿旅客意外伤害保险、出国人员意外伤害保险、交通意外伤害保险、学平险等险种。意外伤害保险也可以作为附加险附加于各种人身保险合同。

## 自 测 题

1. 简述人身意外伤害保险的保险责任?
2. 简述人身意外伤害保险的分类?
3. 简述意外伤害保险中残疾保险金的给付方式?
4. 简述我国意外伤害保险市场的发展特点?
5. 简述我国开办的主要意外伤害保险险种?

【阅读资料】

**解析天津市全民意外伤害保险制度**

2011年4月15日,天津市人力资源和社会保障局颁布《天津市基本医疗保险意外伤害附加保险暂行规定》(以下简称《暂行规定》),标志着天津市全民意外伤害保险制度的全面实施。天津市全民意外伤害保险制度是一种政府主导的、覆盖全体人群的意外伤害风险社会管理制度,自2011年1月1日起开始建立。《暂行规定》的出台,对天津市全民意外伤害保险制度实施和运行的各个环节予以明确。通过对《暂行规定》的分析,有助于全面认识天津市全民意外伤害保险制度,并对我国其他省市未来推广意外伤害保险制度起到一定的借鉴作用。

全民意外伤害保险制度以城镇职工和城乡居民基本医疗保险的参保人员为保障人群,将参保人员因突发的、外来的、非本人意愿的意外事故造成伤害、伤残或者死亡的风险,纳入保险保障范围。全民意外伤害保险制度的缴费分别从城镇职工大额医疗费救助资金和城乡居民基本医疗保险资金中筹集,参保人员个人不再缴费。天津市人力社保部门会同财政部门提出筹资标准,经天津市政府批准后确定,并根据经济社会发展和全民意外伤害保险制度运行情况进行调整。2011年度全民意外伤害保险制度筹资标准为每人每年15元。

全民意外伤害保险制度由政府主导并委托保险公司经营管理。具体而言，由天津市人力社保部门负责主管，并协调财政部门和社会保险基金管理中心等政府机构。财政部门负责资金财务制度和监督管理，社会保险基金管理中心负责资金的拨付工作，并对受托保险公司实施经办业务指导监督。同时，设立"天津市基本医疗保险意外伤害附加保险服务中心"，在社会保险基金管理中心的指导下，负责全民意外伤害保险的统一经办，即通过建立独立的经办机构，专门负责全民意外伤害保险制度的组织实施。最后，受托保险公司在区县社保分支机构、街道、乡镇设立服务网点开展经办工作，并将理赔等情况及时上报"天津市基本医疗保险意外伤害附加保险服务中心"。

全民意外伤害保险制度参保人员因意外伤害发生的6 000元以下的医疗费用，由全民意外伤害保险按照70%的比例给付参保人员；超过6 000元的住院医疗费用，由城镇职工或城乡居民基本医疗保险基金按照规定标准支付。当参保人员因意外伤害导致身体残疾的，经鉴定伤残等级为四级的，全民意外伤害保险给付参保人员2万元；伤残等级为三级的，给付2.5万元；伤残等级为二级的，给付3万元；伤残等级为一级的，给付3.5万元。当参保人因意外导致死亡的，全民意外伤害保险对参保人员的合法受益人一次性给付5万元。

《暂行规定》明确指出，"意外伤害险制度是政府主导、委托保险公司经营管理的补充医疗保险制度"。不难发现，全民意外伤害保险制度是以基本医疗保险的附加保险或者补充保险的方式实施，因此，《暂行规定》进一步明确，意外伤害附加保险制度必须"坚持与基本医疗保险制度相衔接。意外伤害险在资金筹集、保险给付、经办管理等方面与城镇职工和城乡居民基本医疗保险制度对接。属于意外伤害险给付范围的医疗费用，不再纳入基本医疗保险基金支付范围"。

通过分析《暂行规定》，笔者认为，经过实践，天津市全民意外伤害保险制度逐渐成熟。首先，《暂行规定》提出全民意外伤害保险是补充医疗保险制度，在我国探索意外伤害保险制度的诸多省市中第一次予以明确。虽然意外伤害保险的保障范围和基本医疗保险存在较大差异，但是，基于经办力量、筹资渠道、覆盖人群等的考虑，将意外伤害保险作为一种补充医疗保险制度实施，是一种现实的选择。但是，未来随着我国社会保障体系的完善，我国各地区应当继续探索作为一种独立的社会保障制度实施的意外伤害保险制度。其次，天津市全民意外伤害保险制度建立了服务中心，创新了意外伤害保险制度的组织管理方式。笔者认为，设立专门的组织机构，有助于减轻社会医疗保险机构的经办压力，并发挥其专业高效的优势。但是，设立专门的组织机构，必须因地制宜，切实考虑当地的社会医疗保险经办人员的力量，在提高意外伤害保险经办效率的同时，控制相应的成本。同时，必须保证组织机构的独立性、公平性，避免不正当的寻租行为和对参保人员利益可能的损害。

总的来看，全民意外伤害保险制度，从参保人员的角度来说，是一种意外伤害风险的保险处理方式；从社会医疗保险机构的角度来说，是防范和降低人民群众意外伤害风险的社会管理工具；从保险公司的角度来说，是一项团体意外伤害保险业务。截至2010年年末，天津市城镇职工基本医疗保险参保人员312.5万人，城乡居民基本医疗保险参保人员486万人。随着全民意外伤害保险制度的实施，天津市800万人口享有意外伤害风险保障；社会医疗保险机构在完善多层次医疗保障体系的道路上亦踏出坚实的一步；保险公司可以极大地扩展保险市场份额。未来随着我国《社会保险法》的实施和基本医疗保障体系的完善，在制度层面上实现了全覆盖的基本医疗保险保障体系，必将逐渐在参保人群层面实现全覆盖。而建立覆盖全体人群的意外伤害保险制度，满足人民群众的意外伤害风险保障需求，保证人民群众生活水平的稳定，是我国未来多层次的社会保障体系完善的方向之一和应有之义。

（资料来源：《中国保险报》2011年4月）

# 第十一章
Chapter 11

# 健康保险

【学习要求及目标】

通过本章学习,要求读者掌握健康保险的概念、特点、有关条款以及医疗保险的概念和种类,熟悉医疗保险合同的基本内容,掌握疾病保险的概念、种类和给付,熟悉并理解丧失工作能力所得保险的概念和给付。

【引导案例】

### 生态环境恶化日益威胁人民健康

在2011年3月的"两会"上,国家发改委相关报告称:我国生态资源环境非常脆弱,森林覆盖率只有18.21%,不到世界平均水平的2/3;全国沙化土地174万平方公里,90%以上的天然草原退化,全国26%的地表水国家重点监控断面劣于水环境Ⅴ类标准,62%的断面达不到Ⅲ类标准,近岸海域环境质量不容乐观,东海已呈重度污染,生物多样性减少,一些重要的生态功能区功能严重退化。我国主要污染物排放量巨大,环境污染严重,人民面临的生存环境比较恶劣,1/4的居民没有清洁饮用水,1/3的城市居民不得不呼吸污浊的空气,经过环保处理的垃圾不到20%,大量人口暴露在严重污染的大气、水体和土壤环境中。近几年我国重特大自然灾害频发,给人民生命财产和经济社会发展造成重大损失。生态环境不仅影响到国家社会发展,而且已威胁到人民生存。这些现象,说明生态环境污染是引起疾病的罪魁之一。实际上,现代生活中,环境致病因素有物理、化学、生物、电子等多方面内容,由环境污染引起的疾病正在日益增多。人类健康面临的风险也越来越大,从而对健康保险的发展提出了更高的要求。

## 第一节 健康保险概述

### 一、健康保险的概念

健康保险内容庞杂,一般凡不属于人寿保险和意外伤害保险的人身保险,都可以归入健康保险的范畴。

人的健康风险主要是指当人们面临疾病或者意外事故时所引发的两种经济风险,一方面,需要接受医学治疗而导致医疗费用的支出;另一方面,由于暂时或永久性丧失工作能力所导致的收入的减少。健康保险正是以这两种风险作为保险责任,主要补偿人们由于身体健康问题所引发的医疗费用和收入损失。因此,健康保险是以人的身体为保险标的,对被保险人在保险期限内,因疾病或意外事故造成伤害所导致的医疗费用支出或收入损失予以补偿的一种保险。狭义的健康保险是指商业健康保险。广义的健康保险既包括商业健康保险,又包括社会医疗保险。

由健康保险的含义可知,影响人们健康的各种疾病是构成健康保险金给付的首要条件,但对于保险公司来说,出于经营需要,健康保险的可保疾病必须符合如下条件:

①必须是由于被保险人身体的内在生理原因造成的。如肺炎引起发烧、肠炎导致腹泻等。那些源自于外来剧烈原因造成的病态属于意外伤害的范畴,如登山时意外摔伤导致骨折。

②必须是非先天性原因造成的。健康保险仅对被保险人在保险合同效力存续期间由健康状态转为病态承担责任。根据这样的原则,一切先天性的身体缺陷,如先天性耳聋、内脏位置异常等,都不属于健康保险的保险责任。

③必须是非必然原因造成的。人的一生必然要经历"生长→成年→衰老"的过程,不能称人到一定年龄以后必然出现的衰老现象为疾病,衰老不能成为健康保险的保险责任。但是,在衰老的同时,诱发出其他疾病却是偶然的,需要健康保险提供保障。

### 二、健康保险的特点

(一)健康保险具有综合保险的性质

健康保险是以人的身体健康为保险标的人身保险,其保障的内容非常广泛,通常将人寿保险、意外伤害保险以外的人身保险都归为其承保范围,因此,健康保险是一种综合保险。

(二)承保条件严格

健康保险需要对保险期间初患的疾病进行保险金给付,因此,要对疾病产生的原因进行相当严格地审查,一般是根据被保险人的病历来判断。另外,为了防止被保险人带病投保健康保险,通常还会有一个"观察期"的规定,即被保险人在观察期内被查出患有疾病,保险人不负赔偿责任,观察期通常为 30 天或 90 天。在健康保险中,对那些在体检中没有达到标准条款规定的身体健康要求的被保险人,通常采用次健康体的方式承保,一般做法是提高保费或重新规定承保范围,或者将某些疾病独立出来列为除外责任。

### (三)健康保险具有补偿性

健康保险特别是其中的医疗保险是一种补偿性保险,类似于财产保险,适用损失补偿原则,即保险人在保险金额限度内,按照被保险人实际支出的医疗费用给付保险金,也就是说保险金的赔偿金额不能超过被保险人实际支出的医疗费用,目的是不能让被保险人通过保险而获得额外收益。相应地,当保险事故责任应当由第三方承担时,若保险人已经支付了医疗保险金,则被保险人应当将向第三方追偿的权利转移给保险人,即在健康保险中,保险人拥有代位求偿权。

同时,虽然健康保险是一种补偿性合同,其主要目的是为了补偿人们因疾病或意外事故所引发的医疗费用支出和收入损失,但是在具体的赔偿方式上,既有补偿性的,也有给付性的,还有直接提供医学治疗或护理服务的。

### (四)健康保险具有复杂性

健康保险中的疾病保险和医疗保险大多涉及医学上的专业技术,其风险具有可变性和难以预测性。特别是随着人类疾病种类的增多和医疗技术的提高、医疗器械和药品的不断更新、医患双方人为道德风险问题的存在,使得健康保险的风险识别、费率厘定和理赔计算变得更为复杂和困难。

## 三、健康保险的类别

### (一)按承保内容分类

按承保内容不同,健康保险可以分为医疗费用保险、疾病保险和丧失工作能力所得保险,这是对健康保险最基本、最重要的分类。

医疗费用保险,又称医疗保险,是健康保险的主要组成部分,是为被保险人因疾病或意外事故所支出的医疗费用提供补偿的保险。

疾病保险是指以疾病为给付条件的保险,如重大疾病保险等。是指被保险人罹患合同约定的疾病时,按投保金额定额给付保险金以补偿被保险人由此带来的损失的保险。

丧失工作能力所得保险,简称失能所得保险,又称残疾收入保险,收入损失保险,是为被保险人因疾病致残后,不能工作或不能正常工作时,所造成的收入损失进行补偿的一种保险。

### (二)按投保对象分类

按投保对象不同,健康保险可以分为个人健康保险和团体健康保险。

个人健康保险是以单个自然人为投保人的健康保险。

团体健康保险是以团体法人为投保人,以团体成员为被保险人的健康保险。

团体健康保险是对一个主合同下的一群人提供保障,投保人可以是企业、政府机关和各类事业单位。一般来说,团体健康保险保险费的费率较低。这是由于团体健康保险的销售和管理比个人健康保险要简单,个人健康保险在承保时要求每位被保险人都必须通过核保,所订立的核保标准、承保理赔等方面都比团体健康保险复杂得多,因此,在同样的保障内容下,团体健康保险的管理成本要比个人健康保险低,相应的团体健康保险的费率也要低一些。

### (三)按保险期限分类

按保险期限不同,健康保险可以分为短期健康保险、长期健康保险和终身健康保险。

短期健康保险是指保险期限在一年以内(含一年)且不含有保证续保条款的健康保险。

长期健康保险是指保险期限超过一年或者保险期限虽不超过一年但含有保证续保条款的健康保险。

终身健康保险是指保险期限以被保险人的生存期限为标准的健康保险产品。

### (四)按保险金给付方式分类

按保险金给付方式不同,健康保险可以分为费用补偿型健康保险、津贴给付型健康保险、定额给付型健康保险和提供服务型健康保险。

费用补偿型健康保险是指保险人依照被保险人实际支出的各项医疗费用按保险合同约定的方式和限额给予经济补偿的健康保险,是一种最为普遍的医疗保险给付方式。

津贴给付型健康保险是指当被保险人因意外伤害或疾病导致医疗行为发生时,保险人按照被保险人实际住院的天数和合同约定的标准向被保险人给付保险金的保险。保险金一般按天计算。

定额给付型健康保险是指保险人在被保险人患有保险合同上约定的疾病或发生合同约定的情况时,按照合同规定的金额向被保险人一次性给付保险金的健康保险。定额给付型健康保险和津贴给付型健康保险都不需要考虑被保险人因意外伤害或疾病所发生的实际医疗费用,这两种保险方式一般不需要提供医疗费用单据,而且与其他社会医疗保险的给付并不发生矛盾,对保险人来说也较好控制经营风险。

提供服务型健康保险是指由合作健康保险组织的医院向被保险人提供医疗服务,由保险人向提供服务的医院或者医生支付费用和报酬的形式。

### (五)按保险合同形式分类

按保险合同形式不同,健康保险可以分为健康保险主险和健康保险附加险。

健康保险主险是指单独出单,承保的责任仅限于健康保险或包括健康保险在内的几项保险责任的组合。

健康保险附加险是不能单独出单,必须附加于主险之上,而且必须与主险同时投保。附加险可以扩展主险的保险责任但附加险合同的效力随主险合同的消失而消失。

## 四、健康保险中的有关条款

### (一)年龄条款

不同年龄的人具有不同的健康状况,年龄过高或过低都存在较常人更高的健康风险,因此,年龄大小是保险人在决定是否承保时所要考虑的一个重要因素。一般情况下,健康保险的承保年龄多为3~60岁,也有的健康保险将承保年龄放宽到0~70岁。

### (二)续保条款

人寿保险通常为长期保险,其保单一般通过年缴保费来自动续保,而健康保险一般都是一年期的,随着被保险人的年龄增长和身体健康状况的改变,保险人出于稳定经营的需要,会在续保时重新审查被保险人的投保条件。这样一来,无论对保险人还是投保人而言都意味着复杂的手续和各项杂费,对于希望长期投保健康保险的客户,反复投保一年期保单显然是不方便的,也是不现实的。通过在保险合同条款中的说明,使健康保险的保单变成为连续有效的保单是解决这一问题的一个好方法。

续保是指保险合同约定的期限已到期,保险人和投保人就原合同进行协商,以确定是否继续承保或有条件承保的过程。一般情况下,保险人在制定保险合同条款时,将续保与否的条件写进了保险条款中,即续保条款。例如,在保险合同中规定保证续约条款,则这种保单的被保险人在相当长的时间内有权续约,而保险人根据损失经验,也有权利随被保险人年龄增长调整续保保费。

可见,虽然健康保险的保险合同大多是一年期的,但我们可以通过规定续保条款使其成为连续有效的保险合同,从而满足投保人获得长期健康保障的需要,也可以保证保险人的业务总量和保费收入。

### (三)观察期条款

在健康保险中,仅仅依靠病历等有限资料是很难判断被保险人是否在投保时就已经患有某种疾病的,为了防止被保险人带病投保,维护保险人权益,健康保险保单常规定在合同生效一段时间后,保险人才对被保险人因疾病发生的医疗费用承担给付责任。这段时间就是观察期,一般为30天或90天。被保险人在观察期内因疾病导致的医疗费用支出或收入损失,保险人不负赔偿责任。观察期结束以后,健康保险保单才正式生效。也就是说,我们假定在观察期内发生的疾病都是投保前就已经患有的,保险人可以拒绝承担赔偿责任。

### (四)职业变更条款

在健康保险中,被保险人的职业发生变动将会直接影响其疾病发病率和遭受意外伤害的风险。例如,一名办公室文员改行成为出租车司机,则其发生意外事故的可能性会大大增加;反之,一名矿工改行为一名仓库保管员,则其职业风险会大大下降。因此,健康保险的保单通常在职业变更条款中规定,如果被保险人的职业危险性提高,保险人可以在不改变保险费率的前提下降低保险金额;反之,如果被保险人的职业危险性降低,保险人将在不改变保险金额的条件下,降低保险费率。

### (五)超额保险条款

健康保险具有补偿性,遵循损失补偿原则,因此为防止被保险人因疾病或残疾而额外获利,健康保险合同中常规定超额保险条款,即对于超额保险,保险人可以降低保单的给付额,以避免被保险人领取的医疗保险金超过其实际发生的医疗费用,但同时应退还超额保险的那部分保险费。

### (六)免赔额条款

免赔额有相对免赔额和绝对免赔额之分,相对免赔额是指规定一个固定额度(比如100元),只有当被保险人遭受的损失额达到这一限额时才予以全额赔偿,否则,不予赔偿;绝对免赔额是指不管被保险人的实际损失多大,保险人都要在扣除免赔额之后才支付保险金。在健康保险中,一般都会对医疗费用规定一个免赔额,通常都是绝对免赔额。免赔额条款,一方面可以将医疗费用的支出与被保险人的切身利益联系起来,促使被保险人加强对医疗费用的自我控制,避免浪费,防止道德风险;另一方面也可以减少小额理赔给保险人带来的理赔费用,从而减少理赔成本。

### (七)给付比例条款

给付比例条款,又称共保比例条款,是对超过免赔额以上的医疗费用,采用被保险人和保险人共同分担的比例给付办法。这相当于保险人与被保险人的共同保险,当然,通常是由保险人承担其中的大部分费用。例如,如果给付比例条款规定有一个20%的自付比例,则意味着被保险人在支付免赔额后还必须支付剩余医疗费用的20%。给付比例条款的规定,有利于保险人控制医疗费用支出和防止被保险人的道德风险问题。

### (八)给付限额条款

在补偿性的健康保险合同中,保险人为了更有效地控制道德风险,除了规定免赔额和给付比例以外,往往还在保险合同中规定保险金的最高给付额度。也就是说,超出给付限额的部分需要由被保险人自己负担,保险人以此来控制医疗费用的总支出水平。

【知识库】

保险小知识

健康保险属于商业保险中人身保险的一个项目,我国的健康保险是从1982年开始出现的,至今已经有近30年的历史了。

1982年国内恢复保险业务后,经上海市人民政府批准,中国人民保险公司上海分公司经办了"上海市合作社职工医疗保险",并经1982年的试点后于1983年1月实施。据现有资料显示,这是我国国内恢复保险业务后第一笔健康保险业务。1985年,中国人民保险公司开始在部分地区试办附加医疗保险和母婴安康保险,当年保费收入1 178万元。1987年1月,中国人民保险公司上海分公司与上海市卫生局共同制定了《上海市郊区农民医疗保险》。1990年,为了配合计划生育基本国策,中国人民保险公司上海分公司又推出了人工流产安康保险,与之前的分娩节育保险、母婴安康保险共同形成了计划生育系列保险。

(资料来源:中国网)

## 第二节　医疗保险

### 一、医疗保险的概念

医疗保险,又称医疗费用保险,是指提供医疗费用保障的保险,是健康保险的重要组成部分。医疗保险以被保险人因疾病或意外伤害需要治疗时的医疗费用支出为给付保险金的条件,其可以补偿的医疗费用包括门诊费用、药费、住院费用、护理费用、医院杂费、手术费用及各种检查费用等。

### 二、医疗保险的种类

医疗保险的种类一般包括普通医疗保险、综合医疗保险和补充医疗保险。

（一）普通医疗保险

**1. 门诊医疗保险**

门诊医疗保险,是保险人对被保险人在门诊接受诊断、治疗时所发生的医疗费用支出提供保险保障的一种保险。目前,门诊医疗保险仅限于被保险人住院前后一段时间内的门诊诊断和治疗费用的补偿,其相关费用主要有：检查费用、化验费用和医药费用等。

**2. 住院医疗保险**

住院医疗保险,是保险人对被保险人在住院期间所发生的医疗费用支出提供保险保障的保险。住院费用一般包括：床位费、医生诊疗费、手术费、药费、仪器检查费、各种治疗和护理费等。为了控制不必要的长期住院,防止被保险人的道德风险,住院床位费和营养费一般都规定有每日给付限额、免赔天数、最长给付天数等；而检查和治疗费用一般都规定有每次住院的最高给付限额。

**3. 手术医疗保险**

手术医疗保险,是保险人对被保险人在治疗过程中必须进行的各种外科手术所发生的医疗费用提供保障的保险。手术费用一般包括：手术费、麻醉费、各种手术材料费、器械费和手术室费。手术医疗保险可以单独投保,也可以作为住院医疗保险的附加险投保。

（二）综合医疗保险

综合医疗保险,是保险人为被保险人提供的一种保障范围较全面的医疗保险。其保障内容主要包括：住院床位费、检查检验费、手术费、诊疗费、门诊费以及某些康复治疗费用的补偿。综合医疗保险提供的医疗费用补偿不论在项目范围上,还是在补偿程度上都远远超过了基本医疗保险,因此,其保险费率也比较高。

### （三）补充医疗保险

普通医疗保险和综合医疗保险都可以作为社会医疗保险的替代产品，但有些时候，投保人只需要特定的医疗费用保障，此时，补充型医疗保险就应运而生了。补充型医疗保险常见的产品形式包括：

#### 1. 住院津贴保险

住院津贴保险的保险金给付不以被保险人的实际住院费用为基础，而是根据被保险人实际住院日数，按日给付住院津贴；或根据手术等治疗项目的使用次数，按次给付治疗津贴。目前，住院津贴保险是我国商业健康保险市场上的主要产品之一，它能够对已有社会医疗保险保障的人群提供很好的帮助，通常的住院日额津贴为30~100元左右。

#### 2. 补充型高额医疗费用保险

补充型高额医疗费用保险主要针对社会医疗保险或其他基本医疗保险支付限额以上的医疗费用提供保障。针对目前城镇职工基本医疗保险中存在的"封顶线"问题，我国已有多家保险公司推出了补充型高额医疗费用保险产品，其保险责任是对基本医疗保险支付限额以上的合理必须的医疗费用进行补偿。

#### 3. 特殊疾病医疗保险

特殊疾病医疗保险以被保险人罹患某种特定疾病为保险事故，当被保险人被确诊为患有某种特定疾病时，保险人按约定的金额给付保险金或对被保险人治疗该疾病的医疗费用进行补偿，以满足被保险人的经济需要。

## 三、医疗保险合同的内容

### （一）保险期限与责任期限

医疗保险合同中规定的保险期限是指保险人对保险合同约定的保险事故所造成的损失承担给付保险金责任的时间段。如果保险事故在此段时间内发生，则保险公司承担给付保险金的责任，否则不予赔付。

医疗保险合同中除了规定保险期限外，通常还会规定一个责任期限。责任期限是指被保险人自患病之日起的一段时间，如果被保险人患病治疗且超过保险期限，则保险人只负责被保险人在责任期限内的医疗费用开支。也就是说，如果被保险人在保险期限内患病并且治愈，则无所谓责任期限；如果被保险人在保险期限内患病且未在保险期限内治愈，则保险公司对被保险人自患病之日起的不超过责任期限内的医疗费用支出承担给付责任。责任期限通常为90天或180天，该规定为被保险人提供了更加充分的保障。

### （二）保险金额

医疗费用保险的保险金额一般会有以下具体规定：

**1. 规定总保险金额**

总保险金额即保险人对于在保险期限内发生的保险事故累计赔付的最高限额。不论被保险人一次还是多次患病治疗,保险人仅对被保险人实际支出的不超过总保险金额的医疗费用承担给付保险金责任。

**2. 规定每次门诊费的保险金额**

有些保险公司会在医疗保险合同中,明确规定每次门诊治疗费用的保险金最高给付限额,以此来控制经营风险。

**3. 规定每日住院保险金额**

一些保险公司在医疗保险合同中,对被保险人每日住院费用的支出金额都规定有明确的给付限额。超出限额的部分,保险公司不承担保险金给付责任。

**4. 即时限额补偿**

即时限额补偿,是在保险期限内,保险人只负责承担被保险人一定天数的住院医疗费用。

**(三)医疗保障项目**

被保险人在患病治疗过程中所花费的医疗费用范围非常广泛,既有治疗疾病的直接费用,又有治疗疾病的间接费用,还有与治疗疾病不相关但患者必须支出的费用。对于这些费用,保险人给付保险金的总原则是:直接费用予以负责,间接费用可以负责也可以不负责,无关费用一律不予负责。

一般来说,保险人都会在医疗保险合同中明确规定医疗保障项目,对于不予保障的项目通常在保险合同中的除外责任条款中,用列举法加以表示。

保险人在保险合同中明确医疗保障项目,既有利于为被保险人提供较充分的医疗保障,又有利于保险人节省开支,不至于因医疗保险金给付过多而发生亏损。

**(四)医疗费用分担**

为了减少医疗保险中的道德风险问题,医疗保险合同中常常规定医疗费用分担条款,即将发生的医疗费用分摊给被保险人一部分。这样做一方面能够有效地避免道德风险的发生,另一方面也有助于减少不必要的费用开支,为保险人降低费率创造条件。医疗费用分担条款一般包括:免赔额条款、给付比例条款和给付限额条款等。

## 四、医疗保险险种介绍

下面选取了平安和太平两家人寿保险公司的两种医疗保险产品,摘取了其中主要内容,能够使读者直观的了解医疗保险产品。

**(一)平安附加健享人生住院费用医疗保险(B)简介**

**1. 保险对象**

享有社会医疗保险或公费医疗保障的人群可作为附加险合同的被保险人。

## 2. 保险金额

附加险合同每份的保险金限额见附表。投保份数由投保人和保险人约定并于保险单上载明。投保份数一经确定,在该保单年度内将不能变更。

## 3. 保险责任（本附加险合同的保险责任分为基本部分和可选部分）

投保人可以单独投保基本部分,也可以在投保基本部分的基础上增加可选部分,但不能单独投保可选部分。在投保可选部分时必须同时投保该部分的两项责任,不能只选择其中一项。

在本附加险合同有效期内,保险人承担如下保险责任:

（1）等待期

首次投保或非连续投保本保险时,被保险人在本附加险合同生效之日起30天内发生疾病,由此而导致的住院治疗,保险人不承担给付保险金的责任。这30天的时间称为等待期。续保或者因意外伤害住院治疗无等待期。如果在等待期后发生保险事故,按照下列方式给付保险金:

（2）基本部分

住院费用保险金:

被保险人因疾病或意外伤害经医院诊断必须住院治疗,对于每次住院在约定范围（同签发保险单分支机构所在地社会医疗保险规定的赔付范围）内的医疗费用在被保险人已按社会医疗保险或公费医疗有关规定取得医疗费用补偿后,保险人按照被保险人实际支出的合理且必要的上述费用的余额给付保险金,每次住院给付保险金的限额见附表;发生保险事故时,被保险人不享有社会医疗保险或公费医疗保障的,保险人按照被保险人实际支出的合理且必要的上述费用的65%给付保险金,每次住院给付保险金的限额见附表。在每一保单年度内,保险人仅对被保险人住院180天内发生的医疗费用承担保险责任。

（3）可选部分

非器官移植手术费用保险金:

被保险人因疾病或意外伤害而住院进行非器官移植手术治疗,在被保险人已按社会医疗保险或公费医疗有关规定取得医疗费用补偿后,保险人按照被保险人每次手术在约定范围（同签发保险单分支机构所在地社会医疗保险规定的赔付范围）内实际支出的合理且必要的手术费用的余额给付保险金,每次手术给付保险金的限额见附表;发生保险事故时,被保险人不享有社会医疗保险或公费医疗保障的,保险人按照被保险人每次手术在约定范围内实际支出的合理且必要的手术费用的65%给付保险金,每次手术给付保险金的限额见附表。

器官移植手术费用保险金:

被保险人因疾病或意外伤害而住院进行器官移植手术治疗,在被保险人已按社会医疗保险或公费医疗有关规定取得医疗费用补偿后,保险人按照被保险人每次手术在约定范围（同签发保险单分支机构所在地社会医疗保险规定的赔付范围）内实际支出的合理且必要的手术费用的余额给付保险金,每次手术给付保险金的限额见附表;发生保险事故时,被保险人不享有社会医疗保险或公费医疗保障的,保险人按照被保险人每次手术在约定范围内实际支出的合理且必要的手术费用的65%给付保险金,每次手术给付保险金的限额见附表。

若被保险人因同一原因需间歇性施行手术,且前后手术日期间隔未达90天,则视为同一次手术。

(4)责任的延续

对等待期后本附加险合同到期日前发生的且延续至本附加险合同到期日后30天内的住院治疗,保险人仍然承担给付保险金的责任。

(5)补偿原则

若被保险人已从其他途径(包括农村合作医疗保险、工作单位、本保险人在内的任何商业保险机构等)取得补偿,保险人在各项保险金的给付限额内根据本附加险合同中各项费用的约定范围,给付被保险人获得补偿后的各项费用的余额。若被保险人不享有社会医疗保险或公费医疗保障,已从其他途径(包括农村合作医疗保险、工作单位、本保险人在内的任何商业保险机构等)取得补偿的,保险人在各项保险金的给付限额内根据本附加险合同中各项费用的约定范围,给付被保险人获得补偿后的各项费用的余额,且给付的各项费用的余额均不超过本附加险合同约定范围内各项费用的65%。

(二)太平真爱健康保险简介

**1. 投保范围**

本合同接受的被保险人的投保年龄为出生满60天至60周岁。

**2. 基本保险金额**

由投保人和保险人约定,并在保险单或批注上列明,如果该金额发生变更,则以变更后的金额为基本保险金额。

**3. 保险责任**

在本合同有效期内,被保险人因疾病或遭受意外伤害事故入住医院治疗,保险人按以下约定承担保险金给付责任:

(1)住院津贴保险金

被保险人每次住院保险人按住院天数与3天之差乘以每日住院津贴给付住院津贴保险金,即住院津贴保险金 = (实际住院天数 − 3天) × 每日住院津贴。

同一住院原因的给付,最高以90天为限。如果被保险人因同一原因间歇性入住医院,前次出院与后次入院日期的间隔未达90天,则按同一住院原因给付。

每保单年度承担住院给付天数,最高以180天为限。

(2)住院费用保险金

如果被保险人在申请该次住院费用保险金之前已经通过社会医疗保险取得针对该次住院治疗的补偿,保险人对该次住院治疗的已支出的、必须且合理的实际住院费用扣除被保险人取得的补偿后的剩余部分按90%进行给付。

如果被保险人在申请该次住院费用保险金之前没有通过社会医疗保险取得针对该次住院治疗的补偿,保险人对该次住院治疗的已支出的、必须且合理的实际住院费用扣除500元后的剩余部分按70%进行给付。

每保单年度所承担的住院费用保险金给付责任,以住院费用保险金金额为限。

**4. 补偿原则对保险责任的限制**

如果被保险人按政府的规定取得补偿,或从其他社会福利机构、任何医疗保险、单位、个人给付取得补偿,保险人仅对实际住院费用扣除被保险人取得的补偿后的剩余部分按第四条所述方式承担给付责任。

**5. 保险期间**

保险人对本合同应承担的保险责任自我们同意承保,收取首期保险费并签发保险单的次日零时开始(具体生效日以保险单或批单上列明的为准)。

本合同的保险期间为1年。

**【知识库】**

健康保险中的观察期

所谓"观察期"是健康保险中特有的时限规定。投保健康保险后,保险公司审核了被保险人的健康资料,同意承保,但还需要经过一个合理期限,保险公司才能受理投保人或被保险人的理赔申请。所有健康保险合同,均有明确的时限规定,只是每个保险公司规定的时限不大一样。一般来说,疾病住院保险是30天,女性疾病保险与某些特定疾病保险是120天,重大疾病保险是90天。

设立"观察期"是因为疾病的发展是一个缓慢的过程,如果投保人在保险一生效,就提出疾病理赔申请,保险公司就无法判断所需理赔的病因发生时间在投保前还是在投保之后。倘若保险公司理赔了,就不能公平地保证其他被保险人的权益,就有可能损害其他诚信投保人和被保险人的利益。因此,"观察期"的设立,可以从源头上防范道德风险的发生,公平、公正、公开地保护所有投保人和被保险人的权益。

(资料来源:张洪涛《人身保险》)

## 第三节 疾病保险

### 一、疾病保险的概念

疾病保险是指被保险人罹患合同约定的疾病时,保险人按合同约定的保险金额给付保险金的健康保险。这种保险以疾病为给付保险金条件,保险金额比较大,一般是在被保险人被确诊为合同约定的某种疾病后,立即一次性给付保险金额,而不考虑被保险人的实际医疗费用支出。

## 二、疾病保险的种类

疾病保险的种类主要包括重大疾病保险和特种疾病保险。

### (一)重大疾病保险

重大疾病保险,是指当被保险人在保险合同有效期内罹患合同所指定的重大疾病时,由保险人按合同约定给付保险金的保险。重大疾病保险保障的疾病一般有心脏病、冠状动脉旁路手术、脑中风、恶性肿瘤、慢性肾衰竭(尿毒症)、瘫痪、重大器官移植手术、严重烧伤、暴发性肝炎、主动脉手术等。按保险期间划分,重大疾病保险可分为定期重大疾病保险和终身重大疾病保险。

### (二)特种疾病保险

特种疾病保险,是以被保险人罹患某种特殊疾病为保险金给付条件,保险人按照保险合同约定的保险金额给付保险金或者对被保险人治疗该种疾病的医疗费用进行补偿的保险。主要有癌症保险、艾滋保险、团体传染性非典型肺炎疾病保险、禽流感保险等。其中,最常见的是癌症保险。癌症保险能为罹患恶性肿瘤的被保险人提供高额的疾病保险金。

特种疾病保险承保的疾病一般都难以治愈,而且治疗和护理费用都很高,会给人们带来沉重的经济压力和负担。特种疾病保险既可以采用定额给付,也可以对治疗费用进行补偿给付,目前我国市场上最常见的特种疾病保险大都采用定额给付的方式,个别团体产品中也有针对某些特定疾病的医疗费用进行补偿的。

## 三、疾病保险的给付

疾病保险的给付方式主要有独立主险给付型、附加给付型、提前给付型、比例给付型等。

### (一)独立主险给付型

独立主险给付型疾病保险的保险责任包含身故和疾病,这两种保险责任是完全独立的,且二者有独立的保险金额。如果被保险人身患合同约定的疾病,无论其是否身故,保险人均给付疾病保险金,保险合同终止;如果被保险人未患合同约定的疾病,则保险人在被保险人身故时,给付身故保险金,保险合同终止。

### (二)附加给付型

附加给付型疾病保险,通常是以寿险为主险的附加险,其保险责任包括身故、高残和疾病,且规定有明确的生存期。生存期通常有30天、60天、90天、120天不等。如果被保险人身患合同约定的疾病,且在生存期内死亡,保险人只给付身故保险金;如果被保险人身患合同约定的疾病,且存活超过生存期,则保险人给付疾病保险金,且须在被保险人身故时再给付身故保险金。

### (三) 提前给付型

提前给付型疾病保险的保险责任包括疾病、身故或高残。保险总金额中包括疾病保险金额和身故（高残）保险金额两部分，如果被保险人身患合同约定的疾病，则其可以提前领取总保险金额中的疾病保险金额，用于医疗费用开支，剩余的保险金额在被保险人身故时由受益人领取；如果被保险人没有罹患合同约定的疾病，则将总保险金额全部作为身故保险金由受益人领取。

### (四) 比例给付型

比例给付型疾病保险是针对不同种类的疾病而设计不同的给付比例，主要是考虑某种疾病的发生率、死亡率、治疗费用等因素，来确定其在疾病保险总保险金额中的给付比例。如果被保险人患有合同约定的某种疾病，则保险人按该种疾病的给付比例给付保险金。例如，有些保险合同规定有一类疾病和二类疾病，一类疾病给付保险金额的80%；二类疾病给付保险金额的20%。

## 四、疾病保险险种介绍

### (一) 中国人寿康宁终身保险简介

#### 1. 投保范围

凡七十周岁以下、身体健康者均可作为被保险人，由本人或对其具有保险利益的人作为投保人向中国人寿保险公司（以下简称本公司）投保本保险。

#### 2. 保险责任开始

本合同自本公司同意承保、收取首期保险费并签发保险单的次日开始生效。除另有约定外，本合同生效的日期为本公司开始承担保险责任的日期。

#### 3. 保险责任

在本合同有效期内，本公司负下列保险责任：

①被保险人在本合同生效（或复效）之日起一百八十日后初次发生、并经本公司指定或认可的医疗机构确诊患重大疾病（无论一种或多种）时，本公司按基本保额的二倍给付重大疾病保险金，本合同的重大疾病保险金给付责任即行终止。

若重大疾病保险金的给付发生于交费期内，从给付之日起，免交以后各期保险费，本合同继续有效。

②被保险人身故，本公司按基本保额的三倍给付身故保险金，但应扣除已给付的重大疾病保险金，本合同终止。

③被保险人身体高度残疾，本公司按基本保额的三倍给付高度残疾保险金，但应扣除已给付的重大疾病保险金，本合同终止。

4. 保险费

保险费交付方式分为趸交、年交、半年交,分期交付保险费的交费期间又分为十年和二十年,由投保人在投保时选择。

(二) 中国人寿关爱生命女性疾病保险(B)简介

1. 投保范围

凡十六周岁以上至四十周岁以下、身体健康的女性(如怀孕需未超过十六周)均可作为被保险人,由本人或对其具有保险利益的人作为投保人向中国人寿保险公司(以下简称本公司)投保本保险。被保险人于本合同有效期间内分娩产下的已生存七日以上的婴儿为"附带被保险人"(除非本合同特别指明,本合同以下所说的被保险人均不包括"附带被保险人")。

2. 保险责任开始

本合同自本公司同意承保、收取首期保险费并签发保险单的次日开始生效。除另有约定外,本合同生效的日期为本公司开始承担保险责任的日期。

3. 保险期间

本合同对被保险人的保险期间自本合同生效之日起至被保险生存至七十周岁的生效对应日止;本合同对"附带被保险人"的保险期间则自其出生并生存七日后至满六周岁止。

4. 保险责任

在本合同有效期内,本公司负下列保险责任:

①被保险人身故或身体高度残疾,本公司按基本保额给付身故保险金或高度残疾保险金,本公司对被保险人的保险责任终止。

②被保险人身故或身体高度残疾,如"附带被保险人"仍生存,本合同继续有效,并免交本合同以后各期保险费。

③被保险人在本合同生效(或复效)之日起一百八十日后初次发生、并经本公司指定或认可的医疗机构确诊患特定癌症之一时,本公司按基本保额的40%给付癌症医疗保险金,但每种特定癌症的医疗保险金的给付以一次为限。

④被保险人在本合同生效(或复效)之日起一百八十日后初次发生、并经本公司指定或认可的医疗机构确诊患系统性红斑狼疮,本公司按基本保额的20%给付系统性红斑狼疮医疗保险金,但给付以一次为限。

⑤被保险人遭受意外伤害或在本合同生效(或复效)之日起一百八十日后患疾病,而接受附表一所列手术时,本公司按基本保额的5%给付手术医疗保险金,但被保险人因意外伤害或同一疾病于同一手术位置接受附表一所列手术时,本公司对手术医疗保险金的给付以一次为限。

⑥被保险人初次发生髋部骨折、并经本公司指定或认可的医疗机构确诊患骨质疏松症,本公司按基本保额的5%给付髋部骨折医疗保险金,但给付以一次为限。

⑦被保险于怀孕期间经本公司指定或认可的医疗机构确诊患附表二所列疾病时,本公司

按基本保额乘以附表二所列疾病对应的给付比例给付怀孕期疾病医疗保险金。

⑧"附带被保险人"于出生七日后六周岁前经本公司指定或认可的医疗机构确诊患特定先天性疾病之一,本公司按基本保额的15%给付先天性疾病保险金。但不论"附带被保人"患一项或多项特定先天性疾病,亦不论出生人数之多少,先天性疾病保险金的给付每人以一次为限。

⑨"附带被保险人"于出生七日后六周岁前身故,本公司按基本保额的10%给付身故保险金,本公司对该"附带被保险人"的保险责任终止。

5. 保险费

保险费的交付方式分为趸交和年交。年交保险费的交费期间分为5年、10年、15年和20年四种。保险费的交付方式和交费期间由投保人在投保时选择。

【知识库】
**中国保险行业协会与中国医师协会共同制定了规范定义的重大疾病**

为方便消费者比较和选择重大疾病保险产品,保护消费者权益,结合我国重大疾病保险发展及现代医学进展情况,并借鉴国际经验,中国保险行业协会与中国医师协会共同制定的,有规范定义的重大疾病包括:恶性肿瘤、急性心肌梗塞、脑中风后遗症、重大器官移植术或造血干细胞移植术、冠状动脉搭桥术(或称冠状动脉旁路移植术)、终末期肾病(或称慢性肾功能衰竭尿毒症期)、多个肢体缺失、急性或亚急性重症肝炎、良性脑肿瘤、慢性肝功能衰竭失代偿期、脑炎后遗症或脑膜炎后遗症、深度昏迷、双耳失聪、双目失明、瘫痪、心脏瓣膜手术、严重阿尔茨海默病、严重脑损伤、严重帕金森病、严重Ⅲ度烧伤、严重原发性肺动脉高压、严重运动神经元病、语言能力丧失、重型再生障碍性贫血、主动脉手术。

(资料来源:中国保险监督管理委员会)

## 第四节 丧失工作能力所得保险

### 一、丧失工作能力所得保险的概念

(一)丧失工作能力所得保险的含义

丧失工作能力所得保险简称为失能所得保险,又称为失能收入损失保险、残疾收入保险或收入保障保险,是指以因意外伤害、疾病导致收入中断或减少为给付保险金条件的保险,即在保险合同有效期内,如果被保险人因疾病或意外伤害而致残疾、丧失部分或全部工作能力,而造成其正常收入损失时,由保险人按合同约定的方式分期给付保险金的一种健康保险。其主要目的是为被保险人因丧失工作能力导致不能获得正常收入或收入减少,提供经济上的保障,但不承担被保险人因疾病或意外事故所发生的医疗费用。

我国《健康保险管理办法》第二条规定:丧失工作能力所得保险是指以因保险合同约定的

疾病或者意外伤害导致工作能力丧失为给付保险金条件,为被保险人在一定时期内收入减少或者中断提供保障的保险。

根据导致失能的原因不同,失能所得保险一般可以分为两种,一种是补偿因疾病而致残疾的收入损失,另一种是补偿因意外伤害而致残疾的收入损失。

(二)全残的界定

在失能所得保险中,关于全残的界定是正确理解失能所得保险责任范围的关键问题。每一份失能所得保险单都要对残疾(尤其是全残)进行明确界定,并规定相应的保险金,被保险人只有符合残疾规定时才能领取保险金。

完全残疾或称全残,是指永久丧失全部劳动能力,不能参加工作(原来的工作或任何新工作)以获得工资收入。这是一个对全残的传统定义,属于绝对全残。事实上,按此定义对于全残的界定,绝大多数被保险人均不能符合领取失能所得保险金的条件。因此,失能所得保险中,对于全残的界定经历了一个由严格到宽松的发展过程。

目前,大多数失能所得保险通用的全残概念是:如果在致残初期,被保险人由于残疾不能完成其惯常职业的基本工作,则可认定为全残,并按规定领取丧失工作能力所得保险金。在致残以后的约定时期内(通常为2年或者5年),若被保险人仍不能从事任何与其所受教育,训练或经验相当的职业时,还可以认定为全残,并继续领取失能所得保险金。也就是说,如果被保险人自愿重返任何一种有收入的职业,就不能被认定为全残并领取丧失工作能力所得保险金了。

我国目前的失能所得保险中,一般采用列举式规定,在保险合同中详细列举了被保险人可以被认定为全残的各种情况,并规定全残的鉴定工作应在治疗结束后由保险人指定或认可的医疗机构作出,保险人根据鉴定结果来决定是否构成失能所得保险的给付条件。保单中通常列举的全残包括下列情况之一:双目永久完全失明;两上肢腕关节以上或两下肢踝关节以上缺失;一上肢腕关节以上及一下肢踝关节以上缺失;一目永久完全失明及一上肢腕关节以上缺失;一目永久完全失明及一下肢踝关节以上缺失;四肢关节机能永久完全丧失;咀嚼、吞咽机能永久完全丧失;中枢神经系统机能或胸、腹部脏器机能极度障碍,终身不能从事任何工作,为维持生命所必需的日常活动全需他人扶助。

二、丧失工作能力所得保险的给付

(一)给付期间与免责期间

给付期间是指在失能所得保险中,保险人对于不能正常工作或者需要治疗的被保险人负责给付保险金的最长时间,超过了给付期间,即使被保险人仍不能工作或仍需治疗,保险人也不承担给付保险金责任。

免责期间,又称等待期,它是从被保险人致残到开始领取失能所得保险金所需等待的时间,一般在失能所得保险中的等待期通常为3~6个月。

## （二）给付金额

丧失工作能力所得保险的目的是在被保险人因疾病或意外伤害无法正常工作时，由保险人给付失能所得保险金，缓解被保险人因为收入损失所带来的经济困难。因此，一般情况下，保险人在确定保险金额时，应参照被保险人过去的专职收入水平或者社会平均年收入水平。

值得注意的是，在一般的失能所得保险中都设有一个最高给付限额，该限额通常低于被保险人在残疾前的正常收入，即失能所得保险金不能完全补偿被保险人致残前的收入，一般会低于其残疾前的正常收入。这样做的目的是为了防止道德风险，避免被保险人为了领取失能所得保险金而不积极实施康复计划和重新工作，甚至有意延长失能的期间。当然，失能所得保险金的给付限额也不能过低，否则就不能保证被保险人的正常生活，难以实现保险保障的目的，因此失能所得保险的给付限额一般是被保险人出险前收入水平的50%~80%。

丧失工作能力所得保险的给付金额有两种确定方法，定额给付法和比例给付法。

### 1. 定额给付法

定额给付法是保险双方当事人在订立保险合同时协商确定一个固定的给付金额，当被保险人在保险期间发生保险事故而丧失工作能力时，保险人按合同约定的固定金额定期给付保险金。在这种方式下，无论被保险人在残疾期间是否还有其他收入来源，保险人都要按照约定的金额给付失能所得保险金。定额给付法主要适用于个人失能所得保险。

### 2. 比例给付法

比例给付法是保险事故发生后，保险人根据被保险人的伤残程度给付一定比例的保险金。比例给付法多用于团体失能所得保险中，对于被保险人全残的，保险人按原收入的一定比例（70%~80%）给付保险金；对于被保险人部分残疾的，保险人按照全残保险金的一定比例给付，计算公式为：

部分残疾给付金 = 全部残疾给付金 × (残疾前的收入 - 残疾后的收入) / 残疾前的收入

## （三）给付方式

### 1. 一次性给付

一次性给付是指被保险人因疾病或意外伤害致残后丧失工作能力的，保险人一次性给付失能所得保险金的一种给付方式。如果被保险人全残，则保险人按保险合同约定的保险金额给付保险金；如果被保险人部分残疾，则保险人通常根据被保险人的残疾程度，按照一定的比例一次性给付保险金。

### 2. 分期给付

分期给付包括两种情况：一是按月或按周进行补偿。即保险人根据被保险人的选择，每月或每周提供金额相一致的收入补偿，从等待期结束后开始给付，直到残疾康复或约定的最长给付期届满。二是按给付期限给付。通常规定给付至被保险人年满60周岁或退休年龄，若此期间被保险人死亡，保险责任即告终止。

## 三、丧失工作能力所得保险险种介绍

### （一）太平卓越人生附加残疾给付意外伤害保险简介

**1. 投保范围**

本附加合同接受的被保险人的投保年龄为 18~60 周岁。

**2. 基本保险金额**

本附加合同的基本保险金额由投保人和保险人约定，并在保险单或批注上列明。如果该金额发生变更，则以变更后的金额为基本保险金额。

**3. 保险责任**

在本附加合同有效期内，如果被保险人遭遇意外伤害事故，且自该意外伤害事故发生之日起 180 天内，被保险人因该事故导致身体残疾，保险人按本附加合同的基本保险金额的一定比例给付残疾保险金。

被保险人仍需继续接受治疗的，应在治疗结束后（但最迟不超过事故发生后的第 180 天）进行残疾鉴定，保险人根据残疾鉴定结果给付残疾保险金。

被保险人因同一意外伤害事故而导致一项以上身体残疾的，保险人按《人身保险残疾程度与保险金给付比例表》的规定给付对应的保险金之和。如果不同残疾项目属于同一手或同一足，保险人仅给付其中较高一项的残疾保险金。

被保险人因不同意外伤害事故而导致的不同残疾项目，发生在同一手或同一足的，保险人仅给付其中较高一项的残疾保险金。如果后次残疾程度较高，保险人将在后次给付的残疾保险金中扣除前次已给付的残疾保险金；如果前次残疾程度较高，则保险人不再给付后次的残疾保险金。

如果被保险人身体残疾的程度在《人身保险残疾程度与保险金给付比例表》没有列明，保险人将参照《人身保险残疾程度与保险金给付比例表》内相类似的残疾项目给付残疾保险金。如果被保险人身体残疾的程度低于《人身保险残疾程度与保险金给付比例表》内的第四级残疾的，保险人不承担保险责任。

保险人在给付本附加合同的残疾保险金后，将从太平卓越人生附加意外伤害保险合同的基本保险金额中扣除相应的金额。

保险人对本条所承担的保险责任最高以本附加合同的基本保险金额为限，如果保险人累积给付的残疾保险金的金额总数达到本附加合同的基本保险金额时，本附加合同效力终止。

### （二）中宏人寿附加安心失能补偿保险简介

**1. 投保年龄**

投保年龄为 18~50 周岁。

**2. 缴费期间和保险期间**

缴费期间 = 保险期间，可选择 10 年/15 年/20 年。

### 3. 保险责任

(1) 癌症收入补偿

在保险期间内,被保险人若患癌症,被保险人可获得月度利益给付金额,直至利益给付期间结束为止;若在利益给付期间内身故,由受益人继续按月领取,直至利益给付期间结束。

(2) 意外残疾收入补偿

在保险期间内,被保险人若意外残疾,被保险人可获得月度利益给付金额,直至利益给付期间结束为止;若在利益给付期间内身故,由受益人继续按月领取,直至利益给付期间结束。

(3) 身故收入补偿

在保险期间内,被保险人若身故,受益人可获得月度利益给付金额,直至利益给付期间结束为止。

(4) 满期健康恭贺金

生存至保障期满且未发生上述理赔,将获得健康恭贺金。金额等于300%月度利益给付金额。

注:①以上利益不可同时兼得。

②若在利益给付期间内,受益人也身故,则由其指定的受益人一次性剩余未领取的月度利益给付金额的现值之和。

【知识库】

### 附 加 险

附加险是相对于主险而言的,顾名思义是指附加在主险合同下的附加合同。附加险不可以单独投保,要购买附加险必须先购买主险。一般附加险所缴的保险费比较少,但它的存在是以主险存在为前提的,不能脱离主险,形成一个比较全面的保障。例如,一般个人人寿保险可以附加意外伤害保险和医疗保险;普通家庭财产保险可以附加盗窃保险等。

(资料来源:中国疾病网)

【案例 11.1】

### 如此拒赔是否正确

2008年2月,某保险公司理赔人员接到某工业学校学生刘某(女,18岁)因患先天性心脏病、房间隔缺损住院治疗的理赔申请案。保险公司经审核后认为,被保险人刘某因投保前已患有的疾病而住院治疗,不属于学生幼儿团体住院医疗保险条款及住院安心保险条款的保险责任范围(学生幼儿团体住院医疗保险条款第3条第6款明确规定,被保险人因投保前已患有的疾病治疗所发生的费用,不属于保险责任范围;住院安心保险条款第9条第7款亦明确规定,本合同生效时或生效后30天内因所患疾病而致住院或手术,本公司不承担给付保险金的责任),发出了拒赔通知书。被保险人父母接到拒赔通知书后,表示强烈不满,认为其女刘某虽因患先天性心脏病住院治疗,但却是投保后才初次发现的,不应认定为投保前已患的疾病,遂诉诸法庭,要求保险公司给付4万元人民币的保险金。你认为该案应如何处理?

**【案例 11.2】**

**保险期限内发生事故是否能获得赔偿**

2009 年 6 月，沈某为其不到两周岁的女儿徐某向保险公司购买了少儿住院医疗保险，保额为 3 万元，保费为 240 元，保险期限自当年 6 月 14 日零时起至次年的 6 月 13 日 24 时止。当年 8 月 5 日至 15 日，女孩徐某因腹泻及上呼吸道感染住院，用去医疗费 1 253 元。事后，徐某父母向保险公司提出索赔，保险公司认为该医疗保险条款中规定："被保险人于保单生效之日起 90 日内因疾病住院治疗直至痊愈所支出的医疗费用为除外责任。"徐某生病住院时距离保单生效尚不足 90 日，属除外责任，提出拒赔。而徐某父母认为，该条款实质上损害了消费者 3 个月的索赔权利，合同的实际有效期从 12 个月变成了 9 个月，遂将保险公司告上法庭。

## 本章小结

1. 健康保险是以人的身体为保险标的，对被保险人在保险期限内，因疾病或意外事故造成伤害所导致的医疗费用支出或收入损失予以补偿的一种保险。

2. 医疗保险，又称医疗费用保险，是指提供医疗费用保障的保险，是健康保险的重要组成部分。医疗保险的种类一般包括普通医疗保险、综合医疗保险和补充医疗保险。

3. 疾病保险是指被保险人罹患合同约定的疾病时，保险人按合同约定的保险金额给付保险金的健康保险。这种保险以疾病为给付保险金条件，保险金额比较大，一般是在被保险人被确诊为合同约定的某种疾病后，立即一次性给付保险金额，而不考虑被保险人的实际医疗费用支出。疾病保险的种类主要包括重大疾病保险和特种疾病保险。疾病保险的给付方式主要有独立主险给付型、附加给付型、提前给付型、比例给付型等。

4. 丧失工作能力所得保险，是指以因意外伤害、疾病导致收入中断或减少为给付保险金条件的保险，即在保险合同有效期内，如果被保险人因疾病或意外伤害而致残疾、丧失部分或全部工作能力，而造成其正常收入损失时，由保险人按合同约定的方式分期给付保险金的一种健康保险。其主要目的是为被保险人因丧失工作能力导致不能获得正常收入或收入减少，提供经济上的保障，但不承担被保险人因疾病或意外事故所发生的医疗费用。

## 自 测 题

1. 健康保险的概念和主要特点是什么？
2. 健康保险有关条款主要有哪些？
3. 医疗保险合同的主要内容有哪些？

4. 疾病保险的概念是什么？
5. 丧失工作能力所得保险的概念是什么？

---

【阅读资料11.1】

### 医药费使亚洲增加7 800万穷人
——专家建议通过健康保险降低贫困风险

国际卫生专家估计，如果将医药费用考虑在内，生活在贫困中的亚洲人口比先前估计的多7 800万人。

亚洲国家许多人都没有健康保险，需要支付医药费，但传统上对贫困人口的统计都未将用现金支付的医药费用开支考虑在内。

研究人员从11个亚洲国家的家庭总收入中扣除医药费用，结果又有数以千万计的人降到国际公认的每人每天1美元的贫困线以下。

研究小组负责人、荷兰卫生经济学家埃迪·范·多尔斯拉尔博士说："如果考虑到直接用现金支付的医药费用，又有7 800万人被算入贫困人口。"

"我们算了一下，在接受调查的人口中，在扣除支付的医药费用后，又有2.7%的人每天收入不足1美元。"

今天出版的医疗杂志《柳叶刀》周刊报道了上述数据，它是以各国国民支出调查中的医药支出资料为基础的。

研究人员通过对全国代表性的抽样检查推断出全体国民的情况。总的来说，这项研究显示，贫困现象的普遍程度比其他没有包括现金支付医药费用的统计结果高出14%。

范·多尔斯拉尔说："这么一大部分医药费用要用现金支付，我们对此感到吃惊。"

他还说："这些费用很大一部分由生活水平刚刚超过贫困线的人承担，一扣除这些费用，他们就被推倒贫困线以下。"

研究显示，印度尼西亚、泰国和马来西亚的医药费用负担最轻。孟加拉国、中国、印度、尼泊尔和越南等较大国家的情况比较触目惊心。

范·多尔斯拉尔说："这些国家的全部医药费用中，超过60%是用现金支付的。"

在将现金支付的医药费用考虑进去后，孟加拉国和印度有近4%的国民降到贫困线以下。

斯里兰卡、菲律宾和吉尔吉斯斯坦也在被调查之列。

范·多尔斯拉尔说："很大一部分亚洲人面临高额医药费用的风险。"他还说，有必要通过公共健康保险或个人健康保险等方面来降低风险。

(资料来源：《参考消息》)

# 第十二章
## Chapter 12

# 保险精算

**【学习要求及目标】**

通过本章的学习,要求读者掌握保险精算理论的基础知识和精算学思想,熟悉并理解人寿保险精算原理与非寿险精算原理,其中包括寿险产品定价、非寿险费率厘定和准备金评估等关于保险精算的具体内容。

**【引导案例】**

一种保险不同给付金额

看下面一款寿险产品的介绍:李先生,30 岁,为自己投保了中国人寿福禄双喜两全保险,选择 5 年交费,年交保险费 10 万元,基本保险费金额为 171 210 元,可获得如下利益:

第一,生存保险金。自合同生效之日起,被保险人生存至每满两个保单年度的年生效对应日,按基本保险金额的 10% 给付生存保险金 17 121 元,至保单届满最高可领取 376 662 元。

第二,满期保险金。被保险人生存至保险期间届满的年生效对应日,本公司按所交保险费(不计利息)给付满期保险金 50 万元,合同终止。

第三,身故保险金。被保险人在保险期间内身故,本公司按被保险人身故当时合同所交保险费(不计利息)给付身故保险金,合同终止。

一款保险产品投保人需要支付多少费用? 保险人在不同情况下为什么给付的保险金额不同? 等等。这些必须通过精算来解答。

## 第一节 精算理论概述

### 一、精算科学及其应用领域

精算科学是以概率论和数理统计为基础的,与经济学、金融学及保险理论相结合的应用与交叉性的学科。它广泛应用于社会经济各个领域中对风险的评价,以及相应经济安全方案的制定。

精算科学是为适应寿险业发展的需要而产生和发展起来的,最初应用于人寿保险中对人口死亡率的估计，以后逐步在财产、灾害、责任保险的营运和社会保障事业的建立中发挥重要的作用。在保险领域，精算学主要研究人寿、健康、财产、意外伤害、退休等事故的出险规律、损失的分布规律、保费的厘定、保险产品的设计、准备金的提取、盈余的分配、基金的投资等，以保持保险公司经营的财务稳定性。在社会保障事业中，它主要研究退休、医疗、失业、工伤、生育等保障方面成本与债务的分配方案，以及社会保障基金的投资方案等，保持社会保障事业的经济安全性和稳定性。目前，精算学已成为现代保险业、社会保障事业和投资业的科学基础。第二次世界大战以后，其应用范围进一步扩大到社会、人口、经济、军事等各个领域中对风险的评价。

可以说，精算学就是对风险的评价和制定经济安全方案的方法体系。风险是一种不确定性，当未来存在不确定性时就有风险。在社会经济各个领域和人们的日常生活中，风险无处不有，无时不在。风险的发生可能造成损失，比如在社会经济生活中，人们可能由于早逝给家庭造成损失，由于疾病付不起医疗费用而丧失治疗机会，由于失业影响正常生活，由于年老没有依靠使老年人生活难以维持。人们也可能由于灾害和意外事故使财产遭受损失，由于人们的过失或侵权行为造成他人的财产损毁或人身伤亡等。保险经营的对象正是风险，通过保险使风险造成的损失转移到保险人，由面临相同或相似风险的众多投保者共同分担损失，从而减缓和避免风险造成的损失。

精算学之所以成为保险经营的科学基础，正是因为保险经营的对象是风险。在工商企业的管理中，需要根据不变资本和可变资本的价格核算产品的生产成本，实际的生产成本发生在销售之前。保险经营的成本与一般产品生产成本发生的时间不同，保险是通过投保人购买保险公司发行的保单这种特殊产品实现风险转移的。保单价格由它承担风险的强度和风险损失大小决定的，而投保人的风险和损失大小只有在风险和损失实际发生后才能确定，因此发生在保单销售之后。为应付未来成本收取的保险费与未来实际发生的现实成本存在时间差，这就需要运用精算学方法预先估计保险成本并对保险成本依缴费时间长短进行分摊，确定保险费率。具体地，首先根据过去保险统计资料，运用统计学方法研究保险事故的出险规律，如人寿保险中的死亡率，医疗保险中的各种病因发病率和病因死亡率，财产和灾害保险中保险事故的发生率、索赔次数的分布规律等；其次研究保险事故发生造成损失的分布规律，如财产保险每次损失数额的分布规律；在此基础上估计保险公司承担风险的期望值，即保险趸缴净保费。在估入保险公司营业费用后，计算保单的预计总成本。保险公司在收取保费后开始履行保险义务，其未完成的赔付责任构成了保险公司对投保人的负债，为了这一负债需要提取的准备资金就是保险公司的责任准备金。保险公司为保证其偿付能力，必须预留足够的准备金。根据未来风险和损失科学地计算保险公司的责任准备金对保险公司的正常营运具有十分重要的意义。当保险公司承担的风险增大时会给保险公司的经营带来困境，这需要通过再保险实现风险的转移。在再保险中确定合理的分出量和自留量是保险精算的重要内容。此外，保险基金需要投资营运以增强保险实力，投资风险分析、投资项目选择、收益率计算、投资效益评价等都需要运用精算学的方法。

社会福利事业的建立和发展，需要运用精算学方法对退休、疾病、失业、工伤、生育等风险进行评估，并根据社会、经济、人口的发展状况，科学地计算在各种风险下社会保障的成本和债务，研究合理的债务分摊方法，从而为建立有效的社会保障制度提供数量分析依据。如在养老保险中，需要运用精算学方法估计出在承诺的退休金水平下的养老总成本，并选择最合理有效的成本分摊方法，确定基金模式和缴费模式。我国目前正在进行养老保险制度的改革，从过去现收现付的下一代养活上一代的模式过渡到社会统筹与个人账户相结合的部分基金积累模式。在养老保险模式过渡中，需要运用精算学方法，根据退休状况和过去承诺的退休金水平科学估计过渡成本，估计过渡时期的精算债务以及债务的分摊；根据人口经济状况估计退休金水平和相应的缴费水平，为确定合理的养老保险方案提供依据。

## 二、保险精算学的基本思想

保险精算学研究对保险经营的风险分析、产品设计、产品定价、负债评估、资产与负债管理、偿付能力评价、盈利能力分析等问题，为保险业的健康发展提供基本保障。保险的功能并不是消除未来的意外不幸事件，而是为因意外不幸事件所造成的经济损失提供一定补偿。由于人们事先并不知道未来的不幸事件是否会发生，一旦发生又会造成多大损失，但却可以通过保险实现风险的转移，运用精算技术对意外事件的发生概率及其后果进行预测，实现风险管理。

下面以一个 1 年期定期寿险为例说明保险的基本运作。1 年期定期寿险的基本规定包括从保单生效之日起，如果被保险人在 1 年之内去世，则保险人向保单的受益人给付保单规定的保险金，否则，合同在 1 年后自动失效。假定保险人签发了 10 000 份条件相同的保单，这些保单构成了一个封闭型保单组。所谓条件相同，在这里指保险金额相等，比如都是 100 000 元；被保险人的投保年龄相同，比如都是 50 岁；保费采取一次交清方式，也就是趸缴保费方式，而死亡给付假设在保单年度末进行。保单组是一个抽象的概念，可以理解为除保单当事人以外，所有其他条件都一样的保单构成的一个整体。从保单组来理解保险业务和相应的精算模型比较容易。

投保和承保是一种金融交易行为，这里要用到三个分析金融交易的基本方法。第一，要从买卖双方的成本和收益来分析整个交易；第二，把交易过程抽象为交换现金流；第三，在一定意义下可以认为买卖双方在进行等价交换。保险业务的特别之处在于，在保险交易的过程中，购买相同保险的投保人构成了一个利益共同体，对买方的分析要从个别投保人和整个保单组两个角度来进行。

为了描述的方便，把保单生效日定为时间起点，即时刻 0，单位时间长度为 1 年。从保险人的角度来看，在 0 时刻要制定一个价格，即保费。和一般企业的定价相似，保险人所制定的价格中包含给付成本和费用以及部分利润，但是保险人面临的不确定性往往高于一般企业。在时刻 1，保险人所收取的保费中有很大一部分返还给若干出险保单。对于投保人来说，在时刻 0，需要向保险人缴付保费，在时刻 1，少数出险保单会得到相应的索赔，赔付额往往是所交保费的若干倍。而没有出险的保单，则得不到任何赔付，在时刻 0 缴付的保费用于对其他出险保单的赔付和补偿保险公司必要的费用支出等。

保险人在销售保单之前必须厘定保费，保费中有一部分要返还给出险保单的受益人，这部分保费可以称为纯保费(net premium)或者给付保费(benefit premium)。假定在1年之内的死亡概率为0.004 3，不考虑保费的投资收益和保险人的费用，所有死亡给付在年末支付，那么保险人在0时刻应该向每个投保人收取多少保费？

计算保费需要遵守收支对等原则，对保额为100 000元的保单，在0.004 3的死亡概率下，每个人的期望损失为100 000×0.004 3=430(元)，也就是说，在不考虑保险公司的费用、投资收益、利润的情况下，每个投保人需要缴付的保费为430元。如果保险公司在0时刻出售10 000张保单，则纯保费收入总额为430×10 000=4 300 000(元)。如果实际死亡概率完全与预期的死亡概率相等，这时，在一年内死亡的人数为10 000×0.004 3=43(人)，100 000元保额的总赔付为100 000×43=4 300 000(元)，正好与所收取的保费相等。但实际上，保险人的给付支出是一个随机变量，它取决于该年内保单组产生的实际死亡人数，如果在10 000张保单中实际死亡人数超过了预计的43人，则保险人预收的保费不能补偿给付支出，这种情况称为对保险人的不利偏差，在死亡率风险上会产生一个损失；反之，如果保险人预收的纯保费超过了给付支出，保险人由此可以获得承保利润。不利偏差(adverse deviation)是实际营业过程的经验数据和预先的假设发生了偏差，且这种偏差会给保险人带来损失。由此可以看到，保险人所面临的风险并非是保单组会带来的死亡索赔，而是发生的索赔数超过了保险人的预期，用概率论语言来描述，保险人的风险不是随机变量的期望(预计死亡人数)，而是随机变量的不利偏差。

从单个投保人来看，他(她)用当前的一个小额确定型支出，即430元的净保费，换来一个对未来的高额不确定的金额，即100 000元的保额。430元净保费等于获得给付的可能性乘以给付的金额，是合情合理的，1年以后，所有的不确定性都消失了，投保人可以分成发生索赔和没有发生索赔两类，对于没有发生索赔的保单来说，保单所有人所交的保费没有任何返还，对于发生索赔的保单来说，虽然被保险人去世是不幸的，但是受益人毕竟可以获得一定的经济支持。就是说，在保单所有人之间发生了转移支付，这种转移支付功能是由保险人来完成的。

从整个保单组的角度来看，由大数定律，几乎可以确定，这个保单组中在1年之内会有若干保单的被保险人去世从而获得死亡给付。所以保单组在0时刻交给保险人总额为4 300 000元的保费，可以预期的是大部分保费都会返还给发生保险事故的保单。考虑到保险人运营成本、可能的退保等，实际收取的保费即毛保费或营业保费会高于净保费。

保险公司收取保费后，必须为保单承诺的未来赔付责任和其他可能的风险建立预先储备，这就是保险公司必须提留的准备金。准备金的数额正是保险公司未来赔付现值与未来保费收入现值之差，包括已经发生保险事故尚未赔付的部分和将来可能发生的赔付部分。这一数额需要通过评估未来可能的赔付支出和未来可能的保费收入得到，由于未来的不确定性，评估必须建立在对未来风险和损失分布分析的基础上，也就是建立在对未来损失概率的基础上。准备金与公司承担的风险相对应，是公司承担的风险净值的衡量。在保险经营过程中，还需要对公司的偿付能力、盈利能力进行评估,对公司的利润进行分析和分配,这些过程都需要运用精算平衡和风险测量的方法进行。

### 三、精算管理控制系统

传统的精算工作领域是产品定价和负债评估。由于各种保险类型的不同特点,在实践中形成了分别用于寿险、非寿险、养老金、投资、社会保障等不同领域相对独立的精算体系,这些体系的形成和发展对精算技术的专门化具有重要的作用,但同时对精算工作领域的扩展也产生了一定的限制作用。

1985 年,英国的 Jeremy Goford 在他的一篇关于人寿保险公司财务控制的文章中提出了精算管理控制的概念,强调了精算在保险公司管理控制各个环节中的作用和相互联系。随后,在精算教育领域逐步形成了精算管理控制系统这门高级课程,它建立在精算原理基础之上,综合了精算在各领域运用的普遍特点,概括了精算在持续管理过程中的作用以及各个过程之间的关系。

精算管理控制系统描述了从风险评估、产品设计、定价、负债评估、资产评估、资产负债管理、偿付能力评价、经验监控、利润分配,再回到风险评估,开始下一轮循环的各具体环节及其相互联系,以及社会、经济、人口、税收、法律等环境因素对系统各环节的影响和精算师职业化问题。图 12.1 给出了精算管理控制系统的循环图。

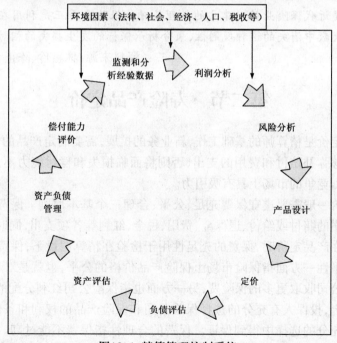

图12.1 精算管理控制系统

从图中可见,精算工作是一个循环的过程,没有明显的起点和终点。对一个新产品来说,过去的经验分析是开发新产品的基础,从风险分析开始,通过对保险公司的资产风险、保险风险、利率风险、利差风险,以及因错误定价、法律诉讼、税法变动、退保、费用增长过快等引起的其他风险的分析,建立产品设计的基础。在产品设计阶段,通过研究公司的产品策略、目标市场定位、竞争对手的情况等,设计符合公司总体发展的新产品。在产品定价过程中,精算师需要运用精算假设,在一个合理的盈利目标下确定可以接受的价格水平。在负债评估阶段,需要定期评估产品的准备金和公司的各项负债水平,同时,为了实现对保险公司偿付能力的有效管理,也需要对资产进行评估,通过资产与负债的管理实现公司经营的偿付能力。通过监测和分析过去积累的经验数据,分析公司的利润水平,并对利润分配方案提供意见,在此基础上开始下一轮的新产品设计。在整个精算管理和控制系统中,社会、经济、人口、保险法律法规、税收等都影响和制约着循环系统的各个环节。

【知识库】

### 大 数 法 则

又称"大数定律"或"平均法则"。人们在长期的实践中发现,在随机现象的大量重复中往往出现几乎必然的规律,即大数法则。此法则的意义是:风险单位数量愈多,实际损失的结果会愈接近从无限单位数量得出的预期损失可能的结果。据此,保险人就可以比较精确的预测危险,合理的厘定保险费率,使在保险期限内收取的保险费和损失赔偿及其他费用开支相平衡。大数法则是近代保险业赖以建立的数理基础。保险公司正是利用在个别情形下存在的不确定性将在大数中消失的这种规则性,来分析承保标的发生损失的相对稳定性。

(资料来源:林惠玲、陈正仓《应用统计学》)

## 第二节 寿险产品定价

保险产品的定价是精算师的基础工作,新业务的扩展,需要制定产品的出售价格,产品的价格必须至少能够弥补赔付和费用的支出,否则将面临损失和偿付能力不足。同时,产品的价格又必须在激烈竞争的市场上具有吸引力。

寿险产品定价一般需要遵守保费充足、公平、合理三个基本原则。保费充足是指保费足够用于保单所承诺的赔付或给付、退保金、费用、税金、红利等各项支出,同时保险公司还要获取合理的利润。在产品定价时,保费的充足性用于检验在精算假设下,保费是否足够将来的开支。保费的公平性一方面指保险市场上保险产品价格的公平,也就是对于出险率高、赔付成本高的被保险公司收取更多的保险费;另一方面也指保险公司红利分配的公平性。在竞争激烈的保险市场上,投保人有充分的选择保险公司和保险产品的权利和条件,保费的公平性将在这种自由和充分的选择中得到保证。保费的合理性指保费不能过高。在一个充分竞争的保险市场上,一般不会出现保费过高的情况。

## 一、寿险产品定价的精算控制循环

### (一)精算控制循环一般流程

保险公司的成功运作离不开保险产品的成功开发,当原有的保险产品不再盈利,或者市场要求具有新特征的保险产品诞生时,就需要精算师对原有的产品进行改良或者开发新的产品。而作为一种金融产品,保险产品在投入市场交易之前需要确定一个恰当的价格,这一价格在满足产品具有足够的竞争能力的同时,要达到一定的盈利目标或者公司运作的特殊目标。在保险公司的实际运作中,精算师并不直接决定保险产品的价格,特别是在英国和澳大利亚体系中,一般由精算师根据相关数据计算出产品的价格,作为建议提交相关的管理者,由管理者决定该价格是否可行并最终决定保险产品的价格。

保险产品的定价贯穿于精算控制循环的过程之中,这个循环会一直重复下去直至保险产品的定价最终完成。保险产品定价的精算控制循环流程如图12.2所示。

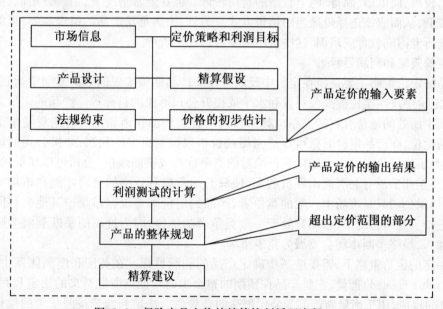

图12.2 保险产品定价的精算控制循环流程

在产品定价时,首先需要收集产品开发所需的信息,并建立相关的假设和模型,通过有关测算,得到关于产品定价的输出结果,根据输出结果对所开发产品进行一个整体的描述,在此基础上提出精算建议,以报告的形式提交管理者,由管理者最终决定该产品的定价是否可行。如果管理者认为产品的定价不合理,比如价位太高、产品没有竞争力等,这一流程将重新开始,精算师改变定价的输入要素,重新进行测算,重新提出产品的整体描述,再次提交给管理者,这一过程一直循环到管理者最终决定产品的价格为止。

## (二)产品定价的输入要素

### 1. 市场信息

在产品定价中需要收集的市场信息包括竞争对手的产品设计特征和价格、产品预计的销售量和销售方式等。在竞争激烈的保险市场上,为了使产品在投入市场时具有足够的吸引力和竞争力,保险公司必须追踪竞争者的产品设计方案,包括产品特征和定价特点,借鉴竞争者的经验,改进其不足,从而使开发的新产品具有较大的竞争优势。

新产品在市场上可能的销售量预测是定价的重要市场信息。产品的定价一般是在一定的利润目标下进行的,利润决定于成本、价格和销量。如果预先有一个利润目标,需要在一定销量假设下反推价格以实现预期的利润目标,精算师一般根据过去的经验和对当前市场的了解,比如公司过去类似产品的销售情况、市场上竞争者类似产品的销售业绩等,对产品在不同价格水平下的销售量进行有依据的预测。产品的销售方式也对产品的定价有重要意义。首先,产品的销售方式直接决定了产品的销售费用,例如专属代理人和独立代理人销售保险产品的费用较高,而电话、邮寄、网上直销的费用较低。但在通常情况下,销售费用低,销售的成功率也较低,从而应该选择最适当的销售方式。另外,为满足新产品的销售需要,可能需要对代理人进行专门的教育或培训,这些费用需要考虑在定价中。

### 2. 定价策略和利润目标

产品的定价策略主要是指在定价中反映开发新产品期望实现的效果或期望达到的目标。比如,在定价中反映实现提高公司盈利水平或提升公司形象的目标等。产品的定价策略与公司在市场中所处的地位有直接关系。如果公司的此类产品在市场中具有绝对竞争优势甚至处于垄断地位,在产品定价时就可以适当提高价格以赚取更多的利润;如果公司的运营十分有效率,为了将竞争者挤出市场以获得绝对的竞争优势或垄断地位,公司可以压低价格,使利润减少,甚至几乎没有利润或出现负利润,使只有运营极具效率的公司才能在市场竞争中生存下来;如果公司只是市场中一般的竞争者,产品的定价则要根据市场中其他公司同类产品的价格进行。通常情况下,公司只处于一般竞争者的地位,因为过高的垄断利润会吸引其他公司的加入,最终垄断市场会发展为竞争市场。

在一定的定价策略下,需要进一步确定产品的利润目标。在英国和澳洲体系中,利润用增加值(value created)衡量,它是产品在预期的整个生命周期内所能带来的法定利润(statutory profit)的现值,用于衡量新产品为公司创造的新价值。法定利润是按照法定的偿付能力要求的负债下测定的利润水平。利润目标可以有不同的表述方法,如果以绝对数表示,当增加值大于零时,表明产品有一个较好的盈利预期;当增加值等于零时,表明产品按定价出售将不产生新的价值,也不损失公司原有的价值,如果希望获得收益,则需要适当提高价格。

### 3. 产品设计

产品设计表面上看就是简单地根据预期死亡率、利率、费用率、退保率等假设计算保险费率,并写成保险条款。但实际上,产品设计和开发必须与公司的目标市场一致,必须能够平衡股东、管理者、营销人员、客户等各方面的不同需要和利益冲突,同时还要受到公司偿付能力要求的限制。

产品设计首先需要制订计划,开展市场调查,选择客户群体,进行市场细分,并分析客户群体存在的风险,调查客户群体的购买能力,预测市场销售潜力,研究有效的销售渠道,评估市场同类产品的经营情况,判断可能的市场竞争等。其次,需要对被保险人风险进行分类,研究被保险人风险及其损失,给出风险的分类,对不同类型或不同风险程度的被保险人设定不同的定价等。此外,还需要对产品的定价方法、客户服务、营销渠道、资本要求、管理系统、再保险安排等各方面做出具体的设计。

**4. 精算假设**

定价中的精算假设比定价方法和定价公式更重要,定价结果是否合理,很大程度上取决于定价假设是否符合实际。在这一阶段,需要确定保险产品承担的赔付或给付责任,确定为实现从产品开发、销售、核保、出单、保单维持、理赔、日常管理等环节必需的费用,以及影响产品经营的经济和市场等因素,在此基础上建立影响定价的精算假设。精算假设通常包括死亡率、利率、费用率、佣金率、税率、平均保额、分红率、再保险成本及有关的特别项目等。

为了进行利润测算,还要对新业务进行必要的假设。新产品可能会挤占公司竞争者的市场份额,创造出新的客户群,或者可能挤占公司的老产品销售额。在利润测试时,一方面需要考虑新产品为公司创造的增加值,另一方面也必须考虑到由于新产品挤占老产品市场而使公司利润降低的减少值。

**5. 法规约束**

保险监管法规对产品设计具有一定的限制,比如:法规对经营范围做出规定,对某类产品的保险界限做出规定,对费用征收有一定限制等。保险产品的定价只能在法规约束之下设定。

**6. 价格的初步估计**

在前面五个输入要素的基础下,根据定价模型,可以预估出产品的一个或多个可能的价格水平,这些工作都由计算机完成,精算师需要对计算机的输出结果进行分析判断,在预期的利润目标下进一步确定产品的价格。

**(三)产品定价的输出结果**

在定价模型输入要素的基础上,运用定价模型可以得出在现实假设下保险产品利润实现过程的一个整体描述和新产品带来的增加值。测算中也需要对死亡率、退保率、利率等重要假设变化对利润的影响做敏感性分析。然后,将测算的新产品增加值与预期的利润目标相比较,得出在各种可能的情形下利润目标的实现情况,观察不同的精算假设水平、不同的价格水平对公司利润的影响,选择与定价策略和利润目标最一致的定价结果。

**(四)产品的整体规划**

根据定价模型,在一定的定价策略和利润目标下确定一个或一组产品价格后,需要完成对产品的整体规划。产品的整体规划包括:产品设计符合法律法规要求的说明;各种定价对产品投放市场后盈利状况影响的说明;保险公司在新产品上承担的风险和保险公司的应对能力;支持新产品必需的资产和公司的资本能力;产品价格的市场竞争力和新产品推向市场后竞争优势持续的时间;各类费用对产品的销售和盈利状况的影响,比如,是否可以通过提高佣金的方式促进销量的增加,是否采取更严格的核保标准以降低道德风险,怎样分配各类费用等;新产品对已有业务的影响或者新产品对老产品的替代作用;公司现有的管理和服务能力满足新产品发展的能力满足新产品发展的能力;新产品的营销渠道;开发新产品的成本;新产品推向市场后可能面临的困境,包括意外风险导致定价假设与实际偏差过大,因法规调整使产品运行出现困难时的对策分析等。

### (五)精算建议

产品的开发和定价需要财务、市场、精算、管理等各部门人员的协同努力,最后精算师根据产品的总体规划做出精算建议,以报告的形式交给管理者做决策。至此,精算控制循环的一个流程完成。

## 二、定价假设

保险公司设计保险产品,在市场上销售,保单售出后获取保费收入,保费收入用于补偿赔付和费用支出,并获取投资收入。保险人在为投保人提供保险保障和投资功能的同时赚取利润。寿险公司给付的支出主要是死亡赔付和伤残赔付,在一定的保额下,死亡赔付和伤残赔付分别由被保险人群的死亡率和伤残率决定。对于具有现金价值的保单,退保支出也是重要的支出项,退保支出由退保率和保单在退保时的现金价值决定。对于生存和两全类的产品,满期生存给付是最重要的支出,在一定的满期给付下,满期生存给付由存活概率决定。对于分红类产品,分红也是重要的支出,分红通常作为支出项反映在定价公式中,即保费收入必须能够满足赔付、费用、分红的支出需要。从精算的角度看,定价精算假设通常包括死亡率、利率、失效率、费用率等。

### (一)死亡率

生命表和多减因表是用来描述一批人受死亡或两个以上因素影响陆续减少到最后全部消失过程的工具。在寿险产品定价中,死亡率是估计死亡赔付支出的重要基础。由于生命表的编制需要大量的死亡数据,通常一个国家的保险行业协会或精算协会根据保险行业的经验数据,编制行业经验生命表,保险公司可以直接用行业生命表作为寿险产品定价的基础,也可以根据自身的经验调整行业生命表,用于产品定价。一些大型的保险公司,也可有自己的经验生命表。值得注意的是,由于不同公司在目标市场和核保标准等方面存在较大差异,使不同公司的经验死亡率存在较大差异,如果在定价中采用行业平均经验生命表,将可能存在较大的死亡风险。中国寿险公司目前使用的死亡率表是中国人寿保险业经验生命表(1990—1993),由于目前中国寿险市场尚不成熟,中国保险监督管理委员会还不允许寿险公司使用公司自己的生命表定价和进行负债评估。

考察死亡率假设对保费计算结果的影响,要区分寿险和年金。对于寿险产品,如果选用的死亡率较高,则在其他条件相同的情况下,计算出来的保费会偏高;对于年金产品,结论恰好相反,因为年金产品所保障的风险是"长寿风险",被保险人生存时间越长,则保险人的支出越多。

从保险核保的角度看,影响被保险人群死亡率的基本因素包括年龄、性别、是否吸烟、教育和收入、保额规模等。一般情况下,死亡率随着年龄的增加而提高。同一年龄上男性的死亡率高于女性,一般女性的死亡率设置为男性死亡率的50%~80%;或者某年龄上的女性死亡率比同一年龄上的男性死亡率提高3~7岁。非吸烟者的死亡率低于吸烟者的死亡率,吸烟程度严重者的死亡率可能是非吸烟者的3倍,一般程度吸烟者的死亡率可能是非吸烟者的1.5倍。通常情况下,是否吸烟比性别对死亡率的影响更大。收入高低也是影响死亡率的重要因素,一般情况下,高收入者的死亡率更低。有些经验数据表明,保额规模也与死亡率有关,小保额保单的死亡率通常更高。

随着经验数据的积累以及精算技术和计算机功能的增强,死亡风险分类更加细化。最初的死亡率不分年龄,所有年龄的保费相同,导致实际死亡率更高的高年龄段人群更愿意购买寿险,而实际死亡率更低的低年龄段人群由于保费太高而退出保险,最后逆选择使这种定价走向毁灭。19世纪,生命表的出现使保险公司的保费开始反映年龄的差异。20世纪中叶,保费开始反映性别差异。20世纪后期,出现了吸烟和非吸烟,吸烟严重程度,非吸烟、戒烟时间长短等的不同分类,使死亡风险的分类更加细化。

## (二) 失效率

失效率是衡量保单在一定时间(通常是一年)内失效比例的指标,通常用失效保单数或失效单位数在年初保单数或单位数中的比例衡量。这里的失效指各种原因导致的保单不再有效、自愿退保、中途中止等情况,单位数通常用每1 000元保额衡量。1减去失效率等于保单的持续率(persistency rate)。

保单的失效对公司利润的影响很大,较高的失效率使分摊费用的有效保单减少,同时引发较高的逆选择,死亡率上升,成本增加。通常情况下,与保单失效率有关的因素包括:

### 1. 保单年度

对均衡保费保单,在保单签发的最初几年,失效率随着保单年度的增加而迅速降低,在5~10年以后,失效率降低的速度变得非常缓慢,基本上呈现平稳状态。对于保费递增的定期险种,通常失效率从第一年到第二年出现增长,以后年份基本上保持平稳。

### 2. 投保年龄

十几岁到二十几岁的人投保,保单失效率最高。30岁以上的人投保,通常失效率会随着年龄的增加而降低。

### 3. 保额

大额保单的失效率通常较低,但对保费递增的大额保单,失效率可能随时间的推移而提高。

**4. 保费支付方式**

每月预先从工资中扣除保费的保单比每月直接缴费的保单失效率要低，每年缴费一次的保单失效率也较低。

**5. 风险分类**

如果把死亡风险按风险程度分为标准体和次标准体，由于次标准体的死亡风险更高，保费也会相应更高，从而表现出失效率在保单前几年更高的情形。随着时间的延续，通常4～5年后，两者的失效率基本上没有差异。

**6. 性别**

女性投保的保单比男性的保单失效率更低。

**7. 保费增长速度**

一般来说，当保费增长时，通常失效率也会增长。

**8. 佣金的支付方式**

当代理人收到大额的初年佣金，而续年佣金很低时，容易引起保单在续年的退保，而均衡化的佣金则对代理人维持保单有更大的激励作用，失效率降低。

**9. 产品类型**

失效率随着产品种类而变化，保费递增险种的失效率会很高，保费递减定期险的失效率低于均衡保费的定期险。另外，初期现金价值较高，也会导致较高的失效率。

由于各公司失效率的差别很大，用于定价的失效率数据最好是来源于公司自身的经验。即使是公司自身的经验数据，在使用时也需要做适当的调整。因为产品的改变、销售压力、公司评级、经济环境等的改变以及其他许多因素都可能影响未来失效率。失效率假设有时候甚至会建立在主观判断上。对于全新的产品，不可能有历史数据可供参考，这时可以参照其他公司的经验，或者参照行业失效率数据，或者从咨询公司得到等。

**（三）利息率**

寿险产品定价时需要预测保险人在未来能够获得的投资收益率。一般说来，保险人不可能预测出今后10年甚至20年支持保单资产的年度收益率，利率决定于整个经济环境，也受政府宏观调控政策的影响，从而基本上不可能预先对利息率做出准确的预测。

一般情况下，精算师在选择利率假设时，需要考虑当前新投资的回报率和公司所有资产的投资回报率、公司当前新投资和公司所有投资资产的短期趋势、公司投资策略在未来的可能变化、投资收入的税收规定、其他公司的投资回报率、保单的类型等。为了谨慎起见，利率假设一般较为保守。

实践中可以采用分割法和组合法设定利率。分割法是将资产按照不同的业务、产品或者期限分割，每一份资产采用不同的利率。组合法是将不同业务、产品和期限的资产组合起来，对组合的资产采用单一利率。分割法的优点是允许不同的产品有独立的投资选择，用短期的资产匹配短期负债，长期资产匹配长期负债，以及用流动性更好的资产支持具有退保现金价值的产品。其缺点是对每一份资产产品的现金流量都需要单独计算，这增加了管理和计算的复杂性。组合法的优点是简单,缺点是无法实现资产和负债的更好匹配。这两种方法在实际中要根据不同的产品来选择使用。

寿险公司的资产通常投资于公司债券、抵押贷款、政府债券、股票、房地产、保单贷款等。精算人员在确定假设利率时应与投资部门协商,他们能提供本公司过去的投资收益状况,并对未来的投资收益状况做出预测。定价时只有对未来短期及长期的投资收益情况有大致的了解,才能较为合理地确定投资收益率,进而确定假设利率。

## (四)费用

一个保单组从创生到最后消亡,或者说保单从出售到全部赔付、满期、退保或失效,一般要经历核保、出单、保单维持、理赔等环节,每一环节都需要消耗成本。这些成本虽然由保险人承担,但来源于保险人从投保人那里收取的保费和保险公司累积资产的投资收益,这里我们从保险人的业务流程和保险人成本出发,分析寿险公司在定价中需要考虑的因素。

寿险公司的职能部门很多,和客户有大量直接接触的部门包括核保部、客户服务部、理赔部和市场部,和顾客很少直接接触的部门包括精算部、会计部、法律部、信息部和投资部等。从个人消费者来看,购买一份保险的基本流程包括代理人和准客户的接触与推销、填写投保单、核保、出单、提供后续服务、交续期保费、发生保险事故后的索赔和理赔、保单终止或失效等。这个基本流程为我们提供了一个理解寿险公司成本分析的基本框架。

和成本有关的数据主要是由保险公司的会计部来完成的,会计部的目的在于记录、确认、分类和概括财务变动,同时提供经营活动的数据。有了这些信息后,会计部可以对经营活动的各个主要费用项目进行分类,对许多企业来说,费用的归集与分配是一项很困难的工作,对保险机构来说这项工作的难度更大。表12.1 给出了费用开支的一个例子。

表12.1 费用类别和细分

| 费用类别 | 细 分 |
|---|---|
| 投资 | 投资分析 |
| | 买入、卖出及服务成本 |
| 保险 | 销售费用(包括代理人佣金和广告费) |
| | 核保,包括体检费用 |
| | 制备新保单及相关记录 |
| 维持费用 | 保费收缴及会计 |
| | 保单变更及给付选择权 |
| | 和保户保持联络 |
| 营业费用 | 市场研究 |
| | 精算与一般法律服务 |
| | 一般会计 |
| | 税金、许可证等费用 |
| 理赔费用 | 理赔调查及辩护费 |
| | 赔付或给付支付费用 |

在保险产品定价时,需要估计未来各个保单年度发生的费用,这样有利于使未来费用开支与未来附加保费相匹配。除了考虑费用在时间上的发生模式外,还要考虑费用的计量基础。费用的计量基础一般有三种,即以保费的百分比、以每份保单、以每1 000元保额等计算。通常与保费规模成比例的费用项目以保费的百分比衡量,比如付给代理人的佣金一般按保费收入的百分比提取,保险公司的税金一般也按照保费收入的百分比计算。有些费用与每份保单直接相关,比如签发保单的费用与保单的保额和保费都没有明显的关系,而是按每份保单来计算的。有些费用与保额直接相关,比如核保费用通常随保额增加而增加,表现为保额的一定比例。保单的日常维护工作与保费的关系不大,但是和保额的关系比较密切,同时还要按照每份保单来计算,所以这部分的费用可以分成按保额和按每份保单两部分来计算。有些费用项目的计量基础并不明显,比如公司的精算部、电脑部和会计部的费用中,有许多很难按照保费的百分比来计量,在这种情况下,费用的分析要依赖统计数据和分析者的经验来完成。在各项费用中,引起最多关注的是所谓新契约费用或取得成本(acquisition cost),即保险人为了签发一份新保单所付出的成本,包括首年代理人佣金、签发保单的费用和核保费用等。

产品的销售量和利润率是保险公司最终获得利润的两个关键因素。只有在销售量达到一定规模时,在一定的利润率目标下才能实现预定的利润目标。实际上,销售量很难预测,它受产品价格、推销方式、广告、公司的声誉、公司的信用等级、公司提供的服务、公司与代理人的关系、公司与客户的关系等多方面因素的影响。在成熟的保险市场上,一种新产品销量的增加一般伴随着另一种老产品销量的减少,新产品的推出对公司总销量的影响较小。

## 三、定价方法

### (一)传统定价方法

理论上,寿险产品的保费由性质不同的两部分组成:一部分是作为保险金额给付来源的保费,称为净保费或纯保费;另一部分是补偿保险人在经营管理上必要的费用开支,以及对风险附加的安全系数、税收等其他费用,这部分称为附加保费。附加保费又可分附加费用和意外准备。附加费用用于满足由于开发、维护和管理该险种所开支的费用。意外准备用于满足死亡率、利息和费用等因素的实际值偏离预期值时的补偿需要。附加费用分为管理费和佣金(在个人业务中称为佣金,在团体业务中称为手续费)两部分。净保费加上附加保费就是总保费或毛保费,如表12.2所示。

**表12.2 总保费结构**

总保费
- 净保费
  - 风险保费
  - 储蓄保费
- 附加保费
  - 意外准备
  - 附加费用
    - 管理费用
    - 佣金(个人业务)或手续费(团体业务)

简单地说,传统的定价方法是通过建立未来赔付或满期给付、费用支出现值与未来收取

的保费现值相等的平衡公式来计算保费的,即:

$$总保费的精算现值 = 净保费的精算现值 + 附加保费的精算现值$$

这种总保费计算方法称为净保费加成法,也就是先计算净保费,再根据精算现值相等的原则把费用和预期利润分摊到每一年的保费中确定总保费。净保费加成法可以通过诸如固定比例法、变动比例法或三元素法来体现,本书鉴于适用范围对这三种方法将不做阐述。

### (二) 资产份额定价法和预期现金流量法

寿险产品定价方法除了传统定价方法,还有资产份额定价法和预期现金流量法。

资产份额定价法的基本思想是在定价时预测产品在未来的资金流入和流出,据此反映该产品逐年利润变化的情况,并根据预先设定的利润目标,不断调整保费以达到利润目标。

预期现金流量法是英澳体系国家采取的寿险产品定价方法。如果从损益表的思想出发,可以用收支减去支出估计利润,再将各年利润折现得到利润现值,用同样的利润目标评价保费,这种方法就是预期现金流量方法。简单地说,预期现金流量法就是通过对一组保单未来保单年度预期收入(包括保费收入和投资收入)和预期支出(赔付支出、费用支出、红利、退保等)的估计,研究保单组随着被保险人死亡、退保、分红、满期等的过程,在一定的定价策略和利润目标下,给出保单的定价。在现金流量方法下,对一个保单组来说,年度收入包括保单组的所有保费收入和投资收入,年度支出包括保险赔付、费用、退保、满期给付、红利、准备金增加额,年度利润就是年度收入与年度支出的差,即

$$利润 = 保费 + 投资收入 - 费用 - 赔付支出 - 退保支出 - 红利 - 准备金增加$$

值得说明的是,上面现金流量法的利润公式结果与资产份额法下的利润公式结果是等价的,其具体证明过程本书将不做阐述。

寿险产品定价是寿险业务开发的重要组成部分,是保险公司的精算师参与的主要工作之一。在保险公司的实际运作中,产品定价并不是通过精算公式和精算假设简单地计算出来的,而是贯穿于精算控制循环的整个过程之中。

在产品定价中,需要考虑包括死亡率、利率、费用率、失效率、佣金、税率、平均保额、分红、再保险成本以及保单承诺的其他责任等多种因素在未来的可能变动,并预先设定精算假设。在精算假设的基础上,传统的定价方法是在净保费的基础上附加用于补偿费用和其他支出的附加保费计算总保费。通常采用固定比例、变动比例、三元素法计算附加保费。从20世纪60年代起,美国的寿险公司开始使用基于折现现金流量模型的资产份额法确定总保费。资产份额是保险人对每单位有效保单预先估计的资产额,资产份额定价法的基本思想是在定价时预测产品在未来的资金流入和流出,据此反映该产品逐年利润变化的情况,并根据预先设定的利润目标,不断调整保费以达到利润目标,它建立在保费和利息收入、死亡和退保给付、营业费支出等收支平衡的基础上,对评价总保费、现金价值及保单红利具有重要意义。

【知识库】

### 第一张完整的生命表

人寿保险发展过程中一个非常重要的标志就是数学方法和统计手段在人寿保险业务中的应用。1661年,英国数学家约翰·格兰特发表了关于生命表思想的论文;法国数学家帕斯卡将概率论用于年金保险;1671年,荷兰数学家维特运用概率论的原理,依据人的生存或死亡概率计算年金;1693年,英国天文学家哈雷(A. Hally)根据德国布勒斯劳市的居民寿命资料,编制出一张完整的生命表,用科学方法精确地计算出各年龄人口的死亡率;1756年,数学家陶德森提出了"均衡保费"思想,为现代人寿保险的产生奠定了科学的理论基础。

(资料来源:兰虹《保险学基础》)

## 第三节 非寿险精算

非寿险是与寿险相对而言的,是指寿险以外的其他保险业务,主要包括财产保险、责任保险、健康保险和意外伤害保险等。财产保险保障的对象是物质财产及其有关的利益;责任保险保障的对象是被保险人的损害赔偿责任;而短期健康保险和意外伤害保险保障的对象是人的生命和身体。

非寿险精算是数学、统计学等定量分析方法在非寿险领域的具体应用,而定量分析方法的应用是否恰当,在很大程度上取决于应用者对研究对象的熟悉程度,由于本书前面章节已经详细地介绍了非寿险业务产品,因此,本章将不再重复介绍,直接讲述非寿险精算的基本内容。

### 一、非寿险精算与寿险精算的区别

非寿险精算是为非寿险领域的经营与管理提供数量分析方法的一门学科,它是基于数学、统计学和保险学的一门边缘性学科。非寿险精算虽然借用了寿险精算的许多现有成果,但它们之间的区别仍然是十分显著的,就如同寿险与非寿险之间存在着很大区别一样。非寿险精算与寿险精算之间的主要区别表现在下述两个方面:

首先,精算依据不同。不论是保费厘定,还是责任准备金评估,寿险精算都是以预定死亡率、预定利率和预定费用率作为计算基础。但在非寿险精算中,由于大多数险种是一年期的短期保险,因此在保费厘定时较少考虑利率因素,而主要以预期损失率和预定费用率作为保费的计算基础。在非寿险的责任准备金评估中,利率因素具有十分重要的作用,因为保险金的实际支出有可能滞后很长时间,尤其是在责任保险和意外伤害保险中,保险金的实际支出时间有可能比保险事故的发生时间滞后十多年。

其次,成熟程度不同。从理论发展的角度看,寿险精算源远流长,理论体系比较完善。而非寿险精算起步较晚,目前许多方面还需进一步探索。从实际应用的角度来看,寿险精算的应用已经相当成熟,具有很多规范化的操作程序。而非寿险精算的应用在很大程度上还依赖于精算师的个人判断。对同一个非寿险精算问题,不同的精算师可能会使用不同的精算方法,从而得出不大一致的精算结论。出现这种反差的主要原因在于非寿险业务本身的不确定性。众所周知,在寿险业务中,被保险人的死亡率比较稳定,受各种外来因素的影响不大,生命表基本上能够反映被保险人的风险水平。但在非寿险业务中,影响损失率的因素可以说数不胜数,不仅有标的物本身的因素,也有各种外来因素。这就使得非寿险精算所面对的不确定性远远要大于寿险精算。不确定性因素越多,精算难度越大,结果也就越不容易精确。

## 二、非寿险精算师的工作内容

概括地讲,非寿险精算的主要内容包括产品定价和准备金评估两方面,但非寿险精算师的具体工作渗透到了保险公司经营管理的各个方面。

### (一)财务分析

从盈利性和偿付能力的角度对保险公司的各种财务方案进行评价;参与财务预算;分析保险公司的现金流量和其他投资问题;分析保险公司的费用结构及其在不同险种之间的分配;分析不同险种的投资收益。

### (二)保费厘定

对保险公司的损失数据进行分析和解释;在保费调整时设计预测模型;分析和评价不同险种的相对费率;分析未决赔款准备金的估计值对保险费率的影响;计算附加费率(即费用附加和利润附加);分析保单条款的变化(如免赔额、无赔款优待等的变化)对保险费率的影响。非寿险产品的费率厘定明显不同于寿险产品,这主要是由下述原因造成的:首先,除非保单持有人没有缴纳续期保险费,否则保险公司不会终止寿险合同;但在非寿险中,尤其是在商业财产保险中,保险公司完全可以拒绝续保某份保险合同。其次,在寿险中,保单持有人的年龄和投保日期都会影响保险成本。一般而言,在人寿保险中,保单持有人的年龄越大,保险成本越高;当保单持有人的年龄相同时,保单生效的时期越长,保险成本越高。但在非寿险中,保险成本与保单生效的时期长短没有明显关系。再次,在人寿保险中,第一年的费用(主要是支付给代理人的佣金)很高,而后续年份的费用较低。但在非寿险中,每年支付给保险代理人的佣金基本是持平的。最后,寿险产品通常采用均衡缴费制,在初始年份,保单持有人缴纳的保险费会超过期望保险成本,而在以后的年份,保险费又会低于期望保险成本,不足的部分由以前年份多缴的保险费及其累积的利息(即准备金)弥补。但在非寿险中,每年都有可能修订保险费率,不同的保险年度之间不存在准备金的转移。

### (三)责任准备金评估

未决赔款准备金的评估是一个十分复杂的预测过程,必须考虑许多影响因素,如通货膨胀、再保险安排、社会经济环境和理赔模式的变化等。保险公司除了需要提取未决赔款准备金之外,还必须提取未到期责任准备金。精算师负责对未到期责任准备金的充足性进行评价。

### (四) 信息的搜集与整理

精算师不仅需要向保险公司的信息系统提供统计信息,而且有可能直接涉及该系统的建立与完善。保险公司的信息系统必须具有一定的灵活性,便于精算师和其他管理部门使用。因此,在建立该系统时,必须保证管理部门能够通过该系统获得足够详细的信息,同时又不能过于臃肿,杂乱无章,要便于使用者理解和使用。

### (五) 核保与理赔分析

精算师可以帮助管理部门正确把握保险公司的险种构成和业务来源,分析影响核保过程的各种因素,以及异常损失可能对保险公司造成的财务影响。

### (六) 再保险安排

分析再保险成本;估计巨灾风险,从而确定分保金额和分保方式;分析自然灾害的影响;对不同的再保险契约进行比较;分析再保险对原保险人偿付能力的影响。

### (七) 提供精算报告

在精算报告中,精算师需要明确说明法定偿付能力额度的计算依据;在应用经验估费系统时的成本计算方法;赔付率的计算依据;自然灾害保险的成本核算方法等。

### (八) 新险种的开发与设计

在许多情况下,当保险公司没有经营某个险种的直接损失经验时,它会参考在该险种的经营中有特殊专长的再保险公司的承保经验。另外,精算师还可以为新险种的条款设计提供建议。

### (九) 保险公司的经营业绩评价

现代的各种金融分析技术,如资本资产定价模型,都可供精算师用于分析保险公司的经营业绩,并对其所持股票的价值进行评估。当保险公司采取收购或兼并策略时,精算师还可以对保险公司自身的价值进行评估。

不同的保险产品具有不同的风险特征,在非寿险产品定价和准备金评估中必须充分认识到这种差异。非寿险精算与寿险精算尽管存在较大差异,但并不排除寿险精算技术在非寿险业务中应用的可能性。事实上,寿险精算技术在非寿险中的应用并不鲜见。

## 三、非寿险费率厘定

非寿险产品的费率厘定过程就是根据保险标的的经验损失数据建立模型,并对其未来的保险成本进行预测的过程。当然,保险公司实际上使用的价格还会受到市场供求关系及公司自身发展战略等方面的制约。

非寿险产品的费率应该由三个部分构成:纯保费、费用附加和利润附加(或安全附加)。纯保费用于补偿保险公司在未来的期望赔款成本;费用附加用于补偿保险公司经营相关保险业务的各种必要的费用支出;而利润附加是保险公司经营保险业务所得到的纯收益,可以看做是为经营保险业务而使用的资本金的成本。

从最早期的海上保险开始,保险费就考虑了个体风险的具体特征,比如劳合社早期制定的船舶保险费率在一定程度上就是基于每只船舶的设计特征和保护措施,并且把对每只船舶的分类情况记录在一种手册之中,提供给每个承保人使用,因此这种费率也被称作手册费率(manual rate)。尽管这些早期的费率手册仅仅给承保人提供了一个厘定费率的原则性指导意见,而不是实际的保险费率,但是它们已经包含了费率厘定的许多基本要素,比如区分不同风险类别的保险成本,考虑费用因素,提取不利偏差和利润附加等。随着保险风险的不断复杂化,费率手册也在不断演进,目前有些费率手册已经能够为某些特定风险的保险责任厘定出实际应该收取的保险费。

手册费率也称作集体费率(collective rate),它是根据一个风险类别的平均损失而厘定的费率,也是其他费率厘定的基础。

无论使用哪一种费率厘定方法,都要保证赔款、风险单位和保费之间的一致性。这就要求对观察数据中出现的不一致性进行调整,最有可能导致观察数据出现不一致性的主要因素包括以下几个方面:

(1)经验期

经验期的选择要保证对未来的损失趋势具有良好的预测能力,这就要求根据险种的性质确定经验期。对于那些长尾业务,经验期要足够长,否则对最终赔款的估计会产生较大的偏差;对于短尾业务,经验期可以选择最近的一个或两个时期,以保证观察数据最能代表当前的损失趋势。

(2)再保险

再保险是指原保险人通过向再保险人支付再保险费,将部分损失转嫁给再保险人的一种风险转移方式。在一般情况下,费率分析是基于直接的保费和损失数据,而不考虑再保险的影响。如果再保险的成本很高,则可以将其作为独立的费用项目进行分析。

(3)保险责任

在费率分析中,一定要注意不同的保险责任对保险费率可能造成的影响。对于不同保险责任的保单,它们的保费、赔款和风险单位等数据一定要分开分析。譬如在汽车第三者责任保险费率的分析中,不同责任限额的保单应该分开进行分析;在职业责任保险费率的分析中,不同承保基础(如以索赔提出为基础或以事故发生力基础)的保单也应分开进行分析。

(4)责任限额

在责任保险的费率手册中,通常会给出基本限额的费率和其他增高限额的费率系数。用基本限额的费率乘以增高限额的费率系数,即可得到增高限额的费率。不过这些增高限额的费率系数随着时间的推移会不断变化,而且当通货膨胀影响购买力时,人们倾向于购买更高限额的保单,因此,在责任保险的费率分析中,应该将不同限额下的保费和赔款等数据调整到基本限额的水平上。

**(5) 保险费率**

通常而言，如果经验期包括若干年，则经验期初的费率与经验期末的费率一般不会相同。此时，如果应用赔付率法厘定保险费率，就需要将整个经验期的费率都调整为当前费率，并在此基础上计算已赚保费，即所谓的等水平已赚保费。计算等水平已赚保费最精确方法是将每一份保单的费率都调整到当前的费率水平，但如果没有相应的计算软件，这种方法不可能通过手工完成。作为这种方法的一种替代，可以使用平行四边形方法进行近似估计。平行四边形方法假设风险单位在经验期内是均匀分布的，并根据简单的几何关系，可以将日历年度的已赚保费调整到当前的保费水平。

总之，非寿险产品的费率厘定与寿险产品的费率厘定存在较大区别，这主要是由于非寿险产品的特殊性决定的，因此在选择非寿险产品费率厘定方法时，应该考虑产品本身的风险特征。非寿险费率厘定的重点和难点在于如何根据个体风险的损失经验调整其经验费率，非寿险产品十分丰富，各险种之间的差异较大，因此费率厘定方法也呈现出多样化特点，并没有一种适合所有非寿险产品的费率厘定方法。

## 四、非寿险准备金评估

非寿险业务的责任准备金可分为未到期责任准备金、未决赔款准备金和总准备金。所谓未到期责任准备金，是指当年承保的业务在会计年度末尚未到期，在下一年度仍然有效的保险合同按照未到期的时间提存的准备金。譬如 2009 年 8 月 1 日签发的汽车保险合同，保险费为 1 200 元，截至 2009 年 12 月 31 日，保险公司只承担了 5 个月的保险责任，因此 2009 年已赚保费是 500 元，其余 700 元则为未到期责任准备金。可见，未到期责任准备金的估计按比例提存即可。

未决赔款准备金是指在会计年度末，已经发生的赔案由于尚未处理、赔付而必须提存的责任准备金。

总准备金是指保险公司为了预防今后发生特大赔案而提存的准备金。总准备金不同于前两种准备金，它是从保险公司的年度利润中提取的。

在非寿险实务中，从保险事故的发生到理赔结案往往有一定的时间延迟，因此，保险人必须充分估计其尚未支付的赔案，提取未决赔款准备金。造成理赔延迟的两个主要原因是：

①投保人没有及时向保险公司报告已经发生的保险事故。

②对于已经报告的保险事故，保险公司对事故发生的原因、损失金额尚未作出结论，或者虽然已经作出了结论，但被保险人尚未领取保险金。

这种时间延迟少则几天，多则数年。对于财产保险而言，保险责任容易界定，因此，当被保险人提出索赔以后，保险公司在必要的文件处理之后即可理赔结案。而对某些责任保险而言，被保险人可能在经过若干年以后才向保险公司提出索赔，而保险公司可能又需要经过多年以后才能理赔结案。尤其是当保险责任不清，被保险人与保险公司双方存在异议时更是如此。越是高额的索赔，就越有可能导致长期的理赔延迟，因此，未决赔款责任准备金通常是一个很大的金额。通过研究一家保险公司的理赔过程发现,只有三分之一的赔款是在其发生的当年支付的,第二年支付大约为29%,第三年支付约为13%,第四年支付约为8%,等等。10年以后,还有3.7%的赔款没有支付。

保险公司的责任准备金可以达到保险公司年保费收入的3倍以上。因此,如果对责任准备金的估算不准确,就有可能严重地影响到保险公司的经营成果。譬如,如果保险公司的年利润是3 000万元,而其责任准备金大约是30亿元,那么当责任准备金被低估2%时,保险公司就会出现3 000万元的赤字。这种错误只有经过多年以后才有可能被发现,换言之,根据保险公司报告的利润缴纳税金并向股东分红以后,经过很长一段时间才会发现这种错误所造成的影响后果。

可见,准备金评估结果对保险公司是至关重要的,但精算师要准确评估保险公司的责任准备金并非易事,主要困难有:

①责任准备金属于保险公司的负债项目,它对保险公司的利润及其应缴税金产生直接影响。因此,保险公司为了延期缴纳税金,总是有一种高估责任准备金的倾向。由于稳健性原则的要求,保险公司为了预防未来通货膨胀的影响,它们留存过多资金的愿望就更加强烈。

②处于财务困境中的保险公司倾向于低估其责任准备金。这些保险公司利用当期保费收入支付过去发生的索赔,可以在不发生财务危机的情况下继续维持好几年时间,尤其是当保险公司处于扩张期时更是如此。这样,保险公司就可以等到情况好转的那一天或将破产结局推迟好几年。

③责任准备金的估算还受许多外生变量的影响,其中最为重要的一个外生变量就是通货膨胀,它直接影响劳动力成本、住院费用、医疗费用、法律费用以及对终身伤残的补偿费用等。

在责任准备金的评估中,未决赔款准备金的评估最为重要也最为困难,未决赔款准备金的评估方法主要有逐案估计法、链梯法、案均赔款法、准备金进展法以及B—F法等,由于准备金评估的复杂性和重要性,目前又有许多新的准备金评估模型被应用起来。

当然,对于一组给定的保险业务数据,任何一种准备金评估方法都可以给出最终赔款和准备金的评估结果。但是,不同的评估方法会得出各不相同的结果,有时它们之间的差异还很大。尽管如此,精算师最终还是需要确定一个准备金的点估计值或区间估计值。准备金评估方法的选择和应用依赖于精算师的经验判断,事实上,最终评估结果的选择也同样离不开精算师的经验判断。因此,为了提高准备金评估结果的准确性,精算师还要对准备金评估结果进行检验和监控,这不仅是提高准备金评估结果的需要,也是精算师从中获取评估经验的需要。

**【知识库】**

### 美国非寿险赔款准备金分类

在美国,根据险种类别、保单期限,对长期和短期保单计提未赚保费准备金。《财产/意外险赔款和理赔费用准备金原则的声明》将赔款准备金分为个案准备金(或称已报案未决赔款准备金)、已报告赔案未来进展准备金、重立赔案准备金、已发生未报告 IBNR 准备金、在途准备金(或称已报案未立案准备金)共五类。已发生未报告准备金为纯 IBNB 准备金,在途准备金是由于保险人记录过程消耗时间所导致,实务中两者通常无法区分。声明中还指出,广义 IBNB 准备金还应包括对未决赔案未来进展的资金准备和重立赔案准备金(在某些情况下,结案后支付赔款实际并不重新开案,而是作为已知赔款的未来进展)。

(资料来源:周晶晗、马坚《保险研究》2006 年第 07 期)

**【案例 12.1】**

### 保险精算是保险的核心

周女士于 2011 年投保某保险公司的两全保险,并附加保额 1 万元、给付比例 70% 的个人住院医疗保险和 20 元一天的住院津贴保险。3 月 10 日,周女士因急性化脓阑尾炎住院治疗,并进行了阑尾切除手术。住院期间共支付医药费 7 632.5 元,其中床位费 500 元,医保外自付费用 236.55 元。

3 月 21 日,周女士出院后立即向保险公司递交了理赔申请和各类单据。按照周女士的计算方式:保险公司理赔金额应该是全部医疗费用的 70%,即 5 342.75 元,再加上 12 天的住院津贴 240 元,总共 5 582.75 元。可保险公司实际赔付和周女士的预估相差近千元。

该保险公司的理赔人员表示,并不是被保险人所有的医疗费用都能获得保险理赔。在住院天数的计算上,保险公司认定周女士从 3 月 10 日入院到 21 日出院,共计住院 11 天,再扣除 3 天的绝对免赔,因此实际赔付金额为 160 元。在医疗费用方面,医疗保险的理赔项目通常需要扣除床位费、医保范围外自付费用和免赔额以内的医疗费用,再乘以约定的给付比例。这是保险产品在设计时就应经通过精算确定了不同的赔偿给付方法的结果,可见精算技术是保险的核心。

## 本 章 小 结

1. 精算科学是以概率论和数理统计为基础的,与经济学、金融学及保险理论相结合的应用与交叉性的学科。它广泛应用于社会经济各个领域中对风险的评价,以及相应经济安全方案的制订。

2. 保险精算学研究对保险经营的风险分析、产品设计、产品定价、负债评估、资产与负债管理、偿付能力评价、盈利能力分析等问题,为保险业的健康发展提供基本保障。

3. 精算管理控制系统描述了从风险评估、产品设计、定价、负债评估、资产评估、资产负债管理、偿付能力评价、经验监控、利润分配,再回到风险评估,开始下一轮循环的各具体环节及其相互联系,以及社会、经济、人口、税收、法律等环境因素对系统各环节的影响和精算师职业化问题。

4. 寿险产品定价一般需要遵守保费充足、公平、合理三个基本原则。

5. 生命表和多减因表是用来描述一批人受死亡或两个以上因素影响陆续减少到最后全部消失过程的工具。在寿险产品定价中,死亡率是估计死亡赔付支出的重要基础。

6. 非寿险是与寿险相对而言的,是指寿险以外的其他保险业务,主要包括财产保险、责任保险、健康保险和意外伤害保险等。

7. 非寿险精算是为非寿险领域的经营与管理提供数量分析方法的一门学科。非寿险精算与寿险精算之间的主要区别表现在精算依据不同和成熟程度不同。

8. 非寿险准备金评估结果对保险公司的正常经营活动具有极其重要的影响。准备金评估方法有很多,如逐案估计法、链梯法、案均赔款法等。由于准备金评估的复杂性和重要性,目前又有许多新的准备金评估模型被提了出来。

## 自 测 题

1. 资产份额定价法的基本思想是什么?
2. 如何理解精算控制循环中的各个环节?
3. 寿险精算的定价假设是什么意思?
4. 简述保单的效率?
5. 非寿险精算与寿险精算的区别?
6. 列举几种主要的非寿险准备金评估的方法?

---

**【阅读资料】**

**中国保险监督管理委员会关于加强非寿险精算工作有关问题的通知**

各财产保险公司、再保险公司:

为促进财产保险公司、再保险公司(以下合称保险公司)健康发展,防范控制经营风险,充分发挥非寿险精算技术在保险公司经营管理中的作用,现将加强非寿险精算工作有关事项通知如下:

一、保险公司应指定一名精算责任人负责签署本公司精算报告。

二、原则上保费收入10亿元以上的保险公司应设立独立精算部门,若公司不设独立精算部门,则精算岗位不得设置于承保、理赔和财务部门之下。

三、保险公司指定精算责任人,应充分考虑公司业务规模、经营管理及风险防范等方面的需要。

(一)上一年度原保险保费收入超过50亿元人民币或再保分出前准备金大于50亿元人民币的财产保险公司以及所有再保险公司精算责任人,应符合以下标准:

1. 具备中国精算师(非寿险方向)资格或国外非寿险精算师资格,若为国外非寿险精算师,则参加的资格考试、职业道德教育应与中国精算师水平相当;

2. 从事非寿险精算工作5年以上;

3. 在中华人民共和国境内有住所;

4. 无犯罪记录;

5. 三年内无执业不良记录。

(二)上一年度原保险保费收入小于50亿元人民币且再保分出前准备金小于50亿元人民币的财产保险公司精算责任人,应符合以下标准:

1. 具备中国准精算师(非寿险方向)或国外非寿险准精算师以上资格,若为国外非寿险精算师或准精算师,则参加的资格考试、职业道德教育应与中国相应层级精算师水平相当;

2. 从事非寿险精算工作3年以上;

3. 在中华人民共和国境内有住所;

4. 无犯罪记录;

5. 三年内无执业不良记录。

四、保险公司指定精算责任人,应经中国保监会核准。公司申请核准精算责任人时,需提交以下书面材料和电子材料:

(一)精算责任人身份证明;

(二)精算责任人住址、联系电话;

(三)精算责任人职业资格证明;

(四)精算责任人工作履历和执业记录;

(五)中国保监会要求的其他材料。

五、经保监会核准的保险公司精算责任人,不得兼任其他保险公司(包括寿险公司)的总精算师或精算责任人。

六、保险公司的精算责任人不得由保险公司的总经理以及负责保险公司业务发展和市场营销的高级管理人员兼任。

七、法人机构精算责任人的薪酬应经过董事会或董事会下设薪酬委员会批准。保险公司董事会或董事会下设薪酬委员会应定期跟踪分析前期财务报告与偿付能力报告中准备金评估结果的合规性、充分性,建立以审慎评估准备金、强化风险管理为核心的精算管理和控制机制,并以此为基础建立精算责任人考核办法,客观评价精算责任人的职业技能和工作水平。精算责任人的薪酬不得与保险公司当年的经营业绩挂钩;精算责任人的薪酬与保险公司长期经营业绩或股票价格挂钩的,应在精算责任人核准申请材料中披露相关信息。

八、保险公司精算责任人提出辞职时,应提前通知相关保险公司并做好工作交接。保险公司与精算责任人解除聘用关系时,应于解除后10个工作日内向中国保监会提交报告,说明原因。

九、精算责任人应按照中国保监会的有关规定,对下列报告签署精算意见,出具精算声明书:

(一)保险产品的费率报告;

(二)责任准备金评估报告;

(三)偿付能力报告;

(四)中国保监会要求的其他报告。

十、精算责任人应当严守职业诚信、遵循职业标准、保守职业秘密,依据合规性、充分性原则,保证第九条中所列报告的精算基础、精算方法和精算公式符合精算原理、精算标准、会计准则和中国保监会的有关规定,精算结果科学合理。

十一、直接经营财产保险业务或再保险业务的保险集团公司应按照《保险公司总精算师管理办法》规定设立总精算师职位,总精算师资格由保监会核准。财产保险公司和再保险公司根据经营管理需要,可按照《保险公司总精算师管理办法》设立总精算师职位,总精算师资格由保监会核准。设立了总精算师职位的保险公司不再保留精算责任人,精算责任人相关职责由总精算师承担。

十二、为保证保险公司非寿险业务准备金评估报告所需数据的真实、完整、准确,保险公司应出具由总经理签署的《数据真实性声明书》并随准备金评估报告上报。保险公司总经理应按照有关规定加强数据真实性管理。

十三、各保险公司应加强精算制度及相关基础建设,充分发挥精算技术在公司经营管理中的作用,提高公司经营管理水平和防范风险的能力,加强非寿险精算人员队伍的培养,提高精算人员的专业技能。精算责任人应及时全面地了解公司经营管理相关信息,提出有针对性、切合实际的意见和建议。

十四、本通知自2011年1月1日开始实施。自实施之日起,《关于进一步加强财产保险公司精算工作的通知》(保监产险〔2004〕145号)和《关于加强非寿险精算责任人任职管理的通知》(保监发〔2005〕9号)废止。

(资料来源:中国保险监督管理委员会(2010年第58号文件)

# 第十三章
## Chapter 13

# 保险公司经营管理

**【学习要求及目标】**

通过本章的学习，要求读者熟悉保险营销、保险承保和保险理赔的基本概念和业务流程，掌握保险承保和理赔的原则和方法，熟悉并掌握再保险的含义与种类，了解保险资金的来源，学会保险资金的运用。

**【引导案例】**

### 违规经营受制裁

2010年2月28日，河南保监局收到匿名来信，投诉人自称为河南洛阳的保险代理人，反映辖内洛阳某寿险公司为获取保费误导客户。经过调查核实，具体情况是：某寿险公司洛阳中支个险负责人郭某，2010年2月，为宣传推广新产品，自行设计产品宣传页，并参考总公司"宣传幻灯片"内容，增加公司宣传彩页，此展业夹内容包括公司宣传及产品介绍、疑难解答，其中对产品的宣传页及"疑难解答"、"温馨提示"宣传页含有明显的误导内容。具体违规内容如下：一是产品条款没有承诺分红收益，而宣传页却承诺分红收益，以列表方式演示产品收益，缴费期5年收益率168%；缴费期10年收益率187%。二是将保险产品宣传为存款，在"温馨提示"宣传页中称："存钱又不是花掉，有什么问题，你存五万还是十万。""存得多了可以少，不影响收益多好啊。""这是一次存款三次付息：满期付息；每年领利息；如果每年不想领利息，我们还要按复利计息给你。这才是稳赚不赔高收益。"三是故意隐瞒提前退保会遭受损失的情况。在"疑难解答"中宣称："只存5年，收益15年，年年有利息，存的时间短，收益时间长"；"存了5年后过了3年、5年想用钱，就可以取出来，也有利息。"

某寿险公司洛阳中支违规宣传，违反了《保险法》第一百一十六条"保险公司及其工作人员在保险业务活动中不得有下列行为：（一）欺骗投保人、被保险人或者受益人；……"的禁止性规定，河南保监局依据《保险法》第一百六十二条及第一百七十三条规定，给予该寿险公司洛阳中支罚款10万元的行政处罚，给予该寿险公司洛阳中支个险负责人郭某警告，并罚款2万元的行政处罚。

# 第一节 保险营销

## 一、保险营销概述

保险公司的业务经营活动主要可分为保险营销、承保、理赔和投资等几个环节,而其中保险营销最终的目的是为保险公司组织和争取保险业务。根据保险经营必须遵循的风险大量、风险分散和风险选择的原则,保险公司只有大量地招揽业务,才能把风险在众多的被保险人之间进行分摊,才能积累雄厚的保险基金,在保险市场上增强其竞争能力,为被保险人提供更广泛的优质服务。因此,保险营销是保险经营活动中最基本的工作,是保险公司所有活动的先导。

### (一)保险营销的概念

广义的保险营销即保险市场营销,就是在变化的市场环境中,以保险为商品,以市场交换为中心,以满足被保险人需要为目的,实现保险公司管理目标而进行的一系列整体活动,包括保险市场需求的调查研究、保险市场细分、保险商品的开发设计、保险促销策略、销售渠道及售后服务等的计划与实施等。

狭义的保险营销即保险销售,它仅仅是广义保险营销过程中的一个阶段,即指保险销售人员通过对客户的拜访和说明,分析其保险需求,将合适的保险商品介绍给客户,促使客户采取购买行为的活动过程。这一阶段最终要达到的目标是将已有的保险商品尽可能地销售出去。

人们有时容易将保险营销与保险销售混同起来,主要是由于保险商品本身的特殊性,而使得保险营销特别注重销售,或者说保险必须依赖销售。本节主要从广义的角度对保险营销进行阐述。

### (二)保险营销的特点和原则

**1. 保险营销的特点**

(1)服务性

保险营销是一种服务活动,其营销对象是保险这一特殊商品。保险商品从外在形式来看只是一纸承诺,并且这种承诺的履行只能在约定的事件发生或约定的期限届满时。对保户而言,无法从保险单中马上获得实质性的消费感受。因此,与其他职业相比,保险营销服务质量的好坏尤为重要,它关系到保险企业的生存与长远发展。

(2)专业性

保险学是一门范围非常广泛的交叉学科,涉及经济、法律、医学、数学、社会学等学科。此外,保险营销人员在营销过程中要与各行各业、社会各界和各色人物进行广泛的接触,涉及许多专业知识和技能,因而保险营销人员仅具备保险理论与业务知识是远远不够的。因此,保险营销人员不仅要熟悉业务,广采博学,更要不断更新知识,提高技能,以便紧紧跟随现代保险经营和市场变化的新趋势,取得营销工作的成功。

(3)挑战性

尽管保险营销在国外发展已经成熟,但在我国还是一个较新的工作领域,另外,由于我国的经济体制及社会保障制度的特点,使我国的商业保险发展较为缓慢,国民的保险意识也较为淡薄,使得我国的保险营销环境不容乐观,保险营销工作也极富挑战性,这就要求保险营销人员具备良好的心理素质和坚强的意志。

(4)竞争性

我国保险市场上已经形成了多元主体并存的格局,各家保险公司之间在营销工作上的竞争不断增强。随着我国加入世贸组织,保险市场对外开放,这种竞争更会上升到前所未有的激烈程度。需要指出的一点是,价格竞争是任何市场的重要特征,但保险营销竞争主要表现为非价格的竞争。

### 2. 保险营销的原则

(1)服务至上

保险营销是一种商业服务行为,保险公司只有提供优质服务才能占领较大的市场份额。这种服务不仅表现在投保前为达成客户签约而提供的各项服务。实际上,客户签约投保并不意味着一笔交易的完成,恰恰相反,而是保险服务的真正开始。保险营销人员还要热心地为保户提供续保、制订新的保险计划、协助索赔等一系列售后服务。为了提供优质的服务,保险营销人员应当运用自己的专业知识,进行广泛的市场调研和市场分析。一般来说,保险服务包括两个方面的内容:一是指保险业务自身的服务,如承保、防灾防损、理赔等。二是拓展性服务,如汽车修理服务、风险管理咨询服务、社会福利服务、金融服务等。保险营销人员向客户提供的保险服务必须具有全面性和高效性。

(2)遵守职业道德

保险营销人员代表保险公司与客户进行沟通活动,其品德和信誉的优劣不仅影响保险公司的整体形象,而且关系到客户的利益是否得到保护。一般而言,保险营销人员严禁有下列不道德行为:

①保费折扣。这是保险营销人员对客户进行的一种经济诱惑,容易引起保单持有人之间的不平等,也会使保险公司和营销人员名誉扫地。

②换约招揽。即劝说客户中断在另一家或同一家保险公司现已生效的保单,购买新保单,给客户带来不必要的经济损失。

③对保险条款等方面的错误陈述,最终导致保险公司与客户之间的纠纷,破坏保险公司形象。保险营销是一项经济活动,它受法律的保护和约束,每个营销人员在营销活动中,都必须考虑自己的行为是否符合国家有关法律法规的要求。

### (3) 及时获取有关信息

信息是保险营销中进行预测和决策的基础,所以保险营销人员应对市场上的各种需求状况进行调查,全面掌握市场需求信息,包括潜在市场、市场占有率、销售趋势、竞争形势等各方面的信息。同时对信息的收集一定要注重迅速、准确、灵敏,即具有一定的时效价值和准确性,这样才能在营销工作中处于主动地位,灵活出击。

### (4) 积极开拓市场

保险营销人员在以推销保单为自己主要任务的同时,还要创造性地开拓新的市场和保险服务领域。这一方面要求保险营销人员在众多保险需求不同的客户群中,有针对性地开展营销活动,开拓自己的营销市场。另一方面也要求保险营销人员利用获取的市场需求信息,分析客户群的心理活动和保险购买偏好,不断开拓新的服务领域,不断推出新的保险险种,不断挖掘新的保险客户,从而提高公司的市场占有率。

## (三) 保险营销的基本要素

保险企业、保险商品和保险客户构成保险营销工作中的三个基本要素,即保险营销的主体、客体和对象。

### 1. 保险营销的主体

保险营销的主体包括保险公司和保险中介机构。

(1) 保险公司

一般来说,保险公司设有营销职能部门,实务中财产保险公司与人寿保险公司的营销部门设置略有不同,但保险营销工作必须通过保险公司各个职能部门的相互协调、制定营销战略后才能完成。

(2) 保险中介机构

保险代理人和保险经纪人是主要从事保险营销工作的保险中介机构。

### 2. 保险营销的客体

保险营销的客体就是保险商品,保险商品属于无形的服务商品。同一般商品一样,保险商品是使用价值和价值的统一体,具体表现为各保险公司提供的保险险种。

### 3. 保险营销的对象

保险营销的对象即保险营销的指向者、实施营销的目标和对象,又称准保户,包括各类自然人和法人。保险营销的成功与否,最终取决于准保户的投保情况。由于客观上存在着风险,人们始终存在对安全的需求,保险作为一种应对风险的有效方法,能够满足这一需求。因此,安全需求往往首先要转化为保险需求,从而引发客户的投保动机,进而支配着他们的投保行为。归根到底,保险需求是促成投保行为的内在动力。保险营销活动必须要研究准保户的保险需求状况,分析购买者行为特点,从而拟定正确的营销目标,掌握保险营销的主动权。

## 二、保险营销管理程序

在高度竞争的保险市场上,保险公司要想提高保险营销效益,就必须制定并遵循一定的营销管理程序。以下将对这些程序进行概括说明。

### (一)分析保险市场机会

随着我国经济形势发展,经济增长速度较快,居民的收入水平得到了较大提高,保险需求逐渐增加,同时公众的保险意识也逐渐浓厚起来。应当说,在保险营销领域,充满着各种机会。但要及时发现和抓住机会,就要求保险公司必须注重对保险营销环境的分析。现代营销学认为,企业经营成败的关键就在于它能否适应不断变化着的环境,因此环境分析是保险营销活动的立足点。营销环境包括微观环境和宏观环境。微观环境由保险公司内部各部门、保险客户、保险竞争对手、保险中介人和社会公众所组成,它们影响着保险公司服务于目标市场的能力,并与保险营销形成了协作、竞争、服务和监督的关系。宏观环境由社会环境、经济环境、政治环境和法律环境组成,它们直接或间接地对保险营销活动产生制约,对保险营销有着深远影响。但同时我们也应该认识到,在保险营销实践中,往往是机会与威胁并存,希望与困难同在。保险营销管理者应首先依靠环境分析发现和抓住机会,即公司能取得竞争优势和差别利益的营销机会,同时还应利用环境分析避免环境威胁,即哪些营销环境中对公司不利,通常可采用机会潜在吸引力与公司成功程度分析、险种市场发展分析矩阵、环境威胁分析矩阵等方法对机会与威胁进行评价和对策研究。

### (二)研究和选择目标市场

保险营销所面对的客户需求是多种多样的,任何一家保险公司不论其经营规模和能力有多大,都不可能满足一切保险需求者的需要,而只能依据保险公司的自身情况和市场情况确定最具吸引力的细分市场作为自己为之服务的目标市场,以自己有限的能力和资源来满足市场上特定消费者的需要。

**1. 营销调查和预测**

营销调查和预测即指对保险市场信息进行调查,并根据调查提供的数据和资料,运用科学的定性或定量方法,对影响市场供求变化的各种因素进行测算,从而对保险市场营销的未来及其变化趋势作出判断,以便为保险公司研究制订营销计划和营销决策提供依据。

**2. 保险市场细分**

在市场调查和预测的基础上,分析资料,从而找出保险消费者在需求特点、投保行为上的差异性,把保险总体市场划分为若干个细分市场,每一细分市场都由具有同类需求倾向的保险消费者构成。因此,每个细分市场又可称为同质市场。市场细分后,还应根据各个细分市场的消费者特征,确定细分市场的名称。

### 3. 目标市场选择

市场细分后,还应根据各个细分市场的消费者特征,确定细分市场的名称。市场细分提示了保险公司面临的细分市场的机会,接下来要对这些细分市场进行评估,并选择目标市场。保险公司在选择目标市场时,必须首先考虑潜在目标市场的适度规模和潜力,即市场具有一定的购买力并能给公司带来足够的保费收入,且存在尚未满足的需求和尚未充分发展的潜力。其次,还要考虑潜在目标市场结构应具有吸引力,这可以通过对五个方面因素的分析进行评估,即同行业竞争、新参加的竞争者、替代产品、购买者的议价行为、供应商的议价能力。最后,保险公司仍须将其本身的目标与其所在的细分市场的情况结合在一起考虑。对于一些有较大吸引力的细分市场,如果不符合保险公司长远目标,也应该放弃。对于符合保险公司目标的细分市场,在进入时也要考虑自己是否具备必要的资源和条件,并确有把握在该细分市场发挥自己的优势和取得成功。

### 4. 目标市场战略

保险公司在选择好目标市场之后,应采取适当的目标市场战略。一般来说,可供选择的市场覆盖战略有三种。

(1) 无差异性营销战略

无差异性营销战略也称整体市场战略,即以整个保险市场为目标市场,只求满足大多数保险消费者的共同需求,而不考虑他们对保险需求的差异性,以同一条款、同一费率和同一营销方式向所有的消费者推销一种保险。保险公司的许多险种都是适用于无差异性营销的,如汽车第三者责任险,可在一个国家或地区内用同一营销方案和保险费率进行推销。无差异性营销战略运用于那些差异性小、需求范围广、适用性强的保险险种的营销,这种战略有利于降低成本,形成规模经营。但其忽视保险消费者的差异性,难以满足保险需求的多样化。

(2) 差异性营销战略

差异性营销战略即在市场细分的基础上,确定了多个目标市场,针对每个目标市场,分别设计不同的险种和营销方案,根据保险消费者需求的差异性来捕捉营销机会。这种营销战略的针对性更强,有利于扩大保险销售量,提高市场占有率。适用于新的保险公司和规模较小的保险公司,不断开拓新的保险商品和使用新的营销战略。但其营销成本较高。

(3) 集中性营销战略

集中性营销战略也称密集性营销,即选择一个或几个细分市场作为目标,制定一套营销方案,集中力量争取在这些目标市场上占有较大份额,而不是在整体市场上占有较大份额。这种战略更能深入特定的细分市场,实行专业化经营,充分满足特定细分市场的需求。它适用于资源有限、实力不强的小型保险公司,使其能集中有限的力量,迅速占领市场,提高保险商品的知名度和市场占有率。但是,如果目标市场过于集中,经营险种较少,则保险公司的经营风险较大,一旦市场上保险需求发生变化,或者有强大的竞争对手介入,就会使保险公司陷入困境。

上述三种目标市场营销战略各有利弊,保险公司究竟采取何种战略,要结合本公司的特点和能力,考虑具体险种的差异性大小、险种寿命周期、竞争对手的战略等因素,作出适当选择。

**5. 市场定位策略**

保险公司在选定目标市场后,还要根据市场竞争情况和本公司的条件,确定本公司险种在目标市场上的竞争地位,即市场定位。具体来说,就是要在目标顾客的心目中为保险公司和险种创造一定的特色,赋予一定的形象,以适应消费者一定的需求和偏爱。这种特色和形象可以是实物方面的,也可以是心理方面的,或者是两方面兼有。总之,市场定位就是要设法建立一种竞争优势,以在目标市场上吸引更多的顾客。

**(三)制定营销策略组合**

营销策略主要有商品(product)策略、价格(price)策略、分销(distribution)策略和促销(promotion)策略。对这些策略要进行综合分析,选择最有效的组合以求最优化地实现营销目标。

**1. 商品策略**

商品策略包括商品组合策略、商品生命周期策略和新险种开发策略。

(1)商品组合策略

商品组合策略即指保险公司根据市场需求、公司经营能力和市场竞争等因素确定保险商品保障功能的结合方式,其中包括对商品组合广度、深度和密度的有效选择。例如,扩大保险商品组合策略即把保险商品系列化,也就是把原有的保险商品扩充成系列化险种,如海洋运输货物保险在3种基本险的基础上,又有11种一般附加险,6种特别附加险和2种特殊附加险,从而达到扩大承保风险的目的,使消费者的需求获得更大的满足。

(2)商品生命周期策略

商品生命周期策略即区分保险商品从进入市场到退出市场所经历的投入期、成长期、成熟期和衰退期四个阶段,分别采取不同的营销策略。

(3)新险种开发策略

新险种开发策略即开发能够给消费者带来新的利益和满足的险种。一般而言,新险种是具有创新构思的险种,在使用性能或经济性能方面优于原有的险种或具有新的用途。例如,我国目前寿险市场上推出的投资连结保险、分红保险和万能寿险,财产险市场上推出的理财型家庭财产险等,均为各公司开发的新险种。

**2. 价格策略**

价格策略一般包括定价方法、新险种费率等决策。具体而言,有以下几种:

(1)低价策略

低价策略是指以低于原价格的水平而确定保险价格的策略。这种定价策略主要是为了迅速占领保险市场,打开新险种的销路,更多地吸收保险资金,为保险公司资金运用创造条件。

(2) 高价策略

高价策略是指以高于原价格水平而确定保险价格的策略。保险公司实行高价策略时,一般是因为某些保险标的的风险程度太高,尽管对保险有需求,但保险公司都不愿意经营,或者是因为投保人有选择地投保某部分风险程度高的保险标的。

(3) 优惠价策略

优惠价策略是指保险公司在现有价格的基础上,根据营销需要给投保人以折扣与让价优惠的策略。运用优惠价策略的目的是刺激投保人大量投保、长期投保,及时交付保险费和加强安全工作。保险公司经常采用的优惠价策略有:统保优惠价、续保优惠价、趸缴保费优惠价、安全防范优惠价及免缴或减付保险费。

(4) 差异价策略

差异价策略包括地理差异、险种差异等策略。地理差异策略是指保险公司对同一保险险种在不同地区采取不同的保险费率的一种策略。险种差异策略是指对各个险种采用不同的保险费率标准和计算方法的一种策略。

### 3. 分销策略

分销策略也就是营销渠道策略,即对如何将保险商品送到顾客手中进行决策。营销渠道一般有三种:直接销售、间接销售或是两者的结合。直接销售的手段包括邮件、媒体、电话、互联网等。间接销售主要是通过代理人和经纪人推销保单。保险公司在选择营销渠道时需要考虑的最重要的因素就是以最小的代价,最有效地推销保单。因此,对于新成立的规模较小的保险公司,由于其自身财力、承保技术及其他外部条件的限制,适宜采用传统的直接销售方式,这样既有利于保险公司的稳步成长,又有利于树立良好的企业形象。而对于规模较大、声誉较高的保险公司,可以自行选择最优的保险营销渠道组合。

### 4. 促销策略

促销策略包括广告、个人推销、营业推广、公共关系和企业识别系统(CIS)策略五种形式。保险公司运用这些促销方式把保险商品信息传递给广大消费者,同时激励和引导他们的购买行为。

### (四) 制订市场营销计划

保险营销管理者不仅要制定公司据以达成其预期市场营销目标的一般策略,而且要制订支持市场营销组合的计划。营销策略与营销计划就如军事上战略与战术的关系,营销策略指明营销方向,而营销计划则勾勒出策略实施的框架,并使用各种独特的决策工具,协调和控制营销的全过程。

制订营销计划的第一步是要认真分析公司的长期和短期业务目标,以保证营销计划与公司总体目标的一致性。其次,还应将这些目标转化为具体可行的方案。营销计划的期限通常是1~5年,在五年营销计划中,第一年的目标和特定行为需要详尽叙述,第二年到第五年的目标则进行一般性讨论。五年计划每年更新一次。

营销计划最重要的一个功能是分配营销资源,营销计划必须载明广告、工资、佣金和设备所需的资金数额,以及所需的人员数量和资格。资源配置有助于计划制订者决定每一特定营销目标是否值得花费资源。

（五）组织执行和控制市场营销

营销管理的最后一个环节是实施和控制营销活动,这是一个关键性的环节。保险公司要想贯彻执行营销计划,有效开展营销工作,必须有组织的保证,即设立专门的营销部门。营销部门应能合理安排营销力量,协调全体营销人员的工作,让全体营销人员为完成营销目标精诚合作,尽心尽力。同时还应能让公司所有部门相互之间紧密配合,共同为完成营销目标而努力。营销部门的效率不仅有赖于它的组织构成,同时也取决于它对营销人员的选择、培训、指导、激励与评价。对营销人员管理的水平直接关系到营销的绩效。

营销组织实施营销计划过程中,可能会出现许多意外情况,公司需要建立相应的控制制度。

## 三、产品开发

保险公司的经营环境要求其不断改进其产品,并开发出新产品。保险公司只有设计出满足人们需要、迎合人们心理的险种才能赢得客户和市场。

（一）保险产品开发的步骤

随着人们保险需求的变化,任何保险公司的当前产品组合都不可能保持长久有效。为了在竞争中取胜,保险公司必须不断调整产品组合使其继续提供的产品能满足现在或潜在目标市场上变化的需求。调整公司产品组合有三种形式:淘汰劣势产品、修正已有产品和开发新产品。

保险公司开发新产品是以国家的法律、法规、政策为指导,根据市场的需要和自身的资源条件,有选择地开发新的保险业务。一般来说,保险产品的开发包括以下几个步骤：

(1) 构思

构思即为满足一种新的需求而提出的设想。构思的方法可采用营销部门直接与客户接触,应注重在不同的环境寻找好的构思,鼓励代理人为公司出谋划策并及时反馈给有关部门。

(2) 筛选

筛选即剔除那些明显不适当的产品构思,决定哪些值得深入调查考虑。

(3) 商业分析

检查筛选过的构思,分析其开发的可行性与潜力,并上报高层管理部门。

(4) 技术设计

技术设计即保险条款的拟定。拟定条款时应考虑到利率变化、风险概率、费用率、通货膨胀等因素,并确定产品的费率结构、利润水平、承保标准和责任范围,然后将保险合同送交公司主管等检查。若保险合同被认为能满足市场需要,便呈送营销委员会(由公司关键主管组成),由其提供总的指导。

(5)实施

实施包括:①获得保险监管部门对新保单销售的批准。②促销设计。为营销人员、保户服务人员、消费者等编制销售资料;为产品命名;创造适合的广告;为代理人、经纪人或消费者发布有关信息;将有关产品的广告和宣传材料送交出版社或其他新闻机关;举办新保单销售发布会;制定奖励措施,鼓励销售新产品。③信息系统必须更新软件或改装原有系统用来支持新产品。

(6)试销

试销即保险公司在产品广泛投入市场前选择代理人在小范围内销售,使公司能发现和纠正潜在问题。在试销过程中要听取来自代理人、消费者的意见。

(7)正式

新保单正式上市时,保险公司应该在合适的媒体中做广告或举行新闻发布会,将新产品公告于众。同时召开有关会议,把新产品介绍给代理人、经纪人、公司外勤人员以及保户服务人员,印发销售培训材料。此外,还要举办各种培训班,为代理人、外勤人员讲授关于新产品的特征与利益、如何填写投保单、所需服务的内容等项,对核保人、保单签发人就如何管理新产品、如何服务进行培训。

(8)销售管理与总结

新保单上市后,营销部门应检查产品销售情况和财务状况是否与原定目标相符。如不符,则查明原因,进行改正。要分析新产品年保费收入、已售保单总保险金额、已实现的利润、购买者的人口统计因素、赔付数据、内部替代数量以及对年保费的影响、成功的广告和促销及分销方式等,以利于未来更好地销售和开发新产品。

## (二)保单设计过程中的几个突出问题

保单是保险公司的产品,保单是否满足消费者的需求直接关系到保险公司的生存和发展,因此,对保单的设计,无论是险种条款,还是名称、包装都要格外注意。

**1. 险种条款设计**

心理学研究表明,求新、求变、追逐时代潮流是消费者普遍的心理特征。一个新产品投放市场后,能否引起消费者的兴趣与购买欲望,其重要一点是相对已有产品及竞争对手产品的优点、特点。优点越多,越容易为消费者所接受。同样,新险种条款也要求新、变、优,才符合人们的心理。市场营销理论认为,产品的多功能、易组合是消费者需求的趋势。要适应这种趋势,必须改变以往责任固定、缴费固定的险种模式。应进一步增加基本险和附加险,各投保人可根据自己的保险需求和缴费能力,自由组合保单,以满足不同类型、不同层次的投保要求。

### 2. 险种名称设计

险种命名是险种设计的重要组成部分,从心理学的角度来讲,险种名称不仅是客户借以识别险种的主要标志之一,而且是引起他们心理活动的特殊刺激物。一个好的名称,不仅有助于了解险种的性能、特点,还会引起他们的兴趣。一般说来,险种命名要符合以下原则:①险种名称要与其主要功能、特点一致。②便于记忆,力求文字简洁,便于认知。③雅俗共赏,力求生动形象,避免生僻、绕口。险种名称对人们心理产生影响是由于联想的作用。

### 3. 保单的包装装潢

包装装潢在产品的整体概念中占有重要地位。同样,精美的保单包装能使险种更富有魅力。包装泛指用于盛装、保护保单不致损坏的容器。装潢是保单及包装物上的装饰,通过绘画、文字等设计,附于外表,起美化作用。

## 四、保险销售管理

### (一)保险销售部门

保险销售部门是保险公司的龙头,是保险公司最直接的效益实现者,在保险公司中具有举足轻重的地位。

保险销售部门组织模式的选择要受到保险公司人力资源、财务状况、产品特性、消费者及竞争对手等因素的影响,保险公司应根据自身的实力及保险公司发展规划,用最少的管理成本获得最大的经济效益。下面介绍几种常用的保险销售组织模式。

#### 1. 地域型组织模式

这种模式是指各个保险销售人员被派到不同地区,在该地区销售保险公司业务。

#### 2. 产品型组织模式

保险销售员对产品理解的重要性,加上产品部门和产品管理的发展,使许多保险公司都用产品线来建立保险销售队伍结构。特别是当产品技术复杂、产品之间联系少或数量众多时,按产品专门化组成保险销售队伍就较合适。

#### 3. 顾客型组织模式

保险公司也可以按市场或消费者即顾客类型来组建自己的保险销售队伍。例如,一家财产保险公司可以把它的客户按其所处的行业(金融、电信等)来加以划分。按市场组织保险销售队伍的最明显优点是每个保险销售员都能了解消费者的特定需要,有时还能降低保险销售队伍费用,更能减少渠道摩擦,为新产品开发提供思路。

#### 4. 复合型保险销售结构

如果保险公司在一个广阔的地域范围内向各种类型的消费者推销种类繁多的产品时,通常将以上几种结构方式混合使用。保险销售员可以按地区、产品目标市场等方法加以组织,一个保险销售员可能同时对一个或多个产品线经理和部门经理负责。

## (二)保险销售管理的职能

保险销售经理作为保险销售部门的管理领导者,要注意发挥管理的四大基本职能。管理的基本职能可以概括为计划、组织、领导、控制。

### 1. 计划

计划是所有管理职能中最重要的职能之一。切实可行而又富有挑战性的计划是其他工作顺利开展的前提。若计划做得不好,那么,在接下来的组织、领导、控制等工作中,就会陷于被动。要制订好保险销售计划,首先要了解公司总体战略计划及营销战略计划,因为如果没有战略目标,保险销售部门的工作也就没有方向或者偏离公司的战略方向。只有知道了目标是什么,才可能对工作做出计划,并率领整个部门沿着正确的方向前进。

### 2. 组织

在当今市场环境急速变化的压力下,保险公司内组织结构的发展变化将是革命性的。那些成功地调整组织结构的公司将向成功迈进,而那些不能调整的公司将面临失败。正确的保险销售组织结构不能一定保证保险销售的成功;但不正确的保险销售组织一定会阻碍成功。

### 3. 领导

为了保证保险销售业务的正常运作,你需要对所有的保险销售员进行领导,指导他们做什么、如何做、为什么做和什么时候做。为了使保险销售员的行动取得理想的成效,要设法让他们建立共识,赋予他们责任心和使命感,保险销售员也应当确切地知道公司对他们的要求。所以要确保保险销售员了解公司总体保险销售目标、他们必须做哪些具体工作和要求他们达到什么标准。知道了工作的原因可使保险销售人员更有效地依照工作程序和标准开展工作。他们若明白了自己行动的目的,就能更加积极地发挥主动性。在指挥保险销售员工作时,要能够领导保险销售员沿着正确的方向前进,身先士卒,还要有亲和力,并且对部下要多褒少贬,以激励保险销售员做得更好。

### 4. 控制

为落实计划和达成目标,要时刻关注保险销售员和业务的发展动向,并制定各种衡量标准,掌握情报反馈,通过追踪考核来对整体保险销售业务与人员进行控制。同时,还应了解计划正在如何执行,并在必要时做一些调整。良好的信誉与服务对公司来说至关重要,树立好的公司形象要花很长时间,而毁掉良好形象只需几分钟。因此要认真监视和控制保险销售的整体服务质量。

【知识库】

原 一 平

原一平,在日本寿险业,他是一个声名显赫的人物。日本有近百万的寿险从业人员,其中很多人不知道全日本20家寿险公司总经理的姓名,却没有一个人不认识原一平。他的一生充满传奇,从被乡里公认为无可救药的小太保,最后成为日本保险业连续15年全国业绩第一的"推销之神",最穷的时候,他连坐公车的钱都没有,可是最后,他终于凭借自己的毅力,成就了自己的事业。73岁因努力提高保险推销员地位的卓越贡献,荣获日本天皇颁赠"四等旭日小绶勋章"。连当时的日本总理大臣福田赳夫也羡慕不止,当众慨叹道:"身为总理大臣的我,只得过五等旭日小绶勋章。"1964年,世界权威机构美国国际协会为表彰他在推销业做出的成就,颁发了全球推销员最高荣誉——学院奖。

(资料来源:《推销之神原一平》)

## 第二节 保险承保

承保是指保险人与投保人对保险合同的内容协商一致,并签订保险合同的过程,它包括核保、签单、收费、建卡等程序,而核保是承保工作的重要组成部分和关键环节。

### 一、保险核保的主要内容

所谓核保,也称为风险选择,是评估和划分准客户反映的风险程度的过程。根据风险程度,保险公司决定是拒保还是承保、怎么承保和采用什么保险费率。核保的目的在于通过评估和划分准客户反映的风险程度,将保险公司实际风险事故发生率维持在精算预计的范围以内,从而规避风险,保证保险公司稳健经营。

(一)审核投保申请

对投保申请的审核主要包括对投保人的资格、保险标的、保险费率等项内容的审核。

**1. 审核投保人的资格**

审核投保人的资格主要是审核投保人对保险标的是否具有保险利益。一般来说,财产保险合同中,投保人对保险标的的保险利益来源于所有权、管理权、使用权、抵押权、保管权等合法权益;人身保险合同中,保险利益的确定是采取限制家庭成员关系范围并结合被保险人同意的方式。保险人审核投保人的资格,是为了防范道德风险。

**2. 审核保险标的**

审核保险标的即对照投保单或其他资料核查保险标的的情况,如财产的使用性质、结构性能、所处环境、防灾设施、安全管理等。例如,承保企业财产险时,要了解厂房结构、占用性质、建造时间、建筑材料、使用年限以及是否属于危险建筑等,并对照事先掌握的信息资料进行核实,或对保险标的进行现场查验后,保险人再决定是否承保。

3. 审核保险费率

根据事先制定的费率标准,按照保险标的风险状况,使用与之相适应的费率。

(二) 承保控制

控制保险责任就是保险人在承保时,依据自身的承保能力进行承保控制。

1. 控制逆选择

保险人控制逆选择的方法是对不符合保险条件者不予承保,或者有条件地承保。事实上,保险人并不愿意对所有不符合可保风险条件的投保人和投保标的一概拒保,例如,投保人以一栋消防设施较差的房屋投保火灾保险,保险人就会提高保险费率承保。这样一来,保险人既不失去该业务,又在一定程度上抑制了投保人的逆选择。

2. 控制保险责任

只有通过风险分析与评价,保险人才能确定承保责任范围,才能明确对所承担的风险应负的赔偿责任。一般来说,对于常规风险,保险人通常按照基本条款予以承保,对于一些具有特殊风险的保险标的,保险人需要与投保人充分协商保险条件、免赔金额、责任免除和附加条款等内容后再特约承保。特约承保是在保险合同中增加一些特别约定,其作用主要有两个:一是为了满足被保险人的特殊需要,以加收保险费为条件适当扩展保险责任;二是在基本条款上附加限制条件,限制保险责任。通过保险责任的控制,将使保险人所支付的保险赔偿金额与其预期损失额十分接近。

(三) 控制人为风险

避免和防止逆选择和控制保险责任是保险人控制承保风险的常用手段。但是有些风险往往是保险人在承保时难以防范的,如道德风险和心理风险。

1. 道德风险

道德风险是指人们以不诚实或故意欺诈的行为促使保险事故发生,以便从保险活动中获取额外利益的风险因素,投保人产生道德风险的原因主要有:一是道德沦丧;二是遭遇财务上的困难。从承保的角度来看,保险人控制道德风险发生的有效方法就是将保险金额控制在适当的额度内。例如,在财产保险中应避免超额保险;在人寿保险的核保中,如果投保人为他人购买保险而指定自己为受益人时,应注意保险金额的多少是否与投保人的收入状况相适应。

2. 心理风险

心理风险是指由于人们的粗心大意和漠不关心,增加了风险事故发生的机会并扩大损失程度的风险因素。如投保了火灾保险,就不再小心火灾;投保了盗窃险,就不再谨慎防盗。从某种意义上说,心理风险是比道德风险更为严重的问题,任何国家的法律对道德风险都有惩罚的方法,而且保险人可针对道德风险在保险条款中规定,凡被保险人故意造成的损失不予赔偿。但心理风险既非法律上的犯罪行为,而保险条款又难制定适当的规定限制它。因此,保险人在核保时常采用的控制手段有：

第一，实行限额承保。即对于某些风险，采用低额或不足额的保险方式，规定被保险人自己承担一部分风险。保险标的如果发生全部损失，被保险人最多只能够获得保险金额的赔偿；如果只发生部分损失，则被保险人按保险金额与保险标的实际价值的比例获得赔偿。

第二，规定免赔额(率)。这两种方法都是为了刺激被保险人克服心理风险因素，主动防范损失的发生。

## 二、保险承保的程序

### (一)填写投保单

投保人购买保险，首先要提出投保申请，即填写投保单，交给保险人。投保单是投保人向保险人申请订立保险合同的依据，也是保险人签发保险单的依据。投保单的内容包括：投保人的名称、投保日期、被保险人名称、保险标的的名称、种类和数量、投保金额、保险标的坐落地址或运输工具名称、保险期限、受益人以及保险人需要向投保人了解的事项等。

### (二)审核验险

审核是保险人收到投保单后，详细审核投保单的各项内容；验险是对保险标的风险进行查验，以达到对风险进行分类的目的。验险的内容，因保险标的的不同而有所差异。

1. 财产保险的验险内容

财产保险的验险内容主要有以下几个方面：①查验投保财产所处的环境；②查验投保财产的主要风险隐患和重要防护部位及防护措施状况；③查验有无正处在危险状态中的财产；④查验各种安全管理制度的制定和落实情况，若发现问题，应督促其及时改正；⑤查验被保险人以往的事故记录，包括被保险人发生事故的次数、时间、原因、损害后果及赔偿情况。

2. 人身保险的验险内容

人身保险的验险内容包括医务检验和事务检验。医务检验主要是检查被保险人的健康状况，如检查被保险人过去的病史，包括家庭病史，以了解各种遗传因素可能给被保险人带来的影响。有时也会根据投保险种的需要进行全面的身体检查。事务检验主要是对被保险人的工作环境、职业性质、生活习惯、经济状况以及社会地位等情况进行调查了解。

### (三)接受业务

保险人按照规定的业务范围和承保权限，在审核验险之后，有权做出拒保或承保的决定。如果投保金额或标的风险超出了保险人的承保权限，他只能向上一级主管部门提出建议，而无权决定是否承保或是否分保。

### (四)缮制单证

缮制单证是在接受业务后填制保险单或保险凭证等手续的程序。保险单或保险凭证是载明保险合同双方当事人权利和义务的书面凭证，是被保险人向保险人索赔的主要依据。因此,保险单质量的好坏,往往影响保险合同能否顺利履行。填写保险单的要求有以下几点:①单证相符;②保险合同要素明确;③数字准确;④复核签章,手续齐备。

承保部门除了制订承保方针和编制承保手册之外,还要分析损失和保险费的经验数据,修订费率计划,研究保险责任范围和保单格式,设计新的保险品种,负责承保人的教育和培训。

【知识库】

## 军人核保

军人的职责是准备战斗,而战斗带来的结果即是出现伤残或死亡,所以战争或军事行动的结果如果让保险公司承担其损失,对保险公司来说可能是灾难性的。所以,保险公司在承保以被保险人身体、生命为标的的保险时通常将战争、军事行动、暴乱及武装叛乱作为除外责任。

(资料来源:张洪涛、王国良《保险核保与理赔》)

## 第三节 保险理赔

在保险经营中,理赔是防灾防损的继续,也是保险补偿职能的具体体现。理解保险理赔的含义,揭示理赔的本质和规律,可以帮助我们更好地掌握保险这个经济机制,充分发挥保险的作用。

### 一、保险理赔的含义

保险理赔是指保险人在保险标的发生风险事故后,对被保险人提出的索赔请求进行处理的行为。被保险人发生的经济损失有的属于保险风险引起的,有的则属于非保险风险引起的,即使被保险人的损失是由于保险风险引起的,因多种因素和条件的制约,被保险人的损失不一定等于保险人的赔偿额或给付额。所以说,保险理赔涉及保险合同双方的权利与义务的实现,是保险经营中的一项重要内容。

### 二、保险理赔的原则

保险理赔是一项政策性极强的工作,为了更好地贯彻保险经营方针,提高理赔质量,杜绝"错赔、乱赔、滥赔"的现象,保险理赔应遵循以下原则:

(一)重合同、守信用的原则

保险理赔是保险人对保险合同履行义务的具体体现。在保险合同中,明确规定了保险人与被保险人的权利和义务,保险合同双方当事人都恪守合同约定,保证合同顺利实施。对于保险人来说,在处理各种赔案时,应严格按照保险合同的条款规定,受理赔案、确定损失。理算赔偿金额时,应提供充足的证据,拒赔时更应如此。

(二)实事求是的原则

被保险人提出的索赔案件形形色色,案发原因也错综复杂。因此,对于一些损失原因复杂的索赔,保险人除了按照条款规定处理赔案外,还须实事求是、合情合理地处理,这样做才既符合条款规定,又遵循实事求是的原则。

此外,实事求是的原则还体现在保险人的通融赔付方面。所谓通融赔付,是指按照保险合同条款的规定,本不应由保险人赔付的经济损失,由于一些其他原因的影响,保险人给予全部或部分补偿或给付。当然,通融赔付不是无原则的随意赔付,而是对保险损失补偿原则的灵活运用。具体来说,保险人在通融赔付时应掌握的要求有:第一,有利于保险业务的稳定与发展;第二,有利于维护保险公司的信誉和在市场竞争中的地位;第三,有利于社会的安定团结。

（三）主动、迅速、准确、合理的原则

这一原则的宗旨在于提高保险服务水平,争取更多客户。我国《保险法》第二十四条和第二十六条规定:"保险人收到被保险人或者受益人的赔偿或者给付保险金的请求后,应当及时做出核定,并将核定结果通知被保险人或者受益人;对属于保险责任的,在与被保险人或者受益人达成有关赔偿或者给付保险金额的协议后十日内,履行赔偿或者给付保险金义务。保险合同对保险金额及赔偿或者给付期限有约定的,保险人应当依照保险合同的约定,履行赔偿或者给付保险金义务。""如果保险人在收到被保险人、受益人的索赔请求和证明资料六十日内,对赔偿或给付数额仍不能确定的,应当根据已有的证明和资料可以确定的最低数额先予支付;保险人最终确定赔偿或给付保险金额后,支付相应的差额。"《保险法》的上述规定指出了保险人应当在法律规定和保险合同约定的期限内及时履行赔偿或给付保险金的义务,即应在理赔中坚持"八字"方针。主动、迅速,即要求保险人在处理赔案时积极主动,不拖延并及时深入事故现场进行勘查,及时理算损失金额,对属于保险责任范围内的灾害事故所造成的损失,应迅速赔付。准确、合理,即要求保险人在审理赔案时,分清责任,合理定损,准确履行赔偿义务。对不属于保险责任的案件,应当及时向被保险人发出拒赔的通知书,并说明不予赔付的理由。

## 三、保险理赔的程序

保险理赔的程序包括接受损失通知书、审核保险责任、进行损失调查、赔偿给付保险金、损余处理及代位求偿等步骤。

（一）损失通知

保险事故发生后,被保险人或受益人应将事故发生的时间、地点、原因及其他有关情况,以最快的方式通知保险人,并提出索赔请求。发出损失通知书是被保险人必须履行的义务。

被保险人发出损失通知的方式可以是口头的,也可用函电等其他形式,但随后应及时补发正式书面通知,并提供各种必需的索赔单证,如保险单、账册、发票、出险证明书、损失鉴定书、损失清单、检验报告等等。损失涉及第三者责任时,被保险人还需出具权益转让书给保险人,由保险人代为行使向第三者责任方追偿的权益。

接受损失通知书意味着保险人受理案件，保险人应立即将保险单与索赔内容详细核对，安排现场勘查等事项，然后将受理案件登记编号，正式立案。

### (二)审核保险责任

保险人收到损失通知书后，应立即审核该索赔案件是否属于保险人的责任，其审核的内容包括以下几方面：

#### 1.保险单是否仍有效力

例如，我国财产保险基本险条款规定，被保险人应当履行如实告知义务，否则，保险人有权拒绝赔偿，或从解约通知书送达15日后终止保险合同。又如，人身保险合同中，投保人在规定的时期(包括宽限期)内未交纳保险费，保险合同的效力将中止，除非投保人在两年内补交保险费及其利息，否则，保险合同将永久失去效力。因此，保险人在处理赔偿问题时，不可忽视这些条款的规定。

#### 2.损失是否由所承保的风险所引起

被保险人提出的损失索赔，不一定都是保险风险所引起的。因此，保险人在收到损失通知书后，应查明损失是不是保险风险所引起的。如果是，保险人才予以承担赔偿责任。

#### 3.损失的财产是否为保险财产

保险合同所承保的财产并非被保险人的一切财产，即使是综合险种，也会有某些财产列为不予承保之列。

#### 4.损失是否发生在保单所载明的地点

保险人承保的损失通常有地点的限制。例如，我国的家庭财产保险条款规定，只对在保单载明地点以内保险所遭受的损失，保险人才负责予以赔偿。

#### 5.损失是否发生在保险单的有效期内

保险单上均载明了保险有效的起讫时间，损失必须在保险有效期内发生，保险人才能予以赔偿。

#### 6.请求赔偿的人是否有权提出索赔

要求赔偿的人一般都应是保险单载明的被保险人，就人寿保险合同而言，应是保险单指定的受益人。因此，保险人在赔偿时，要查明被保险人或受益人的身份，以决定其有无领取保险金的资格。例如，在财产保险合同下，要查明被保险人在损失发生时，是否对保险标的具有保险利益。对保险标的无保险利益的人，其索赔无效。

#### 7.索赔是否有欺诈

保险索赔的欺诈行为往往较难察觉，保险人在理赔时应注意的问题有：索赔单证的真实与否；投保人是否有重复保险的行为；受益人是否故意谋害被保险人；投保日期是否先于保险事故发生的日期，等等。

### (三)进行损失调查

保险人审核保险责任后，应派人到出险现场进行实际勘查，了解事故情况以便分析损失原因,确定损失程度。

**1. 分析损失原因**

在保险事故中,造成损失的原因通常是错综复杂的。例如,船舶发生损失的原因有船舶本身不具备适航能力、船舶机件的自然磨损、自然灾害或意外事故的影响等。只有对损失的原因进行具体分析,才能确定其是否属于保险人承保的责任范围。可见,分析损失原因的目的在于保障被保险人的利益,明确保险人的赔偿范围。

**2. 确定损害程度**

保险人要根据被保险人提出的损失清单逐项加以查证,如对于货物短少的情况,要根据原始单据的到货数量,确定短少的数额;对于不能确定货物损失数量的,或受损货物仍有部分完好或经加工后仍有价值的,要估算出一个合理的贬值率来确定损失程度。

**3. 认定求偿权利**

保险合同中规定的被保险人的义务是保险人承担赔偿责任的前提条件。如果被保险人违背了这些事项,保险人可以此为由不予赔偿。例如,当保险标的的危险增加时,被保险人是否履行了通知义务;保险事故发生后,被保险人是否采取了必要的合理的抢救措施,以防止损害扩大等。这些问题足以使被保险人丧失索赔的权利。

(四)赔偿给付保险金

保险事故发生后,经调查属实并估算赔偿金额后,保险人应立即履行赔偿给付的责任。对于人寿保险合同,只要保险人认定寿险保单是有效的,受益人的身份是合法的,保险事故的确发生了,便可在约定的保险金额内给付保险金。对于财产保险合同,保险人则应根据保险单类别、损害程度、标的价值、保险利益、保险金额、补偿原则等理算赔偿金额后,方可赔付。财产保险的赔偿金额计算方法有多种,详见前面各险种中的介绍。

(五)损余处理

一般来说,在财产保险中,受损的财产会有一定的残值。如果保险人按全部损失赔偿,其残值应归保险人所有,或是从赔偿金额中扣除残值部分;如果按部分损失赔偿,保险可将损余财产折价给被保险人以充抵赔偿金额。

(六)代位求偿

如果保险事故是由第三者的过失或非法行为引起的,第三者对被保险人的损失须负赔偿责任。保险人可按保险合同的约定或法律的规定,先行赔付被保险人。然后,被保险人应当将追偿权转让给保险人,并协助保险人向第三者责任方追偿。如果被保险人已从第三者责任方那里获得了赔偿,保险人只承担不足部分的赔偿责任。

【知识库】

### 证 据

证据是指证明案件真实情况的一切客观事实依据。保险理赔证据是用于证明理赔案件事实及与理赔有关的事实存在与否的依据,其基本功能在于为理赔人员的正确理赔决定提供事实基础。

(资料来源:张洪涛、王国良《保险核保与理赔》)

## 第四节 再保险

### 一、再保险及其特征

再保险又称为分保,是指保险人将自己承担的风险和责任向其他保险人进行保险的一种保险。从保险经营的角度看,保险人为了分散自己承保的风险,通过签订再保险合同,将其所承保的风险和责任的一部分转移给其他保险公司或再保险公司。分出业务的保险公司称为分出公司、分保分出人或原保险人;接受再保险业务的保险公司称为分入公司、分保接受人或再保险人。分保接受人将接受的再保险业务再分保出去,称为转分保,分出方为转分保分出人,接受方为转分保接受人。一个保险人既可以是分保分出人,又可以是分保接受人。

再保险的基础是原保险,再保险的产生是基于原保险人经营中分散风险的需要。再保险具有两个重要特征:①再保险是保险人之间的一种业务经营活动;②再保险合同是一种独立合同。

在再保险业务中,分保双方责任的分配与分担是通过确定自留额和分保额来体现的,分出公司根据偿付能力所确定的自己承担的责任限额称为自留额或自负责任额;经过分保由接受公司承担的责任限额称为分保额、分保责任额或接受额。自留额与分保额可以用百分率表示,如自留额与分保额分别占保险金额的25%和75%,也可以用绝对值表示,如超过100万元以后的200万元。而且,根据分保双方承受能力的大小,自留额与分保额均有一定的控制线,如果保险责任超过自留额与分保额的控制线,则超过部分应由分出公司自负或另行安排分保。

自留额与分保额可以以保额为基础计算,也可以以赔款为基础计算。计算基础不同,决定了再保险的种类不同。以保险金额为计算基础的分保方式叫比例再保险;以赔款金额为计算基础的分保方式叫非比例再保险。

自留额和分保额都是按危险单位来确定的。危险单位是指保险标的发生一次灾害事故可能造成的最大损失范围,危险单位的划分既重要又复杂,应根据不同的险种和保险标的来决定。危险单位的划分关键是要和每次事故最大可能损失范围的估计联系起来考虑,而不一定和保单份数相同。划分危险单位并不是一成不变的。危险单位的划分有时需要专业知识。对于每一危险单位或一系列危险单位的保险责任,分保双方通过合同按照一定的计算基础对其进行分配。

## 二、再保险的业务种类

### （一）比例再保险

比例再保险是以保险金额为基础来确定原保险人的自负责任和再保险人的分保责任的再保险方式。在比例再保险中，分出公司的自负责任和分入公司的分保责任都表示为保险金额的一定比例。分出公司与分入公司要按这一比例分割保险金额，分配保险费和分摊赔款，比例再保险包括成数再保险和溢额再保险两种。

#### 1. 成数再保险

成数再保险是指原保险人与再保险人在合同中约定保险金额的分割比率，将每一危险单位的保险金额，按照约定的比率在分出公司与分入公司之间进行分割的再保险方式。在成数再保险合同已经成立的前提下，不论原保险人承保的每一危险单位的保险金额有多大，只要该保险金额在合同规定的限额之内，都要按合同规定的比率来分割保险金额，每一危险单位的保险费和所发生的赔款，也按这一比率进行分配和分摊。总之，成数再保险的最大特征是"按比率"的再保险，即原保险人与再保险人保险金额的分割、保险费的分配、赔款的分摊都是按照合同规定的同一比例来进行的。因此，成数再保险是最典型的比例再保险。

#### 2. 溢额再保险

溢额再保险是指原保险人与再保险人在合同中约定自留额和最高分入限额，将每一危险单位的保险金额超过自留额的部分分给分入公司，并按实际形成的自留额与分出额的比率分配保险费和分摊赔款的再保险方式。

由于在溢额再保险合同项下，原保险人与再保险人之间的保险费的分配、赔款的分摊都是按实际形成的保险金额的分割比率进行的，因此，溢额再保险也属于比例再保险。

在溢额再保险合同中，分出公司首先要对保险金额确定自留额，对于每一笔业务，将超过自留额的部分转移给再保险人，但以自留额的一定倍数为限。自留额和分出额与保险金额之间的比例分别称为自留比例和分保比例。自留比例和分保比例随不同保险标的保险金额的大小而变动。

例如：某一溢额分保合同的自留额为50万元，现有三笔业务，保险金额分别为50万、100万和200万元。第一笔业务的保险金额在自留额之内，无需分保；第二笔业务的保险金额超过自留额，需要分保，实际自留额为50万元，分出额为50万元；第三笔业务的保险金额超过自留额，需要分保，实际自留额为50万元，分出额为150万元。本例第二笔业务的自留比例为50%，分保比例为50%；第三笔业务自留比例为25%，分保比例为75%。每笔业务按照实际形成的分保比例分配保险费和分摊赔款。

从以上可以看出，溢额再保险与成数再保险相比较，其最大区别是：如果某一业务的保险金额未超过分出公司的自留额，无须办理分保，只有在保险金额超过自留额时，才将超过的部分分给再保险人。也就是说,溢额再保险的自留额,是一个确定的数额,不随保险金额的大小变动,而成数再保险的自留额表现为保险金额的固定百分比,随保险金额的大小而变动。

溢额再保险的分入公司不是无限度地接受分出公司的溢额责任,通常以自留额的一定倍数,即若干"线"数为限,一"线"相当于分出公司的自留额。如自留额为50万元,分保额为5线,则分入公司最多接受250万元,即分保额最高为250万元。对于分出公司承保的巨额业务,可以签订多个溢额再保险合同,按合同签订的顺序,有第一溢额再保险、第二溢额再保险等。

### (二) 非比例再保险

非比例再保险是以赔款为基础来确定再保险当事人双方的责任的分保方式。当赔款超过一定额度或标准时,再保险人对超过部分的责任负责。

与比例再保险不同,在这种再保险方式中,分出公司和分入公司的保险责任和有关权益与保险金额之间没有固定的比例关系,因此称其为非比例再保险。非比例再保险有两个限额:一是分出公司根据自身的财力确定的自负责任额,即非比例再保险的起赔点,也称为免赔额;二是分入公司承担的最高责任额。以上两个限额需要在订立再保险合同时由当事人双方约定,一旦保险事故发生,便依照规定的限额进行赔付。如果损失额在自负责任额(再保险起赔点)以内,赔款由分出公司负责;损失额超过自负责任额,分入公司负责其超过部分,但不超过约定的最高限额。有时损失额可能超过分出公司的自负责任额和分入公司的最高责任限额之和,在此情况下,超过的部分由分出公司自己承担,或依据分出公司与其他分入公司签订的再保险合同处理。

非比例再保险分为超额赔款再保险和超额赔付率再保险。

#### 1. 超额赔款再保险

这是由原保险人与再保险人签订协议,对每一危险单位损失或者一次巨灾事故的累积责任损失,规定一个自负额,自负额以上至一定限度由再保险人负责。超额赔款再保险又称为险位超赔再保险和事故超赔再保险。

(1) 险位超赔再保险

这是以每一危险单位的赔款金额为基础确定分出公司自负赔款责任限额即自负额,超过自负额以上的赔款,由分入公司负责。

(2) 事故超赔再保险

这是以一次巨灾事故中多数危险单位的积累责任为基础计算赔款,是险位超赔在空间上的扩展。其目的是要确保分出公司在一次巨灾保险事故中的财务稳定。

无论是险位超赔再保险,还是事故超赔再保险,分入公司可接受分出公司的全部分出责任,也可只接受部分分出责任。超过分入公司接受部分的保险责任,仍由分出公司自己负责。

#### 2. 超额赔付率再保险

超额赔付率再保险也称损失中止再保险,是按年度赔款与保费的比率来确定自负责任和再保险责任的一种再保险方式。在约定的年度内,当赔付率超过分出公司自负责任比率时,超过的部分由分入公司负责。

与超额赔款再保险不同,在超额赔付率再保险合同项下,分出公司与分入公司的责任划分并不以单个险位的赔款或一次事故的总赔款的绝对量为基础,而是以一年中赔款的相对量,即赔款与保费的比率为基础。其实质是对分出公司提供的财务损失的保障,以防止年度内某类业务的赔付率发生较大的波动而影响分出公司的经营稳定。

在超额赔付率再保险合同中,一般约定两个限制性的比率:一个是分出公司自负责任比率,另一个是分入公司的最高责任比率。当实际赔付率尚未超过合同约定的自负责任比率时,全部赔款由分出公司负责;反之,当实际赔付率已经超过合同约定的自负责任比率时,分出公司只负责自负责任比率以内的赔款,超过自负责任比率以上的赔款由分入公司负责,直至其最高责任比率。如果实际赔付率超过分出公司自负责任比率与分入公司最高责任比率之和,超过部分的赔款由分出公司自己负责。通常,在实收保费中,营业费占25%,净保险费占75%。因此,划分分出公司和分入公司的责任可以以75%的赔付率为界线。当分出公司的赔付率在75%以下时,由分出公司自己赔偿;当分出公司的赔付率超过75%时,超过部分由分入公司负责赔偿。分入公司也有接受分入责任的限额,一般为营业费用率的两倍,即已得保费的50%。这就是说,分入公司仅对赔付率在75%~125%之间的赔款负责,并有金额限制,在两者中以低者为限。

### 三、再保险业务的安排方式

在再保险经营实务中,有三种安排方式可以选择。

**(一)临时再保险**

临时再保险是指对于保险业务的分入和分出,分出公司和分入公司均无义务约束的一种再保险安排方式。临时再保险是产生最早的再保险安排方式,分出公司根据自己的业务需要将有关风险或责任进行临时分出的安排,一般由分出公司或分保经纪人向其选定的分入公司提出再保险建议,开出临时再保险要保书,分入公司接到要保书后,对分保的有关内容进行审查,以决定是否接受。该种再保险安排方式比较灵活,但由于每笔业务要逐笔安排,所以手续烦琐,增加了营业费用开支。临时再保险一般适合于新开办的或不稳定的业务。

**(二)合同再保险**

合同再保险也称为固定再保险,是指分出公司和分入公司对于规定范围内的业务有义务约束,双方均无权选择的一种再保险安排方式。双方签订再保险合同规定双方的权利、义务、再保险条件和账务处理等事项,凡经分出公司和分入公司议定,并在合同中明确规定的业务,分出公司必须按照合同的规定向分入公司办理分保,分入公司必须接受,承担相应保险责任。该种再保险合同没有期限规定,是长期性合同。订约双方都有终止合同的权利,但必须在终止前的三个月向对方发出注销合同的通知。

### (三) 预约再保险

预约再保险是指分出公司对合同规定的业务是否分出，可自由安排而无义务约束，而分入公司对合同规定的业务必须接受、无权选择的一种再保险安排方式。该再保险安排方式是在临时再保险基础上发展起来的，介于临时再保险与合同再保险之间。对分出公司而言，具有临时再保险性质；对分入公司而言，具有合同再保险性质。

【知识库】

#### 事故超额再保险

在事故超额再保险中，最为关键的问题是对一次事故的划分，只有明确一次事故的范围，才能确定分出公司和接受公司的责任。为此，在事故超赔再保险合同中通常订有"时间条款"，以作为划分"一次事故"的标准。例如规定台风、飓风、暴风连续 48 小时内为一次事故，地震、洪水连续 72 小时内为一次事故。还有地区的规定，如洪水是以河谷或以分水岭来划分洪水地区的。

（资料来源：许谨良《保险学》）

## 第五节 保险资金的运用

### 一、保险投资及其意义

保险投资也称为保险资金运用，是指保险公司将自有资本金和保险准备金，通过法律允许的各种渠道进行投资以获取投资收益的经营活动。在此，保险公司是保险投资的主体，保险资金则构成了保险投资活动中的客体，保险公司投资的目标则是通过保险资金的有偿营运，创造最大的投资价值。

在现代保险经营中，保险公司的业务大体分为两类：一类是承保业务（直接保险业务）；另一类是投资业务。作为保险经营业务两大支柱之一的保险投资，已经成为保险公司生存和发展的重要因素。

在一个开放竞争的保险市场上，保险人想要依靠直接保险业务来获得较多的收益显然是一件相当难的事情。然而很多保险公司不仅生存下来，而且发展势头还很好，其原因就在于保险人从保险投资活动中获得了丰厚的回报。投资利润不仅弥补了直接业务收益的减少甚至亏损，增加了保险基金的积累，而且使保险人降低保险费率成为可能，有利于减轻客户的负担，并为寿险公司开发诸如分红保单、投资连结保险等业务创造了条件，从而直接推动了保险业务的发展。此外，投资业务的开展也使得保险人成了各国资本市场上举足轻重的机构投资者，意味着保险公司通过资本市场向国民经济的其他行业渗透，它既使保险公司分享了其他行业的利润，也提升了保险业在国民经济中的地位。

## 二、保险可运用资金的来源

保险可运用资金主要由保险公司的自有资本金、非寿险责任准备金和寿险责任准备金三部分构成。

### （一）自有资本金

保险公司的自有资本金包括注册资本（或实收资本）和公积金。注册资本或实收资本一般由《保险法》规定，在开业时可视作初始准备金，在经营期间又是保险公司偿付能力或承保能力的标志之一。公积金是保险公司依照有关法律、行政法规及国家财务会计制度的规定以及《公司法》的规定从历年的利润中提存的，它和保险公司的注册资本（或实收资本）共同构成保险公司的偿付能力。

### （二）非寿险责任准备金

非寿险的基本特点是短期保险，保险期限是一年或一年以内，保险业务从性质上具有补偿性。非寿险责任准备金分为三大部分：保费准备金、赔款准备金和总准备金。

#### 1. 保费准备金

保费准备金又称未了责任准备金或未满期责任准备金。保险公司在一个会计年度内签发保单后入账的保费称作入账保费。假定会计年度与日历年度一致，那么，在当年满期的保单，其对应的入账保费称已赚保费，在当年未满期的保单，其对应的入账保费则称未赚保费。未赚保费部分即为保费准备金。该项准备金一般由保险人按照《保险法》或保险监管部门规定的比例提取。

#### 2. 赔款准备金

赔款准备金包括未决赔款准备金、已发生未报告赔款准备金和已决未付赔款准备金。

（1）未决赔款准备金

当会计年度结束时，被保险人已提出索赔，但在被保险人与保险人之间尚未对这些案件是否属于保险责任、保险赔付额度等事项达成协议，称为未决赔案。为未决赔案提取的责任准备金即为未决赔款准备金，未决赔款准备金的提取方法有逐案估计法和平均估计法。逐案估计法，即对未决赔案逐个估计在将来结案时需要支付的赔款数；平均估计法，即根据以往的保额损失经验，预先估计出某类业务的每件索赔的平均赔付额，再乘以该类未决索赔的件数，即得到未决赔款准备金数额。

（2）已发生未报告赔款准备金

有些损失在年内发生，但索赔要在下一年才可能提出。这些赔案因为发生在本会计年度，仍属本年度支出，故称已发生未报告赔案。为其提取的责任准备金即为已发生未报告赔款准备金。由于已发生未报告的赔案件数和金额都是未知的，因而只能由每家保险公司根据不同业务的不同经验来确定。最简单的办法是，用若干年该项赔款额占这些年份内发生并报告的索赔额的比例来确定提取数。

(3) 已决未付赔款准备金

对索赔案件已经理算完结,应赔金额也已确定,但尚未赔付,或尚未支付全部款项的已决未付赔案,为其提取的责任准备金则为已决未付赔款准备金。该项准备金是赔款准备金中最为确定的部分,只需逐笔计算即可。

### 3. 总准备金

保险公司用于满足年度超常赔付、巨额赔付以及巨灾损失赔付的需要而提取的责任准备金,称为总准备金。提取总准备金是保险在时间上分散风险的要求。

保险公司总准备金一般要按保险监管部门的规定,在利润中提取,逐年积累而成。保险总准备金的积累,对于保障被保险人的合法权益,支持保险公司的稳健经营,都具有十分重要的意义。

### (三) 寿险责任准备金

寿险的基本特点在于保险责任是长期性的,保险期间短则数年,长则数十年。保费或一次性趸缴,或分期均衡缴付。寿险责任准备金是指保险人把投保人历年缴纳的纯保费和利息收入积累起来,作为将来保险给付和退保给付的责任准备金。

我国《保险法》第九十八条对各种准备金的提取做了原则性规定。

## 三、保险投资的形式

保险投资应根据资金来源的不同性质、用途和结构,在遵循资金运用安全性、盈利性和流动性原则的基础上,合理选择投资对象和投资结构。基于保险可运用资金的负债性,安全性是保险投资应遵循的首要原则,在符合安全性的前提下追求盈利性,保持合理的流动性。因此,《保险法》第一百零六条第一款规定:"保险公司的资金运用必须稳健,遵循安全性原则。"

一般而言,保险资金的运用有以下几种形式:

### (一) 购买债券

保险资金一般有一定比例用于购买国库券、地方政府债券、金融债券和公司债券等可在二级市场流通的债券。这类投资具有安全性强、变现能力强、收益相对稳定的优点。尤其是国库券和地方政府债券基本上不存在不确定性风险,但其收益不如金融债券和公司债券。

### (二) 股票投资

股票投资的特点是:收益高、流动性好,但风险大。股票收益来自股息收入和资本利得,股息收入的多少完全取决于公司的盈亏状况,资本利得则取决于未来股票价格的走向。因此,股票投资的风险比较大。

### (三) 投资不动产

保险资金进行不动产投资一般是用于直接建造、购买并自行经营的房地产。房地产投资的特点是:安全性好、收益高、项目投资额大、期限长、流动性差。因此,房地产投资比较适合长期性保险资金的运用。

### (四) 用于贷款

保险资金用于贷款是指向需要资金的单位或个人提供融资。贷款的收益率取决于市场利率。在不存在信贷资产的二级市场的情况下,信贷资产的变现能力不如有价证券,其流动性较差。贷款可分为信用放款和抵押放款两种形式。信用放款(包括担保放款)的风险主要是信用风险和道德风险,抵押放款的主要风险是抵押物贬值或不易变现的风险。

### (五) 银行存款

存款是指保险公司将闲置资金存放于银行等金融机构。存款具有良好的安全性和流动性,但与其他投资相比则收益率较低。正因为如此,存款主要用做保险公司正常的赔付或寿险保单满期给付的支付准备金,一般不作为追求收益的投资对象。

我国《保险法》第一百零六条对以上保险资金运用的形式做了原则性规定。

我国对保险资金运用采取了较为严格的监管方式,对投资渠道的限制较多,这和我国的保险资金运用所走过的曲折道路有关。近年来,随着寿险业务的快速发展,可运用资金大量增加,国务院开始逐步拓宽保险资金运用渠道,《保险法》第一百零七条规定:"经国务院保险监督管理机构会同国务院证券监督管理机构批准,保险公司可以设立保险资产管理公司。保险资产管理公司从事证券投资活动,应当遵守《中华人民共和国证券法》等法律、行政法规的规定。"可以说,修改后的《保险法》为进一步拓宽保险资金运用渠道提供了坚实的法律依据。

【知识库】

**保险资金投资证券投资基金的规定**

保险资金投资证券投资基金的,其基金管理人应当符合下列条件:公司治理良好,净资产连续三年保持在人民币一亿元以上;依法履行合同,维护投资者合法权益,最近三年没有不良记录;建立有效的证券投资基金和特定客户资产管理业务之间的防火墙机制;投资团队稳定,历史投资业绩良好,管理资产规模或者基金份额相对稳定。

(资料来源:《保险资金运用管理暂行办法》(2010))

【案例 13.1】

**非突发性、非外来因素造成耳聋不属于意外伤害**

被保险人文某,男,30岁,某年由珠海乘飞机至上海,文某在此之前,购买了人身意外伤害保险,保额为20万元。在飞机下降时,文某忽觉耳朵疼痛,轰鸣不止,后经治疗,最后诊断为右耳突发性耳聋,听力丧失小于70分贝。据此,文某向保险公司提出要求全额给付意外伤害保险金20万元。保险公司认为文某突发性耳聋并不属于意外伤害责任范围,造成其耳聋的真正原因应该来自被保险人自身的内在因素,故而保险公司拒绝承担赔偿责任。这说明保险理赔一定要按原则办事,要与理与法相吻合,否则,既违背法律规定,又危害了保险市场的秩序。

## 本 章 小 结

1. 保险公司的业务经营活动主要可分为保险营销、承保、理赔和投资等几个环节,而其中保险营销最终的目的是为保险公司组织和争取保险业务。广义的保险营销即保险市场营销,狭义的保险营销即保险销售。

2. 承保是指保险人与投保人对保险合同的内容协商一致,并签订保险合同的过程,它包括核保、签单、收费、建卡等程序,而核保是承保工作的重要组成部分和关键环节。

3. 保险理赔是指保险人在保险标的发生风险事故后,对被保险人提出的索赔请求进行处理的行为。

4. 再保险又称为分保,是指保险人将自己承担的风险和责任向其他保险人进行保险的一种保险。从保险经营的角度看,保险人为了分散自己承保的风险,通过签订再保险合同,将其所承保的风险和责任的一部分转移给其他保险公司或再保险公司。

5. 保险投资也称为保险资金运用,是指保险公司将自有资本金和保险准备金,通过法律允许的各种渠道进行投资以获取投资收益的经营活动。

## 自 测 题

1. 简述保险营销的特点和原则。
2. 简述保险产品开发应包括的步骤。
3. 保险公司通常采取哪些措施控制被保险人的心理危险因素?
4. 简述保险理赔的程序和基本原则。
5. 再保险有哪些安排方式?
6. 保险投资有什么意义?运用的一般形式有哪些?

---

【阅读资料】

### 保险资金运用管理暂行办法(节选)
#### 第二章 资金运用形式
##### 第一节 资金运用范围

**第六条** 保险资金运用限于下列形式:
(一)银行存款;
(二)买卖债券、股票、证券投资基金份额等有价证券;
(三)投资不动产;
(四)国务院规定的其他资金运用形式。
保险资金从事境外投资的,应当符合中国保监会有关监管规定。

**第七条** 保险资金办理银行存款的,应当选择符合下列条件的商业银行作为存款银行:
(一)资本充足率、净资产和拨备覆盖率等符合监管要求;
(二)治理结构规范、内控体系健全、经营业绩良好;

（三）最近三年未发现重大违法违规行为；
（四）连续三年信用评级在投资级别以上。

**第八条** 保险资金投资的债券，应当达到中国保监会认可的信用评级机构评定的、且符合规定要求的信用级别，主要包括政府债券、金融债券、企业（公司）债券、非金融企业债务融资工具以及符合规定的其他债券。

**第九条** 保险资金投资的股票，主要包括公开发行并上市交易的股票和上市公司向特定对象非公开发行的股票。

投资创业板上市公司股票和以外币认购及交易的股票由中国保监会另行规定。

**第十条** 保险资金投资证券投资基金的，其基金管理人应当符合下列条件：
（一）公司治理良好，净资产连续三年保持在人民币一亿元以上；
（二）依法履行合同，维护投资者合法权益，最近三年没有不良记录；
（三）建立有效的证券投资基金和特定客户资产管理业务之间的防火墙机制；
（四）投资团队稳定，历史投资业绩良好，管理资产规模或者基金份额相对稳定。

**第十一条** 保险资金投资的不动产，是指土地、建筑物及其他附着于土地上的定着物。具体办法由中国保监会制定。

**第十二条** 保险资金投资的股权，应当为境内依法设立和注册登记，且未在证券交易所公开上市的股份有限公司和有限责任公司的股权。

**第十三条** 保险集团（控股）公司、保险公司不得使用各项准备金购置自用不动产或者从事对其他企业实现控股的股权投资。

**第十四条** 保险集团（控股）公司、保险公司对其他企业实现控股的股权投资，应当满足有关偿付能力监管规定。保险集团（控股）公司的保险子公司不符合中国保监会偿付能力监管要求的，该保险集团（控股）公司不得向非保险类金融企业投资。

实现控股的股权投资应当限于下列企业：
（一）保险类企业，包括保险公司、保险资产管理机构以及保险专业代理机构、保险经纪机构；
（二）非保险类金融企业；
（三）与保险业务相关的企业。

**第十五条** 保险集团（控股）公司、保险公司从事保险资金运用，不得有下列行为：
（一）存款于非银行金融机构；
（二）买入被交易所实行"特别处理"、"警示存在终止上市风险的特别处理"的股票；
（三）投资不具有稳定现金流回报预期或者资产增值价值、高污染等不符合国家产业政策项目的企业股权和不动产；
（四）直接从事房地产开发建设；
（五）从事创业风险投资；
（六）将保险资金运用形成的投资资产用于向他人提供担保或者发放贷款，个人保单质押贷款除外；
（七）中国保监会禁止的其他投资行为。

中国保监会可以根据有关情况对保险资金运用的禁止性规定进行适当调整。

（资料来源：中国保险监督管理委员会令 2010 年第 9 号令摘选）

# 第十四章
## Chapter 14

## 保险单证填制

【学习要求及目标】

通过本章的学习,要求读者了解财产保险和人身保险相关单证,熟悉并掌握财产保险和人身保险主要单证的填制以及注意事项。

【引导案例】

### 保险宣传单与保险单内容不一致应据何判赔

2007年5月,某保险公司代理人到焦某所在的单位宣传保险,焦某拿了一份宣传单,宣传单上注明的某险种的保险责任是:"被保险人因意外事故或于保单生效一年后因疾病导致的死亡或高度伤残,保险公司给付死亡或伤残保险金。"焦某于是决定为丈夫投保该险种,并在当天缴纳了保险费,保险公司同意承保并签发了保险单。保单条款上规定:"被保险人因意外事故或于保单生效一年后因疾病导致的死亡或高度伤残,保险公司按照附表所列伤残等级给付死亡或伤残保险金。"焦某对此内容没有提出异议。2010年11月,焦某的丈夫意外摔伤,造成右臂骨折。焦某及其丈夫向保险公司提出索赔申请。保险公司以被保险人的伤情未达到保险合同约定的伤残等级为由拒赔。焦某及其丈夫不服,遂向法院起诉。

焦某及其丈夫诉称:保险公司公开散发的宣传单上并未列明必须符合规定的伤残等级才能赔付,正是因为保险公司在宣传时以虚假信息误导我方,我方才投保,否则不会考虑购买,故我方要求保险公司按宣传单上的说法承担保险责任。

保险公司辩称:保险宣传单并不是保险合同,不具有法律约束力;而且保险公司在宣传单上与保险条款上所列明的保险责任范围是一致的,只不过更加详细,故保险公司并不存在以虚假信息误导和欺诈投保人的行为。焦某在接到保险单后,并未对保险责任的范围提出异议,表明原告对保险单的内容予以默认。所以根据保险条款的规定,原告不符合赔偿范围,保险公司不承担赔付责任。

## 第一节　保险相关单证

保险合同的形式不是单一的,是具有综合性的。投保单、保险单、保险凭证、暂保单和批单等都是保险合同。不过这些保险合同中,保险单是证明投保人和保险人签订保险合同、保险人承担保险责任的最正式法律文件,在保险理赔中的第一要件就是保险单。下面我们就一些主要的保险产品的单证做一介绍。

### 一、财产保险相关单证

（一）投保单

投保单,又称要保书或投保申请书,是指投保人向保险人申请订立保险合同的一种书面要约。投保单通常由保险公司提供,由投保人依投保单所列的内容逐一填写并签字或盖章后生效。保险公司根据投保人填写好的投保单的内容出具保险单正本。在财产保险投保单中,一般会列明投保人或被保险人姓名、投保财产项目、保险财产地址、保险期限、保险金额、通信地址、联系电话等。

在此,本书列举当前保险市场普遍销售的几类保险产品的投保单,以供读者学习研究。需要说明的是,由于宣传、核保等方面的原因,不同保险公司同种保险产品的投保单格式不是完全一致的,内容上会有微小差别,但不影响投保单本身的效力和作用,读者注意体会。

1. 企业财产保险

企业财产保险是中国财产保险的主要险种,它以企业的固定资产和流动资产为保险标的,以企业存放在固定地点的财产为对象的保险业务,即保险财产的存放地点相对固定且处于相对静止的状态。企业财产保险是一切工商、建筑、交通运输、饮食服务行业、国家机关、社会团体等,对因火灾及保险单中列明的各种自然灾害和意外事故引起的保险标的的直接损失、从属或后果损失和与之相关联的费用损失提供经济补偿的财产保险。

单证 14-1　　　　　　　　《企业财产保险投保单》

投保人：_____　　投保单号：_____

| | 投保财产项目 | 以何种价值投保 | 保险金额(元) | 费率(‰) | 保险费(元) |
|---|---|---|---|---|---|
| 基本险 | | | | | |
| | | | | | |
| | | | | | |
| | | | | | |
| | | | | | |
| | 特约保险财产 | | | | |
| | | | | | |
| | | | | | |
| 总保险金额人民币(大写) | | ￥： | | | |
| 附加保险 | | | | | |
| | | | | | |
| | | | | | |
| | | | | | |
| 总保险金额人民币(大写) | | ￥： | | | |

保险责任期限自　年　月　日零时起至　年　月　日二十四时止

| 特别约定 | | 占用性质： |
|---|---|---|
| 投保人地址：　开户银行：<br>电　　话：　银行账号：<br>联 系 人：　财产坐落地址：_____<br>行　　业：_____<br>所 有 制：____共____个地址 | | 本投保单未经本公司签章不发生法律效力。<br><br>　　　　　中国人民保险公司签章<br><br>　　　　　　　　年　月　日 |
| 本投保人兹声明上述各项均属事实，并同意以本投保单作为订立保险合同的依据。 | 投保人签章：<br><br>　　年　月　日 | |

本保险也适用于国家机关、事业单位、人民团体投保。

经(副经)理：　　　　　经办人：

## 2. 家庭财产保险

家庭财产保险简称家财险,是个人和家庭投保的最主要险种。凡存放、坐落在保险单列明的地址,属于被保险人自有的家庭财产,一般都可以向保险人投保家庭财产保险。

单证 14-2　　　　　　　　　　《家庭财产保险投保单》

投保单号:_____

本投保单由投保人如实地、尽可能详尽地填写并签章后作为向本公司投保财产险的依据。本投保单为该财产险保险单的组成部分。

| 被保险人: | | |
|---|---|---|
| 保险财产地址: | | |
| 保险期限:　　个月　　自　　中午12时整至　　中午12时整 | | |
| 建筑情形及周围情况: | | |
| 保险财产使用性质: | | |
| 是否有警报系统或安全保卫系统: | | |
| 以往损失情况: | | |
| 保险财产名称 | 投保金额 | 每次事故免赔额 |
| 房屋建筑 | | |
| 装置及家具 | | |
| 机器设备 | | |
| 仓储物 | | |
| 其他物品 | | |
| 总保险金额: | | |
| 费率:　　　　　保险费: | | |
| 备　　注: | | |

投保人(签名盖章)_____　电话_____

地址_____　日期_____

## 3. 工程保险

工程保险是指以各种工程项目为主要承保对象的一种财产保险。建筑安装工程保险的标的范围很广,可分为物质财产本身和第三者责任两类。其中,物质财产本身包括安装项目,土木建筑工程项目,场地清理费,所有人或承包人在工地上的其他财产;第三者责任则是指在保险有效期内,因在工地发生意外事故造成工地及邻近地区的第三者人身伤亡或财产损失,依法应由被保险人承担的赔偿责任和因此而支付的诉讼费及经保险人书面同意的其他费用。

一般而言,传统的工程保险仅指建筑工程保险和安装工程保险,但20世纪后,各种科技工程发展迅速,亦成为工程保险市场日益重要的业务来源。

**单证 14-3**　　　　　《保险公司建筑安装工程险投保单》

本投保单由投保人如实和尽可能详尽地填写并签字后作为向本公司投保建筑、安装工程险的依据。本投保单为该工程保单的组成部分。

本投保单在未经保险公司同意或未签发保险单之前不发生保险效力。

投保人：＿＿＿＿＿　　地址：＿＿＿＿＿＿＿＿＿＿

联系人：＿＿＿＿＿　　电话：＿＿＿＿＿＿＿＿＿＿

| 工程关系方 | 名称和地址 | 是否被保险人 |
|---|---|---|
| 所有人 | | |
| 承包人及其承包能力(级、类) | | |
| 转包人及其承包能力(级、类) | | |
| 其他关系方 | | |
| 工程名称和地址 | | |
| 工程期限 | | |
| 首批被保险项目运至工地日期 | 年　月　日 | |
| 建筑、安装工程期限 | 自　年　月　日<br>至　年　月　日 | |
| 保险项目和保险金额 | | | | |
| 保险项目 | 保险金额 | 费率‰ | 免赔额 | 特别约定 |
| (1)建筑安装工程(包括永久和临时工程及物料) | | | | |
| (2)安装工程项目 | | | | |
| (3)场地清理费 | | | | |
| (4)被保险人在工地上的其他财产(列明名称) | | | | |
| (5)建筑、安装用机器、设备及装置(另附清单) | | | | |
| 保险金额合计人民币 | | | | |
| 保险费：人民币 | | | | |
| 工程详细情况 | | | | |
| 体积：长、宽、高、层数、地下室层数 | | | | |
| 基础施工方法，挖掘深度 | | | | |
| 主体工程施工方法 | | | | |
| 工地及附近自然条件情况 | | | | |
| 地形特点 | | | | |
| 地质及底土条件 | | | | |
| 地下水水位 | | | | |
| 最近的河、湖、海的名称、距离和以往最高、一般和最低水位 | | | | |

| 以往最大降雨量记录 | |
|---|---|
| 以往遭受自然灾害记录 | |

请随同本投保单提供下列文件：

(1) 工程合同

(2) 承包金额明细表

(3) 工程设计书

(4) 工程进度表

(5) 工地地质报告

(6) 工地略图

(7) 承包人的施工承包许可证

(8) 转包人的施工承包许可证

| 保险单号码： | 投保单位签章： |
|---|---|
| 签发日期限　　签章： | 年　　月　　日 |

### 4. 机动车辆保险

机动车辆保险是以机动车辆本身及其第三者责任等为保险标的的一种运输工具保险。其保险客户，主要是拥有各种机动交通工具的法人团体和个人；其保险标的，主要是各种类型的汽车，但也包括电车、电瓶车等专用车辆及摩托车等。机动车辆是指汽车、电车、电瓶车、摩托车、拖拉机、各种专用机械车、特种车。

单证 14-4　　　　　　　　　《保险公司机动车辆保险投保单》

(1)投保单正面内容

××财产保险股份有限公司(2007版)

Sunshine Property and Casualty Insurance Company Limited

**机动车辆保险投保单**

投保须知：

　　每辆机动车只能投保一份机动车交通事故责任强制保险，请不要重复投保。在投保强制保险后，您可以投保商业机动车保险。

　　请您在保险人明确说明本保险的保险条款后，如实填写本投保单，您所填写的材料将构成签订保险合同的要约，成为保险人核保的风险评价基础和签发保险单的依据。

　　您在充分理解保险条款后，据实填写投保单中有底色的部分。

　　本投保单应用黑色或蓝色墨水笔填写，字迹清楚，不得涂改(需要选择的项目：请在"□"内划√表示)。投保单填写好后，请投保人务必签章。

| 投保人 | 名称/姓名 | | | | 投保车辆数 | | 辆 |
|---|---|---|---|---|---|---|---|
| | 联系人姓名 | | 固定电话 | | 移动电话 | | |
| | 投保人地址 | | | | 邮政编码 | | |
| 被保险人 | □自然人姓名： | | 身份证号码 | | | | |
| | □法人或其他组织名称： | | | 组织机构代码： | | | |
| | 单位性质 | □党政机关、团体　□事业单位　□军队(武警)　□使(领)馆　<br>□个体、私营企业　□其他企业　□其他 | | | | | |
| | 联系人姓名 | | 固定电话 | | 移动电话 | | |
| | 地址 | | | | 邮政编码 | | |
| 投保情况 | □同时购买交强险和商业保险； | | | | □首年投保 | | |
| | □只购买交强险； | | | | □续保:续保保单号 | | |
| | □只购买商业保险:交强险投保公司＿＿＿＿＿＿　　　　　　　　　　　、 | | | | | | |
| | 交强险保单号＿＿＿＿＿＿＿＿＿＿＿＿ | | | □有其他业务在贵公司投保 | | | |
| 投保人车辆情况 | 被保险人与车辆的关系 | □所有　□使用　□管理 | | 车主 | | | |
| | 号牌号码 | | | 号牌底色 | | 车身颜色 | |
| | 厂牌型号 | | | 发动机号 | | | |
| | VIN码 | | | | 车架号 | | |
| | 核定载客 | 人 | 核定载质量 | 千克 | 排量/功率 | 升/千瓦 | 装备质量　　千克 |
| | 车辆初次登记日期 | 年　　月　　日 | | | 已行驶里程 | | |
| | 使用性质 | □家庭自用　　□非营业用(不含家庭自用)　　□营业出租租赁<br>□营业城市公交　□营业公路客运　□营业旅游　□营业货运 | | | | | |
| | 安全装置 | □防盗系统　□ABS　□安全气囊　停放地点　□固定车位　□固定车库　□其他 | | | | | |
| | 行驶区域 | □跨省行驶　□省内行驶　□固定线路,请注明具体线路：＿＿＿＿＿＿ | | | | | |
| | 上年赔款次数 | | 次 | 投保车辆上年交通违章情况:□有 | | □无 | |
| | 平均年行驶里程(千米) | □<30 000 | | □30 000~50 000 | | □≥50 000 | |

## 第十四章 保险单证填制

| 指定驾驶员 | 姓名：_____ 性别：_____ 初次领证日期：_____年___月___日 |||
|---|---|---|---|
| | 驾驶证号码： | 驾驶证类型： ||
| 保险期间： | 年 月 日零时至 年 月 日二十四时 |||
| 代收车船税 | 纳税人名称 | | 纳税人识别号 |
| | 是否减免税 | □是　　□否 | 减免原因 |
| | 完税凭证号（减免税证明号） | | 开具税务机关 |
| 投保险种 | 保险费 | | 备注 |
| □机动车交通事故责任强制保险 ||||
| 与道路交通安全违法行为和道路交通事故相联系的浮动比例　　　　　　% ||||
| 特别约定： ||||

**（2）投保单背面内容**

| 投保险种 | 保险金额/赔偿限额（元） | 保险费 | 备注 |
|---|---|---|---|
| □机动车损失保险：新车购置价____元 | | | |
| □机动车第三者责任保险 | | | |
| □机动车车上人员责任保险 | □驾驶人 | | |
| | □乘客____人　　　　　　　　　/人 | | |
| □机动车盗抢保险 | | | |
| □玻璃单独破碎险 | □进口　　□国产<br>□特种玻璃　□普通玻璃 | | |
| □车身划痕损失险 | □2 000　□5 000　□10 000　□20 000 | | |
| □不计免赔率特约条款 | □车辆损失险　□第三者责任险<br>□车上人员责任险　□车身划痕损失险<br>□盗抢险 | | |
| □可选免赔额特约条款 | □300　□500　□1 000　□2 000 | | |
| □自燃损失险 | | | |
| □火灾、爆炸、自燃损失险 | | | |
| □新增设备损失险 | | | |
| □代步车费用险 | 日赔偿金额____元×____天 | | |
| □车上货物责任险 | | | |
| □交通事故精神损害赔偿险 | | | |
| □车辆停驶损失险 | 日赔偿金额____元×____天 | | |
| □多次事故增加免赔率保费优待特约 | | | |
| □新车特约保险 | □A款　　□B款 | | |
| □选择修理厂特约条款 | | | |

保险学

| 交强保险费小计 | （¥： 元） | 合计 | （人民币大写）： |
|---|---|---|---|
| 商业险保费小计 | （¥： 元） | | （¥： 元） |

| 特别约定 | |
|---|---|

保险合同争议解决方式选择　　□诉讼　　□提交＿＿＿＿＿＿＿＿＿＿仲裁委员会仲裁

投保人声明：

1. 本投保人兹声明上述各项内容填写属实,贵公司已向本人详细介绍了（机动车交通事故责任强制保险条款）和商业保险投保险种对应的保险条款的内容,特别就该条款中有关责任免除和投保人、被保险人义务的内容做了明确的说明。本人已充分理解,同意以此作为订立保险合同的依据。

2. 本保险合同经保险公司签发保险单后成立,投保人缴纳保费后生效。

　　　　　　　　　　　　　　　　　　　　　　　　　投保人签章：
　　　　　　　　　　　　　　　　　　　　　　　　　＿＿＿＿年＿＿＿＿月＿＿＿＿日

请留下您的联系方式：联系人＿＿＿＿＿＿＿＿电话＿＿＿＿＿＿＿＿住址＿＿＿＿＿＿＿＿

### 5. 责任保险

责任保险是指以保险客户的法律赔偿风险为承保对象的一类保险。按业务内容,可分为公众责任保险、产品责任保险、雇主责任保险、职业责任保险和第三者责任保险五类业务。它属于广义财产保险范畴,适用于广义财产保险的一般经营理论,但又具有自己的独特内容和经营特点,从而是一类可以独成体系的保险业务。

单证14-5　　　　　　　　《医疗责任保险投保单》

投保单号：

投保人：
地　址：　　　　　　　　　　　　　　　　　　邮政编码：
电　话：　　　　　　　　　　　　　　　　　　传　真：

| 被保险人名称 | | | |
|---|---|---|---|
| 被保险人地址 | | | |
| 投保区域范围 | | | |
| 被保险人<br>基本情况 | 创建时间：<br>医疗机构等级：<br>所有制性质：<br>病床数： | | 执业许可证号：<br>类别：<br>主管部门：<br>年诊疗人次： |
| 医疗责任<br>赔偿限额 | 每人赔偿限额：<br>其中精神损害赔偿限额：<br>累计赔偿限额： | | 每次索赔免赔额/率： |

## 第十四章 保险单证填制

| 法律费用<br>赔偿限额 | 每次赔偿限额：<br>累计赔偿限额： | | | | |
|---|---|---|---|---|---|
| 附加险<br>赔偿限额 | 每人赔偿限额：<br>累计赔偿限额： | | | | |
| 基本保险费计算 | | | | | |
| 医疗机构保险费 | 每床位保险费 | | 医疗机构保险费 | | |
| 医务人员<br>保险费 | 全部医务人员投保方式□<br>（请提供全部人员清单） | | 选择科室投保方式□<br>（请提供所选科室人员清单） | | |
| | 医务人员人数：<br><br>每人基本保险费：<br><br>保险费合计： | | 科　室 | 人数 | 每人基本<br>保险费 |
| | | | 临床手术科室 | | |
| | | | 临床非手术科室 | | |
| | | | 医技科室 | | |
| | | | 保险费合计 | | |
| 基本保险费总计 | | | | | |
| 保险费调整 | | | | | |
| 增加/减少赔偿限额<br>后的保险费调整系数 | 提高免赔额后的<br>保险费调整系数 | | 风险浮动系数 | | 调整后的保险费 |
| 附加险保险费 | | | | | |
| 实收保险费计算 | | | | | |
| 计算公式 | | | | | |
| 实收保险费 | 大写：　　　　　　　　　　　　　¥ | | | | |
| 保险期限 | 　　个月，自　　年　月　日零时起至　　年　月　日二十四时止 | | | | |
| 追溯起期 | 　　年　月　日零时起 | | | | |
| 司法管辖 | 中华人民共和国司法管辖 | | | | |
| 保险费交付日期 | 　　年　　月　　日 | | | | |
| 争议处理 | □因履行本保险合同发生争议，由当事人协商解决，协商不成的，提交<br>　　　　　　　仲裁委员会仲裁。<br>□因履行本保险合同发生争议，由当事人协商解决，协商不成的，依法向人民法院起诉。 | | | | |
| 以往投保情况<br>（如填写不下，请另<br>附纸说明） | | | | | |

| 以往事故情况<br>（如填写不下，请另附纸说明） | |
|---|---|
| 特别约定 | |

投保人声明：上述所填内容属实；保险人已将《医疗责任保险条款》（包括责任免除内容）向投保人作了明确说明；投保人对《医疗责任保险条款》（包括责任免除内容）和保险人的说明已经了解。

投保人（签章）：<br>年　　月　　日

投保单反映的是投保人的投保需求，所以投保人在填写投保单时一定要认真、翔实，不要填写不真实的内容，否则，在保险理赔时会造成保险人拒赔。值得注意的是，投保单是投保人的要约，但是保险人不是对所有的投保单都完全接受，证明双方权利义务关系成立的最主要的单证是保险人出具的保险单。

### （二）保险单

保险单，又称保单，是指保险公司与投保人订立正式保险合同的书面证明。保险单由保险公司制作、印刷、签发，并交付给投保人。保险单主要载明保险公司与被保险人之间的权利、义务关系。它是被保险人向保险公司进行索赔的凭证。财产保险的保险单中主要列明：被保险人（同投保人）姓名、联系电话、标的信息、保险期间、缴费方式、保险项目明细等。

#### 1. 企业财产保险

单证 14-6　　　　　　　　　　　《财产保险基本险保险单》

保险单号码：_____

鉴于_____（以下称被保险人）已向本公司投保财产保险基本险以及附加_____险，并按本保险条款约定交纳保险费，本公司特签发本保险单并同意依照财产保险基本险条款和附加险条款及其特别约定条件，承担被保险人下列财产的保险责任。

| | 投保标的项目 | 以何种价值投保 | 保险金额（元） | 费率（%） | 保险费（元） |
|---|---|---|---|---|---|
| 基本险 | | | | | |
| | 特约保险标的 | | | | |

| 总保险金额(大写) | （小写） | | |
|---|---|---|---|
| 附加险 | | | |
| | | | |
| | | | |

总保险费(大写)　　　　　　　　（小写）

特别声明：发生保险事故时，被保险人未按约定交付保险费，本公司不负赔偿责任。

保险责任期限自＿＿＿年＿＿月＿＿日零时起至＿＿＿年＿＿月＿＿日二十四时止

| 特别约定 | 被保险人地址：＿＿＿＿＿＿＿＿<br>电话：＿＿＿＿＿＿＿＿＿＿<br>邮政编码：＿＿＿＿＿＿＿＿<br>行业：＿＿＿＿＿＿＿＿＿＿<br>所有制：＿＿＿＿＿＿＿＿＿<br>占用性质：＿＿＿＿＿＿＿＿<br>财产坐落地址：＿＿＿＿＿＿＿ | 保险人：＿＿＿＿＿＿＿保险有限公司<br>（盖章）<br>地址：＿＿＿＿＿＿＿＿＿＿<br>邮编：＿＿＿＿＿＿＿＿＿＿<br>电话：＿＿＿＿＿＿＿＿＿＿<br>传真：＿＿＿＿＿＿＿＿＿＿<br>＿＿＿＿年＿＿＿月＿＿＿日 |
|---|---|---|

经(副经)理：＿＿＿＿　会计：＿＿＿＿　复核：＿＿＿＿　制单：＿＿＿＿

## 2. 工程保险

单证14－7　　　　　　《保险公司建筑安装工程险保险单》

保险单号码：＿＿＿＿＿＿

| 投保人姓名、地址 | |
|---|---|
| 被保险人姓名、地址及其在本工程中的身份 | |
| 建筑、安装工程名称、地址 | |

本公司依照建筑、安装工程险条款及在本保险单上注明的其他条件，承保下列财产：

| 保险项目 | 保险金额 | 费率‰ | 保险费 | 免赔额 | 备注 |
|---|---|---|---|---|---|
| (1)建筑、安装工程(包括永久和临时工程及物料) | | | | | |
| (2)安装工程项目 | | | | | |
| (3)场地清理费 | | | | | |
| (4)被保险人在工地上的其他财产(另附清单) | | | | | |
| (5)建筑、安装用机器、设备及装置(另附清单) | | | | | |
| (6)其他财产 | | | | | |

总保险金额：人民币(大写)￥＿＿＿＿＿＿＿

保险期限：＿＿个月；自＿＿＿年＿＿月＿＿日起至＿＿＿年＿＿月＿＿日二十四时止

保险费：人民币(大写)￥＿＿＿＿＿＿＿

经(副经)理签章：＿＿＿＿＿＿　保险公司盖章：＿＿＿＿＿＿＿

签章：＿＿＿＿＿　复核：＿＿＿＿＿　登记：＿＿＿＿＿　会计：＿＿＿＿＿

签单日期：＿＿＿＿年＿＿＿月＿＿＿日

## 3. 机动车辆保险

**单证 14－8**　　　　　　　《机动车交通事故责任强制保险单》

×××财产保险股份有限公司　　　　　　　　　　　　　保险单号：

| 被保险人 | | | | | | |
|---|---|---|---|---|---|---|
| 被保险人身份证号码(组织机构代码) | | | | | | |
| 地址 | | | | | 联系电话 | |
| 被保险机动车 | 号牌号码 | | 机动车种类 | | 使用性质 | |
| | 发动机号码 | | 识别代码(车架号) | | | |
| | 厂牌型号 | | 核定载客 | 人 | 核定载质量 | 千克 |
| | 排　量 | | 功　率 | | 登记日期 | |
| 责任限额 | 死亡伤残赔偿限额 | | | 无责任死亡伤残赔偿限额 | | |
| | 医疗费用赔偿限额 | | | 无责任医疗费用赔偿限额 | | |
| | 财产损失赔偿限额 | | | 无责任财产损失赔偿限额 | | |
| 与道路交通安全违法行为和道路交通事故相联系的浮动比率　　　　　　　　　　　　　　% | | | | | | |
| 保险费合计(人民币大写)：　　　　　　　(¥：　　　元)其中救助基金(　%)¥：　　　元 | | | | | | |
| 保险期间自　　年　　月　　日零时起至　　年　　月　　日二十四时止 | | | | | | |
| 保险合同争议解决方式 | | | | | | |
| 代收车船税 | 整备质量 | | | 纳税人识别号 | | |
| | 当年应缴 | ¥：　　元 | 往年补缴 | ¥：　　元 | 滞纳金 | ¥：　　元 |
| | 合计(人民币大写)： | | | | (¥：　　元) | |
| | 完税凭证号(减免税证明号) | | | 开具税务机关 | | |
| 特别约定 | | | | | | |
| 重要提示 | 1．请详细阅读保险条款,特别是责任免除和投保人、被保险人义务。<br>2．收到本保险单后,请立即核对,如有不符或疏漏,请及时通知保险人并办理变更或补充手续。<br>3．保险费应一次性交清,请您及时核对保险单和发票(收据),如有不符,请及时与保险人联系。<br>4．投保人应如实告知对保险费计算有影响的或被保险机动车因改装、加装、改变使用性质等导致危险程度增加的重要事项,并及时通知保险人办理批改手续。<br>5．被保险人应当在交通事故发生后及时通知保险人。 | | | | | |
| 保险人 | 　　　　　　　　　　公司名称：<br>　　　　　　　　　　公司地址：<br>邮政编码：　　　服务电话：　　　签单日期：　　　(保险人签章) | | | | | |

核保：　　　　　　　　　制单：　　　　　　　　　经办：

# 第十四章 保险单证填制

单证 14-9　　　　　　　　　　《机动车辆保险单》
×××财产保险股份有限公司　　　　　　　　　　　　　　保险单号：

| 被保险人 | | | | | | | |
|---|---|---|---|---|---|---|---|
| 保险车辆情况 | 号牌号码 | | 厂牌型号 | | | | |
| | VIN 码 | | 车架号 | | 机动车种类 | | |
| | 发动机号 | | | 核定载客　　人 | 核定载质量　　千克 | 已使用年限　　年 | |
| | 初次登记日期 | | 年平均行驶里程　　公里 | | 使用性质 | | |
| | 行驶区域 | | | | 新车购置价 | | |
| 承　保　险　种 | | 费率浮动(±) | | 保险金额/责任限额(元) | | 保险费(元) | |
| | | | | | | | |
| | | | | | | | |
| | | | | | | | |
| 保险费合计(人民币大写)：　　　　　　　　　　　　　(¥：　　　　　　　　元) | | | | | | | |
| 保险期间自　　　年　　月　　日零时起至　　　年　　月　　日二十四时止 | | | | | | | |
| 特别约定 | | | | | | | |
| 保险合同争议解决方式 | | | | | | | |
| 重要提示 | 1. 本保险合同由保险条款、投保单、保险单、批单和特别约定组成。<br>2. 收到本保险单、承保险种对应的保险条款后，请立即核对，如有不符或疏漏，请在 48 小时内通知保险人并办理变更或补充手续；超过 48 小时未通知的，视为投保人无异议。<br>3. 请详细阅读承保险种对应的保险条款，特别是责任免除和投保人、被保险人义务。<br>4. 被保险机动车因改装、加装、改变使用性质等导致危险程度增加以及转卖、转让、赠送他人的，应书面通知保险人并办理变更手续。<br>5. 被保险人应当在交通事故发生后及时通知保险人。 | | | | | | | |
| 保险人 | 公司名称： | | | 公司地址： | | | |
| | | | | 联系电话：　　　　　　网址： | | | |
| | 邮政编码： | | | 签单日期：　　　　　　　　　　(保险人签章) | | | |

核保：　　　　　　　　　　制单：　　　　　　　　　　经办：

### (三) 暂保单

暂保单,也称临时保险单,是指保险人在签发正式保险单之前,出立的临时保险证明。暂保单在保险单未签发前,与保险单具有同样的法律效力。但暂保单的有效期较短,通常以30天为期限,并在正式保险单签发时自动失效。

单证 14-10　　　　　　　《保险公司机动车辆提车暂保单》

×××保险公司(以下称保险人)按照背面所载条款的规定,在本暂保单有效期内,承保下述被保险人所列机动车辆,特立本暂保单。

被保险人:　　　　　　　单位:人民币元　　　　　　　暂保单号码:

| 序号 | 厂牌型号 | 临时牌照号码（移动证号码） | 发动机号 | 车辆类型 | | 车辆购置价 | 购车发票号 | 保费 |
|---|---|---|---|---|---|---|---|---|
| | | | | 六座以下（不含）客车 | 其他 | | | |
| | | | | | | | | |
| | | | | | | | | |
| | | | | | | | | |
| | | | | | | | | |

| | |
|---|---|
| 保险期限:20天,自　年　月　日　时起至　年　月　日二十四时止 | |
| 总保险金额:　　　　总保险费:　 | 车辆总数:　　辆 |
| 行车路线:　自:　经:　至: | |
| 特别约定:<br>1. 本暂保单仅承保车辆损失险和第三者责任险,不承保盗抢险。承保责任及责任免除等事项,以中国人民银行颁发的机动车辆保险条款为准;第三者责任险的最高赔偿限额为10万元人民币。<br>2. 在本暂保单保险期限内,无有效移动证,或不按规定路线行使,保险公司不承担保险责任。<br>3. 索赔时应交验购车发票正本、移动证正本。 | _____保险公司_____分公司<br>_____代理点<br><br>签单日期:_____<br><br>签章: |
| 注意:<br>1. 收到本暂保单后,请即核对,如有错误,立即通知本公司。<br>2. 收到本暂保单后,请详细阅读背面条款。<br>3. 在获得车辆牌照后,请尽快到注册地的任何一家财产保险公司办理正式保单。<br>4. 机动车辆出险后,必须在48小时内凭本暂保单向本公司报案(报案电话:　　　)。 | 被保险人地址:<br>联系人:<br>电话号码:<br>邮政编码:<br>开户银行:<br>银行账号: |

经(副经)理:　　　会计:　　　复核:　　　制单:　　　承办:
电话号码:　　　出单点地址:　　　邮政编码:　　　传真:

## 第十四章　保险单证填制

### （四）保险凭证

保险凭证，也称"小保单"，是保险人向投保人签发的，证明保险合同已经成立的书面凭证，是一种简化了的保险单。它具有与保险单相同的效力，但在条款的列举上较为简单。保险凭证通常用于需要便于携带保险证明的业务，如：机动车辆保险证。

单证 14－11　　　　　　　　　《机动车辆保险证》

| | | | |
|---|---|---|---|
| 保险单号 | | | |
| 被保险人 | | | |
| 号牌号码 | | 厂牌型号 | |
| 发动机号 | | 使用性质 | |
| 车架号 | | 人/千克 | |
| 承保险种 | | | |
| 保险期限 | 自　　年　　月　　日零时起 | | 保险公司 |
| | 至　　年　　月　　日二十四时止 | | 盖　章 |
| 服务报案电话： | | | |

### （五）批单

批单是保险双方当事人协商修改和变更保险单内容的一种单证，也是保险合同变更时最常用的书面单证。批单的法律效力优于原保险单的同类项目。

单证 14－12　　　　《中国人民财产保险股份有限公司机动车辆保险批单》

| | |
|---|---|
| 保险单号： | 批单号： |
| 被保险人： | 批改日期： |
| 批文： | |
| | 保险人签章： |
| | 年　　月　　日 |
| 备注： | |
| 核保：　　　　　　　制单：　　　　　　　经办： | |

## 二、人身保险相关单证

### （一）投保单

投保单，又称要保书或投保申请书，是指投保人向保险人申请订立保险合同的一种书面要约。投保单通常由保险公司提供，由投保人依投保单所列的内容逐一填写并签字或盖章后生效。保险公司根据投保人填写好的投保单的内容出具保险单正本。在人身保险投保单中，一般会列明投保人、被保险人和受益人的基本信息、投保的险种、保险金额、保险期限、缴费方式、缴费期限、告知事项、通信地址、联系电话等等。

### 1. 人寿保险

人寿保险是人身保险的一种。和所有保险业务一样，被保险人将风险转嫁给保险人，接受保险人的条款并支付保险费。与其他保险不同的是，人寿保险转嫁的是被保险人的生存或者死亡的风险。

单证 14-13　　　　　　　　　　　《人寿保险投保单》

投保单编号：

□ 体检　　□ 免体检

| 公司提示：请您在仔细阅读保险条款、投保须知后用钢笔填写本投保单，您必须在此投保单上填报一切有关事实，因为您与本公司之合约将以这些事实为根据，否则所签保单将告无效。如您不清楚某一事项是否重要或如何填写，请与本公司业务员联系。 |
|---|
| 第一部分 |
| 1. 被保险人姓名　　身份证号码　　　　性别　　出生日期　　年　　月　　日 |
| 年龄　　民族　　单身□　已婚□　职业　　职业编码 |
| （此内容由本公司人员填写） |
| 住所（如无特别注明，将以此为通讯地址）　　　　　　　　　　　　　　　　邮编 |
| 电话号码（宅）　　　　　　　（办）　　　　　　与投保人关系 |
| 2. 投保人姓名　　身份证号码　　　　性别　　出生日期　　年　　月　　日 |
| 年龄　　民族　　单身□　已婚□　职业　　职业编码 |
| （此内容由本公司人员填写） |
| 住所（如无特别注明，将以此为通讯地址）　　　　　　　　　　　　　　　　邮编 |
| 电话号码（宅）　　　　　　　（办） |
| 3. 受益人姓名　　身份证号码　　性别　年龄　　住所　　与被保险人关系　　受益份额 |
| ＊受益人为数人且未确定受益份额的，受益人按照相等份额享有受益权。 |
| 4. 投保险种 |
| 5. 保险金额（大写）　　　　　（¥　　　）　　　　6. 保险份数　　　　份 |
| 7. 保险期限　　　年　　　　　　　　　　　　　　8. 缴费方式　　　　缴 |
| 9. 缴费期限　　　年　　　　　　　　　　　　　　10. 开始领取年金年龄　　　岁 |
| 11. 领取方式　　　领　　　　　　　　　　　　　　12. 领取标准　　　　元 |
| 13. 红利分派方式　　　　　　　　　　　　　　　　14. 保险费　　　　元 |
| 15. 附加险　　　　　保险金额　　　　　　　　费率 |
| 　起保日期　　　　　保险期限　　　　份数　　　　保险费 |
| 16. 保险费合计人民币（大写）　　　　　　　（¥　　　） |

17. 付款方式　　　现金□　　　　支票□　　　　自动转账□

第二部分　告知下列事项(必要时本公司可能要求投保人或被保险人作身体检查)。投保人必须在"关于被保险人"项下填写告知事项。凡条款列有"免缴未到期保险费责任"的险种,还须同时填写"关于投保人"项下的告知事项。

| 关于被保险人 | 关于投保人 | | | |
|---|---|---|---|---|
| 1. 工作单位名称 | 1. 工作单位名称 | | | |
| 2. 过去二年平均年收入　　　元。 | 2. 过去二年平均年收入　　　元。 | | | |
| 3. 身高　　厘米;体重　　公斤 | 3. 身高　　厘米;体重　　公斤 | | | |

| | 关于被保险人 | | 关于投保人 | |
|---|---|---|---|---|
| | 是 | 否 | 是 | 否 |
| 4. 是否从事过现职业以外的职业? | □ | □ | □ | □ |
| 5. 是否参加或计划参加有危险的运动或消遣? | □ | □ | □ | □ |
| 6. 有无机动车驾驶证? | □ | □ | □ | □ |
| 7. 是否有已参加或正在申请中的其他保险? | □ | □ | □ | □ |
| 8. 过去投保人寿保险或申请人寿保险单复效时是否曾被拒绝、拖延或要求加收保险费? | □ | □ | □ | □ |
| 9. 是否服食任何成瘾药物或吸毒? | □ | □ | □ | □ |
| 10. (1)是否经常吸烟,如是:已吸____年,每天____支。 | □ | □ | □ | □ |
| 　　(2)是否曾经吸烟,如是:已吸____年,每天____支。于____年,因为____停止吸烟。 | □ | □ | □ | □ |
| 　　(3)是否经常饮酒,如是:已饮____年,每日____酒(种类),____(数量)。 | □ | □ | □ | □ |
| 11. 最近健康状况 | | | | |
| 　　(1)最近一周是否有身体不适?是否服药?是否存在需施行手术的疾病? | □ | □ | □ | □ |
| 　　(2)最近三个月内是否接受过医生的诊断、检查和治疗:是否住院或手术? | □ | □ | □ | □ |
| 　　(3)最近六个月内是否持续超过一周有下列症状:疲倦、体重下降、腹泻、淋巴结肿大或不寻常的皮肤病? | □ | □ | □ | □ |
| 12. 过去10年内是否因疾病或受伤住院或手术? | □ | □ | □ | □ |
| 13. 10年内是否患有下列疾病: | | | | |
| 　　(1)冠心病　心肌梗塞　风湿性心脏病　肺源性心脏病　先天性心脏病　心肌病　高血压 | □ | □ | □ | □ |
| 　　(2)脑出血　脑梗塞　蛛网膜下腔出血　脑动脉硬化　癫痫　精神病　酒精中毒 | □ | □ | □ | □ |
| 　　(3)哮喘　慢性支气管炎　支气管扩张症　肺气肿　肺结核 | □ | □ | □ | □ |
| 　　(4)萎缩性胃炎　溃疡病　溃疡性结肠炎　胰腺炎　肝炎　肝硬变　胆石症　胆囊炎 | □ | □ | □ | □ |
| 　　(5)肾炎　肾功能不全　尿路结石 | □ | □ | □ | □ |
| 　　(6)白内障　视网膜疾病　角膜疾病　青光眼　中耳炎 | □ | □ | □ | □ |

(7) 癌　肉芽肿　白血病　肿瘤　息肉　先天性疾病　遗传性疾病
　　地方病　　　　　　　　　　　　　　　　　　　　　　　□ □　　□ □

(8) 糖尿病　胶原性疾病　贫血症　紫癜病　甲状腺病　风湿病　药物过敏　职业病
　　艾滋病　HIV 抗体阳性　乙肝病毒携带　椎间盘突出　疝　痔　□ □　　□ □

(9) 是否有上述(1)~(8)以外的疾病或受伤？　　　　　　　　　□ □　　□ □

14. 过去 5 年内是否接受过以下检查？
　　X 光　心电图　B 超　CT　核磁共振　活体组织检查　尿液检查　血液检查　眼底检查？
　　　　　　　　　　　　　　　　　　　　　　　　　　　　　　□ □　　□ □

15. 是否有下列身体残疾、功能障碍？
　　(1) 视力、听力、言语、咀嚼功能障碍？　　　　　　　　　□ □　　□ □
　　(2) 四肢、手、足、指残疾,胸廓、脊柱变形和功能障碍　　　□ □　　□ □

16. 16 岁以上女性目前是否怀孕？如是：怀孕＿＿周
　　过去 5 年内是否患有乳腺、子宫、卵巢、输卵管等妇科疾病？　□ □　　□ □
　　是否曾异常妊娠、剖宫产、异常子宫出血？　　　　　　　　　□ □　　□ □

17. 直系亲属中是否有人患过结核病　肝炎　肝硬化　糖尿病　肾病　心脏病　中风　高
　　血压　动脉硬化　精神病　癌症　遗传病　艾滋病及相关综合征、HIV 抗体阳性或是乙
　　肝病毒携带者？　　　　　　　　　　　　　　　　　　　　　□ □　　□ □

说明：(以上 4~17 项如"是"，请列明问题编号及有关需详细说明的内容，包括疾病诊治日期、诊断治疗结果、目前状况、诊治医院名称、医生姓名等。)

特别约定：

声明与授权：

　1. 本人谨此代表本人及被保险人声明及同意：向贵公司投保上述保险，对保险条款的各项规定均已了解，所填投保单各项及告知事项均属事实并确无欺瞒。上述一切陈述及本声明将成为发出保单的依据，并作为保险合同的一部分。

　2. 本人谨此授权凡知道或拥有任何有关本人或被保险人健康及其他情况的任何医生、医院、保险公司、其他机构或人士，均可将所需的有关资料提供给＿＿＿＿＿＿＿人寿保险公司。此授权书的影印本也同样有效。

　　被保险人(签名)：　　　　　投保人(签名)：
　　投保申请日期：　　　年　　月　　日

| 业务员 | 代码 | 营业部 | 经理 |

公司批注专用

　　　　　　　　　　　　　　　　　　　　　　　　　　　　　年　　月　　日

## 2. 意外伤害保险

单证 14-14　　　　　《团体人身意外伤害保险投保单》

| 投保单位 | |
|---|---|
| 被保险人人数 | 人（另附被保险人名单一式三份） |
| 被保险人的受益人 | 按所附被保险人名单中所填明的受益人为依据 |
| 保险金额总数 | 人民币（大写）_____ |
| 保险费率 | 每年每仟元　　元　　角 |
| 保险费 | 人民币（大写）_____ |
| 保险期限 | 自　年　月　日零时起至年　月　日二十四时至 |
| 被保险人从事主要工种 | |
| 备　　注 | 每一被保险人附加意外伤害医疗保险金额　　　元。 |

## （二）保险单

保险单，又称保单，是指保险公司与投保人订立正式保险合同的书面证明。保险单由保险公司制作、印刷、签发，并交付给投保人。保险单主要载明保险公司与被保险人之间的权利、义务关系。它是被保险人向保险公司进行索赔的凭证。人身保险的保险单中主要列明：投保人、被保险人、受益人姓名、性别、出生日期、证件号码、保险项目、保险期间、缴费年限、保险金额、保险费等。

### 1. 人寿保险

单证 14-15　　　　　《中国平安人寿保险股份有限公司保险单》

币种：人民币

---

保险合同号码：　　　　　　　保险合同成立及生效日：
投保人：　　　　性别：　　生日：　　　证件号码：
被保险人：　　　性别：　　生日：　　　证件号码：
生存保险金受益人：
身故保险金受益人：
（本栏以下空白）


| 保险项目 | 保险期间 | 缴费年限 | 基本保险金额/份数 | 保险费 |
|---|---|---|---|---|
| 投保主险：智盈人生 | 终身 | 不限 | 200 000 元 | 6 000 元 |
| 附加长险：智盈重疾 | 终身 | —— | 200 000 元 | —— |
| 附加一年期短险： | 基本保险金额/份数 | | 保险费 | 保险对象 |
| 无忧意外 | 30 000 元 | | —— | 被保险人 |
| 无忧医疗 | 20 000 元 | | —— | 被保险人 |

（本栏以下空白）

首期保险费合计：(年缴)人民币陆仟元整(RMB6000.00)
（本栏以下空白）

特别约定：
　　（本栏空白）

营业部代码：　　　　　　　业务员姓名及代码：

### 2. 意外伤害保险

单证 14-16　　　　　　　《团体人身意外伤害保险保险单》

保险单号码：_____

本公司根据团体人身意外伤害保险条款和投保单的各项内容，承保被保险人的人身意外伤害保险，特订立本保险单。

| 投保单位 | |
|---|---|
| 被保险人人数 | 　　　　人（详附被保险人名单） |
| 保险金额总数 | 人民币(大写)_____ |
| 保险费率 | 每仟元　　元　　角 |
| 保险费 | 人民币(大写)_____ |
| 保险期限 | 自　　年　　月　　日零时起至　　年　　月　　日二十四时止 |
| 特别约定 | |

承保单位签章：_____

_____年_____月_____日

### （三）保险凭证

保险凭证，也称"小保单"，是保险人向投保人签发的，证明保险合同已经成立的书面凭证，是一种简化了的保险单。在法律上具有与保险单相同的效力，但在条款的列举上较为简单。在人身保险实务中，常见的保险凭证主要是人身意外伤害保险凭证和团体人身保险凭证。在人身意外伤害保险业务中，一般将保险的简要内容印制在飞机票、车船票及门票的附联等位置，在消费者购票时，一并缴纳保险费，完成投保行为；在团体人身保险实务中，主保险单一般由该团体的法人代表保管，团体成员则持有由保险公司另行出具的保险凭证作为证明文件，如：学生平安保险的个人保险凭证。

单证 14-17　　　　　　　　《学生平安保险个人保险凭证》

| 保险合同号 | | | 合同生效日 | | | |
|---|---|---|---|---|---|---|
| 投保单位名称 | | | | | | |
| 被保险人姓名 | | | 性别 | | 出生日期 | |
| 被保险人序号 | | | 证件类型 | | 证件号码 | |
| 身故受益人姓名 | | | 与被保险人关系 | | | |
| 险种名称 | | | | | 基本保险金额 | |
| | | | | | | |
| 保险费合计 | | | 人民币(大写) | | | |
| 保险期间 | | | | | | |
| 特别约定 | | | | | | |
| 中国人民人寿保险股份有限公司 | | | | 公司签章： | | |

## （四）批单

批单是人身保险合同双方就保险单内容进行修改和变更的证明文件。批单一般是由于人身保险合同内容需要修改或变更而产生的,在长期性人身保险的保险合同中,由于情况发生变化而导致事前约定的相关内容有所变化的情况屡见不鲜,为了证明相关约定的变化,通常由投保方填写申请表,然后由保险公司审核后出具批单并加盖相关印章,贴于保单上作为法律凭证,以证明约定的更改。批单一经签发,就自动成为人身保险合同的组成部分。批单的法律效力优于保险单,当批单内容与保险单内容不一致时,以批单内容为准。

单证 14-18　　　　　　　　《太平人寿保险有限公司保险批单》

| 保全申请人 | | | | |
|---|---|---|---|---|
| 保全类型 | | | | |
| 保单号码 | | 保全申请日 | | |
| 批单号码 | | 保全生效日 | | |
| 批文内容： | | | | |
| | | | | |
| 保险公司经办人：　　审批人：　　打印日期：　　保险公司签章： | | | | |

【知识库】

### 提车暂保单

据介绍,机动车辆提车暂保单是 1998 年 7 月 1 日开始推出的一项业务,是中国人民银行为了解决新车在移动过程中,保险单尚未生效时发生交通事故的赔偿问题而增设的一项暂保业务。

提车暂保单的保费和新车购置价有关。同时,单程提车险只承保机动车辆损失险和第三者综合责任险,保单期限为 1 个月。其中,车损险的赔付金额和新车购置价有关,就是说,如果您买的是 10 万元的新车,出险后能得到的最高赔付金额就是 10 万元;同时,无论你买的车是多少钱,第三者综合责任险的赔偿限额一律为 5 万元。

但目前已经很少有人知道这项保险业务了,许多保险公司已经不再办理这项业务。保险公司停办这项保险的原因是保费低廉,而且业务量很少。

(资料来源:百度百科)

## 第二节 投保单证填制

总的来说,保险相关单证应一律按"样单"格式,用中文简体字填写。在保险实务中,最主要、最常用的保险单证就是投保单和保险单,二者通常都是由保险人事先印制的。投保人投保时按照填写规则填写投保单交给保险人,然后保险人根据投保人填写的投保单出具保险单并交给投保人。在保险实践中,保险单是不需要投保人填写的,而是由保险公司根据投保人填写的投保单印制的。可见,在保险涉及的相关单证中,投保单的填制至关重要。

### 一、财产保险投保单证填制

(一)企业财产投保

**1. 投保的保险金额要和保险标的物的价值相适当**

因为《保险法》规定:保险金额不得超过保险价值,超过保险价值的,超过部分无效。保险金额低于保险价值的,除合同另有约定外,保险人按照保险金额与保险价值的比例承担赔偿责任。所以,保险金额高也不可能得到额外的利益,保险金额低则有可能使损失得不到赔偿。

因此,在投保时保险金额和保险价值要适当,并不是越高越好。这里还要提醒企业注意,个别保险销售员喜欢企业将保险价值定得高一些,这样他们可以多收保费,但企业自身要对保险价值有个衡量,以免多支付保费。

**2. 财产保险赔偿适用"补偿原则",所以无需投保超过保险价值的多份保险**

如前所述,财产保险就是通过填平经济损失的方法,使投保人避免损失,但投保人不会因此获得额外利益。因此,投保人不需要投保保险金额总和超过保险价值的重复保险。《保险法》规定:重复保险的保险金额总和超过保险价值的,各保险人的赔偿金额的总和不得超过保险价值。除合同另有约定外,各保险人按照其保险金额与保险金额总和的比例承担赔偿责任。

**3.投保人负有如实告知的义务**

财产保险的投保人负有如实告知保险人保险标的物状况的义务,投保人不得隐瞒、欺骗保险人。如果投保人未履行如实告知义务,当发生的保险事故和未告知事项有重要关系时,保险公司可以拒绝赔偿。

**4.保险财产存放地点要如实准确填写**

尤其是企业在厂区外还有仓库的,一定要填写清楚,否则在仓库的财产发生保险事故,保险公司不予赔偿。

**5.财产保险的索赔期限与人寿保险不同**

《保险法》规定,人寿保险以外的其他保险的被保险人或者受益人,对保险人请求赔偿或者给付保险金的权利,自其知道保险事故发生之日起二年不行使而消灭。

**(二)家庭财产保险投保**

在填制家庭财产保险投保单时,主要有三方面需要注意:

第一,注意为哪些财产投保财产险。这既要看自身的保险需求和财产险所能发挥的作用,也要结合保险公司的要求。比如,并不是所有的财产都能投保财产险,保险公司对可承保的财产和不保的财产都有明确的规定。像房屋、家具、家用电器、文化娱乐用品等可以投保财产险,而金银、珠宝、字画、古玩等的实际价值不易确定,这类家庭财产必须由专门的鉴定人员做出鉴定,经投保人和保险公司特别约定后才能作为保险标的。另外,保险公司通常还对一些家庭财产不予承保财产险,具体包括:损失发生后无法确定具体价值的财产,如票证、现金、有价证券、邮票等;日用消费品,如食品、药品、化妆品之类。

第二,注意家庭财产险的保险责任。一般的家庭财产综合险只承担两种情形造成的损失,一种是自然灾害,另一种是意外事故。如果财产被偷,这不是财产综合险的责任范围,保险公司不会给投保人赔偿,所以投保人最好给财产投保盗窃附加险。此外,投保人还需要了解除外责任、赔付比例、赔付原则、保险期限、交费方式、附加险种等内容,明确未来所能得到的保障。

第三,注意保险金额,避免超额投保和重复投保。按照保险公司的赔付原则,如果财产的实际损失超过保险金额,最多只能按保险金额赔偿;如果实际损失少于保险金额,则按实际损失赔偿。所以,在确定保险金额时,保险金额不要超出财产的实际价值,不然投保人就得白白地多交保险费。有些人将同一财产向多家保险公司投保,这也是不可取的,因为财产发生损失时,各家保险公司只是分摊财产的实际损失,投保人得不到什么额外的好处。

**(三)货运保险投保**

一个贸易商需要对一笔货物进行保险时,首先要跟保险公司联系,通常是填制一张投保

单,经保险公司接受后就开始生效。保险公司出立保险单以投保人的填报内容为准。填报时要明确以下内容:

(1)被保险人名称

要按照保险利益的实际有关人填写。

(2)标记

应该和提单上所载的标记符号相一致,特别要同刷在货物外包装上的实际标记符号一样,以免发生赔案时,引起检验、核赔、确定责任的混乱。

(3)包装数量

要将包装的性质如箱、包、件、捆以及数量都写清楚。

(4)货物名称

要具体填写,一般不要笼统地写纺织品、百货、杂货等。

(5)保险金额

通常按照发票 CIF 价加成 10% ~ 20% 计算,如发票价为 FOB 或 CFR,应将运费、保费相应加上去,再另行加成。需要指出的是保险合同是补偿性合同,被保险人不能从保险赔偿获得超过实际损失的赔付,因此,溢额投保(如过高的加成、明显偏离市场价格的投保金额等)是不能得到全部赔付的。

(6)船名或装运工具

海运需写明船名,转运也需注明;联运需注明联运方式。

(7)航程或路线

如到目的地的路线有两条,要写上自 X 经 Y 至 Z。

(8)承保险别

必须注明,如有特别要求也在这一栏填写。

(9)赔款地点

除特别声明外,一般在保险目的地支付赔款。

(10)投保日期

应在开航前或运输工具开行前。

注意事项:投保申报情况必须属实;投保险别、币制与其他条件必须和信用证上所列保险条件的要求相一致;投保险别和条件要和买卖合同上所列保险条件相符合;投保后发现投保项目有错漏,要及时向保险公司申请批改,如保险目的地变动、船名错误以及保险金额增减等。

## 二、人身保险投保单证填制

投保单是缔结保险合同的重要依据,也是保险公司核保时的重要参照。由于投保单包含的内容繁杂,投保人应在业务员的指导下用黑色钢笔,或水笔慎重填写。总体来说,有八项内容要特别注意。

（一）资料填写清楚

投保人、被保险人以及受益人的姓名、年龄、地址、电话、婚姻状况等各项内容，均需按投保时的实际情况填写。其中姓名、性别、出生日期要与身份证上保持一致。家庭住址指常住地，通讯地址要写清街道、巷及门牌号等，确保信函、通知都能寄达。职业要具体填写实际从事何种工作，如有兼职的，同样需要填写清楚。职业代码、类别则由业务员根据《职业分类表》所列编码填写。

（二）年龄计算精确

和上海地区习惯以虚岁计算年龄不同，投保单上年龄的填写需要精确到年、月、日。比如：2005年11月10日签单，如果生日在1980年11月9日，那么年龄为25岁，若为同年11月20日出生，年龄就应该是24岁。

（三）受益人慎填法定

按照《保险法》规定，受益人由被保险人或投保人指定，投保人指定受益人时须经被保险人同意。被保险人为无民事行为能力或限制民事行为能力人的，由其监护人指定。受益人为数人的，可以确定受益顺序和受益份额。如果受益人明确，发生事故后，保险金将由保险公司直接给付受益人，并不牵涉到给付保险人生前应缴的税款和清偿生前债务的问题。如果填写法定，保险金就将按照法定的继承顺序进行分配，进入遗产范围，有可能引起纠纷，故而专家建议最好指定明确的受益人。

（四）保险计划填写清楚

在填写具体的投保计划时，主险和附加险的名称、交费期限、保险金额都要齐全，同时投保两个主险须分别填写投保单。附加险与主险同时投保可填在一张投保单上。年金以及红利领取方式也要作出明确的选择，一般只需在所选项目前打勾即可。

（五）各项病史如实告知

被保险人健康状况汇总是投保单最为核心的内容。在回答投保单上列出的各项病况时，被保险人必须完全如实告知。在一些既往病史，或家庭病史的告知上更要慎重全面。诸如胃溃疡、慢性肾炎之类的慢性病最好能出具最近一次的医疗诊断书，以帮助保险公司快速全面的核保。

（六）填写之后不可随意更改

投保单填写完毕后，原则上不得涂改。若投保人和被保险人的资料因特殊原因需要涂改，需用笔在原来内容上画斜线，修正于边上，同时需要投保人或被保险人在修正内容边签字认可。如果是保险计划需要修改，则必须另外填写新的投保单，原单作废。

## （七）签名一定要由本人签署

投保单必须要有投保人、被保险人以及代理人的签名。三者都必须本人亲笔签名，任何人不得代签。被保险人为未成年人的，由保险人的监护人签名。投保人或被保险人不识字的，投保人、被保险人分别在签名处按右手大拇指手印。另外，投保人也应该让代理人当面签名，填写日期，以免自己所见的代理人和保单代理人发生不应该的错位。

## （八）注意代理人的号码和展业证上的是否一致

每份投保单，都需要代理人填写自己在公司的编号和姓名。而每个人的编号都是唯一的，展业证书上也会有纪录。投保人可以监督代理人当面填写，并核对号码是否一致，以保障自己的利益。同时，还可以记下展业证的号码到代理人诚信体系查询。

随着科学技术的发展应用，现在电子化办公已经倡导起来，一些大型的保险机构开始实行电子化投保单和电子化保单。这些新的科技的应用，在给我们带来便利的同时，也会带来一定的风险，督促保险机构加强管理，规避风险，减少保险人与投保人之间的纠纷。

【知识库】

### 批单的效力

批单，又称背书，是保险人应投保人或被保险人要求出立的修订或更改保险单内容的证明文件。它是变更保险单的批改书。

批单的形式可以是加贴印制的条款、批单、批注等。根据国际惯例，手写批注的法律效力优于打字批注；打字批注的法律效力优于加贴的附加条款；加贴的附加条款的法律效力优于基本条款；旁注附加的法律效力优于正文附加。

（资料来源：张洪涛《财产保险》）

【案例 14.1】

### 《协议书》是否是保险合同

2007年12月，某科研机构与某保险公司签订了一份长达10年的《协议书》，《协议书》中约定该科研机构将连续10年每年向该保险公司投保100万福寿保险和100万养老保险。《协议书》中规定：当该科研机构所投保的福寿保险期满时（福寿保险的保险期为三年），续保时保险公司将需向科研机构出具新的"保险单"及保费收据；如果在2008年到2016年间科研机构于某一年停止追加资金向保险公司投保，则保险公司可以依据当时尚在有效期内的保单履行保险责任，并以福寿保险生成的利息用于所投保的养老保险。该协议签订后，12月23日，科研机构向保险公司缴纳了200万元保险费，同日，保险公司向科研机构签发了两张人身保险团体保险单，其中一张为福寿保险的保险单，保险期限三年；另一张为养老保险的保险单，保险期自2007年12月23日起。2010年12月，当科研机构按《协议书》约定向保险公司缴纳保险费要求续保福寿保险时，保险公司根据中国人民银行有关文件规定的变化，已经停办了福寿保险，因此未按协议收取保费并继续承保。由此协议双方引发纠纷，科研机构诉至法院。那么，双方签订的长达10年的《协议书》是否是保险合同呢？

【案例14.2】
### 如此不如实告知和代签名合同是否能获得赔偿

2008年9月25日,江某为其母投保重大疾病定期保险,保额10万元,指定受益人为投保人本人。2009年9月16日晚,被保险人刘某突发心肌梗塞导致心脏骤停,经医院抢救无效死亡。受益人遂提出死亡保险金的索赔请求。理赔人员调查发现:(1)在合同订立的当日,即2008年9月25日下午,被保险人刘某因高血压在当地医院住院治疗,9月30日出院。出院小结载明:刘某患高血压病Ⅲ期,并有三年高血压病史。(2)投保单上的被保险人签名系投保人代签。保险公司遂以不如实告知和代签名合同无效为由,做出拒付决定。受益人不服,将保险公司和保险代理人尹某作为共同的被告告上了法庭。

## 本 章 小 结

1. 投保单,又称要保书或投保申请书,是指投保人向保险人申请订立保险合同的一种书面要约。投保单通常由保险公司提供,由投保人依投保单所列的内容逐一填写并签字或盖章后生效。保险公司根据投保人填写好的投保单的内容出具保险单正本。

2. 保险单,又称保单,是指保险公司与投保人订立正式保险合同的书面证明。保险单由保险公司制作、印刷、签发,并交付给投保人。保险单主要载明保险公司与被保险人之间的权利、义务关系。它是被保险人向保险公司进行索赔的凭证。

3. 暂保单,也称临时保险单,是指保险人在签发正式保险单之前,出立的临时保险证明。暂保单在保险单未签发前,与保险单具有同样的法律效力。但暂保单的有效期较短,通常以30天为期限,并在正式保险单签发时自动失效。

4. 保险凭证,也称"小保单",是保险人向投保人签发的,证明保险合同已经成立的书面凭证,是一种简化了的保险单。它具有与保险单相同的效力,但在条款的列举上较为简单。

5. 批单是保险双方当事人协商修改和变更保险单内容的一种单证,也是保险合同变更时最常用的书面单证。批单的法律效力优于原保险单的同类项目。

6. 在保险实务中,最主要、最常用的保险单证就是投保单和保险单,二者通常都是由保险人事先印制的。投保人投保时按照填写规则填写投保单交给保险人,然后保险人根据投保人填写的投保单出具保险单并交给投保人。

7. 财产保险投保时由于标的的风险性质和影响因素较多,所以填写时需要注意的方面也比较多;人身保险的投保单在填制时主要有八个方面需要注意。

## 自 测 题

1. 财产保险相关单证有哪些?
2. 人身保险相关单证有哪些?
3. 企业财产投保单的填写有哪些主要内容?
4. 家庭财产保险填写投保单有哪些注意事项?

5. 人身保险在填写投保单时需要注意哪些细节？

【阅读资料】

## 投保人代替被保险人签名

人寿保险合同是最大诚信合同,此原则确认于英国1906年的海上保险法。由于缺乏一定的保险知识,在生活中投保人往往在购买保险时缺乏必备的保险基本知识和法律知识,轻率填制保单,当真正需要理赔时,却被告知保单并不生效,错误的原因很多时候是在投保人这里。在投保过程中,由于投保人自身对于保险知识的缺乏而导致最终出险后保险公司不赔的案例比比皆是。下面通过一个案例提醒大家在购买保险时应当注意的事项,减少潜在的纠纷,促进我国保险业的健康、有序发展。

案情简介:妻子甲为丈夫乙投保了一份生死两全人寿保险,保险金额50万元,但恰逢丈夫出差,于是妻子甲就代替丈夫乙在投保单上签字,丈夫乙回来后知道了妻子甲为自己购买人寿保险一事,于是很高兴,夸妻子甲很关心他。6个月后,丈夫乙因乘坐飞机失事身亡,妻子甲拿着保单去保险公司要求理赔,但被保险公司拒赔,理由是:被保险人的签名不是丈夫乙本人亲笔签的。妻子甲坚决不同意保险公司的做法,主张当时办理投保时,保险公司的代理人并没有告诉她如果代签字合同就无效,况且保险公司这样做太没有人情味。后法院判决保险公司不履行给付保险金的义务。

通过这个案件的分析,可以说这份生死两全人寿保险合同确实是无效的,因为违反法律的强制性规定。

"合同法"第52条(5)规定,违反法律,行政法规的强制性规定,合同无效。

"保险法"第55条规定,以死亡为给付保险金条件的合同,未经被保险人书面同意并认可保险金额的,合同无效。

在本案中,被保险人(丈夫乙)对妻子甲当时为他购买保险的行为一无所知,更不用说亲眼见证,亲笔签字了。虽然事后妻子甲把买保险的事告诉了他,他对此也表示认可,但这些都是口头上的,并没有得到他的书面上的同意与认可,也没有去保险公司办理补签字等手续。因此,妻子甲的行为违反了法律的强制性,禁止性规定,是绝对无效的合同。无效的民事行为,从行为开始就没有法律约束力。

各国保险法之所以都对:"以死亡为给付保险金条件的人寿保险合同未经被保险人书面签字认可的,合同无效。"做了强制性规定,是为了防止投保人、受益人为骗取保险金而杀害被保险人由此引发的道德风险,在当代发达国家,保险诈骗罪数量是仅次于毒品犯罪的,特别是当经济不景气时,这类社会危害性、隐蔽性极强的犯罪更是直线上升,有鉴于此,无论是大陆法系还是英美判例法系国家,对此类"被保险人没有签字"的保险赔偿纠纷案件,一律认定合同无效,这是一个原则性的规定,因此,即使有正式保单,但投保时被保险人没有亲笔签字,合同也是无效的,当然不能理赔。

法律不保护不懂法。本案中妻子甲称:"保险代理人没有告诉投保人有关被保险人(丈夫乙)须亲笔签字的事项,没有履行告知的义务,因此,责任在保险公司。"这样说,没有法律依据。本案中妻子甲具有完全的民事行为能力,是完全民事行为能力人,妻子甲应当对自己代人签约的行为负责,她如果不知道代人签约的法律后果,不知道"民法通则"、"合同法"、"保险法"的有关条文,法律可不保护她。

鉴于以上因素,此案中的保险合同绝对无效。

所以,对于生活在这个社会的人们来讲,了解法律,学习保险知识对于人们的健康、安稳的生活是必不可少的。

(资料来源:《北京商报》2007年2月5日,作者:牟子健)

# 第十五章
## Chapter 15

# 保险职业

【学习要求及目标】

通过对本章的学习,要求读者了解并熟悉保险行业的各种资格认证体系内容,包括各种认证的职业介绍、发展前景和有关考试内容,使学生对保险的学习更有方向性。

【引导案例】

### 保险职业潜力巨大

加入中美大都会人寿之前,苏菲有着10年大中型企业的财务管理经验。2006年初,听朋友介绍,中美大都会人寿正在招募寿险规划师。由于中美大都会人寿走的是精英模式,招募条件非常严格,在年龄、工作经验、过往收入等方面皆高于普通保险代理人。而且,与传统的产品导向营销方式不同,中美大都会人寿顾问行销渠道是通过独特的客户需求分析系统(NBS)为客户量身定做家庭保障计划。出于她对这种服务方式的认同,并抱着新奇探索的态度,苏菲通过了严格的面试,正式加入中美大都会人寿。从商务礼仪到谈话技巧,从专业的产品到家庭财务需求分析等招招式式的严格训练,苏菲在加入中美大都会人寿的三年后,不仅由行销职寿险规划师转任为管理职业务经理,还真正实现了"从业余走向职业",从高级白领到保险经营,获得了成功。保险行业在中国的发展空间非常巨大,保险职业正在成为中国备受青睐的对象。

## 第一节  保险精算师

### 一、职业介绍

(一)职业简介

精算师是运用精算方法和技术解决经济问题的专业人士,是评估经济活动未来财务风险的专家,是集数学家、统计学家、经济学家和投资学家于一身的保险业高级人才。宗旨是为金融决策提供依据。

精算师传统的工作领域为商业保险业,在此行业,精算师主要从事产品开发、责任准备金核算、利源分析及动态偿付能力测试等重要工作,确保保险监管机关的监管决策、保险公司的经营决策建立在科学基础之上。随着精算科学的发展和应用,精算师的工作领域逐步扩展到社会保险、投资、人口分析、经济预测等领域。

### (二)保险精算师的工作范围

精算师的工作范围十分广泛,包括:

①保险产品的设计:通过对人们保险需求的调查,设计新的保险条款,而保险条款的设计必须兼顾人们的不同需要,具有定价的合理性、管理的可行性以及市场的竞争性。

②保险费率的计算:根据以往的寿命统计、现行银行利率和费用率等资料,以确定保单的价格。

③准备金和保单现金价值的计算。

④调整保费率及保额:根据社会的需要及时间,调整保费率和保障程度,以增加吸引力和竞争力。

⑤审核公司的年底财务报告。

⑥投资方向的把握:对公司的各项投资进行评估,以确保投资的安全和收益。

⑦参与公司的发展计划:为公司未来的经济决策提供有效的数据支持和专业建议。

### (三)成为保险精算师的条件

要想成为精算师,首先必须掌握一些基础课程,如微积分、线性代数、概率论与数理统计、保险学和风险管理等。不仅如此,由于精算师所从事的是经济领域的职业,因而他们还必须有较高的经济学修养,掌握会计、金融、经济学和计算机等科学知识。这样,精算师才能对经济环境的变化有较强的反应能力;此外,精算师的职业还要求掌握语言表达、商业写作、哲学等科学知识。取得精算师资格必须通过一些科目的严格考试,并获得精算组织的认可。例如,在美国和加拿大,作为一名合格的精算师,必需取得美国灾害保险精算学会(Casuality Actuarial Society)或北美精算学会(Society of Actuaries)的正式会员资格。北美精算学会是在人寿保险、健康保险和年金保险领域从事研究、考试和接受会员的国际组织,它负责从吸收非正式会员到正式会员的一系列考试。

### (四)基本业务素质要求

①具有高等数学和基本的概率统计知识,处理基本的回归问题和置信度、置信区间的求解。

②能够计算年金、投资收益率、股票、债券的价格,建立简单的偿债基金、分期偿还计划,处理资产的折旧问题。

③具备基本经济学知识:供给需求理论、消费者行为、市场结构策略、税收、信息、通货膨

胀、货币财政政策、国际经济金融等。

④具备基本的财务会计知识,能够进行基本的财务报表分析,看懂:资产负债表、现金流量表、利润表、能够根据常用的分析指标判断公司的财务状况、偿债能力、盈利能力、股东权益等分析。

⑤了解各种金融市场:货币市场、股票市场、债券市场、期货、期权定价理论。

⑥了解存款机构:中央银行、商业银行的职能。

⑦能够根据经验数据构造风险模型,并计算模型的参数,进行模型、参数检验。

⑧能够进行简单的再保险及承担的风险分析。

⑨能够构造生命表,设计生存模型,具备简单的数据修匀分析能力。

⑩具备精算数学知识。

⑪能够通过数种方法进行简单的保险定价、保单现金价值计算、准备金、养老金计算。

⑫熟悉我国对分红保险、万能保险、投资连接保险的费率、最低现金价值,价值准备金及险种保备,保险监管相关法律文件。

⑬灵活运用 EXCEL,进行财务分析。

（五）职业前景

精算师在世界各国都是一种热门而诱人的职业,其诱人之处首先表现在精算师有较高的社会地位。如人寿保险公司的精算人员主要从事产品开发定价、负债评估、偿付能力监控、经验分析、长期财务预测以及费用分析、资产负债管理等工作。也就是说,一个新产品的定价基本上由他们说了算,对公司的各项决策,他们往往起着极为重要的作用。由于中国保险业起步较晚以及其他历史原因,精算、尤其是精算教育在我国长期处于空白,直到 1987 年,南开大学与北美精算学会建立精算学合作项目,才将精算教育系统地引入中国。

美国职业评级历书(Jobs Rated Almanac by Les Krantz)1988 年以来对美国普通的 250 种左右的职业进行了评定和排名,评级的标准是参照六项指标分别进行评比并进行综合,这六项指标是:收入、工作压力、体力要求程度、职业发展潜力、安全性和工作环境。美国职业评级历书从 1988 年起共出版了 6 次。这 6 次评级记录中,精算师职业 2 次被评为第一、3 次第二、1 次第四。美国求职网站 CareerCast.com2010 年公布年度调查相关报告,对北美地区的 200 份职业进行调查,调查显示北美最佳职业是精算师。

有报道说,2004 年中国精算师的年收入在 100 万元人民币以上,而现在中国身价最高的精算师——平安保险公司的 Steven Mile,据估计,他的身价至少为每年 300 万元人民币。精算师被称为"金领中的金领";再者,精算师丰富的专业知识使他们在各个尖端行业中游刃有余。可以说,相当多的高端行业都有他们的用武之地。如从发达国家的情况来看,精算师是商业保险界的精英,但并不仅仅局限于此。精算在金融投资、咨询、社会保险等众多与风险管理相关的领域都有广泛的应用。以美国为例,60% 的精算师在各类保险公司工作,35% 在各类咨询公司工作,5% 在政府机构和高等院校工作。

我国精算师有巨大缺口。由于中国保险业起步较晚以及其他历史原因,精算、尤其是精算教育在我国长期处于空白,直到1987年,南开大学与北美精算学会建立精算学合作项目,才将精算教育系统地引入中国。在发达国家,精算师既是商业保险界的核心精英,又可在金融投资、咨询等众多领域担任要职。目前我国持有北美精算师证书的人数只有30多人。截止2011年4月,中国精算师协会记录在册的个人准会员331人,个人正会员433人。

## 二、资格考试

"中国精算师"资格考试分为准精算师和精算师两部分。准精算师部分考试共9门必考课程,包括数学基础Ⅰ、数学基础Ⅱ、复利数学、寿险精算数学、风险理论、生命表基础、寿险精算实务、非寿险精算实务、综合经济基础。考生通过全部9门课程考试后,将获得准精算师资格。

精算师部分考试计划设置10门课程,其中必修课为保险财务、保险法规、资产负债管理等3门;选修课为社会保障、个人寿险及年金精算实务、高级非寿险精算实务、团体保险、意外伤害和健康保险、投资学、养老计划等7门。获得准精算师资格的考生,通过5门精算师课程的考试并满足有关精算专业培训要求,答辩合格后,才能取得《中国精算师资格证书》。

【知识库】

### 中国精算师协会

中国精算师协会成立于2007年11月30日,英文名称为:China Association of Actuaries,英文缩写为CAA,现为国际精算协会(IAA)正式会员。CAA是经民政部批准的全国性非营利社团组织,其业务主管单位是中国保险监督管理委员会。

CAA的主要职能:拟订精算师执业准则,拟订并执行行业自律制度;组织中国精算师资格考试,组织实施精算从业人员的培训及后续教育工作;开展会员的职业道德及执业纪律的教育、监督和检查;组织业务交流,开展理论研究;协调行业内、外部关系,维护会员合法权益;开展国际交流活动等。

(资料来源:中国精算师协会)

## 第二节 保险代理人、保险公估人和保险经纪人

### 一、保险代理人

(一)保险代理人

保险代理人是依据保险人的委托,向保险人收取代理手续费,并在保险人的授权范围内代为办理保险业务(如展业、承保、理赔)的单位和个人。保险代理人根据保险人的授权代为办理保险业务的行为,由保险人承担责任。

## (二)保险代理人的分类

按我国现行的保险代理人暂行规定,保险代理人又可分为专业代理人、兼业代理人和个人代理人。

**1. 专业代理人**

专业代理人即指专门从事保险代理业务的保险代理公司,其组织形式为有限责任公司。

**2. 兼业代理人**

兼业代理人即指受保险人委托,在从事自身业务的同时,指定专人为保险人代办保险业务的单位。

**3. 个人代理人**

个人代理人即指根据保险人委托,向保险人收取代理手续费,并在保险人授权范围内,代为办理保险业务的个人。凡持有《保险代理人资格证书》者,均可申请从事保险代理业务,并由被代理的保险公司审核登记报当地保险监督管理部门备案。个人代理人的业务范围仅限于代理销售保险单和代理收取保险费,不得办理企业财产保险和团体人身保险;另外,个人代理人不得同时为两家(含两家)以上保险公司代理保险业务,转为其他保险公司代理人时,应重新办理登记手续。

## (三)工作范围

自保险业问世以来,保险代理人便应运而生,并成为保险业务经营不可或缺的部分。世界各国,凡是保险业发达的国家,保险代理也十分发达。目前,保险代理从业人员,在数量上,已经远远超过了保险公司人员。我国多年来在广大城乡就形成了有保险代理处、代理人和保险服务员构成的保险代理体系。自1992年后,国内各保险公司大都推广了美国友邦上海分公司率先采用的个人寿险代理人营销制度。个人营销制度的迅速发展,为寿险市场的开拓和保险观念的普及发挥了积极的作用。截止2011年3月31日,全国共有保险营销员3 337 522人,其中寿险营销员2 906 320人,产险营销员431 202人。

**1. 挖掘客户潜在需求**

保险商品不同于关乎饮食起居的满足生理需要的生活必需品,它实际上可以说是一种较高层次的奢侈品,很少有人会主动买保险。人们总有种习惯或惰性心理,或者对未来的自信。比如他会想我的房子很安全,不会着火或发生其他的意外,只要他没有的致命疾病,他很少想到投保;另外对许多人来讲,年老退休是相当遥远之事,以后再买保险,也为时不晚;或者一个潜在的保险购买者会仅因为资金问题,就打消了购买保险的念头,尽管事实上保险费用远比想象的低。

在人们不太熟悉保险的广泛运用范围,或者在资金存在一些问题的情况下,客户无法清楚地认识自己对保险的真正需求,从而自觉购买保险,因此,一个职业代理人既是保险商品的推销员,同时又具有宣传普及和顾问的作用,它可以引导人们去认识可能遇到的问题,并且解决这些问题。其实代理人所揭示的是客户已经存在的需要,并非他创造的,只是他能够迅速和准确地识别一个人的潜在需要,而人们只有清楚自己在找什么东西,才能够设法找到它。代理人可以向客户指明问题,客户才知道问题的存在,才会去买保险。

**2. 帮助客户进行保险计划选择**

以寿险为例,国外寿险界通常认为"推销保险,95%是靠对人的了解,5%靠保险知识,但这5%的保险知识,推销员必须100%的了解。"代理人熟悉保险商品的用途和限制范围,他能够在客户所能负担的保费前提下,针对不同的职业、年龄、家庭结构等,向客户推介合适的保险险种,帮助选择组合。

**3. 切实解决客户在购买保险过程中的问题**

代理人会向客户详细解释保险合同的条款,提醒各种应注意的事项,帮助了解投保单等保险合同的内容,建议合适的保费支付方式,并代收保费等。总之,他们能以自己的知识和经验提供全面的服务。

### (四)保险代理人资格考试

2012年保险代理从业人员资格考试参考用书为中国财政经济出版社出版的《保险基础知识》(2010年版)和《保险中介相关法规制度汇编》(2010年版)两本书。命题范围如下:保险原理知识占30分,命题范围是《保险基础知识》一书的第一章至第五章。财产保险知识占10分,命题范围是《保险基础知识》一书的第六章。人身保险知识占25分,命题范围是《保险基础知识》一书的第七章。保险营销员管理规定、职业道德和执业行为规范占15分,命题范围是《保险中介相关法规制度汇编》及《保险基础知识》一书的第八章和第九章。其他相关法规部分占20分,命题范围是《保险中介相关法规制度汇编》,其中《中华人民共和国保险法》占10分(全部为判断题)。《保险代理机构管理规定》、《中华人民共和国民法通则》、《中华人民共和国消费者权益保护法》和《中华人民共和国反不正当竞争法》共占10分。

## 二、保险公估人

### (一)保险公估人

保险公估人在中国称为保险公估机构,是指依照《保险法》等有关法律、行政法规以及《保险公估机构管理规定》,经中国保监会批准设立的,接受保险当事人委托专门从事保险标的的评估、勘验、鉴定、估损、理算等业务的单位。保险公估站在独立的立场上,协助保险理赔的独立第三人,接受保险公司和被保险人的委托为其提供保险事故评估、鉴定服务。

保险公估于18世纪起源于英国,在国外,80%以上的保险理赔工作是由保险公估完成的。早在19世纪20年代旧中国就有了保险公估机构,新中国成立后,随着国内保险业务的停办,保险公估业也逐渐消失。20世纪90年代初中国相继出现了一些保险公估机构,中国加入WTO后,中国的保险市场已逐步对外开放,加快了中国保险市场与国际接轨的步伐,中国的保险公估人也将在保险市场上起到"裁判员"的重要作用。

(二)保险公估人的分类

**1. 按业务活动顺序分类**

根据保险公估人在保险公估业务活动中先后顺序的不同,保险公估人可以分为两类:一类是承保时的公估人,一类是理赔时的公估人。

承保公估人主要从事保险标的的承保公估,即对保险标的作现时价值评估和承保风险评估。由承保公估人提供的查勘报告是保险人评估保险标的风险,审核其自身承保能力的重要参考。现时价值评估和承保风险评估是国际保险公估人新拓展的业务领域。

理赔公估人是在保险合同约定的保险事故发生后,受托处理保险标的的检验、估损及理算的专业公估人。保险理赔公估人包括损失理算师、损失鉴定人和损失评估人。损失理算师是指在保险事故发生后,计算损失赔偿金额,确定分担赔偿责任的理算师,他们主要确定保险财产的损失程度,确认是否全损或可以修复,修复费用是否超过财产的实际价值。根据国际保险实务习惯,损失理算师又分为陆上损失理算师与海损鉴定人。

**2. 按业务性质分类**

按照业务性质的不同,保险公估人可分为三类:保险型公估人、技术型公估人、综合型公估人。

保险公估人侧重于解决保险方面的问题,他们熟悉保险、金融、经济等方面的知识,但对其他专业技术知识知之甚少或者完全不知,对于技术型问题的解决职能作为辅助。技术型公估人侧重于解决技术方面的问题,其他有关保险方面的问题涉及较少。综合型公估人不仅解决保险型问题,同时还解决保险业务中的技术问题。综合型保险公估人由于知识全面,经验丰富,越来越为社会所需。

**3. 按业务范围分类**

根据保险公估人从事活动范围的不同,保险公估人可以分为三类:海上保险公估人、汽车保险公估人、火灾及特种保险公估人。

海上保险公估人主要处理海上、航空运输保险等方面的业务。海上保险和航空运输保险均为国际型的保险。在国际上,船舶保险中的船身价值或其修理规模和费用的确定均与船舶的种类、吨位、用途直接相关,船上设备、机器、引擎、发电机等也有专业要求,保险公司必须请船舶公估公司处理;航空货物运输保险中的货运检验涉及发货人、收货人、承运人和保险公司多方利益和责任,各方当事人难以达成一致意见,保险公司通常委托居于独立地位的保险公估人处理,海上保险公估人由此应运而生。

汽车保险公估人主要处理与汽车保险有关的业务。汽车保险在各国保险市场上具有举足轻重的作用,保险公估人也由此分外重视汽车保险公估。汽车保险公估人参与汽车保险理赔公估,不仅可以减少保险公司和被保险人之间在修理费用、重置价值方面的直接冲突,避免保险公司理赔人员与被保险人、汽车修理行会合谋骗取保险赔款,而且可以有效制止汽车保险理赔中的不正当行为,使各保险公司在公平的市场环境中平等竞争。

火灾及特种保险公估人主要处理火灾及物质特种保险等方面的业务。随着经济的发展和科学技术的进步,财产保险的承保范围日益扩大,保险理赔的技术含量不断提高,保险公司自行处理理赔的难度加大,因此大量拥有专业技术的保险公估人的出现,满足了火灾和特种保险的需要。

(三)保险公估人职能

**1. 评估职能**

保险公估人所具有的是一种广义的(保险)评估职能,包括评估职能、勘验职能、鉴定职能,估损职能和理算职能等。在国际上,保险公估人包括主要从事理(核)算事务的理算师(Adjuster),主要从事检查、勘测、鉴定事务的鉴定人(Surveyor)和主要从事估算、评估的评估人(Assessor)等多种类型。尽管他们的名称不同,经营的侧重点有差别,但均能履行其保险评估职能。保险公估人对保险标的进行公估,得出公估结论,并说明得出结论的充分依据和推理过程,体现出其评估职能。评估职能是保险公估人的关键职能。保险公估人执行的评估职能,可使赔案快速、科学地得以处理。

**2. 公证职能**

首先,保险公估人有丰富的保险公估知识和技能,在判断保险公估结论准确与否的问题上最具权威和资格;其次,保险公估人是保险合同当事人之外的第三方,既不代表保险人,又不代表被保险人,完全站在中间、公正的立场上就事论事、科学办事。

公证职能是保险公估人的重要职能,并具有以下特征:第一,这种公证职能虽然不具备对赔案的定论作用,但却有促成结案的督促作用,因为保险双方难以找出与公估结论相左的原因或理由;第二,这种公正职能虽然不具备法律效力,但该结论可以接受法律的考验。这是因为:保险公估人的公估结论确定之后,必面经保险关系当事人双方均接受才能结案。一旦保险关系当事人双方有一方不能接受,则最终决定权在法院。但是,保险公估人可以接受委托方委托出庭辩护,甚至可被聘请为诉讼代理人出庭诉讼,本着对委托方特别是对公估报告负责的原则,促成对方接受既定结论。

**3. 中介职能**

保险公估人作为保险中介人,从事保险经济活动,并参与保险经济利益的分配,为保险双方提供服务,具有鲜明的中介职能。这是因为:第一,保险公估人既可以受托于保险人,又可以受托于被保险人;第二,保险公估人以保险关系当事人之外的第三方身份从事保险公估经营活动,保险公估人从保险合同一方那里获得保险公估委托,是以中间人立场执行保险公估,并收取合理费用。这样,保险公估人以中间人身份,独立地开展保险公估,从而得出公估结论,促成保险关系当事人接受该结论,为保险关系当事人提供中介服务,淋漓尽致地发挥了中介职能。

### (四)保险公估人资格考试

2012年保险公估从业人员资格考试命题范围包括"保险原理与实务"和"保险公估相关知识与法规"两部分。"保险原理与实务"分值占比60%,参考用书是中国财政经济出版社出版的《保险原理与实务》(2010年版)。"保险公估相关知识与法规"分值占比40%,参考用书是《保险公估相关知识与法规》(2010年版)。

## 三、保险经纪人

### (一)保险经纪人的概念

保险经纪人是基于投保人的利益,为投保人与保险人订立保险合同提供中介服务,并依法收取佣金的单位。保险经纪人是指代表被保险人在保险市场上选择保险人或保险人组合,同保险方洽谈保险合同条款并代办保险手续以及提供相关服务的中间人。各国允许保险经纪人涉及的经营范围包括财产保险和意外保险、人寿保险以及再保险。

### (二)保险经纪人的作用

保险经纪人通过向投保人提供保险方案、办理投保手续,代投保人索赔并提供防灾防损或风险评估、风险管理等咨询服务,使投保人充分认识到经营中自身存在的风险,并参考保险经纪人提供的全面的专业化的保险建议,使投保人所存在的风险得到有效的控制和转移,达到以最合理的保险支出获得最大的风险保障,降低和稳固了经营中的风险管理成本,保证了个人或企业的发展。

另外,因为保险经纪人的业务最终还是要到保险公司进行投保,保险经纪公司业务量的增加会引起保险公司整体业务量的增加,从而降低了保险公司的展业费用。在保险市场上,保险经纪人把保险公司的再保份额顺利的推销出去,消除了保险公司分保难的忧虑,大大降低了保险公司的经营风险。而且保险经纪人代为办理保险事务,减少了被保险人因不了解保险知识而在索赔时给保险人带来的不必要的索赔纠纷,提高了保险公司的经营效率,因此,保险经纪人的产生不管是对投保人还是对保险公司都是有利的,是保险市场不断完善的结果。

### (三)保险经纪人的分类

根据委托方的不同,保险经纪人可以分为狭义的保险经纪人(专指原保险市场的经纪人)和再保险经纪人。

**1. 狭义的保险经纪人**

狭义的保险经纪人是指直接介于投保人和原保险人之间的中间人,直接接受投保客户的委托。按业务性质的不同,狭义的保险经纪人又可分为寿险经纪人和非寿险经纪人。

寿险经纪人是指在人身保险市场上代表投保人选择保险人、代办保险手续并为此从保险人处收取佣金的中间人。寿险经纪人必须熟悉保险市场行情和保险标的详细情况,熟练掌握专项业务知识,还要懂法律,运用法律,并且会计算人身险的各种费率,以便为投保人获得最佳保障;非寿险经纪人是安排各种财产、利益、责任保险业务,在保险合同订约双方间斡旋,促使保险合同成立并为此从保险人处收取佣金的中间人。由于保险产品的复杂性,非寿险经纪人必须要掌握相关的专业知识,以便能与投保人进行沟通,为投保人进行风险评估、设计风险管理方案,为投保人选择最佳保险保障等服务。

**2. 再保险经纪人**

再保险经纪人是促成再保险分出公司与接受公司建立再保险关系的中介人。他们把分出公司视为自己的客户,在为分出公司争取较优惠的条件的前提下选择接受公司并收取由后者支付的佣金。再保险经纪人不仅介绍再保险业务、提供保险信息,而且在再保险合同有效期间对再保险合同进行管理,继续为分保公司服务,如合同的续转、修改、终止等问题,并向再保险接受人及时提供账单并进行估算。

再保险经纪人应该熟悉保险市场的情况,对保险的管理技术比较内行,具备相当的技术咨询能力,能为分保公司争取较优惠的条件。并与众多的投保人、保险人和再保险人保持着广泛、经常的联系,以便及时获取有利的信息,为分保公司争取一笔又一笔的再保险交易。事实上,许多巨额的再保险业务都是通过再保险经纪人之手促成的。由于再保险业务具有较强的国际性,因此充分利用再保险经纪人就显得十分重要,尤其是巨额保险业务的分保更是如此。在西方保险业务发达的国家,拥有特殊有利地位的再保险经纪人在有利条件下能够为本国巨额保险的投保人提出很多有吸引力的保险和再保险方案,从而把许多资金力量不大、规模有限的保险人组织起来,成立再保险集团,承办巨额再保险。

**(四)保险经纪人资格认证**

保险经纪人是种专家型的经纪人。在发达的保险市场上,要想成为一名保险经纪人,必须通过严格的审查。经纪人必须掌握大量的保险法律知识和保险业务实践经验,其中包括在保险经纪公司协助保险经纪人准备有关材料和保险条件。经过这一阶段之后,候选人还要充当联络员,这时他们可以进入保险市场,了解市场的构造和基础设施,以及未来的磋商对手——保险人的经营情况,从而对保险市场有一个初步的了解,同时也掌握了从事保险经纪活动所应具有的道德准则和其他有关规定。

中国规定,从事保险经纪业务的人员必须参加保险经纪人员资格考试;凡具有大专以上学历的个人,均可报名参加保险经纪人员资格考试;保险经纪人员资格考试合格者,由中国保险监督管理委员会核发《保险经纪人员资格证书》;《资格证书》还只是对有保险经纪能力人员的资格认定,不能作为执业证件使用。《保险经纪人员执业证书》才是保险经纪人员从事保险经纪活动的唯一执照。已取得《资格证书》的个人,必须接受保险经纪公司的聘用,并由保险经纪公司代其向中国保险监督管理委员会申领并获得《保险经纪人员执业证书》后,方可从事保险经纪业务。

2012年中国保险经纪从业人员资格考试命题范围包括"保险原理与实务"和"保险经纪相关知识与法规"两部分。"保险原理与实务"分值占比60%,参考用书是中国财政经济出版社出版的《保险原理与实务》(2010年版)。"保险经纪相关知识与法规"分值占比40%,参考用书是中国财政经济出版社出版的《保险经纪相关知识》(2010年版)和《保险中介相关法规制度汇编》(2010年版)。

【知识库】

**保险经纪人与保险代理人的区别**

①代表的利益不同。保险经纪人接受客户委托,代表的是客户的利益;保险代理人为保险公司代理业务,代表的是保险公司的利益;②提供的服务不同。保险经纪人为客户提供风险管理、保险安排、协助索赔与追偿等全过程服务;保险代理人一般只代理保险公司销售保险产品、代为收取保险费;③服务的对象不同。保险经纪人的主要客户主要是大中型企业和项目,保险代理人的客户主要是中小型企业及个人;④承担的责任不同。客户与保险经纪人是委托与受托关系,如果因为保险经纪人的过错造成客户的损失,保险经纪人对客户承担相应的经济赔偿责任。保险代理人与保险公司是代理被代理关系,被代理保险公司仅对保险代理人在授权范围内的行为后果负责。

(资料来源:www.lawtime.cn)

## 第三节 寿险理财规划师

### 一、职业介绍

(一)寿险理财规划师的概念

寿险理财规划师是指运用自己专业技能和丰富经验帮助客户进行理财规划或者财务分析,并且对资产制定更全面、更合理的保障计划的寿险业务管理人员。主要针对保险公司及保险中介机构的各类销售人员、营销管理人员、培训人员以及银行的理财服务人员等。

中国寿险理财规划师根据销售产品的类别分成三类,资格名称分别为"中国寿险规划师"带上所分的类别,即中国寿险规划师——新型寿险产品方向、中国寿险规划师——健康保险产品方向、中国寿险规划师——养老保险产品方向。本资格的高级资格名称与中级资格有所区分,中级资格称为"中国寿险规划师",高级资格为"中国寿险理财规划师"。高级资格的获得者需要有知识经验的广度和深度,因此高级资格的取得是三个中级资格的叠加而成。

(二)工作范围

寿险理财规划师包括:①协助分析客户的保险及财务状况;②以客户需求为导向,为客户提供全面的人寿保险规划方案;③销售公司健康险、医疗险、养老险、意外险、分红险等各种产品;④开发客户资源,提供良好的售后服务。

### (三) 职业素质要求

要成为寿险理财规划师须具备:①管理、市场营销、金融等专业大专以上学历,掌握国家保险的相关法律法规;②具有中国寿险理财规划师从业资格证书;③具备3年以上寿险工作经验,具备出色的个人销售业绩;④诚实可靠,品行优良,具有良好的服务意识,较强的沟通、表达和人际交往能力及敬业精神。

### (四) 职业前景

"寿险理财规划师"对大多数中国年轻人来说的确是个比较陌生的名词。事实上在一些发达国家,寿险理财规划师是一个已经发展很成熟的职业,他同律师、医师、工程师、经济师一样对从业者的综合素质有着很高的要求,而同时也因为他对个人所提供的巨大的发展空间和潜力,这个职业吸引越来越多的优秀年轻人加入其中。寿险工作不再单纯销售保单,未来寿险行销人员更需具备充足的金融专业知识。寿险规划师有一套职称级别进程,从寿险规划师到资深寿险规划师、执行寿险规划师、首席寿险规划师直至资深首席寿险规划师。每一个级别对从业者都有不同的高要求。

理财规划师教育培训计划的意义是不言而喻的。首先,它顺应了经济发展的需要。随着经济市场化程度的加深,居民家庭也面临越来越多的选择和风险。居民既要把家庭财富分配于养老、医疗、住房、子女教育、金融投资等用途,又要在种类多样、日趋复杂的金融产品之间作出选择,甚至还要面临着越来越复杂的税务和遗产问题。居民需要专家帮助管理包括人身风险在内的众多风险、需要专家帮助制定生命周期规划,对寿险理财师的需求日益强烈。据统计,有70%的居民希望得到专业理财顾问的帮助和指导。面对这种日益增长的需求,自20世纪90年代中期以来,中国各大保险公司纷纷推出了个人理财业务,从业人员也在不断增加,但是由于没有统一的寿险理财行业标准和管理规范,服务质量参差不齐,大多数寿险理财业务从产品设计和管理上都处于初级水平,因此大多数寿险机构都认为需要根据国际规范制定统一的行业标准,建立中国寿险理财规划师教育培训体系和认证制度。

其次,它顺应了中国寿险业转型的需要。2004年以来,中国寿险业正经历一场深刻的变革,集中表现在中资寿险公司主动进行的结构调整。两大海外上市公司积极接受国际游戏规则,开始注重风险型保费和期缴业务,追求公司内含价值的提升。后WTO过渡期,中外资寿险公司同台竞技,不再片面强调保费规模。转型期的寿险业急需人才,尤其是中高端的销售人才,行业内人才供需缺口较大,抬升了行业经营成本。

第三,从业人员自身的需要。保险销售队伍的整体水平不高,过去的发展主要靠整体运用人海战术和销售简单的中短期储蓄替代型产品,对于风险保障型和长期储蓄型保险产品缺乏真正的理解,对于新型寿险产品和养老保险、健康保险产品认识模糊,无法为客户提供量体裁衣、度身定做的个性化服务,无法满足客户多样化的理财需求,无法强有力地参与市场竞争。

## 二、资格考试

中国人身保险从业人员资格考试(又称"中国人身保险职业资格考试"),即中国寿险管理师、中国寿险理财规划师、中国员工福利规划师资格考试。目前市场上有不同的金融理财规划资格认证系统,人身保险规划是针对人身风险的规划工具,是金融理财规划的核心部分。人身保险包含不仅是人寿保险,还有健康保险以及养老保险等三大类。保险产品不同于其他金融商品的特质是产品的复杂性以及专业性,要以保险产品作为金融理财规划的服务工具是必须对人身保险产品的本质、特性以及其所涉及的政策外部环境有通盘广度及深度的理解和融合,方能给予客户优质的规划服务。

该资格是保监会所倡导、推动、参与和认可,并授权中国保险行业协会颁发资格证书的行业自身结合的团队所开发人身保险行业的标准化资格证书。一般每年举行春季(4月)及秋季(10月)两期三师资格的公开考试。

(一)中国寿险规划师

**1. 中国寿险规划师(新型寿险产品方向)**

考试科目包括《保险从业人员职业道德》、《人身保险产品》、《寿险公司资产管理》和《团体保险》。

**2. 中国寿险规划师(健康保险产品方向)**

考试科目包括《保险从业人员职业道德》、《健康保险原理及经营运作》和《健康保险外部环境及政策》。

**3. 中国寿险规划师(养老保险产品方向)**

考试科目包括《保险从业人员职业道德》、《养老保险原理及经营运作》、《养老保险外部环境及政策》和《企业年金理论与实务》。

(二)高级寿险理财规划师

中国寿险规划师(新型寿险产品方向)+中国寿险规划师(健康保险产品方向)+中国寿险规划师(养老保险产品方向)=中国寿险理财规划师,即通过所有以上三个方向的中国寿险规划师资格课程后取得本资格。

【知识库】

生命周期假设

消费理论认为,个人的收入在生命周期的开始和结尾阶段较低,而在生命中期收入较高。然而每个人为了维持大致相同或逐渐上升的消费水平,在生命周期早期及晚期,没有储蓄,消费超过收入;在生命周期中期,有储蓄,收入超过消费,储蓄用于偿还早期的债务,以及为退休而准备。

(资料来源:张洪涛、庄作瑾《人身保险》)

## 第四节 员工福利规划师

### 一、职业介绍

"中国员工福利规划师"的知识体系主要是针对现阶段团体保险市场转型所设计。保险市场开放之后,团体保险市场的营销面临着巨大的竞争压力及挑战和机遇。鉴于此,国内主要保险公司由于自身对于相关知识标准化、系统化以及市场经验总结的需求,中国保监会及中国保险行业协会协同中国人身保险从业人员资格考试项目编审委开发"中国员工福利规划师"的资格考试。

"中国员工福利规划师"资格的知识内容目标是将团体保险传统以产品为销售主导的模式转型为理财规划时代、以客户需求导向的企业员工福利规划的方向。由于企业员工福利规划所涉及的领域除了商业保险所提供的相关寿险、健康险以及养老保险等内容之外,比起个人的理财规划,更多涉入宏观的政策环境以及政府所提供的福利内容;并且,因为行业特质的差异性,企业客户的需求也有所不同,因此"中国员工福利规划师"的知识体系包括丰富的内容。在理财规划时代人身保险营销模式的转型,将逐渐打破个人、团体营销的群类分别,企业员工的客户需求同时具有个人营销及团体营销的客户需求分析过程。因此对于个人销售的从业人员而言,能够具备"中国员工福利规划师"资格的知识体系将是对于自身的客户提供进一步更好的客户需求分析服务。除了个人或团体销售从业人员之外,对于管理人员(尤其是团体保险相关部门)而言,"中国员工福利规划师"资格能够帮助管理人员对于相关业务的熟悉与全面。

### 二、资格考试

该资格考试2006年4月启动,2007年3月正式开考。"中国员工福利规划师"资格将帮助从业人员真正理解和把握员工福利计划的原理、制度、规划和内涵,对于各系列的销售资格的行业运营、产品、内外部环境及政策有更好的理解及融会贯通,在激烈竞争的金融规划理财时代提升竞争力,更好服务行业及客户,提升行业声誉,使其在公司营销管理和产品开发方面更能全面和科学化。通过完整系统的知识体系和教育培训,可以引领从业人员掌握新知识、熟悉新领域、了解新趋势。其就业领域是在各大保险公司从事业务和管理工作。主要针对团体保险销售人员,是目前国内唯一针对员工福利规划的专业资格考试。

(一)资格课程

**1. 中国员工福利规划师——中级资格**

考试课程包括《保险从业人员职业道德》、《团体保险》、《员工福利计划:原理、设计与管理》和《员工福利计划:政策与外部环境》四门课程。

**2. 中国员工福利规划师——高级资格**

中国员工福利规划师（中级资格）+中国寿险规划师（健康保险产品方向）+中国寿险规划师（养老保险产品方向）=中国员工福利规划师（高级资格），即取得以上三个资格后获得中国员工福利规划师高级资格。

### （二）报考条件（具备下列条件之一）

该职业资格共分三级：助理员工福利规划师、员工福利规划师、高级员工福利规划师。

助理员工福利规划师：①本科以上或同等学力学生；②大专以上或同等学力应届毕业生并有相关实践经验者。

员工福利规划师：①已通过助理员工福利规划师资格认证者；②研究生以上或同等学力应届毕业生；③本科以上或同等学力并从事相关工作一年以上者；④大专以上或同等学力并从事相关工作两年以上者。

高级员工福利规划师：①已通过员工福利规划师资格认证者；②研究生以上或同等学力并从事相关工作一年以上者；③本科以上或同等学力并从事相关工作两年以上者；④大专以上或同等学力并从事相关工作三年以上者。

【知识库】

员工福利计划

员工福利计划是一个比较笼统的概念，一般是指企业为员工提供的非工资收入福利的综合计划。而从现代人力资源管理的角度看，员工福利计划是指企业为员工提供的非工资收入福利的一揽子计划。所包含的项目内容可由各企业根据其自身实际情况加以选择和实施。

（资料来源：王毅《论团体保险与员工福利计划》）

## 第五节　寿险管理师

### 一、职业介绍

中国寿险管理师，是中国人身保险从业人员资格考试颁发的一种资格名称。今后，寿险公司的内勤人员都需要通过中级资格考试，而寿险公司的高级管理人员，如分支机构的负责人等，需要通过高级资格考试。

### 二、资格认证

#### （一）资格介绍

资格项目认证按照分级分类设计，目前已经正式公开考试的有管理资格和销售资格。管理资格即"中国寿险管理师"资格，主要针对内勤管理人员，中级资格本着普及性和重点性的原则开设了产品、合同、监管等五门基础课程;高级资格则是为了让考生在此基础上进一步学习深造,增加了财会、投资、人力资源等六门课程。

销售资格包括"中国寿险理财规划师"资格和"中国员工福利规划师"资格。

"中国寿险理财规划师"资格主要针对个人保险的营销、管理及培训人员,以及银行的理财服务人员等,分新型寿险产品、健康保险产品及养老保险产品三个方向,三个方向资格全部取得后自动获得高级资格。

"中国员工福利规划师"资格是目前国内唯一针对员工福利规划的专业资格考试,主要针对团体保险营销人员。

### (二)资格考试

"中国寿险管理师"资格分为中国寿险管理师中级资格和高级资格两个层级。

**1. 资格课程**

"中国寿险管理师"资格共包括11门课程。其中:

(1)中国寿险管理师——中级资格

考试科目包括《风险管理与人身保险》、《保险从业人员职业道德》、《人身保险产品》、《人身保险合同》和《人身保险监管》五门课程。

(2)中国寿险管理师——高级资格加考科目

在获得中级资格证书后,加考《寿险公司经营与管理》、《人身保险市场与营销》、《人身保险会计与财务(上)·会计版》、《人身保险会计与财务(下)·财务版》、《寿险公司资产管理》和《寿险公司人力资源管理》六门课程。

**2. 报考条件(具备下列条件之一)**

助理寿险管理师:①本科以上或同等学历学生;②大专以上或同等学历应届毕业生并有相关实践经验者。

寿险管理师:①已通过助理寿险管理师资格认证者;②本科以上或同等学历并从事相关专业工作一年以上者;③大专以上或同等学历并从事相关专业工作两年以上者;④研究生以上或同等学历应届毕业生。

高级寿险管理师:①已通过寿险管理师资格认证者;②研究生以上或同等学历并从事相关专业工作一年以上者;③本科以上或同等学历并从事相关专业工作两年以上者;④大专以上或同等学历并从事相关专业工作三年以上者。

【知识库】

### 美国寿险管理师

LOMA(Life Office Management Association)中文译名为美国寿险管理学会,由美国和加拿大的保险人于1924年创建。LOMA是一个国际性的协会,其成员包括超过1250个来自60多个国家的保险和金融服务公司,总部设在亚特兰大。成员涉及的服务领域有:人寿与健康保险、经营管理、年金、养老金、银行业、银行开设的保险业务、债券等。如今,全世界的各个角落:亚洲、欧洲、加勒比海地区、拉丁美洲、非洲、西班牙、澳大利亚和中东均有了LOMA的会员。它积极向社会提供保险知识培训,是世界上培养寿险业务技术人员的主要教育机构。LOMA考试侧重于研究保险公司的结构和各职能部门的管理方式。我国考生参加上述LOMA资格考试的费用支出有三个选择:自费、公费、申请资助或奖学金。1994年,在南开大学风险管理与保险学系与美国恒康相互人寿保险公司(John Hancock)的资助下,建立了全国第一个LOMA(Life Office Management Association)考试中心。

(资料来源:美国寿险管理师协会)

## 第六节 核保师与理赔师

### 一、核保师

(一)核保师的概念

保险核保师是对核保风险控制的监督和检验的专业人员。核保是保险公司降低逆选择和道德风险,严把风险入口的第一道关,也是公司控制业务风险的最后关口。核保核赔是专业性极强的工作,一名合格的核保师或核赔人员必须具有保险、法律、医学、金融财务,甚至心理学、社会学等方面的知识,但目前,我国已有的人身保险公司中,两核人员"五花八门",有保险专业的、有曾经从事律师、医生行业的,也有做过刑侦工作的,但全面接受过两核专业技能培训的还不多。

(二)职业范围

核保师的职业范围包括:①保单核保;②风险管控;③指导契约、核保、核赔日常运营,跟踪弱体机构指标改善;④处理契约、核保、核赔疑难问题、重大问题、突发问题。

(三)职业要求

核保师的职业要求:①保险、法律、金融、精算、统计、金融财务等相关专业本科以上学历;②具有保险核保师资格证书;③熟练使用办公自动化软件,具备良好的英文水平;④具有3~5年以上保险核保核赔工作经历;⑤具有较强人际交往能力,耐心、细致。

### （四）核保师的发展前景

自我国保险业恢复以来，保险公司不论从机构数量、保费收入，还是资产规模等方面来看，都有很大的发展。但因为我国保险市场处于发展阶段，保险经营中存在不足之处也就在所难免，而核保工作在保险业的非理性扩张中也存在着被忽视以及不完善的问题。我国保险核保工作中的问题首先表现在保险公司粗放式的经营观念上，这使得风险控制往往屈服于业务发展，保险公司为了提高市场份额，超能力承保、通融承保、欠费承保、以赔促保等不规范行为时有发生；其次，核保机构不健全。许多保险公司的基层公司尚未设立独立、专门的核保部门，核保与展业在业务管理体系上没有完全分离；再次，核保制度不健全。我国的核保制度绝大多数引进的国外经验，而较少考虑到实际情况，缺乏实际的指导；最后，核保人员素质较低。而且核保人员相应的考核、上岗、定级、监督等制度还有待完善。这些问题的存在制约着保险核保师职业的发展，核保师的地位在保险公司追求市场占有率的大环境中被低估，并未真正的起到保险公司控制风险的作用，但是，随着社会、经济和保险市场环境的变化，保险公司集约化经营观念的形成以及对风险管理的日益重视，保险核保师将受到更多的重视，具有很大的发展空间。

## 二、理赔师

### （一）理赔师的概念

保险理赔师是指帮助客户办理各种保险理赔手续的专职人员。目前，在理赔的风险控制中，保险公司理赔师扮演着关键角色，承担着大部分的风险控制工作，他们把守着保险公司业务风险控制的最后关口，因此保险公司常常要求他们具备"一夫当关，万夫莫开"的能力，因而他们的薪酬通常也较高，但目前随着保险社会化程度的提高，还出现了通常有保险业务员担任的义务的业余理赔员。

### （二）职业范围

理赔师的职业范围包括：①向客户宣传推广索赔政策；②按照索赔条例办理索赔申请及相应索赔事宜，包括估损、定损、赔款单证审核、赔款计算等；③协同业务接待调度和处理工作疑难问题；④开发保险客户。

### （三）职业要求

理赔师的职业要求：①保险、金融或法律等相关专业，大专以上学历；②有保险理赔的工作经验，熟悉保险理赔业务和理赔操作流程；③有较强的沟通能力、执行能力和服务意识，工作勤恳；④有大局观和团队精神。

保险理赔是一项专业性极强的工作，不仅保险标的涉及面广，而且标的风险的成因十分复杂。这就要求保险理赔人员，特别是估损、定损、索赔单证审核、赔款计算等方面的人员，应具有相应的专业知识、丰富的理赔经验、较强的辨伪能力。

### （四）理赔师的发展前景

保险理赔师一般分为保险人直接理赔与保险代理人理赔两种。而在财产与责任保险中，理赔师主要有理赔代理人、公司理赔员、独立理赔员和公众理赔员等。根据目前不同行业的现状和发展状况来看,汽车及医疗理赔方面的人才需求量最大。保险理赔师可以晋升为理赔部经理、客服部主任等上级职务,或是平调到保险公司的其他部门或者晋升至更高级的行政管理职位。除此之外,良好的素质让他们还可向理财规划师、注册会计师等方向发展。随着中国保险业的完善,保险越来越普遍地走入百姓家庭,理赔人员的专业性和理赔程序的规范性体现了保险的效率,这个职业在保险行业越来越重要,对理赔师的素质要求也越发严格,同时具有越来越大的发展空间。

【知识库】

**北美核保师协会**(ALU——the Academy of Life Underwriting)

北美核保师协会是一个国际性的核保教育和研究机构,其北美核保师资格是寿险核保师最高级别的国际资质认证。2008年全球仅有238人通过北美核保师资格考试,目前中国大陆地区保险公司中拥有北美核保师资格的会员仅十余人。

(资料来源:新华网)

【案例15.1】

**医疗保险的赔偿**

胡先生分别在四家保险公司买了四份保额均为1万元的意外伤害医疗保险。上个月他因车祸入协和住院治疗,治疗共花去5 800元。胡先生本来以为自己可以获得四份理赔共计两万多元,最后只拿到医保报销的3 800元加上一家保险公司报销的2 000元,共获赔5 800元。对于胡先生的不满意和不理解,如果你是一名理赔人员,应该如何做好工作?

## 本章小结

1. 精算师是运用精算方法和技术解决经济问题的专业人士,是评估经济活动未来财务风险的专家,是集数学家、统计学家、经济学家和投资学家于一身的保险业高级人才。宗旨是为金融决策提供依据。

2. 保险中间人,也称保险中介,是指向保险人和投保人提供有关各种可能获得的保险价格、保险特性以及所要承保的危险性质方面的知识,将保险人和投保人联系在一起,最后达成保险契约并提供相关服务的人,一般包括保险代理人、保险经纪人和保险公估人。

3. 中国人身保险职业资格考试项目分为三大类,即管理资格、销售资格和专业技术资格。管理资格即"中国寿险管理师",分为中级资格和高级资格。销售资格由"中国寿险理财规划师"和"中国员工福利规划师"两个部分组成。

4. 保险核保师和保险理赔师。保险核保师是对核保风险控制的监督和检验的专业人员。核保是保险公司降低逆选择和道德风险,严把风险入口的第一道关,也是公司控制业务风险的最后关口。保险理赔师是指帮助客户办理各种保险理赔手续的专职人员。

## 自 测 题

1. 保险精算师在保险职业处于什么样的地位?

2. 简述中国人身保险从业人员资格考试项目体系包括的内容。
3. 保险代理人、保险经纪人和保险公估人的区别。
4. 一位优秀的保险核保师或理赔师在岗位要求上应该具备什么样的条件?

【阅读资料】

## 百万圆桌协会

百万圆桌协会(The Million Dollar Round Table,简称MDRT)是由在人寿保险为基础的金融服务业工作的销售人员组建的国际性独立协会。

早在1927年,32位销售额超过100万美元的人寿保险营销家聚集于美国田纳西州孟菲斯市参加国内寿险协会会议,他们梦想成立一个国际性的论坛,相互交流经验,以此来提高和规范保险营销人员的职业技能水平。在这样一个理念下,百万圆桌协会于1927年在美国成立了。今天,它已发展成全世界数千寿险业者参加的盛会,其中的MDRT顶尖会员更是保险业界成功者追求顶峰的标志。

MDRT始终倡导一种高标准职业化的人寿保险销售和服务体系;通过为会员提供各种资料,改善他们的技术,提高他们的销售技巧,制定各种规范和要求以及定期举办各种活动,将人寿保险营销人员引到重信誉、讲质量、崇尚服务的职业化轨道上,对人寿保险业的健康发展产生了积极而深远的影响。

MDRT(百万圆桌会议)是全球寿险精英的最高盛会。目前,MDRT已成为一家全球公认的由优秀寿险与金融服务从业人员组成的国际性协会组织。现有会员35 000多人,来自全球83个国家和地区。会员主要是财政货币管理、投资咨询、人寿保险、伤残保险、不动产计划、退休保险等行业的精英分子。MDRT资格是国际寿险业的至高荣誉,它表明会员在寿险及金融服务领域拥有渊博的知识和最高的职业道德。根据会员的销售业绩,MDRT把所有会员分成三个等级。以美国为例,普通会员(membership)入会标准为当年达标佣金收入,即57 000美元;优秀会员(court)入会标准为171 000美元,是普通会员入会标准的3倍;顶级会员(top)入会标准为优秀会员的2倍,即342 000美元。获得和持有MDRT的会员资格已成为全世界寿险营销人员的向往和追求,同时也是出色的寿险销售的服务的象征。

MDRT中国区主席祁彬认为MDRT最重要的价值,就是生产力,还特别提出了人格生产力的概念,MDRT成员已经达到了这样一个水准,即他们认识到:推销成功不是一切;生活不只是人们为了谋生;一个人是什么比一个人做什么更重要。不断被MDRT成员强调的价值观,就是制定目标的重要性,他们梦想"大梦想",然后制定目标去实现梦想。例如我的梦想(目标):尝试自我(实现MDRT——普通会员)、超越自我(3倍MDRT——超级会员)、实现自我价值(6倍MDRT——顶尖会员)。MDRT会员人数最多的国家是北美,亚洲地区会员人数最多的是印度,会员大约有六千多,终身会员(10年以上MDRT会龄)都有上百个。日本有五千会员,韩国也有五千人,中国台湾有三千,中国香港有两千多,然后是新加坡、马来西亚、泰国、菲律宾等。MDRT在国内还没有得到很好地推广,中国内地目前的会员人数为602。原因就是没有人很好去推广,暂时还没有形成一个具有较大影响力平台去倡导和推广MDRT的思想、MDRT的理念、MDRT的精神、MDRT的价值观。目前,在中国近300万的寿险营销员中,可能还有很多人不知道MDRT。

(资料来源:百度百科)

# 参考文献

[1] 刘愈. 保险学[M]. 北京:科学出版社,2011.
[2] 徐爱荣. 保险学[M]. 2版. 上海:复旦大学出版社,2010.
[3] 张代军. 保险学[M]. 杭州:浙江大学出版社,2010.
[4] 王海艳. 保险学[M]. 北京:机械工业出版社,2010.
[5] 刘平. 保险学:原理与应用[M]. 北京:清华大学出版社,2009.
[6] 周绿林,李绍华. 医疗保险学[M]. 北京:科学出版社,2011.
[7] 孙秀清. 保险学[M]. 北京:经济科学出版社,2011.
[8] 张小红,庹国柱. 保险学基础[M]. 北京:首都经济贸易大学出版社,2009.
[9] 池小萍. 保险学[M]. 北京:对外经济贸易大学出版社,2006.
[10] 陈立双,段志强. 保险学[M]. 南京:东南大学出版社,2005.
[11] 陈继儒,肖梅花. 保险学[M]. 北京:立信会计出版社,2002.
[12] 陈文辉. 人身保险监管[M]. 北京:中国财政经济出版社,2004.
[13] 付菊. 财产保险[M]. 上海:复旦大学出版社,2005.
[14] 郭颂平. 责任保险[M]. 天津:南开大学出版社,2006.
[15] 黄华明. 保险市场营销导论. 北京:对外经济贸易大学出版社,2004.
[16] 荆涛. 保险学[M]. 北京:对外经济贸易出版社,2003.
[17] 刘钧. 风险管理概论[M]. 北京:中国金融出版社,2005.
[18] 刘新立. 风险管理[M]. 北京:北京大学出版社,2006.
[19] 刘志刚,付荣辉. 简明保险教程[M]. 北京:清华大学出版社,2005.
[20] 李庭鹏. 保险合同告知义务研究[M]. 北京:法律出版社,2006.
[21] 李秀芳,曾庆五. 保险精算[M]. 北京:中国金融出版社,2005.
[22] 李星华,吕晓荣. 保险营销学[M]. 大连:东北财经大学出版社,2004.
[23] 陆荣华. 英美责任保险理论与实务[M]. 南昌:江西高校出版社,2005.
[24] 兰虹. 财产保险[M]. 3版. 成都:西南财经大学出版社,2010.
[25] 孟昭亿. 保险资金运用国际比较[M]. 北京:中国金融出版社,2005.
[26] 宁雪娟. 财产保险[M]. 北京:清华大学出版社,2006.
[27] 欧阳天娜. 人寿保险理赔调查[M]. 北京:中国金融出版社,2006.
[28] 孙祁祥. 保险学[M]. 3版. 北京:北京大学出版社,2005.
[29] 孙蓉,兰虹. 保险学原理[M]. 2版. 成都:西南财经大学出版社,2006.
[30] 苏世伟. 保险学原理与实务[M]. 北京:科学出版社,2004.
[31] 粟芳,许谨良. 保险学[M]. 北京:清华大学出版社,2006.

[32] 庹国柱. 保险学[M]. 2版. 北京:首都经济贸易大学出版社,2004.
[33] 唐若昕. 出口信用保险实务[M]. 北京:中国商务出版社,2004.
[34] 王成军. 保险合同[M]. 北京:中国民主法制出版社,2003.
[35] 王绪瑾. 保险学[M]. 3版. 北京:经济管理出版社,2004.
[36] 王晓军,孟生旺. 保险精算学[M]. 北京:中国人民大学出版社,2006.
[37] 吴定富. 保险基础知识[M]. 北京:中国财政经济出版社,2005.
[38] 吴宗敏,夏光. 保险核保与理赔[M]. 北京:中国人民大学出版社,2006.
[39] 吴韬. 保险索赔[M]. 北京:中国检察出版社,2006.
[40] 魏迎宁. 人身保险监管手册[M]. 北京:中国财政经济出版社,2005.
[41] 魏华林,林宝清. 保险学[M]. 北京:高等教育出版社,2006.
[42] 魏巧琴. 新编人身保险学[M]. 上海:同济大学出版社,2005.
[43] 许谨良. 保险学[M]. 2版. 北京:高等教育出版社,2004.
[44] 许瑾良. 人身保险原理与实务[M]. 上海:上海财经大学出版社,2003.
[45] 许崇苗,李利. 中国保险法原理与适用[M]. 北京:法律出版社,2006.
[46] 袁卫. 中国保险监管与精算实务[M]. 北京:中国人民大学出版社,2003.
[47] 姚飞. 英汉双解国际保险监管词典[M]. 北京:中国金融出版社,2004.
[48] 郑功成,许飞琼. 财产保险[M]. 3版. 北京:中国金融出版社,2005.
[49] 周道许. 中国保险业发展若干问题研究[M]. 北京:中国金融出版社,2006.
[50] 张洪涛,王和. 责任保险理论、实务与案例[M]. 北京:中国人民大学出版社,2005.
[51] 张洪涛,王国良. 保险资金管理[M]. 北京:中国人民大学出版社,2005.
[52] 张洪涛,郑功成. 保险学[M]. 北京:中国人民大学出版社,2004.
[53] 康斯坦斯 M 卢瑟亚特. 财产与责任保险原理[M]. 于小东,译. 北京:北京大学出版社,2003.
[54] 詹姆斯 S 特里斯曼,桑德拉 G 古斯特夫森,罗伯特 E 霍伊特. 风险管理与保险[M]. 裴平,译. 大连:东北财经大学出版社,2002.
[55] MARK S DORFMAN. 当代风险管理与保险教程[M]. 7版. 齐瑞宗,等,译. 北京:清华大学出版社,2002.
[56] SCOTT E HARRINGTON,GREGORY R NIEHAUS. 风险管理与保险[M]. 2版. 陈秉正,王君,周伏平,译. 北京:清华大学出版社,2005.
[57] 贝纳德 L 威布,亚瑟 L 福里特纳,杰罗姆 特鲁品. 商业保险[M]. 3版. 于小东,英勇总译校. 北京:北京大学出版社,2003.
[58] 乔治 E 瑞达. 风险管理与保险原理[M]. 申曙光,译. 北京:中国人民大学出版社,2006.
[59] 埃米特. 风险与保险原理(高等院校双语教材·金融系列)[M]. 9版. 李健,译. 北京:中国人民大学出版社,2008.

# 读者反馈表

**尊敬的读者：**

您好！感谢您多年来对哈尔滨工业大学出版社的支持与厚爱！为了更好地满足您的需要，提供更好的服务，希望您对本书提出宝贵意见，将下表填好后，寄回我社或登录我社网站（http://hitpress.hit.edu.cn）进行填写。谢谢！您可享有的权益：

☆ 免费获得我社的最新图书书目　　　　☆ 可参加不定期的促销活动
☆ 解答阅读中遇到的问题　　　　　　　☆ 购买此系列图书可优惠

| 读者信息 | | | |
|---|---|---|---|
| 姓名_____ □先生 □女士 | 年龄_____ | 学历_____ | |
| 工作单位_____ | 职务_____ | | |
| E-mail_____ | 邮编_____ | | |
| 通讯地址_____ | | | |
| 购书名称_____ | 购书地点_____ | | |

1. 您对本书的评价

内容质量　□很好　　□较好　　□一般　　□较差
封面设计　□很好　　□一般　　□较差
编排　　　□利于阅读 □一般　　□较差
本书定价　□偏高　　□合适　　□偏低

2. 在您获取专业知识和专业信息的主要渠道中，排在前三位的是：
① _____　　② _____　　③ _____
A. 网络 B. 期刊 C. 图书 D. 报纸 E. 电视 F. 会议 G. 内部交流 H. 其他：_____

3. 您认为编写最好的专业图书(国内外)

| 书名 | 著作者 | 出版社 | 出版日期 | 定价 |
|---|---|---|---|---|
|  |  |  |  |  |
|  |  |  |  |  |
|  |  |  |  |  |
|  |  |  |  |  |

4. 您是否愿意与我们合作，参与编写、编译、翻译图书？
_____

5. 您还需要阅读哪些图书？

网址：http://hitpress.hit.edu.cn
技术支持与课件下载：网站课件下载区
服务邮箱　wenbinzh@hit.edu.cn　duyanwell@163.com
邮购电话 0451－86281013　　0451－86418760
组稿编辑及联系方式　赵文斌(0451－86281226)　杜燕(0451－86281408)
回寄地址：黑龙江省哈尔滨市南岗区复华四道街10号　哈尔滨工业大学出版社
邮编：150006　传真 0451－86414049